Jürgen Bauer

Christian Bergen

Ulrich Brameier

Kerstin Bräuer

Henriette Dieterle

Wolfgang Gerber

Ulrich Grün

Katharina Istler

Thomas Kisser

Christine Kreuzberger

Hans Kronfeldner

Karl Heinz Maurmann

Anke Philipp

Stefan Rauschenberg

Hanna Schweins

Kathrin Seyrich

Petra Wachter

Katrin Zielke

Diercke
Klausuren 3

westermann

westermann GRUPPE

© 2016 Bildungshaus Schulbuchverlage
Westermann Schroedel Diesterweg Schöningh Winklers GmbH, Braunschweig
www.westermann.de

Druck A^1/Jahr 2016
Alle Drucke der Serie A sind im Unterricht parallel verwendbar

Redaktion: Christine Wenzel
Umschlaggestaltung: boje5 Grafik & Werbung, Eckard Schönke, Braunschweig,
Druck und Bindung: westermann druck GmbH, Braunschweig

ISBN 978-3-14-**109807**-5

Inhalt

Liebe Lehrerinnen und Lehrer,

nach den beiden bisher erschienenen Bänden „Diercke Klausuren 1" und „Diercke Klausuren 2" enthält dieser Band noch einmal 30 Klausuren zu den wichtigsten Themenbereichen für den Geographieunterricht in der Oberstufe. Alle greifen zurück auf Karten aus dem neuen Diercke Weltatlas, Ausgabe 2015. Das Besondere an diesem Band: Alle Klausuren sind ganz neu!

Zu jeder Klausur finden Sie:
- eine Aufstellung der unterrichtlichen Voraussetzungen (inhaltlich sowie begrifflich)
- Literatur- und Internetangaben zum Thema
- Hinweise zu Kürzungs- und Erweiterungsmöglichkeiten, teils auch Alternativen
- einen tabellarischen Erwartungshorizont mit einem Vorschlag zur Punkteverteilung
- die eigentliche Klausur mit Aufgaben und Materialien
- eine Auswahl an Zusatzmaterialien.

Unser Ziel ist es, Sie bei der Konzeption Ihrer Klausuren zu unterstützen. Da die Vorgaben in den einzelnen Bundesländern äußerst verschieden sind, bieten wir Ihnen hier ein breites Spektrum unterschiedlichster Klausuren. Dafür sorgen allein die 18 Autoren aus fünf verschiedenen Bundesländern.

Dennoch wird es sicher nötig sein, dass Sie einzelne Klausuren an Ihre speziellen Bedingungen anpassen müssen. Das kann den Inhalt betreffen, aber auch den Umfang. Die meisten Klausuren sind für eine Bearbeitungszeit von 90 Minuten konzipiert, können aber mithilfe der Kürzungs- und Erweiterungsmöglichkeiten verändert werden. Zudem haben wir uns am Grundkursniveau orientiert, geben jedoch Hinweise für den Einsatz in Leistungskursen.

Damit Sie mögliche Änderungen schnell und einfach durchführen können, finden Sie alle Klausuren sowie die Zusatzmaterialien noch einmal auf der beiliegenden CD-ROM. Damit können Sie sich bei Bedarf im gewohnten Word-Format Ihre individuelle Klausur zusammenstellen. Da Veränderungen in Word-Dokumenten, die Abbildungen enthalten, häufig problematisch sind, bieten wir Ihnen die Klausuren in einer einfach gestalteten Ausführung an. Auf der CD-ROM finden Sie zusätzlich die Tabellen mit dem Erwartungshorizont und der Punkteverteilung.

Wir wünschen Ihnen und Ihren Schülerinnen und Schülern viel Erfolg mit den vorliegenden Klausuren!

Jürgen Bauer Studiendirektor am Rotteck-Gymnasium in Freiburg und Fachleiter für Geographie am Staatlichen Seminar für Didaktik und Lehrerbildung (Gymnasium) in Freiburg (Baden-Württemberg)

Dr. Christian Bergen Studienrat an der Wolfhelmschule in Olfen (Nordrhein-Westfalen)

Ulrich Brameier Studiendirektor; bis zur Pensionierung stellvertretender Schulleiter am Albrecht-Thaer-Gymnasium in Hamburg (Hamburg)

Kerstin Bräuer Lehrerin am Wilhelm-Ostwald-Gymnasium in Leipzig (Sachsen)

Henriette Dieterle Studiendirektorin am Friedrich-Abel-Gymnasium in Vaihingen an der Enz (Baden-Würtemberg)

Dr. Wolfgang Gerber Lehrer am Sportgymnasium in Leipzig und Fachberater Geographie für Gymnasien in der SBA Leipzig (Sachsen)

Ulrich Grün Lehrer am August-Hermann-Francke-Gymnasium in Detmold (Nordrhein-Westfalen)

Katharina Istler Lehrerin am Evangelischen-Paul-Distelbarth-Gymnasium Obersulm (Baden-Württemberg)

Dr. Thomas Kisser Oberstudienrat; abgeordnet an die Pädagogische Hochschule Heidelberg, Abteilung Geographie (Baden-Württemberg)

Christine Kreuzberger Studienrätin am Anno-Gymnasium in Siegburg (Nordrhein-Westfalen)

Hans Kronfeldner Studiendirektor am Goethe-Gymnasium in Regensburg (Bayern)

Dr. Karl Heinz Maurmann Studiendirektor; bis zur Pensionierung 2010 stellvertretender Schulleiter am Geschwister-Scholl-Gymnasium in Wetter (Nordrhein-Westfalen)

Dr. Anke Philipp Fachleiterin für Geographie und Seminardirektorin für den Bereich Gymnasium/Gesamtschule am Zentrum für schulpraktische Lehrerausbildung in Mönchengladbach (Nordrhein-Westfalen)

Stefan Rauschenberg Studienrat am Georg-Büchner-Gymnasium in Kaarst (Nordrhein-Westfalen)

Hanna Schweins Studienrätin am Luise-von-Duesberg-Gymnasium in Kempen und Fachleiterin für Geographie für den Bereich Gymnasium/Gesamtschule am Zentrum für schulpraktische Lehrerausbildung in Mönchengladbach (Nordrhein-Westfalen)

Kathrin Seyrich Studienrätin am Bettina-von-Arnim-Gymnasium in Dormagen (Nordrhein-Westfalen)

Petra Wachter Studiendirektorin am Gymnasium Gammertingen und Fachberaterin Geographie am RP Tübingen (Baden-Württemberg)

Katrin Zielke Studienrätin am Pestalozzi-Gymnasium in Unna (Nordrhein-Westfalen)

1 Physische Geographie/Umwelt

Klausuren

Biomasse – eine nachhaltige Energiequelle

Karten im Diercke Weltatlas

- 52.1 Deutschland – Landschaften
- 56.1 Landwirtschaft
- 57.2 Böden
- 68.3 Biomasse
- 69.5 Saerbeck (Münsterland) – Bioenergiepark
- 69.6 Saerbeck (Münsterland) – Nachhaltige Versorgung

Unterrichtliche Voraussetzungen

Inhaltlich

Die Schüler kennen das Themenfeld „Energiewende". Sie wissen, dass die verschiedenen erneuerbaren Energien unterschiedliche Investitionen erfordern, dass sie unterschiedliche Beiträge zum Wärme- und zum Strombereich liefern und sie wissen v. a., dass das von den einzelnen regenerativen Energien nutzbare Potenzial wegen unterschiedlicher naturräumlicher Bedingungen regional sehr verschieden ist. Ihnen ist auch bekannt, dass die erneuerbaren Energien erst durch massive Subventionen im Rahmen des Erneuerbare-Energie-Gesetzes (EEG) wettbewerbsfähig geworden sind.

Fachbegriffe

allgemein:
- regenerative/erneuerbare Energien
- Biomasse (wird in M3 erklärt)

in den Materialien:
- Blockheizkraftwerk (BHKW) (M2 [69.5], M4)
- Fermenter (M2 [69.5], M4) (wird in M4 erklärt)
- Vergärung/Gärung (M2 [69.5], M4) (wird in M4 erklärt)
- Energiepflanzen (M4)
- Generator (M4)
- Stromertrag (M5)
- Silage (M5, M7)
- Flexstrom (M11) (wird im Material erklärt)
- Einspeisevergütung (M11)
- Grundlast (M11)
- Direktvermarktung (M11, M12, M13)
- Stromgestehungskosten (M14) (wird im Material erklärt)

Literatur

Bundesministerium für Ernährung und Landwirtschaft (BMEL): Bioenergie-Regionen 2009–2015.

Bundesministerium für Wirtschaft und Energie: Erneuerbare Energie in Deutschland. Daten zur Entwicklung im Jahr 2015.

Deutscher Bauernverband: Situationsbericht 2015/16.

Fachagentur Nachwachsende Rohstoffe e. V. (FNR): Basisdaten Bioenergie Deutschland 2015.

Fachagentur Nachwachsende Rohstoffe e. V. (FNR): Themenbriefe.

Fraunhofer-Institut für solare Energiesysteme ISE: Stromgestehungskosten erneuerbare Energien, 2013.

Deutsches Biomasseforschungszentrum (DBFZ): Stromerzeugung aus Biomasse, 2015.

Internet

http://bioenergie.fnr.de
Fachagentur für Nachwachsende Rohstoffe e. V., gefördert durch BM für Ernährung und Landwirtschaft

http://www.kombikraftwerk.de
Forschungsprojekt „Kombikraftwerk 2" untersucht Möglichkeiten von Stromsystemen mit rein regenerativen Energien

http://www.energie-studien.de
Agentur für Erneuerbare Energien (AEE), gefördert u. a. vom BM für Wirtschaft und Energie

http://www.kommunal-erneuerbar.de
von der AEE betriebenes Portal zur Unterstützung u. a. kommunaler Entscheidungsträger beim Ausbau erneuerbarer Energien

http://www.unendlich-viel-energie.de
von der AEE betriebenes Portal zum Ausbau erneuerbarer Energien

http://www.dbfz.de/fileadmin/eeg/berichte/3310025_03MAP250_Bericht_Mai_2015.pdf
Deutsches Biomassezentrum (Hrsg.): Stromerzeugung aus Biomasse (Vorhaben IIa Biomasse). Zwischenbericht Mai 2015.

http://www.solarkomplex.de
Homepage eines Bürgerunternehmens, das den Umbau der Energieversorgung auf erneuerbare Energien v. a. im süddeutschen Raum zum Ziel hat

http://www.situationsbericht.de
umfangreiche, jährlich aktualisierte Datensammlung auf der Homepage des Deutschen Bauernverbandes

Kürzungs- und Erweiterungsmöglichkeiten (geplante Bearbeitungszeit: 135 min)

	Kürzungsmöglichkeiten	Erweiterungsmöglichkeiten
Aufgabe 1	Wenn die Funktionsweise von Biogasanlagen mit angeschlossenem Blockheizkraftwerk bekannt ist, können Aufgabe 1a) sowie M4 entfallen.	Zur vertiefenden Bearbeitung von Aufgabe 1a) können die Zusatzmaterialien M16 und M17 eingesetzt werden.
Aufgabe 2	Aufgabe 2a) kann entfallen.	Zur vertiefenden Bearbeitung von Aufgabe 2b) kann das Zusatzmaterial M18 eingesetzt werden.
Aufgabe 3		Zur vertiefenden Bearbeitung der Aufgabe kann das Zusatzmaterial M19 eingesetzt werden.

Erwartungshorizont mit Punkteverteilung

Bitte beachten Sie: Die Punkteverteilung stellt nur einen Vorschlag dar, der je nach Bundesland und Kurssituation angepasst werden muss. Die Punkte beziehen sich zudem nur auf inhaltliche Aspekte, nicht auf die Darstellungsleistung der Schüler.

Aufgabe 1a) Anforderungsbereich: I/II Materialien: M4, M5, M6, M7, M8	maximale Punktzahl	erreichte Punktzahl
Eine landwirtschaftliche Biogasanlage umfasst nach M4 mehrere grundlegende Elemente: Im Fermenter wird das zugegebene, im landwirtschaftlichen Betrieb selbst produzierte Ausgangsmaterial (angebaute Energiepflanzen, Gülle, Mist) vergoren. In der Gasaufbereitung kann das entstehende Biogas (Methan) aufbereitet und dann als Biomethan direkt in das Erdgasnetz eingespeist werden. Das Blockheizkraftwerk (BHKW) besteht aus einem mit Biogas betriebenen Verbrennungsmotor, der einen Generator zur Stromerzeugung antreibt. Die dabei stets anfallende Wärme kann zur Beheizung hofeigener Gebäude und Anlagen (Wohnhaus, Ställe, Fermenter) genutzt und/oder in ein Nahwärmenetz eingespeist werden. Durch diese Kraft-Wärme-Kopplung steigt der Wirkungsgrad des Gasmotors erheblich. Im Nachgärer und Gärrestlager werden Restgase aufgefangen und die festen oder flüssigen Gärrückstände bis zur Ausbringung auf die Felder als organischer Dünger zwischengelagert.	6	
Die Art des eingesetzten Ausgangsmaterials bestimmt ganz wesentlich den Gas- und Stromertrag der Biogasanlagen. M5, M6, M7 und M8 zeigen die überragende Bedeutung des Maisanbaus für den Betrieb von Biogasanlagen. Nach M5 liefert Mais mit 50 t pro Hektar zwar etwas weniger Festmasse als Zuckerrüben. Die daraus gewinnbare Gasmenge ist mit 4945 m³ aber deutlich höher als bei Zuckerrüben, Getreide-Ganzpflanzensilage, der Durchwachsenen Silphie oder bei Grünschnitt. Dementsprechend liefert Silomais mit 18731 kWh auch den höchsten Stromertrag. Damit könnten 5,2 Haushalte versorgt werden, knapp doppel soviel wie mit Strom aus Grünlandschnitt. M6 zeigt, dass nachwachsende Rohstoffe 52 % des Substrateinsatzes von Biogasanlagen ausmachen, wovon nach M7 nahezu drei Viertel (73 %) auf Maissilage entfallen. Silomais beansprucht in Deutschland 35 % der mit Mais bebauten Ackerflächen. Die verbleibenden 65 %, also etwa zwei Drittel, dienen der Produktion von Futtermitteln. (M8)	6	
	12	

Aufgabe 1b) Anforderungsbereich: I/II Materialien: M1, M2 [52.1, 56.1, 57.2]	maximale Punktzahl	erreichte Punktzahl
Das Brennstoffpotenzial ist regional sehr unterschiedlich. Hohe und sehr hohe Potenziale mit 10, 15 und mehr Gigajoule je Hektar verzeichnen Regionen mit hochwertigen, d. h. sehr ertragreichen Böden wie z. B. Schwarzerden und Parabraunerden in folgenden Regionen: – im nördlichen Alpenvorland von Ulm bis Passau mit Schwerpunkten in der Hallertau und im Dungau – in der etwa von Stuttgart, Nürnberg und Würzburg umgrenzten Region der Gäulandschaften – in den Bördenlandschaften am Süd- und v. a. am Nordrand des Mittelgebirges von der Köln-Aachener-Bucht über die Westfälische Bucht bis hin zur Magdeburger und Leipziger Börde – im hügeligen Jungmoränenland im östlichen Schleswig-Holstein und nördlichen Mecklenburg-Vorpommern. (M1, M2 [57.2])	5	

Aufgabe 1b) Anforderungsbereich: I/II Materialien: M1, M2 [52.1, 56.1, 57.2]	maximale Punktzahl	erreichte Punktzahl
Deutlich geringere Brennstoffpotenziale (1 bis maximal 10 Gigajoule) verzeichnen dagegen Regionen mit – geringerwertigeren Böden (z. B. die Altmoränengebiete in Norddeutschland bzw. im Alpenvorland – und/oder ungünstigeren klimatischen Bedingungen (z. B. Mittelgebirgsregionen mit kurzer Vegetationszeit). Eine auffallende Sonderstellung zeigt allerdings der etwa von Ems und Weser sowie von Mittelland- und Küstenkanal umschlossene Bereich des Niedersächsischen Tieflandes und der Westfälischen Bucht. Hier gibt es ein ungewöhnlich hohes Brennstoffpotenzial trotz überwiegend geringwertiger Böden (Aue- und Moorböden, Podsole). (M1, M2 [57.2])	5	
	10	

Aufgabe 1c) Anforderungsbereich: I/II Materialien: M1, M2 [52.1, 56.1, 57.2]	maximale Punktzahl	erreichte Punktzahl
Das Verteilungsmuster v. a. der Kreise mit Biogasanlagen von mehr als 10 MW Leistung ist überwiegend deckungsgleich mit den Kreisgebieten mit hohem bis sehr hohem Brennstoffpotenzial aus landwirtschaftlichen Biomassen und Rohstoffen. Es spiegelt damit in erster Näherung auch die Ertragspotenziale der jeweiligen Böden wider. (M1)	3	
Doch auch in Regionen mit geringeren Brennstoffpotenzialen sind oftmals leistungsfähige Anlagen konzentriert. Markante Abweichungen vom o. g. Muster zeigen sich – im mittleren Niedersachsen zwischen Weser und Elbe – im Bereich des Fläming – im Oberpfälzer Wald und im Bayerischen Wald – im o. g. etwa von Ems und Weser sowie von Mittelland- und Küstenkanal umschlossenen Bereich des Niedersächsischen Tieflandes und der Westfälischen Bucht. (M1) [Mögliche Erklärung: Die Biogasanlagen werden dort nicht nur mit nachwachsenden Energiepflanzen betrieben, sondern z. B. auch mit Mist oder Gülle aus der (Massen-)Tierhaltung bzw. aus biogenen Abfällen.]	5	
	8	

Aufgabe 2a) Anforderungsbereich: I/II Materialien: M2 [69.5, 69.6]	maximale Punktzahl	erreichte Punktzahl
Der im Bioenergiepark Saerbeck erzeugte Strom stammt aus verschiedenen erneuerbaren Energieträgern: – Sieben über die gesamte Parkfläche verteilte Windkraftanlagen liefern Windstrom. – Die im Solar-Power-Park zusammengefassten Photovoltaik-Anlagen, die auf den Dächern von rund 80 ehemaligen Munitionsbunkern auf einer Basisfläche von etwa 500 mal 500 Metern installiert sind, liefern Sonnenenergiestrom. – Zwei Blockheizkraftwerke liefern Biomassestrom und Wärme. Letztere wird zur Trocknung von Gärresten eingesetzt, möglicherweise auch zur Nahwärmeversorgung des im Südosten des Bioenergieparks angelegten Gewerbegebietes und des Kompetenzzentrums mit Schülerlabor. Die für die verschiedenen Elemente der Biogasanlage (Fermenter, Kompostlager, Vergärung, BHKW) nötige Fläche ist annähernd so groß wie die des Solar-Power-Parks.	6	
Die im Bioenergiepark im münsterländischen Saerbeck produzierten 29 MW tragen zusammen mit der im Bürgerwindpark Emsdetten-Veltrup und im Windpark Ibbenbürener Straße gewonnenen Strommenge (6 bzw. 8 MW) zur nachhaltigen Stromversorgung von Saerbeck bei bzw. werden ins allgemeine Netz eingespeist. Die Kombination von Sonne-, Wind- und Biomassestrom im Bioenergiepark gewährleistet dabei eine umweltfreundliche und wegen des kontinuierlich verfügbaren Biomassestroms zugleich verlässliche Stromversorgung.	4	
	10	

Aufgabe 2b) Anforderungsbereich: I/II Materialien: M9, M10, M11, M12, M13	maximale Punktzahl	erreichte Punktzahl
Im Jahr 2015 erbrachten die erneuerbaren Energien zusammen bereits 30 % der gesamten Bruttostromerzeugung in Deutschland. Diese 30 % setzen sich zusammen aus Windkraft 13,3 %, Biomasse 7,7 %, Photovoltaik 5,9 % und Wasserkraft 3 %. (M9)	3	
M10 zeigt, dass die Stromerzeugung aus Wasserkraft seit 1990 einen mehr oder weniger gleich großen Beitrag leistet, Sonnen-, Biomasse- und Windstrom dagegen stark angestiegen sind. Der Ausbau der Windenergie erfolgte dabei zunächst am stärksten. Ab 2000 tritt verstärkt die Energiegewinnung aus Biomasse auf und ab etwa 2007 dann zunehmend auch Photovoltaik. Diese zeigt seitdem die höchsten Zuwächse. Der Anteil des Biomassestroms ist dagegen mit rund 45 Mrd. kWh seit etwa 2009 relativ konstant.	6	
Die Stromerzeugung aus erneuerbaren Energien ist zwischen 1990 und 2015 von 18,9 auf 195,9 Mrd. kWh auf mehr als das 10-Fache gestiegen. Der Zuwachs verlief bislang aber weder insgesamt, noch bei den einzelnen Energieträgern Sonne, Biomasse und Wind ganz kontinuierlich. Mögliche Erklärungen: – unterschiedlich starke Förderungen durch EEG-Novellen – technologische Entwicklungen – Freigaben bestehender Restriktionsflächen z. B. für Windkraftanlagen.	6	
M11, M12 und M13 zeigen einen bedeutsamen Wandel im Bereich des Biomassestroms auf. Nach M12 wurden schon 2014 nur noch 40 % der Biogasanlagen nach den Festsätzen des EEG vergütet, 60 % bereits über die Direktvermarktung. Seit 2012 ist die direkt vermarktete installierte Leistung – nicht die Stromproduktion! – rasch um mehr als das Vierfache angestiegen, ein weiterer Hinweis darauf, dass die Direktvermarktung lukrativer ist als die Festvergütung nach EEG. M11 bringt mit dem Hinweis auf das EEG 2012 die Erklärung: Die relativ leichte Steuerbarkeit des Biomassestroms eignet sich hervorragend für sogenannten Flexstrom, Strom, der kurzfristig zu Spitzenlastzeiten bereitgestellt werden kann. Dieser Strom wird von den Energieversorgungsunternehmen dann entsprechend höher bezahlt. Dabei gilt: Je rascher die Leistung erbracht werden kann, desto höher ist die Vergütung. Am besten bezahlt wird der sogenannte Sekundenstrom. [Hinweis: Die in M10 angegebenen 32,6 % beziehen sich auf den Stromverbrauch und nicht wie die 30 % in M9 auf die Stromerzeugung.]	10	
	25	

Aufgabe 3 Anforderungsbereich: III Materialien: M9, M10, M11, M12, M13, M14, M15	maximale Punktzahl	erreichte Punktzahl
[Hinweis: Bei der Erörterung sollten aufgrund der Materiallage und eigener Ideen folgende Für- und Wider-Argumente abgewogen und danach ein eigenständiges Urteil abgegeben werden.] *Gegen den weiteren Ausbau spricht, dass* – die Bruttostromerzeugung aus Biomasse seit etwa 2008 relativ konstant ist. (M10) – die Förderung mit dem EEG 2014 zurückgefahren wurde. (M11) – pro Jahr nur noch maximal 100 MW aus Biomasse neu installiert werden dürfen. (M11) – die Stromgestehungskosten bei Biogas mit etwa 0,14 bis 0,22 €/kWh höher liegen als bei allen anderen erneuerbaren Energien; nur bei Offshore-Windanlagen liegen die Stromgestehungskosten ähnlich hoch, Photovoltaik – egal ob große oder kleinere Anlagen – sowie Windanlagen an Land haben wesentlich geringere Kosten. (M14) – ohne Anschlussregelung, d. h. weitere Förderung auch nach Ende der 20-jährigen Förderdauer, die installierte elektrische Leistung in den derzeit vorhandenen Biomasseanlagen bis 2034 auf Null sinken wird, unabhängig von der Betriebsart. (M15) Biogasanlagen, die seit 2014 nach dem EEG 2014 gefördert werden, werden davon am stärksten betroffen sein, wie das Beispiel Baden-Württemberg zeigt. Dort wird der Rückgang wegen der degressiven Förderung ab etwa 2020 einsetzen. – sich vermehrt öffentlicher Widerstand bildet wegen der Flächenkonkurrenz Acker für Nahrungsmittel – Acker für Maisanbau und Biogasanlagen.	15	

Aufgabe 3 Anforderungsbereich: III Materialien: M9, M10, M11, M12, M13, M14, M15	**maximale Punktzahl**	**erreichte Punktzahl**
Für den weiteren Ausbau bzw. zumindest den Erhalt des bisherigen Niveaus spricht, dass – im Zuge der Energiewende auf nachhaltig produzierten, gut speicherbaren und leicht regelbaren Strom kaum verzichtet werden kann. – trotz eingeschränkter Förderung und Begrenzung des Ausbaus durch das EEG 2014 wie in der Vergangenheit in absehbarer Zeit eine erneute Novelle des EEG erfolgen wird und dabei kann/ wird auch je nach politischem Umfeld die Rolle der Biomasse anders eingeschätzt werden. – auch nach Ende der jeweiligen Förderdauer nach dem EEG eine vorhandene Biogasanlage Strom weiterhin produzieren kann, der dann als Flexstrom direkt vermarktet wird, unabhängig von der Art des Betriebsstoffes (fest, flüssig, gasförmig). – der sogenannte Flexstrom seit 2012 bereits an Bedeutung gewonnen hat. (M13) – Biomasseanlagen nicht nur Strom, sondern auch Wärme produzieren (Kraft-Wärme-Kopplung). – Biomasseanlagen in Kombination mit Wind- und Sonnenkraft in Bioenergieparks wie Saerbeck (M2 [69.5, 69.6]) eine nachhaltige, regional bedeutende Energieversorgung gewährleisten und dabei selbst nach Auslaufen einer EEG-Förderung die regionale Wertschöpfung erhöhen, Arbeitsplätze sichern und so zur Stabilisierung des ländlichen Raums beitragen können. – das Potenzial Biomasse noch nicht ausgeschöpft ist. Denn neben den bereits verwendeten Energiepflanzen könnten Reststoffe wie Stroh, Mist und Gülle, Landschaftspflegematerial, Bioabfälle oder auch Holz aus den Wäldern noch stärker als Energieträger eingesetzt werden. – die technologische Weiterentwicklung aller Elemente von Biogasanlagen und Innovationen die Stromgestehungskosten für Biogasstrom möglicherweise sinken werden.	15	
begründetes eigenständiges Urteil	5	
	35	

Name: .... Datum: ....

Kurs/Klasse: .... Zeit: ....

Biomasse – eine nachhaltige Energiequelle

Seit dem Jahr 1991 regelt das „Stromeinspeisungsgesetz" und sein Nachfolger, das inzwischen mehrfach novellierte Gesetz für den „Ausbau erneuerbarer Energien" (Erneuerbare-Energien-Gesetz, EEG) die vorrangige Einspeisung von Strom aus erneuerbaren Quellen in das deutsche Stromnetz. Das EEG garantiert den jeweiligen Erzeugern feste, während des zwanzigjährigen Förderzeitraums langsam sinkende Einspeisevergütungen in ganz Deutschland.

Die verfügbaren Potenziale für die Nutzung von Geothermie, von Solar-, Wind-, Wasserenergie sowie von Biomasse variieren regional jedoch erheblich.

Aufgabe 1
a) Beschreiben Sie die Funktions- und Betriebsweise landwirtschaftlicher Biogasanlagen.
b) Charakterisieren Sie vor dem Hintergrund der naturräumlichen Ausstattung, insbesondere der Bodenqualitäten, die regionalen Unterschiede des Brennstoffpotenzials in Deutschland.
c) Stellen Sie die räumliche Verteilung der 2013 in Deutschland installierten Leistung von Biogasanlagen vor dem Hintergrund der jeweiligen Brennstoffpotenziale dar.

Aufgabe 2
a) Charakterisieren Sie die Besonderheiten des Bioenergieparks Saerbeck (Münsterland).
b) Analysieren Sie die bisherige Entwicklung der Energiegewinnung aus erneuerbaren Quellen, insbesondere aus Biomasse, in Deutschland.

Aufgabe 3
Erörtern Sie die möglichen Zukunftschancen der Biomasseanlagen in Deutschland.

M1 **Diercke Weltatlas**

68.3 Biomasse

M2 **Diercke Weltatlas**

52.1 Deutschland – Landschaften
56.1 Landwirtschaft
57.2 Böden
69.5 Saerbeck (Münsterland) – Bioenergiepark
69.6 Saerbeck (Münsterland) – Nachhaltige Versorgung

M3 **Definition Biomasse**

Die Europäische Union definiert in ihrer Erneuerbare-Energien-Richtlinie Biomasse folgendermaßen: Biomasse ist der biologisch abbaubare Teil von Erzeugnissen, Abfällen und Reststoffen der Landwirtschaft mit biologischem Ursprung (einschließlich tierischer und pflanzlicher Stoffe), der Forstwirtschaft und damit verbundener Wirtschaftszweige einschließlich der Fischerei und der Aquakultur. Auch der biologisch abbaubare Teil von Abfällen aus Industrie und Haushalten zählt nach dieser Definition zur Biomasse.

westermann

M4 Funktionsweise einer landwirtschaftlichen Biogasanlage in Deutschland

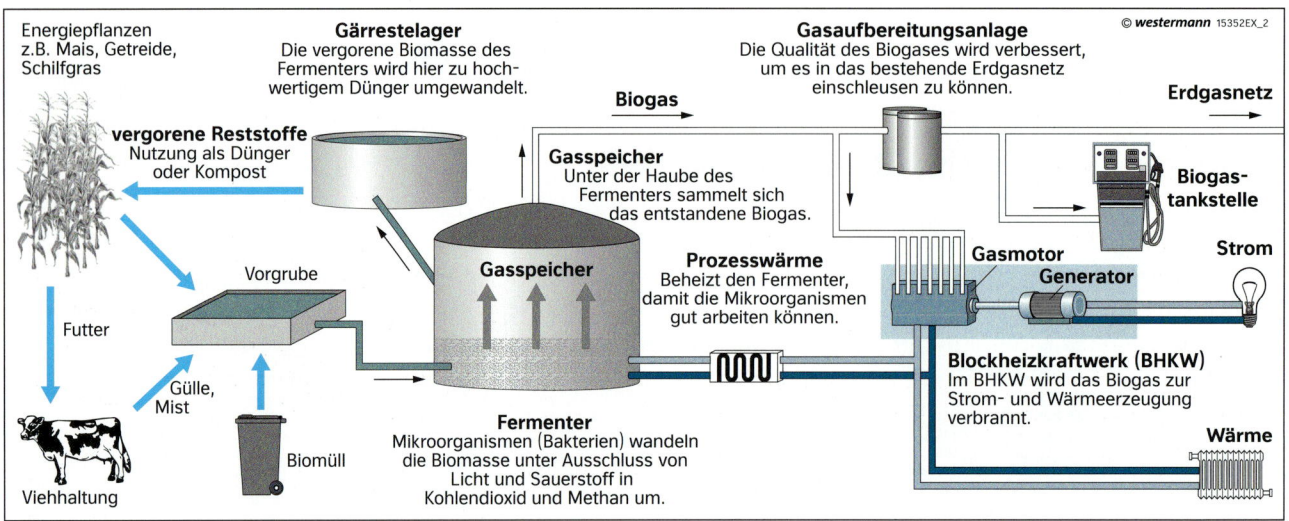

M5 Erträge aus Biomasse im Vergleich (je ha)

Energiepflanze	Ernteertrag (t)	Methanertrag (m³)	Stromertrag (kWh)	Anzahl der damit versorgbaren Haushalte
Silomais	50	4945	18731	5,2
Zuckerrüben	65	4163	15769	4,4
Getreide-Ganzpflanzen-silage[1]	40	3846	14568	4,0
Durchwachsene Silphie[2]	55	3509	13291	3,7
Grünland	29	2521	9549	2,7

[1] die gesamte Pflanze inklusive angelegter Körner wird noch grün gehäckselt und dann vergärt
[2] aus Nordamerika stammende, gelb blühende, bis zu 3 m hoch werdende, mehrjährige Energiepflanze

M6 Substrateinsatz in Biogasanlagen (2014)

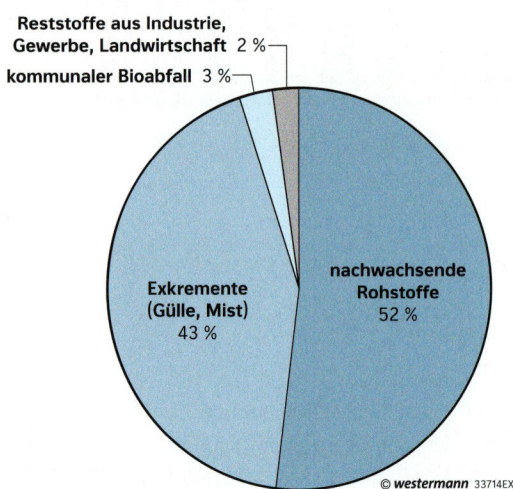

M7 Einsatz nachwachsender Rohstoffe in Biogasanlagen (2014)

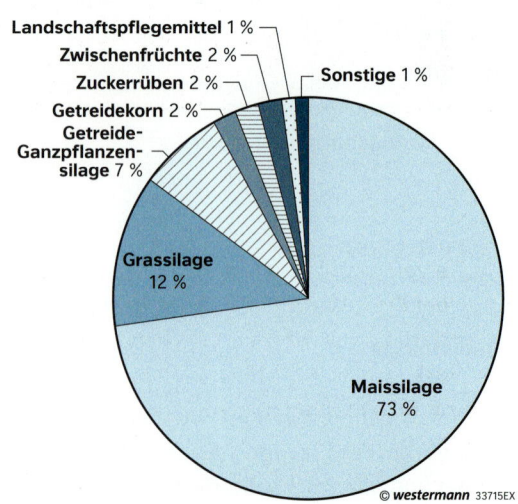

westermann

M8 Verwendung von Mais (2015)

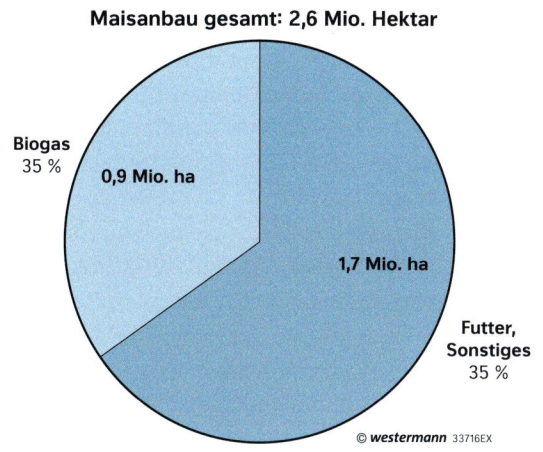

Maisanbau gesamt: 2,6 Mio. Hektar

Biogas 35 %

0,9 Mio. ha

1,7 Mio. ha

Futter, Sonstiges 35 %

© **westermann** 33716EX

M9 Anteil der Energieträger an der Bruttostromerzeugung in Deutschland (2015)

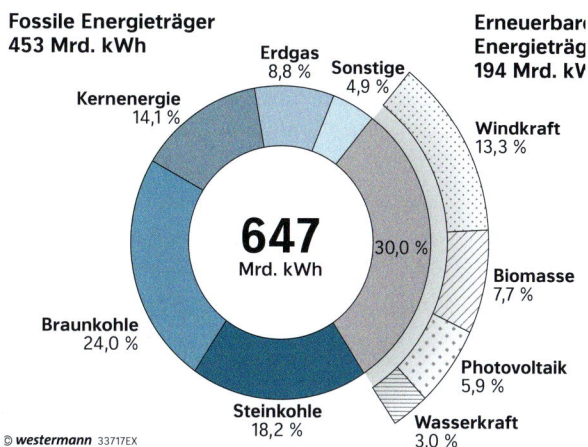

Fossile Energieträger 453 Mrd. kWh

Erneuerbar(e) Energieträg(er) 194 Mrd. kV(Wh)

Erdgas 8,8 %

Sonstige 4,9 %

Kernenergie 14,1 %

Windkraft 13,3 %

647 Mrd. kWh

30,0 %

Biomasse 7,7 %

Braunkohle 24,0 %

Photovoltaik 5,9 %

Steinkohle 18,2 %

Wasserkraft 3,0 %

© **westermann** 33717EX

M10 Entwicklung der Stromerzeugung aus erneuerbaren Energien in Deutschland

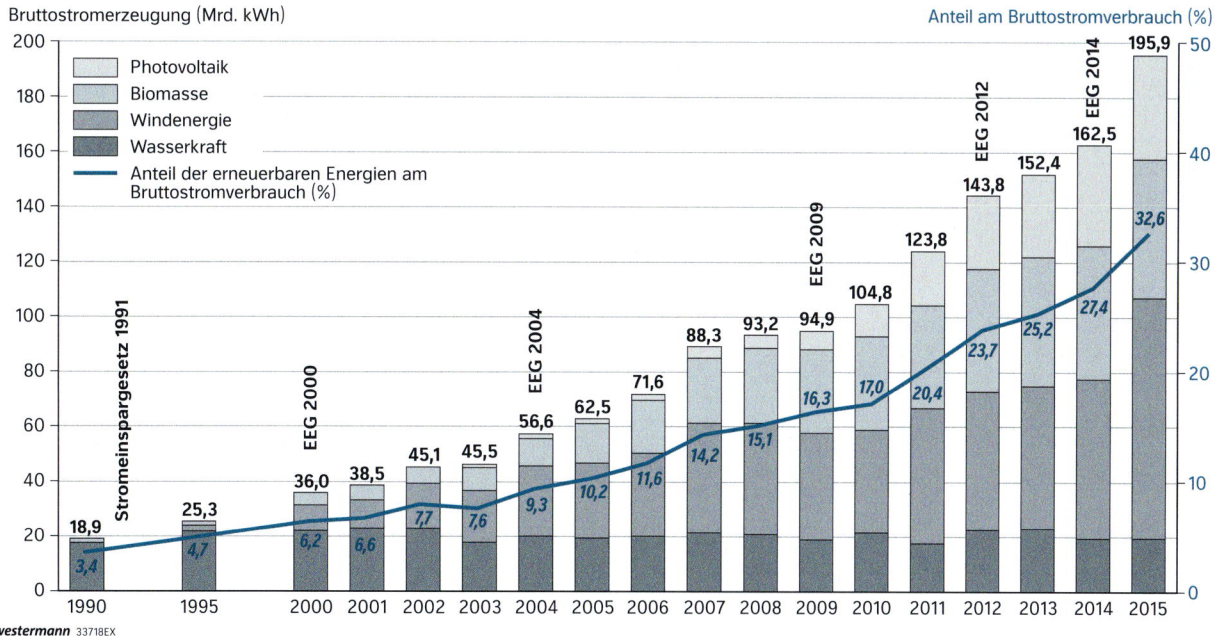

Bruttostromerzeugung (Mrd. kWh)

Anteil am Bruttostromverbrauch (%)

- Photovoltaik
- Biomasse
- Windenergie
- Wasserkraft
- Anteil der erneuerbaren Energien am Bruttostromverbrauch (%)

Stromeinspargesetz 1991

EEG 2000

EEG 2004

EEG 2009

EEG 2012

EEG 2014

18,9 — 3,4
25,3 — 4,7
36,0 — 6,2
38,5 — 6,6
45,1 — 7,7
45,5 — 7,6
56,6 — 9,3
62,5 — 10,2
71,6 — 11,6
88,3 — 14,2
93,2 — 15,1
94,9 — 16,3
104,8 — 17,0
123,8 — 20,4
143,8 — 23,7
152,4 — 25,2
162,5 — 27,4
195,9 — 32,6

1990 1995 2000 2001 2002 2003 2004 2005 2006 2007 2008 2009 2010 2011 2012 2013 2014 2015

© **westermann** 33718EX

M11 Interview

Herr von Webel, Sie vertreiben in der ganzen Republik Gasmotoren, die technologischen Kernstücke der Strom- und Wärmeproduktion bei Biogasanlagen. Wie läuft das Geschäft zur Zeit?

Es geht so. Die Förderung von Biomasseanlagen, also die Vergütung für ins Netz eingespeisten Strom, ist durch das EEG 2014 leider stark zurückgefahren worden. Außerdem dürfen nun in Deutschland pro Jahr zusätzlich nur noch maximal 100 MW mit Biogasanlagen erzeugt werden. Damit ist ein weiterer Ausbau so wie bisher kaum noch möglich. Ich finde das ärgerlich, nicht nur, weil es mein Geschäft betrifft. Biomassestrom ist ein wichtiger Beitrag zur Energie, er ist ja grundlastfähig, gut speicherbar und vor Allem leicht regelbar, letztlich also doch viel verlässlicher als die Stromgewinnung aus Wind- und Sonnenenergie.

Pech für Sie?

Kleinere Anlagen bis 75 KW werden ja weiterhin nach dem EEG gefördert. Das sind die meisten der z. B. auf Bauernhöfen installieren Anlagen. Und seit 2012 können Betreiber einer Anlage zur regenerativen Stromerzeugung monatlich selbst entscheiden, ob sie ihren Strom wie bisher nach dem EEG vergüten lassen oder den Strom direkt selbst vermarkten wollen. Bei der Direktvermarktung müssen sie jedoch Verträge mit dem Netzbetreiber schließen.

westermann

Ist diese Direktvermarktung nicht sehr risikoreich?

Im Gegenteil, das kann sehr lukrativ sein. Flexstrom z. B. wird gut bezahlt.

Was ist das, Flexstrom?

Flexstrom ist Strom, der mehr oder weniger kurzfristig bereitgestellt werden kann, wenn das Netz dies erfordert. Unsere Gasmotoren können sehr rasch auf Volllast hochgefahren werden. Sie helfen also mit ihrer flexiblen und bedarfsgerechten Stromproduktion Spitzenlasten zu bewältigen. Dabei gibt es drei verschiedene Möglichkeiten. Bei der Primärregelenergie muss der Stromerzeuger, also z. B. der Bauer X, innerhalb von 15 Minuten die vereinbarte Leistung erbringen, also den Motor an- und hochfahren und so und soviel Strom ins Netz geben. Bei der Sekundärregelenergie muss er dagegen Strom nach einem vom Netzbetreiber vorgegebenen Wochenbedarfsplan liefern. Da kann man sich in etwa ausrechnen, wieviel man verdienen wird. Und die sogenannte Sekundenregelenergie wird schließlich gebraucht, wenn z. B. durch Blitzschlag ein Umspannwerk und damit große Netzbereiche ganz ausfallen. Dann muss praktisch sofort Strom neu eingespeist werden. Sekundenstrom bringt für den Stromanbieter am meisten, fünf bis sechs Euro je KW, ein Vielfaches der normalen EEG-Vergütung. Der Bauer muss nur einmal nachweisen, dass seine Anlagen die vereinbarte Leistung tatsächlich bringen können. Ich kenne Anlagen, die sind außer zum erstmaligen Nachweis dieser Leistung noch nie angefahren worden. Das Geld fließt aber trotzdem. Attraktive Geschäftsidee für einen Bauern, oder?

M12 **Anteil der Biogasanlagen mit EEG-Festvergütung bzw. Direktvermarktung (2014)**

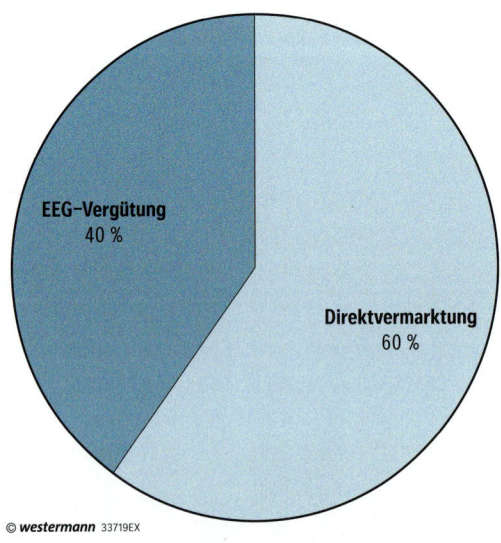

EEG-Vergütung 40 %

Direktvermarktung 60 %

© *westermann* 33719EX

M13 **Direktvermarktung von Strom aus Biomasse**

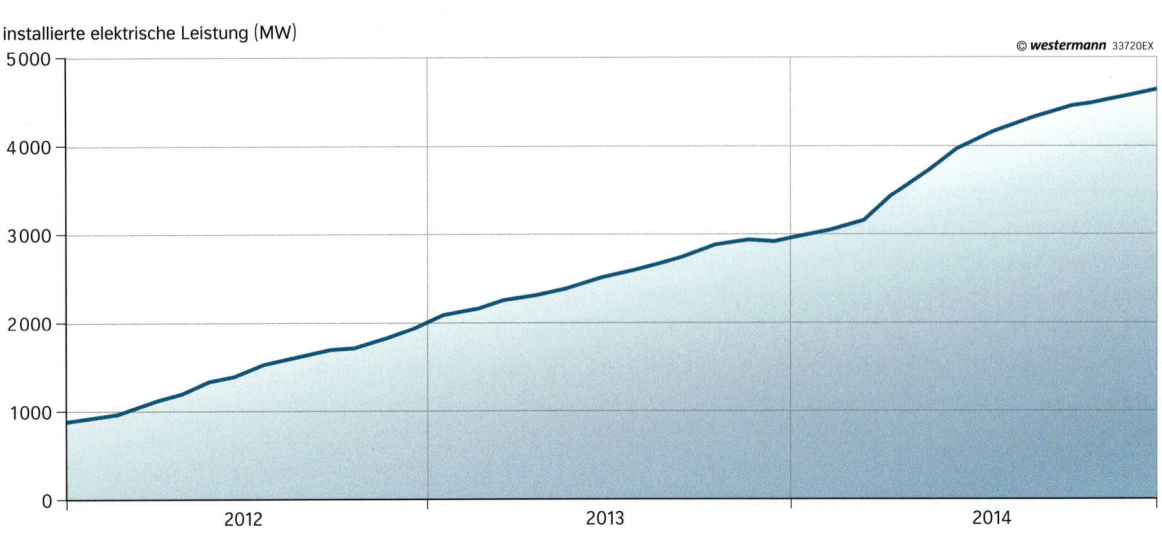

installierte elektrische Leistung (MW)

© *westermann* 33720EX

westermann

M14　**Stromgestehungkosten***

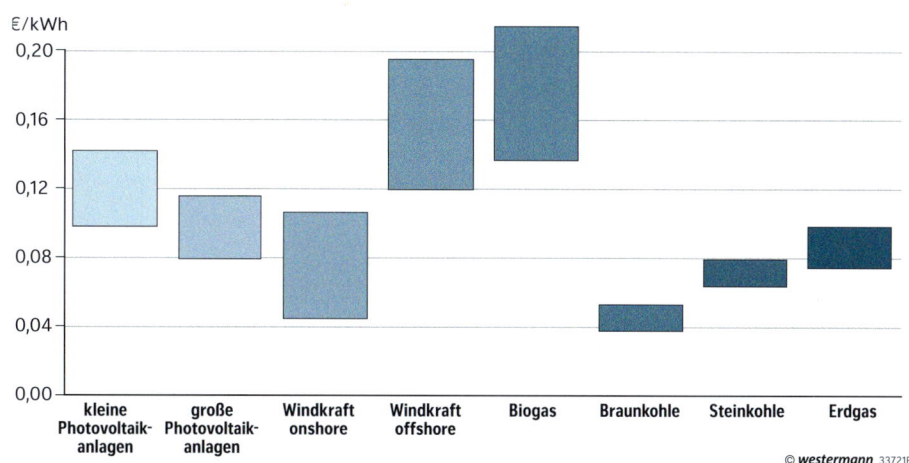

© *westermann* 33721EX

* Stromgestehungskosten sind Kosten, die bei der Erzeugung von elektrischen Strom anfallen. Sie ergeben sich aus den Kapitalkosten (inklusive der Finanzierungskosten von Fremdkapital), den Betriebskosten, den Brennstoffkosten sowie der angestrebten Kapitalverzinsung über den gesamten Betriebszeitraum.

M15　**Entwicklungsperspektiven von Biomasseanlagen – Beispiel: Baden-Württemberg**

Das EEG 2014 garantiert eine Förderdauer von 20 Jahren. Die Grafik zeigt auf Bundeslandebene die voraussichtliche Entwicklung der installierten elektrischen Leistung der jetzigen Anlagen bei Weiterführung des EEG 2014 und ohne Anschlussregelung für diese Anlagen.

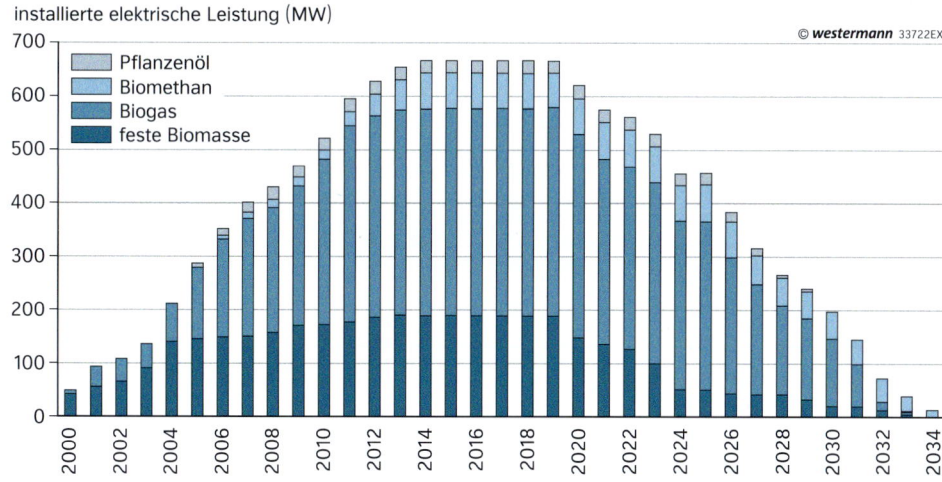

© *westermann* 33722EX

Quellen

M4: Fachagentur Nachwachsende Rohstoffe e. V. (Hrsg.): Bioenergie die vielfältige erneuerbare Energie. 5. überarbeitete Auflage, 2013, S. 37
M5: Basisdaten Bioenergie Deutschland 2015, S. 39
M6: Basisdaten Bioenergie Deutschland 2015, S. 39
M7: Basisdaten Bioenergie Deutschland 2015, S. 39
M8: Basisdaten Bioenergie Deutschland 2015, S. 13
M9: http://strom-report.de/strom-vergleich/#stromerzeugung-2015
M10: Bundesministerium für Wirtschaft und Energie: Erneuerbare Energie in Deutschland. Daten zur Entwicklung im Jahr 2015, Berlin 2016, S. 3
M11: Interview des Autors
M12: http://www.dbfz.de/fileadmin/eeg/berichte/3310025_03MAP250_Bericht_Mai_2015.pdf, S. 38
M13: Basisdaten Bioenergie Deutschland 2015, S. 15
M14: Wikipedia
M15: Deutsches Biomasseforschungszentrum (DBFZ): Biomasse im EEG 2016. Hintergrundpapier zur Situation der Bestandsanlagen in den verschiedenen Bundesländern

westermann

Zusatzmaterialien

M16 Anbau nachwachsender Rohstoffe in Deutschland 2005–2015

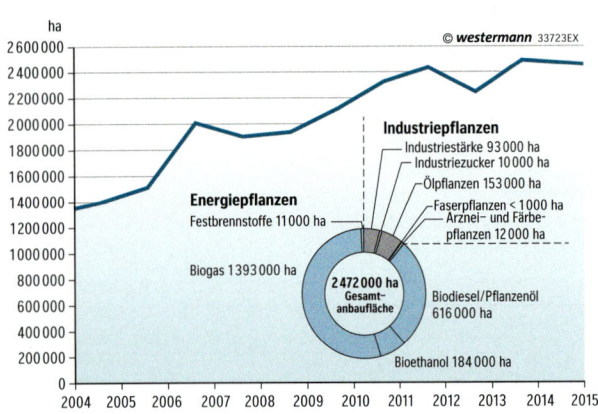

Quelle: Basisdaten Bioenergie Deutschland 2015, S. 10

M17 Entwicklung der Maisanbaufläche in Deutschland 2006–2015

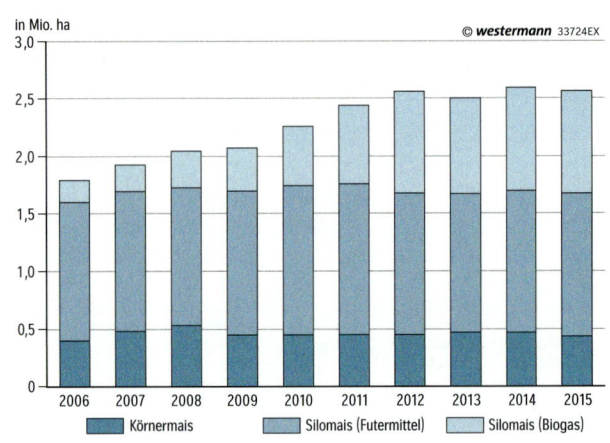

Quelle: Basisdaten Bioenergie Deutschland 2015, Fachagentur Nachwachsende Rohstoffe Biogas (http://www.fnr.de/fileadmin/allgemein/pdf/broschueren/Broschuere_Basisdaten_Bioenergie_2015_Web.pdf)

M18 Entwicklung der Biogasanlagen in Deutschland 1992–2015

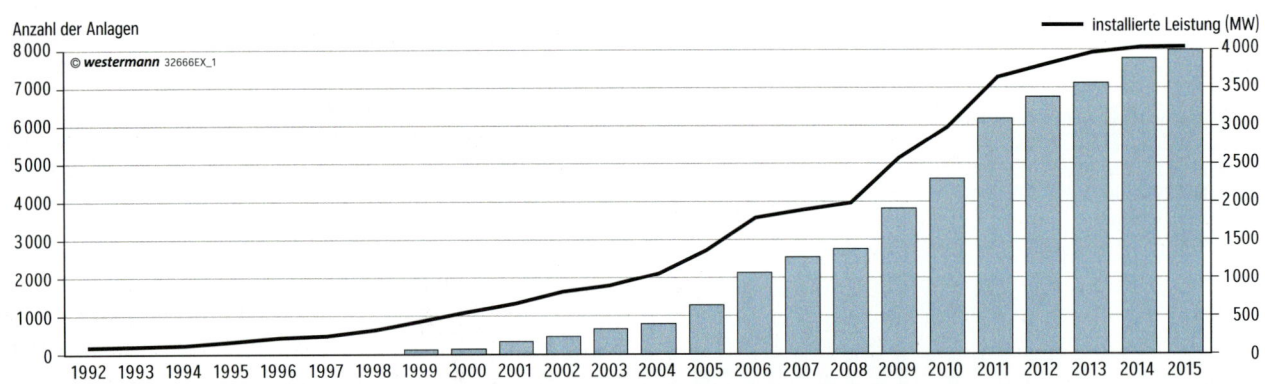

Quelle: Situationsbericht 2015/2016, S. 43

M19 Ungenutztes Biomassepotenzial nach Herkunft

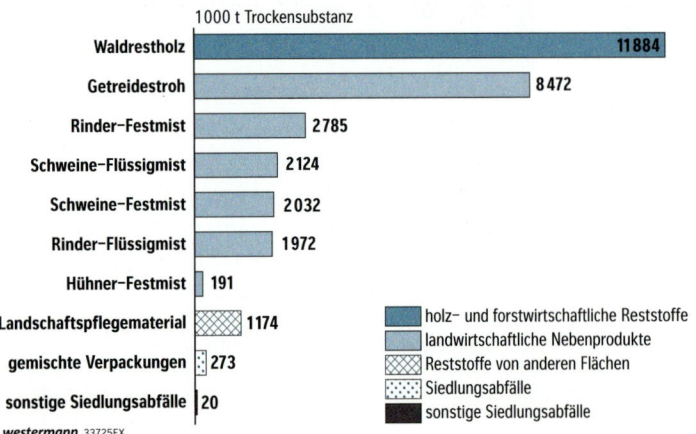

Quelle: http://www.forschungsradar.de/fileadmin/content/bilder/studien/FNR_DBFZ_Biomassepotenziale_Rest_Abfallstoffe_Status_Quo_Deutschland/1512_AEE_FR_Ungenutztes_technisches_Biomassepotenzial.jpg

westermann

Naturschutz und Tourismus im Nationalpark Schleswig-Holsteinisches Wattenmeer: Gegner oder Partner?

Karten im Diercke Weltatlas

- 32.1 Nordsee – Watten-küste
- 32.2 Nordstrander Bucht – Naturschutz
- 32.3 Landgewinnung, Küstenschutz
- 33.4 Das Wattenmeer – Gezeiten
- 62.1 Deutschland – Tourismus
- 121.2 Nordsee und Ostsee – Umweltbelastung

Unterrichtliche Voraussetzungen

Inhaltlich

Für die Bearbeitung der Klausur sollten physisch-geographische Grundkenntnisse zum Naturraum Wattenmeer und Basiswissen zur Gefährdung mariner Ökosysteme verfügbar sein. Auch ein grundsätzliches Verständnis für die Belastungen, die vom Tourismus auf den Naturraum ausgehen, erleichtert die Einschätzung der Situation in der Beispielregion.

Fachbegriffe

allgemein:
- Watt
- Wattenmeer
- Wattenküste

in den Materialien:
- Sandbank (M1 [32.1])
- Küstendüne (M1 [32.1])
- Kliff (M1 [32.1])
- Lahnung (M1 [32.1])
- Binnendeich (M1 [32.1])
- Siel (M1 [32.1])
- Geest (M1 [32.1])
- Hallig (M1 [32.1])
- Marsch(flächen) (M1 [32.1], M3)
- Eutrophierung (M1 [121.2])
- Warft (M2)
- Tide(gebiete) (M3)
- Brackwasser (M3)
- Salzwiese (M3)
- Bruttoumsatz (M8)
- Volkseinkommen (M8)

Literatur

Ehlers, J.: Die Nordsee. Vom Wattenmeer zum Nordatlantik. Darmstadt 2008.

Diercke Handbuch: Erläuterungen zur Karte „Nordsee – Wattenküste" (32.1). Braunschweig 2015, S. 19 f.

Disselhoff, T.: Gebietsschutz und Flächensicherung für den Naturschutz. In: Praxis Geographie, H. 11/2014, S. 4–9.

LKN-SH/Nationalparkverwaltung (Hrsg.): Sozio-Ökonomisches Monitoring (SÖM Watt) in der Wattenmeerregion. Tönning 2015. (http://www.nationalpark-wattenmeer.de/sites/default/files/media/pdf/soem-bericht-2015.pdf)

LKN-SH/Nationalparkverwaltung (Hrsg.): Mehrwert Natur. Tönning 2014. (http://www.nordseetourismus.de/data/mediadb/cms_mime/%7B57a1e3a3-989f-11b7-5fea-31fefa4b613c%7D.pdf)

Nordsee-Tourismus-Service GmbH (NTS) (Hrsg.): Mehrwert Plus. Die Bedeutung des Tourismus für die Region und zentrale Herausforderungen für den Tourismus an der Westküste. Husum 2014. (http://www.nordseetourismus.de/data/mediadb/cms_mime/%7B79e3c20a-7ecb-6cee-e09d-2d84a32dee0c%7D.pdf)

Internet

http://www.nationalpark-wattenmeer.de/sh
Webseite des Nationalparks mit umfangreichem Informationsangebot und Datenbank

http://www.schutzstation-wattenmeer.de
Informationsseite des gleichnamigen Verbandes; betreibt 20 Schutzstationen und drei Seminarhäuser für Forschung und Bildung, bietet u. a. umfangreiche Linksammlung

Kürzungs- und Erweiterungsmöglichkeiten, Alternativen (geplante Bearbeitungszeit: 135 min)

	Kürzungsmöglichkeiten	Erweiterungsmöglichkeiten	Alternative Klausur (90 min)
Aufgabe 1	Auf die Lokalisierung folgt lediglich eine Beschreibung des National-parkgebietes unter Verzicht auf die angrenzende Küste. → 1. Lokalisieren Sie den National-park Schleswig-Holsteinisches Wattenmeer und beschreiben Sie die Landschaft im Schutzgebiet.	Auf der Basis der Karten 32.2 und 32.3 kann die Landschaft noch detaillierter beschrieben werden, als dies in der Musterlösung, die sich auf 32.1 beschränkt, erfolgt. Induziert wird dies durch folgende Erweiterung von Aufgabe 1: → 1. ... Gehen Sie dabei insbeson-dere auf die landschaftsprägende Wirkung von Küstenschutz und Landgewinnung ein. → in M1 zusätzliche Angabe der Karten 32.2 und 32.3	Stärkere Fokussierung auf den Tourismus durch Modifikation der Aufgaben 1 und 2. Aufgabe 3 bleibt unverändert. Dadurch gleichzeitig deutliche Kürzung. → 1. Lokalisieren Sie den National-park Schleswig-Holsteinisches Wattenmeer und beschreiben Sie das touristische Potenzial der Ferienregion.
Aufgabe 2			→ 2. Erläutern Sie Art, Umfang und Entwicklung der touristischen Nutzung der Ferienregion an der Schleswig-Holsteinischen Nordsee-küste.
Aufgabe 3	M9a oder M9b kann entfallen. M10 oder M11 kann entfallen.	Vertiefung durch die Zusatzmateri-alien M12 und M13 Erweiterung auf eine generelle Pro- und Kontra-Abwägung hinsichtlich des Nationalparks, hierzu Ergänzung der Zusatzmate-rialien M13 und M14 → 3. Erörtern Sie die Vor- und Nachteile des Nationalparks für die Entwicklung der Region.	→ 3. Erörtern Sie die Leitfrage des Klausurtitels.

Erwartungshorizont mit Punkteverteilung

Bitte beachten Sie: Die Punkteverteilung stellt nur einen Vorschlag dar, der je nach Bundesland und Kurssituation angepasst werden muss. Die Punkte beziehen sich zudem nur auf inhaltliche Aspekte, nicht auf die Darstellungsleistung der Schüler.

Aufgabe 1 Anforderungsbereich: I Materialien: M1 [32.1, 62.1], M2	maximale Punktzahl	erreichte Punktzahl
Lokalisierung Der Nationalpark Schleswig-Holsteinisches Wattenmeer erstreckt sich entlang der Nordseeküste von der Grenze zu Dänemark, nördlich der Insel Sylt bis zur Elbmündung. (M1 [32.1]) Mit einer Fläche von 4410 km² handelt sich um den größten der drei deutschen Wattenmeer-Nationalparks. (M1 [62.1], M2) Die Nationalparkgrenze verläuft entlang der Küste. Die der Küste vorgelagerten Inseln und Halligen sind vom Nationalparkgebiet ausgenommen. Meerwärts endet das National-parkgebiet an der Grenze der Niedrigwasserzone von 0–200 m Tiefe. Der Abstand zur Küste bzw. zu den vorgelagerten Inseln beträgt zwischen 40 km an der Elbmündung und 7,5 km auf Höhe des Badeortes St. Peter Ording. (M1 [32.1])	8	
Naturräumliche Besonderheiten Die Gestalt der Küste ist im nördlichen und südlichen Teil des Gebietes unterschiedlich. Der südliche Küstenabschnitt von der Mündung der Elbe bis zur Insel Nordstrand weist einen sehr unregelmäßigen Verlauf mit tiefen Buchten und Einschnitten in den Mündungsbereichen von Elbe und Eder auf. Der nördlich angrenzende Abschnitt bis zur dänischen Grenze verläuft gerader, doch sind ihr zahlreiche größere und kleinere Inseln, Halbinseln und Sandbänke vorgelagert. Die Landschaft der drei größten und nördlichsten Inseln, Sylt, Föhr und Amrum, weist Kliffs auf. (M1 [32.1])	6	
Die Küstenlandschaft im Bereich des Nationalparks Schleswig-Holsteinisches Wattenmeer lässt sich in drei Zonen gliedern: das von Sandbänken und Inseln durchsetzte Watt in den Kernzonen des Nationalparks mit den dazwischenliegenden schmalen Zonen tieferen Wassers (z. B. Süder- und Norderpiep, Norderhever, Norderaue, Hörnumtief), die Marsch als ufernahe Küstenzone, die landeinwärts von der höher gelegenen Geest abgelöst wird. (M1 [32.1])	5	

Aufgabe 1 Anforderungsbereich: I Materialien: M1 [32.1, 62.1], M2	**maximale Punktzahl**	**erreichte Punktzahl**
Menschliche Einflüsse Landschaftsprägend und landschaftsformend ist der Küstenschutz. Der gesamte Küstenverlauf mit Ausnahme der Abschnitte mit Küstendünen ist durch Deiche gegen das Meer gesichert. Über Deichverkürzungen wurden in jüngerer Zeit Salz- und Süßwasserseen geschaffen bzw. durch Trockenlegung auch neue Wiesen- und Ackerflächen. Zahlreiche Schleusen und Siele regulieren den Wasserabfluss vom Festland ins Wattenmeer. (M1 [32.1])	5	
Neben dem Hauptdeich, der die Küste und die größeren Inseln zum Meer hin abschließt, gibt es eine Vielzahl älterer und kleinerer Deiche, die Binnendeiche. Ihr Verlauf lässt teilweise das seewärtige Voranschreiten der Landgewinnung erkennen. (M1 [32.1])	2	
Die Flächen der Marsch und der Geest sowie die Inseln und Halligen werden überwiegend landwirtschaftlich genutzt und zwar entweder als Wiesen und Weiden oder als Ackerflächen. Sylt, Amrum und ein kleiner Küstenabschnitt bei St. Peter Ording weisen Küstendünen auf, die nicht landwirtschaftlich genutzt werden. Große Teile der Küstenlinie sind von einem schmalen Deichvorland gesäumt. (M1 [32.1])	5	
Das Gebiet ist ländlich strukturiert. Die einzigen Orte auf dem Festland mit mehr als 10 000 Einwohnern sind Heide und Husum. Sie befinden sich entlang der küstenparallelen Bahnstrecke, die auf dem Geestrand verläuft, und ebenso wie das Straßennetz Nebenstrecken nach Büsum, St. Peter-Ording und Westerland auf Sylt aufweist. (M1 [32.1])	5	
Neben der landwirtschaftlichen Nutzung weisen Seebäder auf eine intensive touristische Nutzung hin. Besonders viele große Seebäder befinden sich auf Sylt. (M1 [62.1])	2	
In jüngerer Zeit wurden überall entlang der Küste Windkraftanlagen errichtet, die die Landschaft heute gleichfalls prägen. Im Süden, vom Nationalparkgebiet ausgenommen, wird über die Bohrinsel Mittelplate Erdöl gefördert. (M1 [32.1])	2	
	40	

Aufgabe 2 Anforderungsbereich: II Materialien: M1 [121.2], M2, M3, M4, M7	**maximale Punktzahl**	**erreichte Punktzahl**
Ökologische Bedeutung Das Watt mit seinen Schlick- und Sandflächen ist Lebensraum für zahlreiche Tiere und Tierarten. Die im Sediment lebenden Muscheln, Krebse, Faden- und Strudelwürmer sowie deren Larven bilden die Nahrungsgrundlage für die Vögel, die als Standvögel, Wintergäste und Zugvögel (jährlich 12 Mio.) auf der Rast auf diese Nahrungsquelle angewiesen sind. Fische kommen zum Laichen in das Watt. Von ihnen bzw. ihrem Nachwuchs leben wiederum die größeren Meeressäuger wie Seehunde, Kegelrobben und Schweinswale. (M3)	7	
Salzwiesen, Marschflächen, Dünen und Sandbänke stellen weitere mit dem Wattenmeer verknüpfte Lebensräume mit einem spezifischen Artenspektrum dar. So leben allein in den Salzwiesen über 2000 verschiedene Pflanzen- und Tierarten. (M3)	2	
Das der Nordsee vorgelagerte Watt schützt die Küsten säumenden Lebensräume vor Abtragung und Überflutung.	1	
Gefährdung Das Wattenmeer an der schleswig-holsteinischen Küste liegt in der Nähe von Hauptschifffahrtsrouten. Von den Handels- und Passagierschiffen, aber auch von Sportbooten gehen Verschmutzungen durch Müll, Ruß und Schiffsdiesel aus. (M1 [121.2]) Besonders gefährlich wäre eine Havarie eines Tankers.	3	
Über die Flüsse, die im Bereich der Wattenmeerküste ins Meer münden, werden Schadstoffe aus industriellen Abwässern und Nährstoffe aus Abwässern und vor allem aus der Landwirtschaft eingetragen. Ein übermäßiger Nährstoffeintrag birgt die Gefahr der Eutrophierung. (M1 [121.2])	3	
Die Belastung durch Schadstoffe aus unterschiedlichsten Quellen wird durch einen vergleichsweise langsamen Wasseraustausch im Wattenmeer erhöht. Strömungsbedingt benötigt der Austausch im nördlichen Teil des schleswig-holsteinischen Wattenmeeres zwischen 24 und 36 Tagen, im südlichen Teil sogar mehr als 36 Tage. (M1 [121.2])	2	
Fischerei über ein nachhaltiges Maß hinaus und Eingriffe des Menschen in die Natur zur Ausübung von Freizeitaktivitäten gefährden die Tierarten des Wattenmeeres und ihre Bestände. Dem wird jedoch durch die Schutzmaßnahmen vorgebeugt, sodass die Bedeutung dieser Gefährdungsfaktoren seit Einrichtung der Schutzzonen stark relativiert werden muss.	2	
Maßnahmen Das Schleswig-Holsteinische Wattenmeer hat einen mehrfachen Status als Schutzgebiet auf nationaler und internationaler Ebene, u. a. Nationalpark, UNESCO-Biosphärenreservat, RAMSAR-Feuchtgebiet. (M2)	2	

Aufgabe 2 Anforderungsbereich: II Materialien: M1 [121.2], M2, M3, M4, M7	maximale Punktzahl	erreichte Punktzahl
Hieraus entsteht ein Schutz vor Veränderungen bzw. Schädigungen durch menschliche Eingriffe in den Naturhaushalt. Auf dem Gebiet des Nationalparks gibt es beispielsweise eine nutzungsfreie Zone. In den anderen Zonen herrschen in abgestufter Weise Nutzungseinschränkungen für wirtschaftliche Aktivitäten und Freizeitaktivitäten. (M4)	3	
Die Umsetzung der Schutzbestimmungen wird durch die Nationalparkverwaltung koordiniert und durch verschiedene amtliche und ehrenamtliche Akteure überwacht. (M2)	2	
Die Nationalparkverwaltung führt ein Umweltmonitoring durch. (M2) Dies dient der Kontrolle und der Verbesserung der Schutzmaßnahmen.	1	
Einrichtungen zur Besucherinformation und Besucherlenkung tragen dazu bei, die einheimische Bevölkerung und Touristen aufzuklären und die Bereitschaft zum umweltgerechten Verhalten im Bereich des Schutzgebietes und seines Umfeldes zu erhöhen. (M2)	2	
	30	

Aufgabe 3 Anforderungsbereich: II/III Materialien: M4, M5, M6, M7, M8, M9, M10, M11	maximale Punktzahl	erreichte Punktzahl
Der Tourismus hat für die Region des Nationalparks eine erhebliche wirtschaftliche Bedeutung. Belege (Auswahl): Der relative Beitrag zum Volkseinkommen beträgt 41 %. Insgesamt wird ein Bruttoumsatz von über 1 Mrd. Euro erzielt, wobei 95 % dieser Summe auf den Übernachtungstourismus entfällt, denn durch die Übernachtungskosten gibt diese Gästegruppe pro Tag und Person mehr als viermal so viel aus wie Tagestouristen. Hieraus ergibt sich ein Einkommen von jährlich 572 Mio. Über 30 000 rechnerische Vollzeitarbeitsstellen sind auf den Tourismus zurückzuführen. (M8)	7	
Die Übernachtungszahlen pendeln seit Beginn der 2000er-Jahre zwischen 7,4 und 8 Mio., Tendenz steigend; die Gästezahlen sind zwischen 2001 und 2013 von rund 1 Mio. auf 1,3 Mio. gestiegen. (M5) Der Tourismus befindet sich also noch im Wachstum, obwohl die Intensität dieses Segments gemessen an Übernachtungen pro Einwohner mit 81 im Vergleich zu anderen Küstenregionen bereits extrem hoch ist. (M6)	4	
Die Entwicklung zeigt, dass der Tourismus in der Region offenbar nicht unter der Schutzgebietsausweisung und den damit einhergehenden Einschränkungen in den Schutzgebieten (vgl. M4) gelitten hat. Die vorliegenden Daten deuten vielmehr darauf hin, dass der Tourismus durch den Naturschutz sogar gefördert wird:	2	
Über 80 % der Besucher bereisen die Region gerade auch wegen der herausragenden und schützenswerten Naturlandschaft. (M9a) Für 26 %, also ein Viertel der Besucher, ist das Vorhandensein des Nationalparks für die Reiseentscheidung sogar sehr wichtig und für weitere 18 % immerhin noch ziemlich wichtig. (M9b)	4	
Die Besucherzahlen in den Nationalparkzentren und sonstigen naturbezogenen Ausstellungen und die Teilnahme an Angeboten zur Naturerkundung zeigen, dass die Informations- und Bildungsangebote mit Naturbezug ein sehr wichtiges Element im touristischen Potenzial der Region darstellen. (evtl. Zahlen als Belege, M7)	4	
Einer Beeinträchtigung der Schutzfunktionen durch den wachsenden Tourismus beugt man durch diese Form der Öffentlichkeitsarbeit zugleich vor. Ein 700 Elemente umfassendes Besucher-Informations-System, bestehend aus Info-Tafeln und -karten, Naturpfaden, Info-Wagen und Info-Pavillons an 235 Standorten sorgt darüber hinaus für eine naturverträgliche Besucherlenkung. (M10)	3	
Die Nationalparkverwaltung und Naturschutzverbände kooperieren mit Gemeinden und Unternehmen der Region durch sog. Nationalparkpartnerschaften. Betriebe können sich als Nationalparkpartner zertifizieren lassen, wenn ihre Ausrichtung mit den Zielen des Parks im Einklang steht und sie bestimmte touristische Qualitätsanforderungen erfüllen. Die Zertifizierung bringt den Betrieben Image- und Marketingvorteile. Auf der anderen Seite wird ein hoher ökologischer Standard bei den wirtschaftlichen Aktivitäten erzielt. (M11)	3	
Naturschutz und Tourismusförderung stehen in der Ferienregion der schleswig-holsteinischen Wattenmeerküste im Einklang.	1	
Inwieweit ein weiteres Wachstum des Tourismus, für das die vorhandene touristische Infrastruktur ausgebaut werden müsste, angesichts des bereits vorhandenen Besucherdrucks noch verträglich wäre, lässt sich anhand des vorliegenden Materials nicht abschätzen. Doch zeigt das Konzept der Nationalpark-Partnerschaften, dass die Instrumente, um beide Raumansprüche miteinander zu vereinbaren, ebenfalls verbessert werden.	2	
	30	

Name: .... Datum: ....

Kurs/Klasse: .... Zeit: ....

Naturschutz und Tourismus im Nationalpark Schleswig-Holsteinisches Wattenmeer: Gegner oder Partner?

Aufgabe 1
Lokalisieren Sie den Nationalpark Schleswig-Holsteinisches Wattenmeer und beschreiben Sie die Küstenlandschaft im Bereich des Schutzgebietes und seines Hinterlandes hinsichtlich der naturräumlichen Besonderheiten und menschlichen Einflüsse.

Aufgabe 2
Erläutern Sie die ökologische Bedeutung des Wattenmeers an der schleswig-holsteinischen Küste, seine Gefährdung und die Maßnahmen, die zu seiner Erhaltung ergriffen wurden.

Aufgabe 3
Erörtern Sie die Leitfrage des Klausurtitels.

M1 Diercke Weltatlas

32.1 Nordsee – Wattenküste
121.2 Nordsee und Ostsee – Umweltbelastung

weitere Atlaskarten nach Wahl

M2 Der Nationalpark Schleswig-Holsteinisches Wattenmeer im Überblick

Gründung	1985 über das Nationalparkgesetz, 1999 novelliert
Fläche	4410 km²
Besitz	99,9 % im Eigentum des Landes Schleswig-Holstein
davon:	
– Schutzzone 1	1570 km²
– davon nutzungsfrei	125 km²
– Schutzzone 2	2840 km²
– davon Waldschutzgebiet	1240 km²
höchster Punkt	+8 m (Warft auf Süderoog)
tiefster Punkt	-27 m (südlich von Amrum)
weitere Auszeichnungen	– Weltnaturerbe der UNESCO gemeinsam mit Niedersachsen und den Niederlanden – Biosphärenreservat der UNESCO ergänzt um die Halligen – Vogelschutz- und Flora-Fauna-Habitat-Gebiet der EU zusammen mit angrenzenden Gebieten – wattenmeerweites „Besonders empfindliches Meeresgebiet" der Internationalen Schifffahrtsorganisation (PSSA) – Feuchtgebiet internationaler Bedeutung nach der Ramsar-Konvention
Verwaltung	Nationalparkverwaltung in Tönning – zuständig für Naturschutz, Umweltbeobachtung und Öffentlichkeitsarbeit
Betreuung und Überwachung vor Ort	Nationalpark-Wacht (hauptamtliche Ranger und Bundesfreiwillige) ehrenamtliche Landschaftswacht Polizei und Wasserschutzpolizei Naturschutzverbände
Bewohner	2–6 (in den angrenzenden Landkreisen Nordfriesland und Dithmarschen 290 000, davon auf den Inseln Sylt, Amrum, Föhr und Pellworm 33 000, auf den Halligen 260)
Fischereiwirtschaft	ca. 90 Krabben- und 8 Miesmuschelkutter
Landwirtschaft	Schafhaltung durch ca. 40 Landwirte

westermann

M3 Lebensraum Wattenmeer

Das Wattenmeer bildet die weltweit größte zusammenhängende Fläche aus Schlick- und Sandwatt. Insgesamt macht es 60 Prozent aller Tidegebiete in Europa und Nordafrika aus. Neben der reinen Wattfläche gehören zahlreiche andere Lebensräume, wie zum Beispiel Salzwiesen, Marschflächen, Dünen und Sandbänke zu der eingerichteten Schutzzone. Einzigartig ist die außerordentlich große Artenvielfalt. Etwa 10 000 Arten leben im Wattenmeer. Die Salzwiesen beherbergen rund 2300 Pflanzen- und Tierarten, die marinen und brackwasserhaltigen Zonen circa 2700 weitere Arten. Zu den im Wattenmeer lebenden Säugetieren zählen Seehunde, Kegelrobben und Schweinswale. Im Schlick tummeln sich Muscheln und Krebse, Faden- und Strudelwürmer. Das Watt ist Laichplatz von zahlreichen Meeresfischen wie Scholle und Seezunge. Das große Nahrungsangebot macht das Wattenmeer unentbehrlich als Zwischenstopp für Zugvögel. Auf ihrem Weg von Südafrika entlang der Atlantikküste nach Nordsibirien oder Kanada ist das Wattenmeer als Rast-, Mauser- und Überwinterungsgebiet überlebenswichtig. Durchschnittlich ziehen jährlich zehn bis zwölf Millionen Zugvögel durch das Gebiet.

M4 Regelungen auf Nationalparkgebiet

Aktivität	Schutzzone 1 (nutzungsfreies Gebiet, nördlich Föhr)	Schutzzone 1 (übriges Gebiet)	Schutzzone 2
individuell			
Befahren mit Wasserfahrzeugen	+[1]	+[1]	+[1]
Betreten	-	-[2]	+
Drachen steigen	-	-[2]	+
Hunde frei laufen	-	-	-
Jagen	-	-	-
archäologische Funde sammeln	-	-	-
Muscheln sammeln[3, 4]	-	-[2]	+
Muschelschalen sammeln	-	-[2]	+
Pflanzen pflücken	-	-	-[5]
Reiten	-	-[6]	-[6]
Tiere stören	-	-	-
Übernachten im Zelt	-	-	-
Wattwandern	-	-[7]	+
Wattwürmer graben[4]	-	-[2]	+
kommerziell			
Erdölförderung	-	-	-[8]
Fischerei von Austern	-	-	-[9]
Fischerei von Garnelen und Fischen	-	-	+
Fischerei von Herzmuscheln	-	-	-
Fischerei von Miesmuscheln[10]	-	-[6]	+[11]

[1] bestimmte, in Seekarten bezeichnete Gebiete dürfen außerhalb der Fahrwasser nicht bei Niedrigwasser befahren werden
[2] küstennah bis ca. 1 km erlaubt (aktuelle Beschilderung beachten)
[3] Austern und Miesmuscheln zum eigenen Verzehr, max. 10 l/Tag
[4] Fischereischein erforderlich
[5] Handstrauß mit Ausnahme von Strandflieder und Strandnelke
[6] nur bestimmte Gebiete
[7] nur küstennah (ca. 1 km) und auf bestimmten Routen mit Wattführern
[8] nur von der Förderinsel Mittelplate A
[9] nur Flächen östlich Sylt und Amrum
[10] nur im Unterwasserbereich
[11] nicht auf trockenfallenden Wattflächen

M5 Entwicklung des Tourismus in der Nationalpark-Region

M5a Übernachtungen (in Mio.)

M5a Gästezahlen (in Mio.)

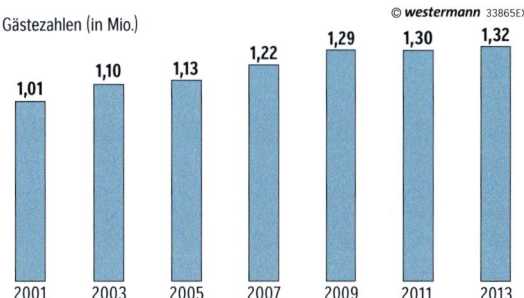

Übernachtungen (in Mio.)

© westermann 33726EX

Jahr	Mio.
1986	5,6
1996	8,2
2000	7,6
2002	7,5
2004	7,4
2006	7,5
2008	7,9
2010	8,0
2012	7,7
2013	7,7

Gästezahlen (in Mio.)

© westermann 33865EX

Jahr	Mio.
2001	1,01
2003	1,10
2005	1,13
2007	1,22
2009	1,29
2011	1,30
2013	1,32

M6 Tourismusintensität im Vergleich (Übernachtungen je Einwohner)

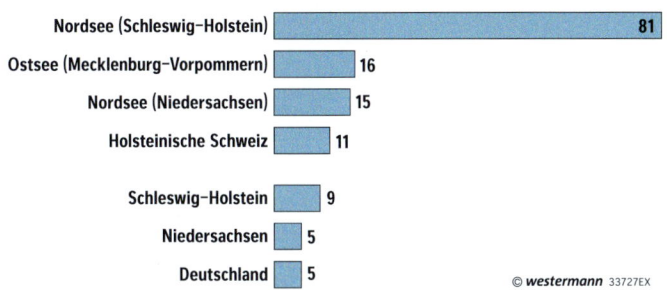

Nordsee (Schleswig-Holstein)	81
Ostsee (Mecklenburg-Vorpommern)	16
Nordsee (Niedersachsen)	15
Holsteinische Schweiz	11
Schleswig-Holstein	9
Niedersachsen	5
Deutschland	5

© westermann 33727EX

M7 Nutzung von Infozentren und anderen naturkundlichen Angeboten

	Besucher/Teilnehmer 2014
Infozentren der Nationalparkverwaltung (Nationalpark-Zentrum Multimar Wattforum in Tönning, Nationalpark-Haus in Husum, Nationalpark-Haus in Wyk auf Föhr)	232000
Ausstellungen der Naturschutzverbände und anderer Träger (insgesamt 30) davon: – Seehundstation Friedrichskoog – Westküstenpark St. Peter-Ording – Erlebniszentrum Naturgewalten, List/Sylt	560000 138300 >100000 75500
Seetierfangfahrten (durchgeführt durch Nationalparkpartner Adler-Schiffe und Hallig-reederei, begleitet von Nationalpark-Rangern oder Mitarbeitern der Naturschutzverbände)	66000
geführte Watt-Touren (5000 Wanderungen durch die beiden größten Anbieter Natur-schutzgesellschaft Schutzstation Wattenmeer und die Nationalpark-Wattführer)	121000

M8 Regionalökonomische Effekte durch den Tourismus in der Nationalpark-Region

Gesamtsumme der Aufenthaltstage aus dem Tages- und Übernachtungstourismus – davon Nationalparktouristen im engeren Sinne	18,6 Mio. 3,2 Mio.
Ausgaben der Übernachtungstouristen pro Person und Tag	66,70 €
mittlere Ausgaben der Tagestouristen pro Person und Tag	15,40 €
Bruttoumsatz durch Tages- und Übernachtungstouristen pro Jahr, davon 95 % aus Übernachtungstourismus, 5 % aus Tagestourismus	1066 Mio. €
in der Region verbleibendes Einkommen nach Abzügen von Steuern und Vorleistungen vom Jahres-Bruttoumsatz	572 Mio. €
Vollzeitstellen-Äquivalent Gibt an, wie viele Personen rechnerisch von den Ausgaben der Nationalpark-Touristen leben könnten. Die tatsächliche Zahl von Arbeitsplätzen, die direkt oder indirekt, ganz oder teilweise vom Nationalpark-Tourismus abhängig sind, ist bedeutend größer, u. a. weil Arbeitskräfte im Tourismus teils nur anteilig vom Tourismus leben und keiner Vollzeitbeschäftigung nachgehen. Zudem berührt der Tourismus eine Reihe unterschied-licher Branchen, wobei häufig nur Teile dieser Wirtschaftszweige einbezogen sind.	30401

westermann

Ausgabenstruktur der Tages- und Übernachtungsgäste nach Branchen	Tagesgäste	Übernachtungs-gäste
– Gastgewerbe	54 %	74 %
– Einzelhandel	24 %	9 %
– sonstige Dienstleistungen	22 %	17 %
relativer Beitrag zum Volkseinkommen		41 %
zum Vergleich: Schleswig-Holstein		5 %

M9a **Reiseentscheidungsgründe für die schleswig-holsteinische Nordseeküste**

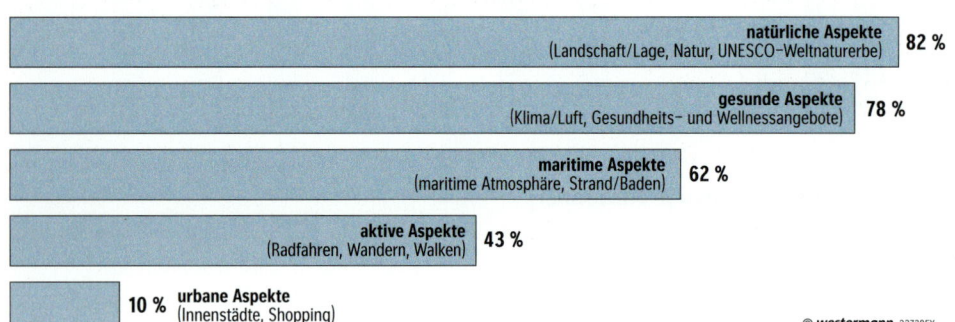

natürliche Aspekte
(Landschaft/Lage, Natur, UNESCO–Weltnaturerbe) 82 %

gesunde Aspekte
(Klima/Luft, Gesundheits– und Wellnessangebote) 78 %

maritime Aspekte
(maritime Atmosphäre, Strand/Baden) 62 %

aktive Aspekte
(Radfahren, Wandern, Walken) 43 %

10 % urbane Aspekte
(Innenstädte, Shopping)

© *westermann* 33728EX

M9b **Rolle des Nationalparks für die Reiseentscheidung**

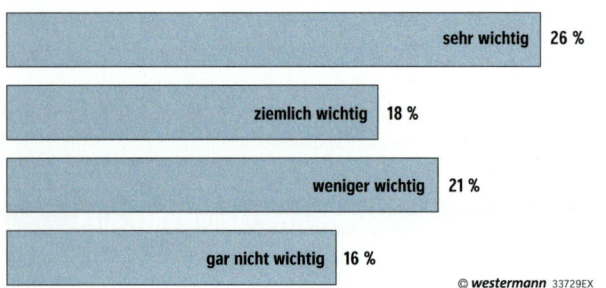

sehr wichtig 26 %

ziemlich wichtig 18 %

weniger wichtig 21 %

gar nicht wichtig 16 %

© *westermann* 33729EX

M10 **Das Besucher-Informations-System im Nationalpark Schleswig-Holsteinisches Wattenmeer**

Das Besucher-Informations-System (BIS) informiert über die Küste, das Ökosystem und den Nationalpark. Hinweise zu historischen und kulturellen Themen, zu touristischen Einrichtungen und Veranstaltungen in der Region ergänzen diese Informationen. Nach dem Motto „Angebot statt Verbot" gibt es Tipps, wo und wie die Natur erlebt werden kann und was die Besucher zum Schutz und Erhalt dieses Lebensraumes tun können. Ganz „nebenbei" ist das BIS auch Treffpunkt, Regenschutz und Orientierungshilfe. Insgesamt umfasst das Besucher-Informations-System derzeit über 700 Elemente (Info-Tafeln, Info-Karten, Naturpfade, Info-Wagen und Info-Pavillons) an 235 Standorten.

M11 **Das Projekt Nationalpark-Partnerschaften**

Das Projekt Nationalpark-Partnerschaften steht für die Zusammenarbeit zwischen der Nationalparkverwaltung, Gemeinden, Naturschutzverbänden und Unternehmen der Region. Tourismusbetriebe und Gemeinden in Nordfriesland und Dithmarschen, die nachhaltig wirtschaften, mit dem Nationalpark kooperieren wollen und sich als Botschafter der Nationalparkidee verstehen, können Nationalpark-Partner werden. Die Anforderungen der Zertifizierung beziehen sich auf die Stellung zum Nationalpark, den Umweltschutz, die Servicequalität und den Regionalbezug. Mittlerweile gibt es bereits mehr als 150 Nationalpark-Partner. Für Betriebe bietet die Zertifizierung Vorteile in der Kundenansprache, denn am Nationalpark-Partner-Logo können sich die potenziellen Urlauber bei der Suche nach Angeboten mit einem hohen Qualitätsstandard zuverlässig orientieren. Die Auszeichnung stößt bei den Gästen auf gute Resonanz. Jedem fünften Übernachtungsgast an der Nordseeküste Schleswig-Holsteins ist die Auszeichnung bekannt. 40 % der Befragten geben an, diese Auszeichnung noch nicht zu kennen, haben aber für die Zukunft Interesse daran geäußert.

westermann

Quellen

M2: eigene Zusammenstellung auf der Basis des Informationsangebotes unter http://www.nationalpark-wattenmeer.de/sh/nationalpark/

M3: http://www.unesco.de/kultur/welterbe/welterbe-deutschland/welterbe-wattenmeer.html

M4: http://www.nationalpark-wattenmeer.de/sites/default/files/media/pdf/meeresgrund-trifft-horizont-web_0.pdf

M5: Nordsee-Tourismus-Service GmbH (NTS) (Hrsg.): Mehrwert Plus. Die Bedeutung des Tourismus für die Region und zentrale Herausforderungen für den Tourismus an der Westküste. Husum 2014, S. 12

M6: Nordsee-Tourismus-Service GmbH (NTS) (Hrsg.): Mehrwert Plus. Die Bedeutung des Tourismus für die Region und zentrale Herausforderungen für den Tourismus an der Westküste. Husum 2014, S. 14

M7: LKN-SH/Nationalparkverwaltung (Hrsg.): Sozio-Ökonomisches Monitoring (SÖM Watt) in der Wattenmeerregion. Tönning 2015, S. 4

M8: eigene Zusammenstellung auf der Basis von LKN-SH/Nationalparkverwaltung (Hrsg.): Mehrwert Natur. Tönning 2014, S. 15–17 und Nordsee-Tourismus-Service GmbH (NTS) (Hrsg.): Mehrwert Plus. Die Bedeutung des Tourismus für die Region und zentrale Herausforderungen für den Tourismus an der Westküste. Husum 2014, S. 17

M9a: LKN-SH/Nationalparkverwaltung (Hrsg.): Mehrwert Natur. Tönning 2014, S. 26

M9b: LKN-SH/Nationalparkverwaltung (Hrsg.): Mehrwert Natur. Tönning 2014, S. 27

M10: LKN-SH/Nationalparkverwaltung (Hrsg.): Mehrwert Natur. Tönning 2014, S. 32

M11: LKN-SH/Nationalparkverwaltung (Hrsg.): Mehrwert Natur. Tönning 2014, S. 38

westermann

Zusatzmaterialien

M12 Wattführungen im Nationalpark Schleswig-Holsteinisches Wattenmeer 1999–2014

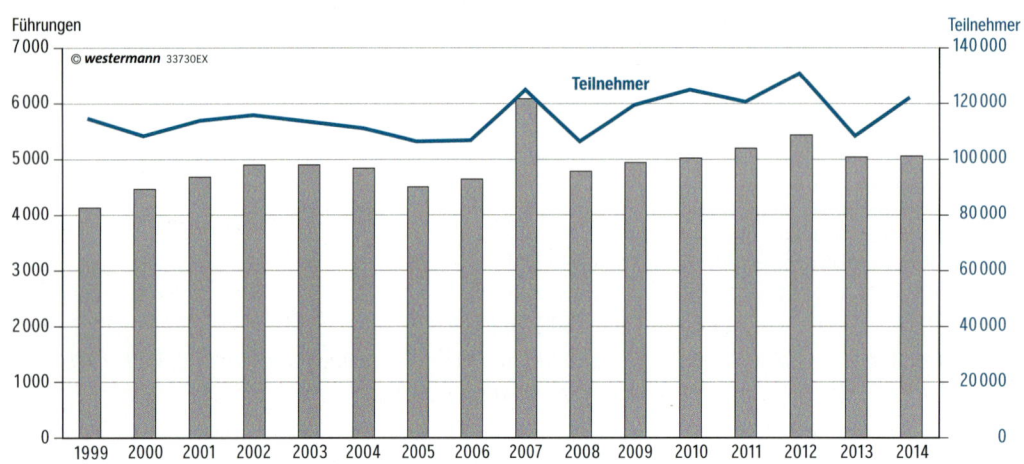

Quelle: LKN-SH/Nationalparkverwaltung (Hrsg.): Sozio-Ökonomisches Monitoring (SÖM Watt) in der Wattenmeerregion. Tönning 2015, S. 3 (http://www.nationalpark-wattenmeer.de/sites/default/files/media/pdf/soem-bericht-2015.pdf)

M13 Haltung der Einwohner zum Nationalpark Schleswig-Holsteinisches Wattenmeer (Befragung von 1200 Einwohnern, 2014)

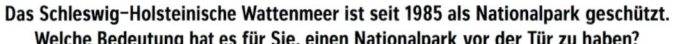

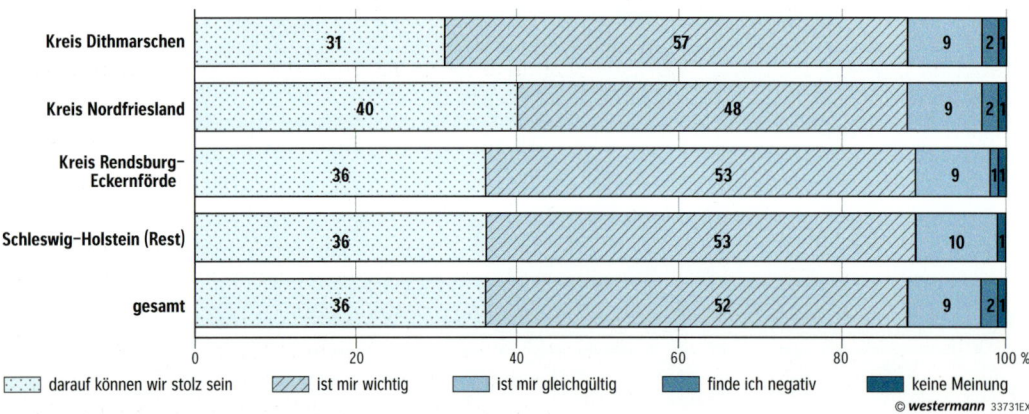

Quelle: LKN-SH/Nationalparkverwaltung (Hrsg.): Sozio-Ökonomisches Monitoring (SÖM Watt) in der Wattenmeerregion. Tönning 2015, S. 6 (http://www.nationalpark-wattenmeer.de/sites/default/files/media/pdf/soem-bericht-2015.pdf)

M14 Fischerei im Nationalpark

Außer im sogenannten Nullnutzungsgebiet zwischen Föhr und Sylt ist die Fischerei im Nationalpark grundsätzlich erlaubt. Die Zonierung des Nationalparks und Vereinbarungen mit Fischern dienen dazu, diese wirtschaftliche Aktivität möglichst naturverträglich zu gestalten. Am verbreitetsten ist die Krabbenfischerei. Fast überall im Nationalpark sind die Krabbenkutter mit ihren typischen ausladenden Netzen zu sehen. Die Muschelfischerei ist deutlich stärker eingeschränkt: Im Rahmen des Muschelfischereiprogramms sind lediglich acht Miesmuschelkutter zugelassen. Die Muscheln wachsen auf Kulturflächen mit einer Ausdehnung von maximal 2000 ha heran. Die Fischerei nach Saatmuscheln ist auf trocken fallenden Flächen und im überwiegenden Teil der Zone 1 untersagt. Vor List auf Sylt wird zudem eine 30 ha große Austernkultur mit pazifischen Austern betrieben. Die in Gitterkörben ins Watt ausgebrachten Austern werden bei Niedrigwasser mit dem Traktor geerntet und für die weitere Verarbeitung an Land gebracht.

Quelle: eigener Text auf Basis des Datenbank-Erläuterungstextes unter http://s-h.nokis.org/cadenza/pages/url/show.xhtml?url=http%3A%2F%2Fs-h.nokis.org%2F Dokumente%2FWeb_Auftritt_public%2FFischerei_Worum_gehts.pdf

westermann

„Dicke Luft" in Stuttgart

Karten im Diercke Weltatlas

- **49.3 Stuttgart – Stadt- und Verkehrsentwicklung**
- **49.4 Stuttgart – Verkehrsbelastung**
- **49.5 Region Stuttgart – Wohnen und Beschäftigung**

Unterrichtliche Voraussetzungen

Inhaltlich

Voraussetzung für die Bearbeitung der Klausur sind Kenntnisse grundlegender Aspekte urbaner Lebensräume (Stadtbegriff). Im Fokus stehen stadtklimatische Besonderheiten (Stadtklima, Feinstaub, städtische Wärmeinsel). Die damit einhergehenden Herausforderungen (Lebensqualität, Gesundheit, Vulnerabilität) müssen erfasst werden können. Den Schülern sollten Strategien einer nachhaltigen Stadtentwicklung zur abschließenden Anwendung bekannt sein.

Fachbegriffe

allgemein:
- Mobilität
- Suburbanisierung
- Individualverkehr
- ÖPNV
- Agglomeration
- funktionale Differenzierung
- Nachhaltigkeit

in den Materialien:
- Taupunkt (M1)
- kondensieren (M1)
- Albedo (M1)
- Inversion (M1, M3)
- Konvektion (M3)
- Einpendlerzentrum (M9)
- Isochrone (M9)

Literatur

Hamm, J. M.: Untersuchungen zum Stadtklima von Stuttgart. Tübingen 1995.

Landeshauptstadt Stuttgart, Amt für Umweltschutz, Abt. Stadtklimatologie (Hrsg.): Stadtklima 21. Grundlagen zum Stadtklima und zur Planung „Stuttgart 21". CD-ROM. 1997, 1. Auflage, Version 1.21.

Ministerium für Verkehr und Infrastruktur Baden-Württemberg: Luft rein halten! Eine gemeinsame Herausforderung für Stuttgart. Stuttgart 2015.

Rohde, G.: Der Einfluss von Luftverschmutzung und Klimawandel auf Lungenerkrankungen. In: DMW – Deutsche Medizinische Wochenschrift, Bd. 133, H. 14, 2008, S. 733–736.

Internet

http://www.feinstaubalarm.stuttgart.de
zentrale Webpräsenz der Stadt Stuttgart zur Feinstaubthematik

http://www.geographie.uni-stuttgart.de/seminare/lehrpfad/klima/
Virtueller Lehrpfad mit Informationstexten, Fotos und Skizzen der Universität Stuttgart zum Thema „Stadtklima in Stuttgart". Die Inhalte entsprechen weitestgehend der o. g. CD-ROM „Stadtklima 21".

http://mnz.lubw.baden-wuerttemberg.de/messwerte/aktuell/index.htm
WebGIS der Landesanstalt für Umwelt, Messung und Naturschutz Baden-Württemberg, in dem aktuelle Immissionsdaten abgefragt werden können

http://www.stadtklima-stuttgart.de
Webpräsenz der Abteilung Stadtklimatologie des Amtes für Umweltschutz der Stadt Stuttgart mit umfassenden Informationen zu Klima, Luft und Lärm

http://www.stuttgart.de/item/show/273273/1/9/587964
Pressemitteilung der Stadt Stuttgart zum 1. Feinstaubalarm in Stuttgart (17. bzw. 18.01.2016), die rund um den Feinstaubalarm informiert

http://www.swr.de/landesschau-aktuell/bw/stuttgart/feinstaub-in-stuttgart-offensive-gegen-luftschadstoffe/-/id=1592/did=16629694/nid=1592/1glpj3o/index.html
Artikel und Video des SWR vom 11.12.2015, der in die Thematik und die Stuttgarter Problemlage einführt

Kürzungs- und Erweiterungsmöglichkeiten, Alternativen (geplante Bearbeitungszeit: 90 min)

	Kürzungsmöglichkeiten	Erweiterungsmöglichkeiten	Alternativen
Aufgabe 1	Auf die Darstellung der physisch-geographischen Grundlagen (Kessellage, Inversionswetterlage, Smog) kann bei Bedarf verzichtet werden. → Aufgabe 1 a) und b) entfallen	Zu Aufgabe 1b) können die Zusatzmaterialien M13 (Inversions-häufigkeit) und M14 (Kaltluftmäch-tigkeit) ergänzt werden.	
Aufgabe 2			Die Aufgaben 2a) und b) können für leistungsstärkere Gruppen zu einer Aufgabe zusammengefasst werden. → 2. Analysieren Sie die Problematik der Umweltbelastungen. Beziehen Sie mögliche soziale Kontexte mit ein.
Aufgabe 3	Aufgabe 3a) kann beschränkt werden. → 3a) Ordnen Sie die verschiedenen Lösungsansätze der Stadt Stuttgart den Verursachern und den Betroffenen zu. Aufgabe 3a) kann auch komplett gestrichen werden. Dann dürften die Urteile in Aufgabe 3b) weniger differenziert ausfallen.		Anstelle eines an Kriterien orientierten Urteils kann eine moralisch-ethische Bewertung verlangt werden. → b) Bewerten Sie die Lösungsstrategie der Stadt Stuttgart. Als noch offenere Aufgabe kann mithilfe des Zusatzmaterials M15 eine eigene Strategie konzipiert werden: → 3. Erstellen Sie eine Lösungsstrategie für die Stadt Stuttgart. Beziehen Sie sich dabei explizit auf die Phasen der Smog-Bildung und die Verursacher. → M12 entfällt

Erwartungshorizont mit Punkteverteilung

Bitte beachten Sie: Die Punkteverteilung stellt nur einen Vorschlag dar, der je nach Bundesland und Kurssituation angepasst werden muss. Die Punkte beziehen sich zudem nur auf inhaltliche Aspekte, nicht auf die Darstellungsleistung der Schüler.

Aufgabe 1a) Anforderungsbereich: I/II Materialien: M1, M2	maximale Punktzahl	erreichte Punktzahl
Nebel In unbewölkten Nächten kühlen die bodennahen Luftschichten stark ab. Wenn der Taupunkt erreicht wird, kondensiert das Wasser in der Luft. Nebel bildet sich. Dies passiert vor allem in windschwachen Nächten im Winterhalbjahr. Nebel besteht somit aus kleinen, in der Luft schwebenden Wasserteilchen. (M1)	6	
Smog Smog besteht aus Nebel, Feinstaub verschiedener Größen und Schwefeldioxid. (M1) Feinstaub wird in verschiedene Größen (<0,1 µm, <1 µm, <2,5 µm und <10 µm) unterteilt und je nach Quelle (primär an der Quelle emittiert oder sekundär als Produkt aus Stickstoffoxiden, Schwefeloxiden und Ammoniak) unterschieden. Die wichtigsten Stickstoffoxide sind Stickstoffmonoxid und Stickstoffdioxid. (M2)	6	
	12	

Aufgabe 1b) Anforderungsbereich: II Materialien: M3, M4	**maximale Punktzahl**	**erreichte Punktzahl**
Darstellung einer Inversionswetterlage Warme Bodenluft steigt auf und kühlt dabei ab. Bei einer Höheninversionswetterlage steigen diese Luftmassen bis zur Inversionsuntergrenze auf. Oberhalb der Inversionsuntergrenze befinden sich wieder wärmere Luftmassen, die einen weiteren Aufstieg der aufgestiegenen und abgekühlten Luftmassen verhindern. Von der Inversionsuntergrenze bis zur Inversionsobergrenze nimmt die Temperatur der Luftmassen immer weiter zu. Die Inversionsschicht ist eine sehr stabile Schichtung. Oberhalb der Inversionsobergrenze nimmt die Temperatur wieder ab. (M3)	6	
Topographische Lage Stuttgarts Die Innenstadt Stuttgarts (247 m ü. NN) und weitestgehend auch Bad Cannstatt (218 m ü. NN) liegen in einem Talkessel. Sie sind umgeben von Höhenzügen im Osten (Kappelberg 469 m ü. NN, Süden (Frauenkopf 462 m ü. NN), Westen (Birkenkopf 511 m ü. NN) und Norden (Scharrenberg 316 m ü. NN). (M4) Dies hat zur Folge, dass ein horizontaler Luftmassenaustausch durch Winde nur eingeschränkt stattfindet.	4	
Fazit – Stuttgart ist somit aufgrund seiner Topographie für Inversionswetterlagen prädestiniert. Diese Wetterlagen sind auch aufgrund der topographischen Lage Stuttgarts sehr stabil.	2	
– Hat sich in Stuttgart eine Inversionswetterlage gebildet, so verbleiben die unteren Luftschichten unterhalb der Inversionsuntergrenze und es findet kein vertikaler oder horizontaler Luftmassenaustausch statt.	2	
	14	

Aufgabe 2a) Anforderungsbereich: I Materialien: M5, M6	**maximale Punktzahl**	**erreichte Punktzahl**
Lärmbelastung Direkt an den engmaschigen Hauptverkehrsstraßen sind die Einwohner Stuttgarts Straßenlärm in Höhe von mehr als 70 Dezibel ausgesetzt. Der Lärm breitet sich unterschiedlich weit und stark aus. In ca. 50 m Entfernung (Bebelstraße, Lenzhalde) bzw. in ca. 400 m Entfernung (Stresemannstraße, Neue Weinsteige) beträgt er 50–60 Dezibel. In Stuttgart Mitte und Bad Cannstatt gibt es kaum einen Ort mit unter 50 Dezibel Straßenlärm. (M6) Lärm kann zu Hörschädigungen, Schlafstörungen und Auswirkungen auf den Organismus wie geringere Leistungsfähigkeit oder erhöhtes Blutdruck- und Herzinfarktrisiko führen. (M5)	10	
Stickstoffdioxidbelastung Die Stickstoffdioxid-Konzentration überschreitet an allen Messstationen in Stuttgart-Mitte, außer dem Arnulf-Klett-Platz, 2006 und 2012 die zulässige Anzahl an Stunden mit mehr als 200 µg/m³. Die Anzahl der Überschreitungen nahm zwar von 2006 bis 2012 deutlich ab (z. B. Am Neckartor von 853 h auf 69 h), liegt damit aber immer noch deutlich über den zulässigen 18 h. (M6) Stickstoffdioxid-Konzentrationen sind vor allem für Asthmatiker problematisch, da sie zu Bronchienverengungen führen können. (M5)	7	
Feinstaubbelastung Die Feinstaubkonzentration (PM_{10}) überschreitet an allen Messstationen in Stuttgart-Mitte, außer dem Arnulf-Klett-Platz und der Hohenheimer Straße, 2006 und 2012 die zulässige Anzahl an Tagen mit mehr als 50 µg/m³. Die Anzahl der Überschreitungen nahm zwar von 2006 bis 2012 deutlich ab (z. B. Am Neckartor von 175 auf 78 Tage), liegt damit an dieser Stelle aber immer noch deutlich über den zulässigen 35 Tagen. (M6) Feinstaub kann abhängig von der Größe der Partikel in das Lungengewebe und den Blutkreislauf eindringen. Dort führen die Partikel im schlimmsten Fall zu Entzündungen bzw. Herzrhythmusstörungen. (M5)	8	
	25	

Aufgabe 2b) Anforderungsbereich: II Materialien: M7, M8, M9, M10, M11	**maximale Punktzahl**	**erreichte Punktzahl**
Hauptverursacher der Umweltbelastungen in Bezug auf Feinstaub und Stickstoffdioxide sind der Straßenverkehr, die Haushalte und die Industrie. (M7)	2	
Industrie und Gewerbe sind im Stuttgarter Talkessel, entlang des Neckars und der B10/B14 (Uferstraße, Neckartalstraße, Pragstraße) beheimatet. (M8)	2	
Stuttgart ist mit 500–750 Beschäftigten pro 1000 Einwohner und mehr als 10 000 Einpendlern pro Tag eines der bedeutendsten Einpendlerzentren in der Region Stuttgart. (M9)	2	

Aufgabe 2b) Anforderungsbereich: II Materialien: M7, M8, M9, M10, M11	**maximale Punktzahl**	**erreichte Punktzahl**
Täglich pendeln 1000 und mehr sozialversicherungspflichtig Beschäftigte aus nahezu jedem direkt benachbarten Kreis nach Stuttgart. Aus indirekt benachbarten Kreisen sind die Werte sehr heterogen. Einpendler aus den umliegenden Land- und Stadtkreisen nach Stuttgart sind somit die Hauptverursacher. (M10)	3	
Für die Pendler scheint sich der Zeitaufwand zu lohnen, da die Mietpreise für Wohnungen und die Kaufpreise für Einfamilienhäuser außerhalb Stuttgarts niedriger sind (z. B. Ludwigsburg 8,00–10,00 €/m² bzw. 3000–3500 €/m² und Marbach 6,50–8,00 €/m² bzw. 2500–3000 €/m²). (M9)	2	
Der Staat fördert dieses Verhalten, indem er eine Entfernungspauschale von 0,30 € pro Kilometer und Tag zwischen Wohnung und Arbeitsstelle von der Steuer absetzen lässt. (M11)	2	
	13	

Aufgabe 3a) Anforderungsbereich: II Materialien: M1, M7, M10, M12	**maximale Punktzahl**	**erreichte Punktzahl**
Zuordnung zu den Phasen der Smogbildung Der Smog-Alarm als Maßnahme an sich tritt erst in Kraft, wenn sich Smog bereits gebildet hat. Der Betrieb von Komfortkaminen soll auf freiwilliger Basis dann eingestellt werden, wenn der Smog-Alarm bereits besteht, d. h., wenn sich Smog bereits gebildet hat. Die Empfehlungen, während des Smog-Alarms auf die Autonutzung in der Umweltzone Stuttgart zu verzichten und stattdessen die Verkehrsmittel des Umweltverbundes zu nutzen, bzw. von zu Hause aus zu arbeiten, ein vergünstigtes Nahverkehrsticket zu erwerben und Langzüge verkehren zu lassen, greifen erst bei bereits vorhandenem Smog. Andere Maßnahmen wie die Einführung der Umweltzonen, das Durchfahrtverbot für Lkw, der Ausbau des Radwegenetzes, die Versteigung des Verkehrs durch Tempo 40 an Steigungsstrecken, das Job-Ticket, das VVS-Abo, das Anlegen einer Mooswand und die Begrünung der Hauptverkehrsachsen sollen bereits das Entstehen des Smogs verhindern, sodass es beim Nebel bleibt. (M12)	10	
Zuordnung zu den Verursachern Die Maßnahmen bei Smog-Alarm betreffen verschiedenste Verursacher: – Die Komfortkamine gelten als eine der weniger bedeutenden Quellen des Smogs. – Insbesondere die Einpendler, aber auch die Autofahrer innerhalb Stuttgarts, sollen durch besondere Angebote, Aufforderungen und den Ausbau der Alternativen zum Kfz zu einem Umstieg auf die Verkehrsmittel des Umweltverbundes angeregt werden. Die Autofahrer würden auch durch ein mögliches Fahrverbot getroffen werden. – Das Lkw-Durchfahrtverbot hat einen Teil der Verursacher bereits ausgemerzt.	5	
	15	

Aufgabe 3b) Anforderungsbereich: III Materialien: M12	**maximale Punktzahl**	**erreichte Punktzahl**
Es wird ein eigenes begründetes Urteil unter Offenlegung der zugrundeliegenden Kriterien erwartet. Mögliche Kriterien sind u. a.: Effektivität, Effizienz, Angemessenheit, Multidimensionalität, Überprüfbarkeit der Auswirkungen, Klarheit, Nachhaltigkeit …	21	
	21	

Name: ....   Datum: ....

Kurs/Klasse: ....   Zeit: ....

„Dicke Luft" in Stuttgart

Aufgabe 1
a) Vergleichen Sie Nebel und Smog hinsichtlich ihrer Entstehung und ihrer Bestandteile miteinander.
b) Erläutern Sie die Bedeutung einer Höheninversionswetterlage für das Stadtklima von Stuttgart. Berücksichtigen Sie dabei die topographische Lage der Stadt.

Aufgabe 2
a) Beschreiben Sie die verschiedenen Umweltbelastungen, denen Stuttgarts Einwohner ausgesetzt sind, und ihre Folgen.
b) Erläutern Sie die unterschiedlichen Gründe für die Umweltbelastungen. Berücksichtigen Sie dabei die unterschiedlichen Verursacher.

Aufgabe 3
a) Ordnen Sie die verschiedenen Lösungsansätze der Stadt Stuttgart zur Smog-Problematik den Phasen der Smogbildung und den Verursachern zu.
b) Beurteilen Sie die Lösungsansätze der Stadt Stuttgart.

M1 Nebel und Smog

Strahlungsnebel entstehen im Winterhalbjahr bei windschwachen Wetterlagen. Besonders in unbewölkten Nächten können sich die bodennahen Luftschichten stark abkühlen. Wenn sich die Luft besonders stark abkühlt, wird der Taupunkt erreicht und das Wasser in der Luft kondensiert zu kleinen Wassertröpfchen. Es bildet sich Nebel, der selten mehr als 100 m Mächtigkeit aufweist.

Im Winter ist die Einstrahlungsenergie der Sonne teilweise zu schwach, um den Nebel aufzulösen. Besonders Strahlungsnebel hat mit einer Albedo von bis zu 0,90 die Tendenz zur Selbsterhaltung, es werden bis zu 90 % des Sonnenlichts reflektiert. Die niedrigen Temperaturen bleiben dadurch auch nach Sonnenaufgang erhalten. Der Nebel kann sich so tagelang halten.

Strahlungsnebel sind meistens mit einer Inversionswetterlage (vgl. M3) verbunden.

Bei unter 50 m Sicht ist der Verkehr stark beeinträchtigt. Die empfohlene Höchstgeschwindigkeit beträgt 50 km/h. Sinkt die Sichtweite weiter, ist das Tempo anzupassen oder im Extremfall der Betrieb des Fahrzeugs ganz einzustellen.

Mischen sich Rauch- (engl. smoke), Ruß-, Staubpartikel und Schwefeldioxid in den Nebel (engl. fog), so wird der Nebel besonders dicht, man spricht dann von Smog (aus: smoke und fog).

M2 Feinstaub und Stickstoffoxide

PM_{10} Teilchen mit einem Durchmesser bis zu 10 µm (Mikrometer)

$PM_{2,5}$ bis zu 2,5 µm

PM_1 weniger als 1 µm

UP ultrafeine Partikel-Teilchen mit einem Durchmesser von weniger als 0,1 µm

Hinweis: Abbildung der Teilchen 100-fach vergrößert

westermann

Feinstaub hat unterschiedliche Entstehungswege. Direkt von einer Quelle wird primärer Feinstaub freigesetzt. Am häufigsten entsteht primärer Feinstaub bei Verbrennungsprozessen. Sekundäre Feinstaubteilchen sind Produkte verschiedener Gase wie Ammoniak, Schwefel- und Stickoxiden.

Stickstoffmonoxid (NO) und Stickstoffdioxid (NO_2) sind die wichtigsten Stickstoff (N)-Sauerstoff (O)-Verbindungen und werden deshalb stellvertretend für alle Stickstoffdioxide gezählt.

M3 Inversionswetterlage

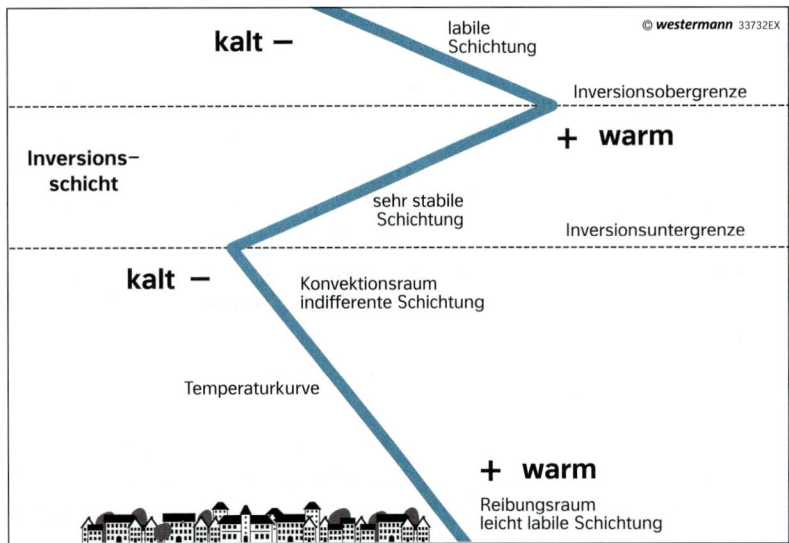

M4 Topographische Karte der Region Stuttgart

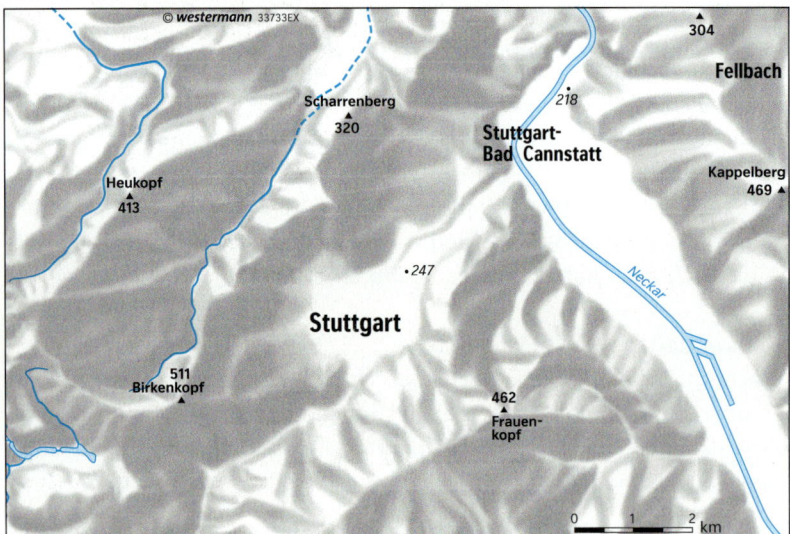

M5 Folgen verschiedener Umweltbelastungen für den menschlichen Körper

(Verkehrs-)Lärm wird durch den menschlichen Körper in Form von Schallwellen wahrgenommen, Feinstaub und Stickstoffdioxid werden über die Atemwege aufgenommen. Ist der Mensch dauerhaft Lärm ausgesetzt, setzt der Körper verstärkt Stresshormone aus. Neben Gehörschaden als Folge der Dauerbeschallung können sich durch den veränderten Hormonhaushalt Blutfettwerte, Blutzuckerwerte und Blutgerinnung ändern. Das Herz-Kreislauf-System kann erkranken, Arterien verkalken, Bluthochdruck kann auftreten und Herzkrankheiten bis hin zum Herzinfarkt sind möglich.

Die Auswirkungen von Feinstaub auf den menschlichen Körper sind abhängig von der Größe der Teilchen und der Tiefe des Eindringens in den Körper. So konnten ultrafeine Partikel im Blutkreislauf und im Lungengewebe nachgewiesen

westermann

werden, $PM_{2,5}$ sich in den Bronchien und Lungenbläschen sammeln und PM_{10} dringt in die Nasenhöhle ein. Die Folgen reichen im Atemtrakt von Reizungen der Schleimhaut bis zu Entzündungen in der Luftröhre und den Bronchien oder den Lungenbläschen. In den Blutgefäßen kann sich verstärkt Plaque bilden, die Thrombosegefahr steigt und schließlich sind Herzrhythmusstörungen möglich.

Besonders für Asthmatiker stellen hohe Stickstoffdioxid-Konzentrationen ein Problem dar. Die Bronchien können sich verengen, sodass es zu Luftnot kommen kann. Dieser Effekt wird durch Allergene (Auslöser von Allergien) verstärkt.

M6 Diercke Weltatlas

49.4 Stuttgart – Verkehrsbelastung

M7 Emittenten von Feinstaub und Stickstoffdioxiden

PM_{10}: Ein Drittel des PM_{10} entsteht bei Schüttgutumschlägen und der Herstellung von Metallen und mineralischen Produkten. Ein vergleichbar wichtiger Verursacher ist der Straßenverkehr. Aus den Verbrennungsvorgängen der Motoren und der Abriebemission stammt ca. ein weiteres Drittel. Hinzu kommen weitere mobile und stationäre Quellen wie Haushalte.

$PM_{2,5}$: Etwa zwei Drittel der Emissionen resultieren aus Verbrennungsvorgängen. Es sind insbesondere die Haushalte, Kleinverbraucher und der Straßenverkehr (Verbrennungsvorgänge und Abrieb), die hierfür verantwortlich sind. Das restliche Drittel entsteht bei der Produktion von mineralischen Produkten und Metallen, Schüttgutumschlägen, in der Landwirtschaft und sind Emissionen von Gewerbe und Handel.

Bei Verbrennungsprozessen kommt es zur Bildung von Stickstoffoxiden als Nebenreaktion. Vor allem Verbrennungsmotoren und Feuerungsanlagen für Kohle, Öl, Gas, Holz und Abfälle sind die Verursacher. In Ballungsgebieten wie Städten nimmt der Straßenverkehr mit über 40 % die Rolle des größten Stickstoffoxidproduzenten ein. Lkws sind anteilig die größten Produzenten.

M8 Diercke Weltatlas

49.3 Stuttgart – Stadt- und Verkehrsentwicklung

M9 Diercke Weltatlas

49.5 Region Stuttgart – Wohnen und Beschäftigung

M10 Berufspendler* ins Oberzentrum Stuttgart am 30.06.2012

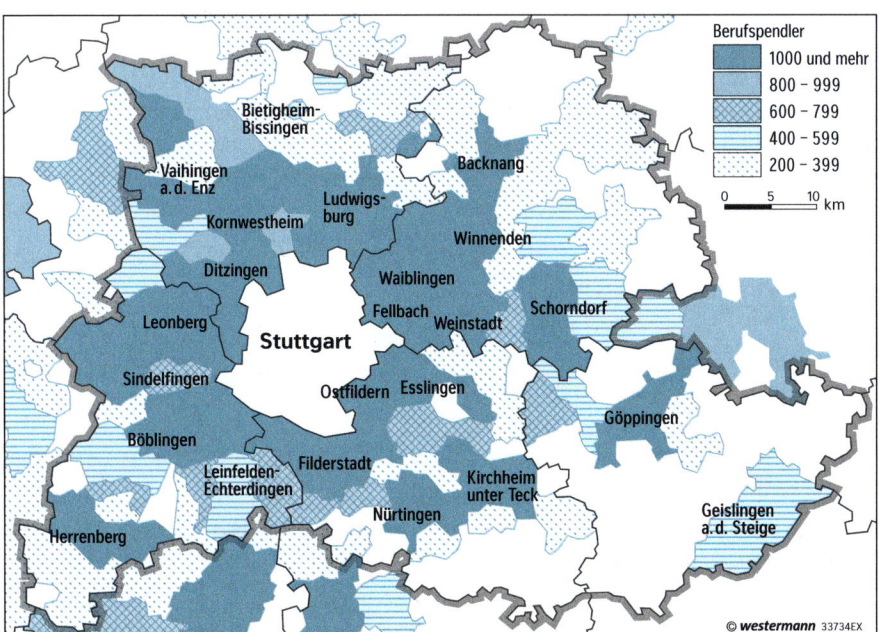

*nur sozialversicherungspflichtig Beschäftigte

westermann

M11 Entfernungspauschale

Die Entfernungspauschale beträgt 0,30 Euro für jeden vollen Entfernungskilometer zwischen Wohnung und erster Tätigkeitsstätte. [...]

Die anzusetzende Entfernungspauschale ist wie folgt zu berechnen: Zahl der Arbeitstage x volle Entfernungskilometer x 0,30 Euro.

Hinweis: Die Entfernungspauschale wird bei der Steuererklärung angegeben und verringert die Höhe der zu zahlenden Steuern.

M12 Lösungsansätze der Stadt Stuttgart zur Smog-Problematik

[...] Die Landeshauptstadt Stuttgart appelliert gemeinsam mit dem Ministerium für Verkehr und Infrastruktur und dem Regierungspräsidium Stuttgart daher an die Bevölkerung in Stuttgart und in der Metropolregion, das Auto [während eines Feinstaub-Alarms] in der Umweltzone Stuttgart möglichst nicht zu nutzen und auf den Betrieb von sogenannten Komfort-Kaminen, die nur als zusätzliche Wärmequelle dienen, zu verzichten. Grundsätzlich ausgenommen sind Wohnungen, die ausschließlich mit solchen Einzelraumfeuerungen beheizt werden.

[...] Der Oberbürgermeister stellte nochmals klar: „Aktuell ist der Feinstaub-Alarm mit dem Verzicht auf das Auto eine freiwillige Aktion. Wenn wir aber bis Ende 2017 damit keinen Erfolg haben und die Schadstoffwerte nicht nachhaltig sinken, dann wird es zu verbindlichen Maßnahmen wie etwa Fahrverboten kommen müssen. Jeder Autofahrer hat es also in der eigenen Hand, dazu beizutragen, dass es soweit nicht kommen muss." Aber jedem müsse auch klar sein: „Hilft die Freiwilligkeit nicht, folgt der Zwang." Im Übrigen habe Stuttgart schon eine Reihe von Maßnahmen ergriffen, die Belastung mit Schadstoffen zu senken: Von der Einführung der Umweltzone über das Lkw-Durchfahrtverbot bis zum verstärkten Ausbau des Radwegenetzes, der Verstetigung des Verkehrs durch Tempo 40 an Steigungsstrecken, der Einführung eines Job-Tickets oder der Begrünung von Hauptverkehrsachsen. Zudem wird es unter wissenschaftlicher Begleitung einen großangelegten Versuch mit einer Mooswand im Bereich der sehr belasteten Verkehrskreuzung Neckartor und entlang der Cannstatter Straße geben. Wissenschaftler werden untersuchen, inwieweit das Moos die Luftschadstoffe binden und reduzieren kann.

[...] Autofahrern wird während des Alarms empfohlen, möglichst auf die Verkehrsmittel des Umweltverbundes, also Bahn, Stadtbahn, Bus oder Fahrrad umzusteigen, zu Fuß zu gehen, Elektrofahrzeuge zu nutzen oder Fahrgemeinschaften zu bilden. Wenn möglich, sollten Fahrten ganz vermieden werden, z. B. könnten Beschäftigte in Absprache mit ihren Arbeitgebern von zu Hause aus arbeiten oder von flexiblen Arbeitszeiten Gebrauch machen.

Die Bevölkerung wird über die städtischen Online-Medien, Brückenbanner in der Region, Verkehrsmeldungen im Radio, Vario-Tafeln an den innerstädtischen Ein- und Ausfahrtstraßen, Informationsanzeigen an der Autobahn und über die eigens eingerichtete Website www.feinstaubalarm.stuttgart.de über Beginn, Fortgang und Ende des Feinstaub-Alarms informiert.

[...] Mit dem Start des Feinstaub-Alarms gibt es für Umsteiger verschiedene Vergünstigungen: So bietet der VVS einen zusätzlichen Freimonat für Abo-Einsteiger an.

Zudem können während der ersten beiden Feinstaub-Alarme Einzeltickets des öffentlichen Nahverkehrs über die App der Firma moovel zu 50 Prozent des regulären Fahrpreises erworben werden. Auch die vollelektrischen Fahrzeuge von car2go können während der ersten beiden Feinstaub-Alarme über 50 Prozent günstiger, somit für 14 Cent pro Minute genutzt werden. Um mehr Kapazitäten im öffentlichen Nahverkehr zu schaffen, wird die Sonderlinie U11 bei Feinstaub-Alarm tagsüber zwischen Wasen und Innenstadt eingesetzt. Zudem werden die S-Bahn-Linien 1, 2, 3 und 5 über die Hauptverkehrszeiten hinaus als Langzüge verkehren. [...]

Quellen

M2: Einteilung der Feinstäube: Ministerium für Verkehr und Infrastruktur Baden-Württemberg: Luft rein halten! Eine gemeinsame Herausforderung für Stuttgart. Stuttgart 2015

M3: http://www.stadtklima-stuttgart.de/index.php?klima_grundlagen_inversionen; verändert

M4: http://de-de.topographic-map.com/places/Stuttgart-600559/

M5: 1. Abschnitt: http://www.umweltbundesamt.de/themen/verkehr-laerm/laermwirkungen; 2. Abschnitt: http://www.umweltbundesamt.de/themen/luft/luftschadstoffe/feinstaub; 3. Abschnitt: http://www.umweltbundesamt.de/themen/luft/luftschadstoffe/stickstoffoxide

M7: 1. Abschnitt: http://www.umweltbundesamt.de/daten/luftbelastung/luftschadstoff-emissionen-in-deutschland/emission-von-feinstaub-der-partikelgroesse-pm10; 2. Abschnitt: http://www.umweltbundesamt.de/daten/luftbelastung/luftschadstoff-emissionen-in-deutschland/emission-von-feinstaub-der-partikelgroesse-pm25; 3. Abschnitt: http://www.umweltbundesamt.de/themen/luft/luftschadstoffe/stickstoffoxide; 4. Abschnitt: http://www.umweltbundesamt.de/daten/luftbelastung/luftschadstoff-emissionen-in-deutschland/stickstoffoxid-emissionen

M10: Verband der Region Stuttgart (Hrsg.): Regional-Monitor Stuttgart. Strukturen und Entwicklungen in der Region Stuttgart Nr. 30. Stuttgart 2012, S. 67

M11: Gesetz zur Änderung und Vereinfachung der Unternehmensbesteuerung und des steuerlichen Reisekostenrechts vom 20. Februar 2013 (BGBl. Teil I, S. 285)

M12: http://www.stuttgart.de/item/show/273273/1/9/587964

Zusatzmaterialien

M13 Inversionshäufigkeit in Stuttgart in Tagen/Jahr (Bezugszeitraum 1981–2000)

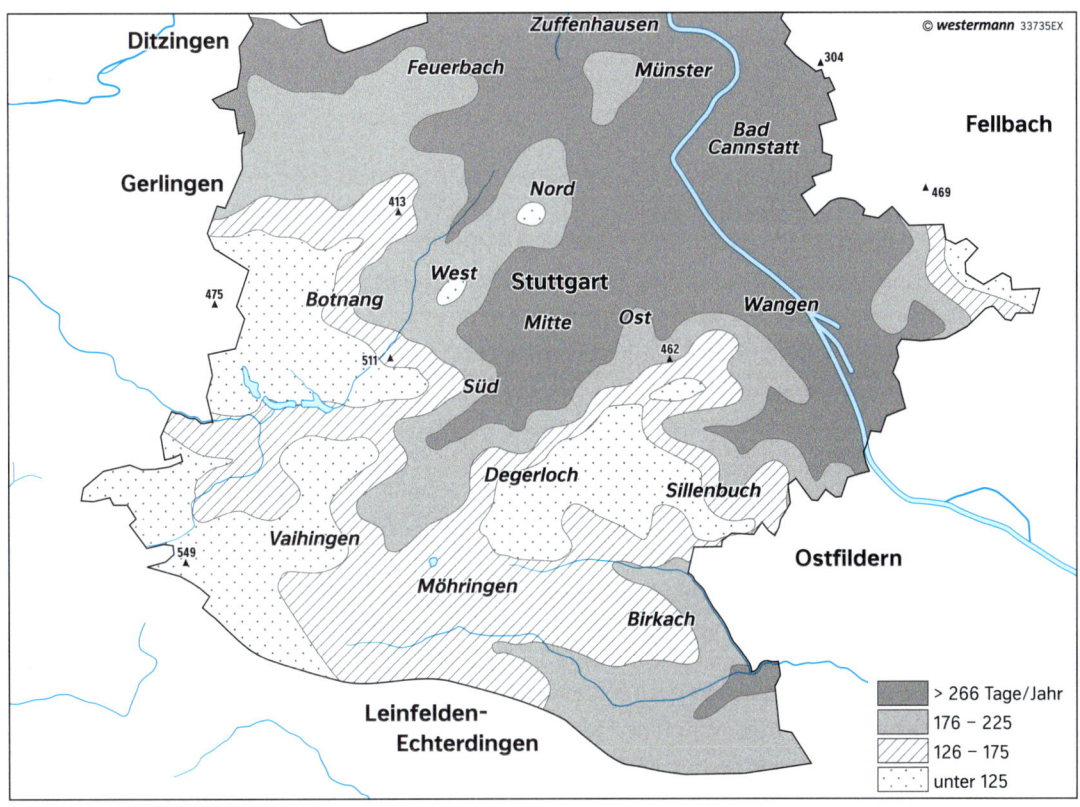

Quelle: http://www.stadtklima-stuttgart.de/index.php?klima_kartenviewer

M14 Kaltluft-Mächtigkeit bei ausgeprägter Kaltluftbildung und Windstille

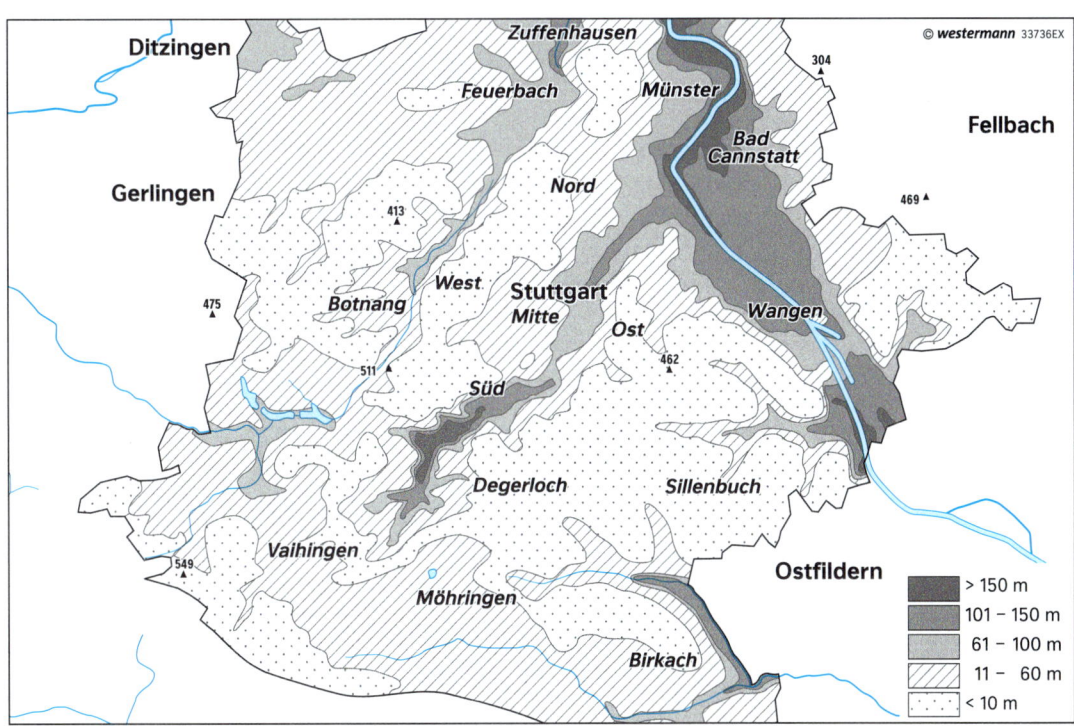

Quelle: http://www.stadtklima-stuttgart.de/index.php?klima_kartenviewer

westermann

M15 Alternative Lösungsansätze

Fahren und zahlen: London weitet Maut-Zone stark aus

Vier Jahre nach Einführung der Auto-Maut in der Londoner Innenstadt ist die Gebührenzone auf die doppelte Fläche ausgeweitet worden. Autofahrer müssen nun auch in den noblen westlichen Stadtteilen eine Tagesgebühr zahlen. Auch Touristen sind betroffen. [...]

Quelle: http://www.spiegel.de/auto/aktuell/fahren-und-zahlen-london-weitet-maut-zone-stark-aus-a-467225.html

Deutschland autofrei

Gähnende Leere und ungewöhnliche Stille herrschte am 25. November 1973 auf den Straßen und Autobahnen der Bundesrepublik Deutschland. Erstmals in der Geschichte des Landes galt ein bundesweites Fahrverbot. Ausnahmegenehmigungen erhielten fast nur Polizisten und Ärzte – die meisten der rund 13 Millionen Autobesitzer mussten ihre Wagen stehen lassen. Den Sonntagsausflug nutzten viele zum Spaziergang auf den leeren Fahrbahnen, andere holten die Fahrräder aus dem Keller oder stiegen auf öffentliche Verkehrsmittel um. Für die meisten war es einfach ein ungewohnter Spaß, ein Gefühl von Freiheit, genüsslich über sonst viel befahrene Straßen zu bummeln oder zu radeln. [...]

Quelle: http://www.n-tv.de/politik/dossier/Deutschland-autofrei-article605647.html

Verkehrskollaps in China: Stau fürs Leben

[...] In Shanghai, Peking und Guangzhou gibt es deshalb schon seit Jahren Regelungen, nach denen an bestimmten Tagen nur Autos mit geraden oder ungeraden Kennzahlen auf dem Nummernschild fahren dürfen. Zusätzlich wurde die Zahl der jährlichen Neuzulassungen gedeckelt. [...]

Quelle: http://www.spiegel.de/auto/aktuell/achtspuriger-stillstand-chinas-metropolen-deckeln-pkw-neuzulassungen-a-952083.html

Autofreie Stadt

Dass die Universitätsstadt Tübingen ausgesprochen fahrradfahrerfreundlich ist, ist wohl unumstritten. Doch Oberbürgermeister Boris Palmer möchte das noch steigern. Sein Plan: die komplette Tübinger Innenstadt zur autofreien Zone erklären. [...] Eine Ausnahme soll es für Stadtbusse geben – sie dürfen weiterhin auf ihren angestammten Routen durch die Stadt fahren. Als Alternative zu den Bussen will die Stadt an allen Parkmöglichkeiten außerhalb der autofreien Zone Leihfahrräder für Besucher bereitstellen. Für alle Nicht-Radler bleibt natürlich auch weiterhin die Möglichkeit, Tübingen per pedes, also zu Fuß zu entdecken. [...]

Quelle: http://www.rtf1.de/news.php?id=846

Naturräumliche Gliederung und Geologie Deutschlands

Karten im Diercke Weltatlas

☐ 52.1 Deutschland – Land-schaften

☐ 88.1 Europa – Landschaft zur letzten Kaltzeit (Würm/Weichsel, vor 18 000 Jahren)

☐ 88.2 Europa – Tektonik

☐ 88/89.3 Mitteleuropa – Geologie/Eiszeitformen

Unterrichtliche Voraussetzungen

Inhaltlich

Bei der vorliegenden Klausur handelt es sich um eine dominant physisch-geographisch ausgerichtete Klausur. Um ein erfolgreiches Abschneiden der Schüler in dieser Klausur zu gewährleisten, ist eine Voraussetzung die Behandlung der naturräumlichen Gliederung Deutschlands, insbesondere hinsichtlich der Höhenlage, der Genese von Landschaften sowie des geologischen Baus. Zudem setzt die Klausur überblicksartige, teilweise aber auch vertiefte Kenntnisse zum geologischen Bau sowie zur Kategorisierung von Gesteinen (Hauptgruppen der Gesteine und deren Untergliederungsmöglichkeiten) voraus. Im Unterricht sollten im Zusammenhang der Hauptgruppen von Gesteinen deren Entstehung und daraus resultierende wesentliche Erkennungsmerkmale einzelner Gesteine thematisiert worden sein. Die Schüler sind zudem mit ausgewählten Handstücken der in Deutschland häufig vorkommenden Gesteine vertraut und haben an ihnen die Zuordnung, Entstehung und Beschreibung charakteristischer Merkmale der Gesteine angewandt. Außerdem sollte im Unterricht eine systematisierende Betrachtung des Gesteinskreislaufs, einschließlich der endogenen und exogenen Einflussfaktoren, erfolgt sein und die wirtschaftliche Bedeutung der verschiedenen Gesteine besprochen worden sein. Eine spezifische Betrachtung des Heimatraumes bezüglich der Einordnung in den Naturraum Deutschlands, der Entstehung von Landschaften sowie häufig vorkommender Gesteine und deren Verwendung wäre sinnvoll. Mit entsprechenden thematischen Karten zur Geologie eines Raumes, der erdgeschichtlichen Zeittafel sowie geologischen Profilen sollten die Schüler vertraut sein.

Fachbegriffe

allgemein:
- Geologie
- erdgeschichtliche Zeittafel
- Großlandschaft
- Gestein
- Mineral
- Magmatit
- Metamorphit
- Sedimentit
- Vulkanit
- Plutonit
- Gesteinsgefüge
- Gesteinskreislauf
- exogene/endogene Kräfte
- Verwitterung
- Gebirgsbildung/Orogenese
- Faltengebirge
- Bruchschollentektonik/-gebirge

in den Materialien:
- Maar (M1 [52.1])
- Impact-Krater (M1 [52.1])
- Jungmoränen-/Altmoränenland (M1 [52.1, 88/89.3])
- Känozoikum (M1 [88/89.3])
- Mesozoikum (M1 [88/89.3])
- Paläozoikum (M1 [88/89.3])
- Präkambrium (M1 [88/89.3])
- variskisches Gebirge (M1 [88/89.2], M6)
- Tertiär (M1 [88/89.3], M6, M7)
- magmatische Intrusion (M2)
- Diagenese (M3)
- Kontakt-/Regionalmetamorphose (M4)
- tektonische Deformation (M4, M5)
- Staffelbrüche (M5)
- Flexur (M5)
- Harnischfläche (M5)
- Granulitgebirge (M6)
- Eruptivkomplex (M6)
- Basalt-/Phonolith-Vulkane (M6)
- Basalthärtling (M7)
- Reliefumkehr (M7)

Literatur

Bauer, J. u. a.: Rote Reihe – Materialien für den Sekundarbereich II. Seydlitz Geographie. Physische Geographie. Braunschweig 2010.

Bauer, J. u. a.: Rote Reihe – Materialien für den Sekundarbereich II. Seydlitz Geographie. Deutschland in Europa. Braunschweig 2013.

Bräuer, K. u. a.: Seydlitz Geographie Oberstufe. Braunschweig 2016.

Gerber, W.: Seydlitz/Diercke – Geographie Sachsen Oberstufe, Ergänzung. Braunschweig 2011.

Henningsen, D./Katzung, G.: Einführung in die Geologie Deutschlands. München 2006.

Kaminske, V./Keipert, C.: Diercke Spezial – Bau und Dynamik der Erde. Braunschweig 2006.

Rothe, P.: Die Geologie Deutschlands. 48 Landschaften im Portrait. Darmstadt 2005.

Sebastian, U.: Die Geologie des Erzgebirges. Berlin 2013.

Internet

http://www.lagos-natursteine.de/sedimentgesteine.html
detaillierte Informationen zu Gesteinsarten und Verwendungsmöglichkeiten einzelner Gesteine

https://www.stmuv.bayern.de/umwelt/boden/lernort_geologie/cd/1-digitale_fassung_lernort_geologie/lernort_geologie_modul_b.pdf
Informationen zur Entstehung, zu Vorkommen und Verwendung der Hauptgruppen der Gesteine

http://www.gupf.tu-freiberg.de/geologie/erzgebirge12.html
Geo- und Umweltportal der TU Freiberg mit Informationen zur Entstehung des Erzgebirges (textlich und grafisch aufbereitet, einschließlich Kurzfilm), Überblick zu Hauptgruppen der Gesteine und zum Gesteinskreislauf sowie zur geologischen Tabelle

http://www.geomin.de/lengefeld.php
Informationen zu Marmorabbaustandorten im Erzgebirge und zur Produktpalette

Kürzungs- und Erweiterungsmöglichkeiten (geplante Bearbeitungszeit: 90 min)

	Kürzungsmöglichkeiten	Erweiterungsmöglichkeiten
Aufgabe 1	Beschränkung auf die Beschreibung der Gliederung des Naturraumes Deutschlands in Großlandschaften → 1. … Beschreiben Sie die naturräumliche Gliederung Deutschlands in Großlandschaften. … Streichung der Teilaufgabe zur Einordnung des Heimatraumes in die naturräumliche Gliederung Deutschlands → 1. Beschreiben Sie die naturräumliche Gliederung Deutschlands in Großlandschaften und ihnen zugeordnete Teillandschaften.	Ergänzung der Aufgabe hinsichtlich der Ausweisung von Regionalbeispielen → 1. Beschreiben Sie die naturräumliche Gliederung Deutschlands in Großlandschaften und ihnen zugeordnete Teillandschaften. Weisen Sie entsprechende Regionalbeispiele aus. … Einordung eines weiteren Raumes (Oberrheinisches Tiefland, Schichtstufenland bzw. Südwestdeutschland) in die naturräumliche Gliederung Deutschlands → 1. … Ordnen Sie Ihren Heimatraum und einen weiteren Raum Deutschlands in diese Gliederung ein. (Zusatzmaterial M11)
Aufgabe 2	Reduzierung von Aufgabe 2a) auf die Erklärung der Entstehung der Gesteine oder nur einer Hauptgruppe der Gesteine → 2a) Erklären Sie die Entstehung dieser Gesteine. alternativ: → 2a) Erklären Sie die Entstehung und Erkennungsmerkmale von Magmatiten (Metamorphiten/Sedimentiten). Streichung von Aufgabe 2b) → Aufgabe 2c) wird zu 2b) Streichung von Aufgabe 2c)	Einbeziehung des Gesteinskreislaufes in Aufgabe 2a) → 2a) Erklären Sie die Entstehung und wesentliche Erkennungsmerkmale dieser Gesteine. Beziehen Sie den Gesteinskreislauf (M10) in Ihre Darlegungen mit ein. Einfügen einer Aufgabe zur Entstehung des Erzgebirges → 2b) „Alt gefaltet, jung gehoben." Erklären Sie diese Aussage am Beispiel des Erzgebirges. → Aufgabe 2b) wird zu 2c), Aufgabe 2c) zu 2d)
Aufgabe 3		Erhöhung des Grades der Ausführlichkeit unter Einbezug des Zusatzmaterials M11 → 3. … Begründen Sie ausführlich diese Sichtweise.

Erwartungshorizont mit Punkteverteilung

Bitte beachten Sie: Die Punkteverteilung stellt nur einen Vorschlag dar, der je nach Bundesland und Kurssituation angepasst werden muss. Die Punkte beziehen sich zudem nur auf inhaltliche Aspekte, nicht auf die Darstellungsleistung der Schüler.

Aufgabe 1 Anforderungsbereich: I/II Materialien: M1 [52.1, 88.1, 88/89.3], M5, M6, M7	maximale Punktzahl	erreichte Punktzahl
Überblick über die Großlandschaften Der Naturraum Deutschlands lässt sich nach der geologischen Entwicklung in vier Großlandschaften untergliedern: Norddeutsches Tiefland, deutsche Mittelgebirgszone, Alpenvorland, Alpen. Diese Großlandschaften sind in Teillandschaften verschiedener Merkmale unterteilt. Die Küsten nehmen als Übergangsbereiche zwischen Meer und Festland (einst oder gegenwärtig durch Meer beeinflusste Bereiche) eine besondere Stellung ein (z. B. Marschland im Bereich der niedersächsischen/schleswig-holsteinischen Nordseeküste).	8	
Norddeutsches Tiefland Das Norddeutsche Tiefland ist vorwiegend glazial/pleistozän geprägt (durch Inlandeis und dessen Schmelzwasser), wobei die ältesten Eisvorstöße (Elster-/Saale-Kaltzeit) bis an den Nordrand der Mittelgebirgszone reichen. (M1 [88.1, 88/89.3]) Es weist besonders im nördlichen Teil den typischen Formenschatz der glazialen Serie mit Grund-/Endmoränen, Sandern und Urstromtälern auf. Das hügelige Jungmoränenland und größere Sanderflächen findet man vor allem entlang des Nördlichen Landrückens (Mecklenburg-Vorpommern/Schleswig-Holstein). Das flachwellige Altmoränenland (Geest) erstreckt sich vorwiegend entlang des Südlichen Landrückens mit Lüneburger Heide, Altmark, Fläming, Niederlausitz (Niedersachsen/Sachsen-Anhalt/Sachsen). Niedersachsen weist weitere Geestflächen auf, z. B. Meppen-Nienburger Geest. Zwischen den Moränenlandschaften befinden sich die Urstromtäler bzw. Talsandebenen (Warschau-Berliner Urstromtal, Glogau-Baruther Urstromtal, Aller-Weser Urstromtal, Breslau-Magdeburger Urstromtal). Auch im Südwesten des Norddeutschen Tieflandes (Bereiche Westfälische und Kölner Bucht) befinden sich Talsandeben. Im südlichen Bereich des Norddeutschen Tieflandes, im Übergangsbereich zur Mittelgebirgszone, gibt es aus Kalk- und Sandstein bestehendes Hügelland und Lössgebiete (Magdeburger Börde, Westfälische Bucht).	12	
Mittelgebirgszone Die Mittelgebirgszone ist vor allem durch die Bruchschollentektonik (gehobene/schräggestellte/gesenkte Bruchschollen) und begleitenden Vulkanismus im Känozoikum geprägt. (M5, M6) Es gibt Becken und Senken (Oberrheinisches Tiefland, Thüringer Becken), Berg- und Hügelländer (Sauerland, Hessisches Bergland) sowie die Höhenzüge des Mittelgebirgslandes (z. B. Schwarzwald, Harz, Erzgebirge, Bayerischer Wald). Im Südwesten befindet sich das Schwäbisch-Fränkische Stufenland. Junge Vulkangebiete sind im Rheinischen Schiefergebirge (in der Eifel mit Maaren), Vogelsberg, Saar-Nahe-Bergland und auch im Erzgebirge erkennbar. (M6, M7) Eine geologische Besonderheit stellt der Impact-Krater Nördlinger Ries dar, der vor ca. 15 Mio. Jahren durch einen Meteoriteneinschlag entstand.	10	
Alpenvorland Das Alpenvorland ist wie das Norddeutsche Tiefland glazial überprägt worden, hier aber durch die Alpengletscher und deren Schmelzwasser. (M1 [88.1]) Daher findet man auch in dieser Großlandschaft Jungmoränengebiete mit Endmoränenzügen (im südlichen Teil). Der mittlere Bereich ist durch flache Schotterflächen und im nördlichen/nordöstlichen Teil durch sanftes Hügelland, bestehend aus Mergel/Schotter, gekennzeichnet. Teilweise sind diese Gebiete durch Löss überdeckt (z. B. Niederbayerisches Hügelland).	5	
Alpen Die Alpen als alpidisches Faltengebirge bilden den südlichsten Teil des Naturraumes Deutschlands mit Hochgebirgsketten und eingeschlossenen Alpentälern, die von Flüssen wie Iller, Lech, Isar, Inn durchflossen werden. (M1 [88.2])	3	
Einordnung des Heimatgebietes in die entsprechende Groß- und Teillandschaft	2	
	40	

Aufgabe 2a) Anforderungsbereich: II Materialien: M1 [88/89.3], M2, M3, M4, M6, M7	maximale Punktzahl	erreichte Punktzahl
Magmatite (Erstarrungsgesteine) Sie entstehen durch Abkühlung und Erstarrung von aufsteigenden Gesteinsschmelzen entweder in der Tiefe (Tiefengestein/Intrusivgestein/Plutonit, z. B. Granit) oder an der Erdoberfläche (Ergussgestein/Effusivgestein/Vulkanit, z. B. Basalt, Phonolith). Bei Ergussgesteinen gelangte Magma entlang von Rissen/Spalten in der Erdkruste (z. B. während der Bruchschollentektonik im Erzgebirge Basaltvulkanismus) an die Oberfläche, kühlte dort rasch ab. (M6, M7) Es bleibt keine Zeit für Mineralbildungen. Daher weist Basalt ein feinkristallines, massiges, richtungsloses Gefüge auf und enthält keine Fossilien. Granit als Intrusivgestein im Erzgebirge stammt vorwiegend aus dem Karbon-Perm (variskische Gebirgsbildung). (M1 [88.2]) Die Gesteinsschmelze blieb beim Aufsteigen in der Erdkruste stecken und kühlte sehr langsam ab. Daher bildeten sich große, deutlich sichtbare Minerale (Feldspat, Quarz, Glimmer) heraus. Das Gefüge ist massig, richtungslos, grobkörnig und ohne Fossilien.	7	
Sedimentite (Ablagerungsgesteine) Sie entstehen, wenn Verwitterungsprodukte von Gesteinskomplexen an der Erdoberfläche (z. B. Sande, Schluff) durch verschiedene exogene Kräfte wie fließendes Wasser, Wind oder Eis abgetragen, transportiert und abgelagert werden oder im Ozean Material durch Strömungen und chemische Fällung sedimentiert wird. Infolge des steigenden Überlagerungsdrucks und Versenkung der über lange Zeiträume abgelagerten, mächtigen, unterschiedlichen Sedimentschichten kommt es zur Diagenese, dem Prozess der Verfestigung von Lockermaterial zu Festgestein. Sedimentgesteine sehen oft gestreift aus und sind meist nicht sehr hart. Im Erzgebirge findet man Sedimentite vorwiegend in den Talungen.	6	
Metamorphite (Umwandlungsgesteine) Sie entstehen durch Umwandlung (Metamorphose) von Mineralen aller Gesteinsarten entweder durch Kontakt- oder Regionalmetamorphose. Bei der Kontaktmetamorphose spielen vor allem hohe Temperaturen eine Rolle. Die sehr hohen Temperaturen des Intrusivkörpers wirken auf das kühlere Nebengestein, wodurch sich dessen Minerale verändern und eine Gesteinsumwandlung mit neuen Merkmalen erfolgt. Z. B. hat der Gneis im Erzgebirge eingeregelte, lagige/parallel liegende, verformte Mineralkörner. Bei der Regionalmetamorphose sorgen hoher Druck und starke tektonische Deformationen des Gesteinskörpers (besonders an Subduktionszonen/bei Kontinent-Kontinent-Kollision) für die großräumige Gesteinsumwandlung. Infolge der starken Verformungen entsteht oft eine Schieferung (Gestein lässt sich plattig spalten, z. B. Glimmerschiefer).	7	
	20	

Aufgabe 2b) Anforderungsbereich: III Materialien: M7	maximale Punktzahl	erreichte Punktzahl
Diese Berge des Erzgebirges sind Basalthärtlinge, die das Ergebnis einer sogenannten Reliefumkehr und erosiver Prozesse in diesem Raum darstellen.	2	
Zu Beginn des Paläogen/Tertiärs befand sich dort eine flachwellige Landschaft, durch die Flüsse in Tälern flossen.	1	
Im Zuge der Bruchschollentektonik (besonders im Neogen/Jungtertiär) kam es zu Basaltvulkanismus. Die Basaltlava ergoss sich in die Flusstäler. Exogene Kräfte sorgten seither für die Zertalung der Landschaft und Abtragung weniger widerständigen Materials. Bereiche des sehr widerstandsfähigen Basalts blieben stehen, sodass dort, wo einst die Flusstalungen (niedrigere Landschaftsbereiche) waren, heute Einzelberge zu finden sind, die die Landschaft überragen, während die früher höher gelegenen Teile der flachwelligen Landschaft heute die niedrigeren Landschaftsabschnitte markieren.	7	
	10	

Aufgabe 2c) Anforderungsbereich: I/II Materialien: M6, M7, M8, M9	maximale Punktzahl	erreichte Punktzahl
Granit/Gneis werden vorwiegend für die Baustoffindustrie, z. B. im Verkehrswegebau, aber auch für Pflastersteine, Wandverkleidungen, Bodenbeläge und Grabmale genutzt.	3	
Basalt/Rhyolith/Diabas finden Verwendung als unterschiedliche Baustoffe, wie z. B. Fassaden-/Wandverkleidungen, Bodenbeläge, Mauersteine, aber auch für die Herstellung von Pflastersteinen und Schotter.	3	
Kalkstein/Dolomitstein/Marmor sind Gesteine, die ebenfalls in der Bauindustrie/im Bauwesen genutzt werden. Daraus stellt man Mauersteine, Bodenbeläge, Fassaden-/Wandverkleidungen, Schotter, Pflastersteine, aber auch Ziersteine für die Garten-/Landschaftsgestaltung her. Außerdem finden diese Gesteine als Bildhauerstein Verwendung.	4	
	10	

Aufgabe 3 Anforderungsbereich: III Materialien: M1 [52.1, 88/89.3], M5, M6, M7	maximale Punktzahl	erreichte Punktzahl
Die Mittelgebirgszone ist ein sehr vielfältiger Naturraum mit Teillandschaften unterschiedlicher Reliefmerkmale und sehr variabler Streichrichtung der Höhenzüge. Die heutigen Reliefmerkmale sind vor allem Ergebnis der Bruchschollentektonik (endogener Prozess) und verschiedener exogener Vorgänge. Die heutigen Mittelgebirge sind meist Bruchschollengebirge des Paläogen/ Tertiärs, deren Grundgebirge ein im Paläozoikum eingerumpftes variskisches Faltengebirge bildet.	5	
Im Zuge der Bruchschollentektonik kam es zu tektonischen Deformationen wie Staffelbrüchen (z. B. Erzgebirge), Horsten (z. B. Thüringer Wald) und Pultschollen (z. B. Erzgebirge), aber auch Gräben (z. B. Oberrheingraben). (M5, M6) Die sehr komplizierten geologischen Strukturen resultieren somit auch aus den Verschiebungen von Gesteinsformationen entlang von Verwerfungen, sodass die Lagerungsverhältnisse der Gesteine nicht nur verändert wurden, sondern mitunter auch nicht mehr dem stratigrafischen Prinzip (jüngere Schichten lagern über älteren) folgen. (M5)	5	
Es gibt aber auch andere interessante geologische Strukturen, die durch vulkanische Aktivitäten (z. B. Vogelsberg, Eifel) oder extraterrestrischen Einfluss (Ries-Impact-Krater) entstanden. Des Weiteren ist das Phänomen der Reliefumkehr im oberen Erzgebirge an den Basalthärtlingen erkennbar, die heute die Landschaft überragen, sich aber im Bereich ehemaliger Flusstäler befinden. (M7)	3	
Die Kompliziertheit und das Interessante des geologischen Baus werden auch an den vielen verschiedenen Gesteinen, die mitunter kleinräumig wechseln, deutlich. Sie stammen zeitlich vorwiegend aus dem Paläozoikum, Mesozoikum oder Känozoikum. Es sind alle Hauptgruppen der Gesteine (nach ihrer Entstehung) vertreten. Im Erzgebirge und Schwarzwald findet man z. B. Granit als Magmatit/Tiefengestein aus dem Karbon/Perm und Metamorphite wie Gneis, Glimmerschiefer, Phyllit, Marmor. Basalt als Magmatit/Ergussgestein gibt es im Bereich des Vogelsbergs, des Rheinischen Schiefergebirges, im Erzgebirge. (M6, M7) Das südwestdeutsche Schichtstufenland ist vor allem durch Sedimentite des Mesozoikums geprägt. Im Bereich des Thüringer Beckens und des Oberrheingrabens finden sich quartäre Sedimente wie z. B. Flusssedimente und auch Löss.	7	
	20	

Name: ....   **Datum:** ....

Kurs/Klasse: ....   **Zeit:** ....

Naturräumliche Gliederung und Geologie Deutschlands

Aufgabe 1

Der Naturraum Deutschlands ist durch unterschiedliche geologische Entwicklungen und Strukturen gekennzeichnet und lässt sich entsprechend gliedern.

Beschreiben Sie die naturräumliche Gliederung Deutschlands in Großlandschaften und ihnen zughörige Teillandschaften. Ordnen Sie Ihren Heimatraum in diese Gliederung ein.

Aufgabe 2

Im Erzgebirge, einem Bruchschollengebirge, treten vorwiegend Metamorphite und Magmatite, aber auch Sedimentite, auf.

a) Erklären Sie die Entstehung und wesentliche Erkennungsmerkmale dieser Gesteine.

b) Begründen Sie, dass der Bärenstein sowie der Pöhl- und Scheibenberg geologische Besonderheiten des Erzgebirges sind.

c) Fassen Sie verschiedene Verwendungsmöglichkeiten von Gesteinen, die im Erzgebirge abgebaut werden, zusammen.

Aufgabe 3

Geologen sind der Meinung, dass die Mittelgebirgszone Deutschlands zu den geologisch kompliziertesten und interessantesten Naturräumen Mitteleuropas gehört.

Begründen Sie diese Sichtweise.

M1   **Diercke Weltatlas**

52.1 Deutschland – Landschaften

88.1 Europa – Landschaft zur letzten Kaltzeit (Würm/Weichsel, vor 18 000 Jahren)

88.2 Europa – Tektonik

88/89.3 Mitteleuropa – Geologie/Eiszeitformen

M2   **Entstehung magmatischer Gesteine**

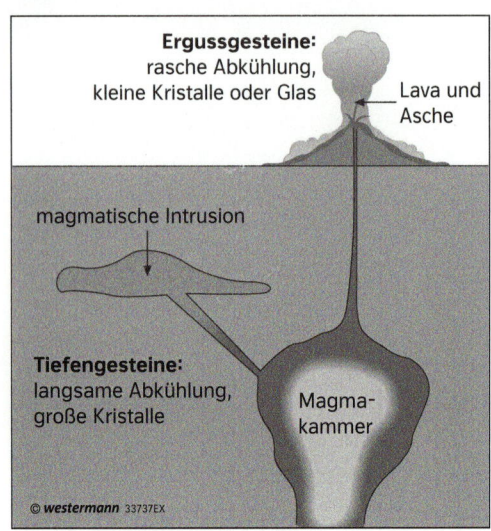

Ergussgesteine:
rasche Abkühlung, kleine Kristalle oder Glas
Lava und Asche

magmatische Intrusion

Tiefengesteine:
langsame Abkühlung, große Kristalle

Magma-kammer

© *westermann* 33737EX

M3   **Entstehung von Sedimentgesteinen**

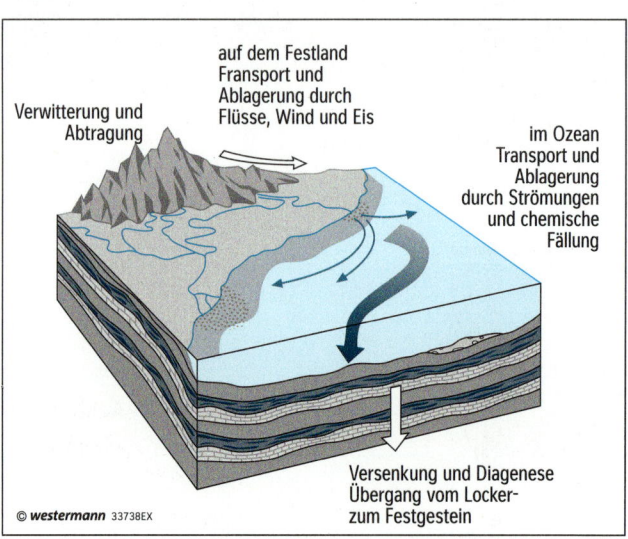

auf dem Festland Fransport und Ablagerung durch Flüsse, Wind und Eis

Verwitterung und Abtragung

im Ozean Transport und Ablagerung durch Strömungen und chemische Fällung

Versenkung und Diagenese Übergang vom Locker- zum Festgestein

© *westermann* 33738EX

westermann

M4 Entstehung von metamorphen Gesteinen

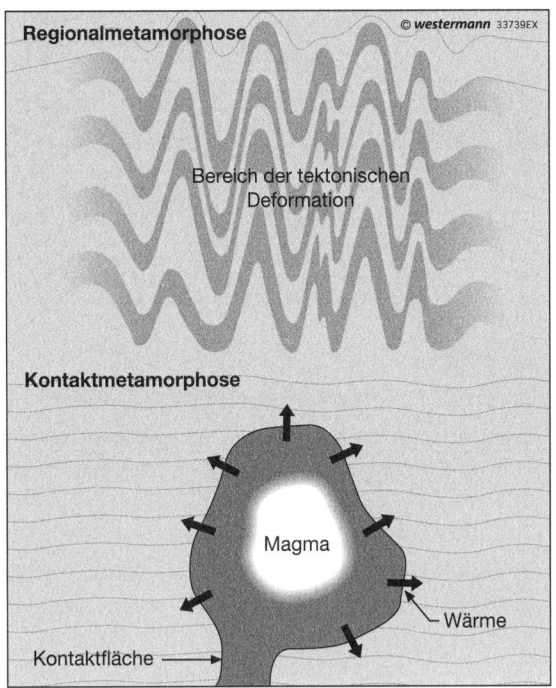

M5 Tektonische Deformationen

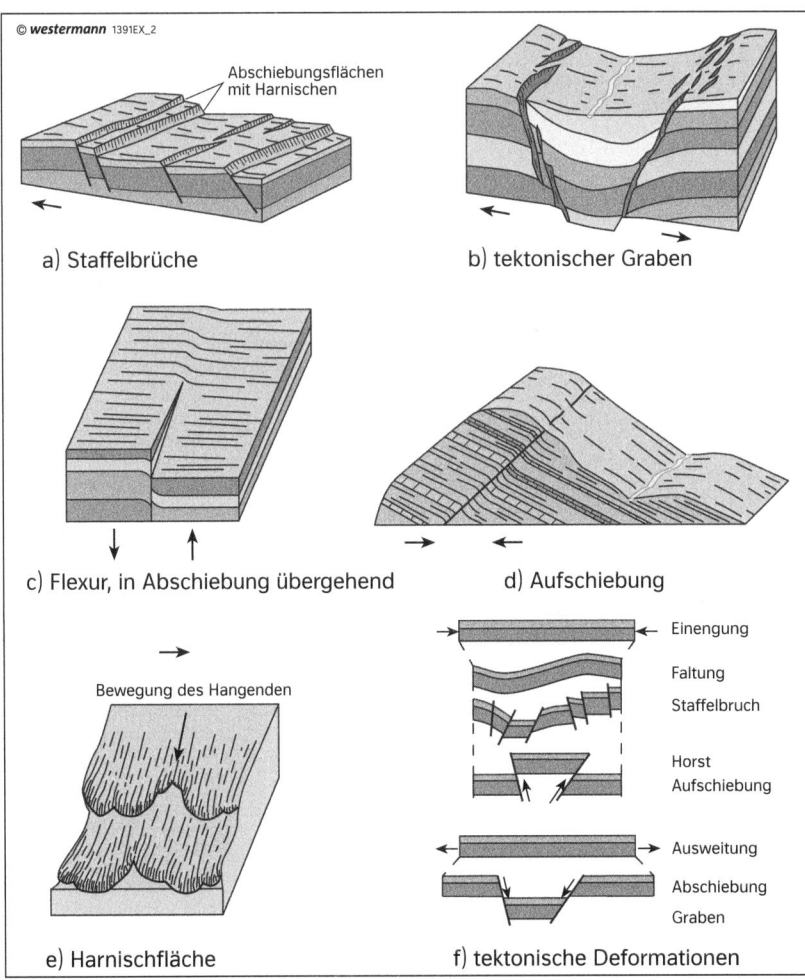

westermann

M6 Entstehung des Erzgebirges

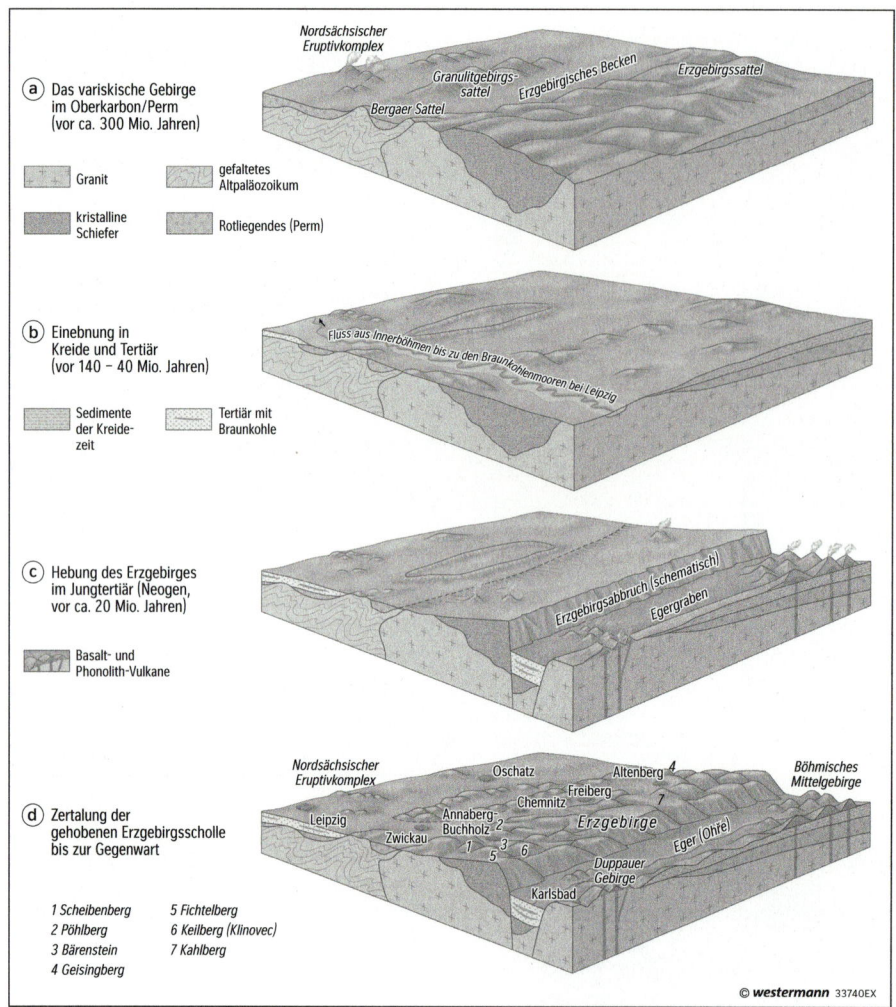

a Das variskische Gebirge im Oberkarbon/Perm (vor ca. 300 Mio. Jahren)

- Granit
- kristalline Schiefer
- gefaltetes Altpaläozoikum
- Rotliegendes (Perm)

b Einebnung in Kreide und Tertiär (vor 140 – 40 Mio. Jahren)

- Sedimente der Kreide-zeit
- Tertiär mit Braunkohle

c Hebung des Erzgebirges im Jungtertiär (Neogen, vor ca. 20 Mio. Jahren)

- Basalt- und Phonolith-Vulkane

d Zertalung der gehobenen Erzgebirgsscholle bis zur Gegenwart

1 Scheibenberg
2 Pöhlberg
3 Bärenstein
4 Geisingberg
5 Fichtelberg
6 Keilberg (Klinovec)
7 Kahlberg

© westermann 33740EX

M7 Entstehung der obererzgebirgischen Basalthärtlinge und Reliefumkehr

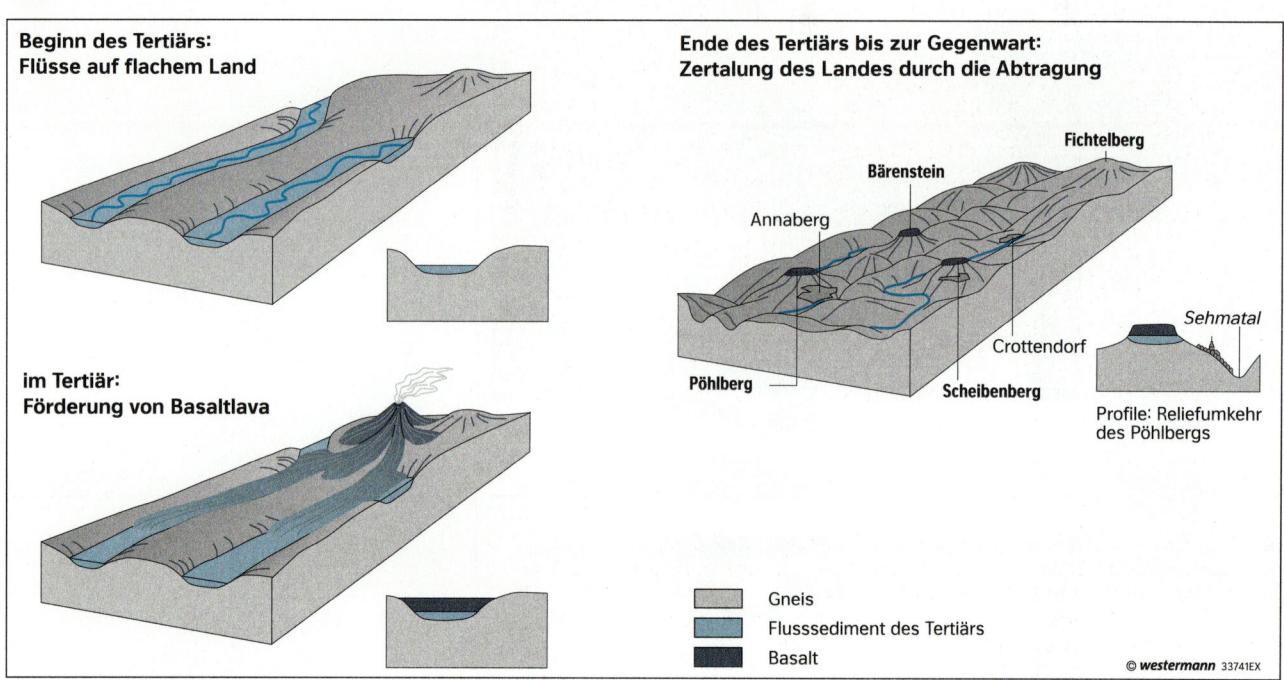

Beginn des Tertiärs: Flüsse auf flachem Land

im Tertiär: Förderung von Basaltlava

Ende des Tertiärs bis zur Gegenwart: Zertalung des Landes durch die Abtragung

Profile: Reliefumkehr des Pöhlbergs

- Gneis
- Flusssediment des Tertiärs
- Basalt

© westermann 33741EX

westermann

M8 Abbau von Gesteinen in Sachsen

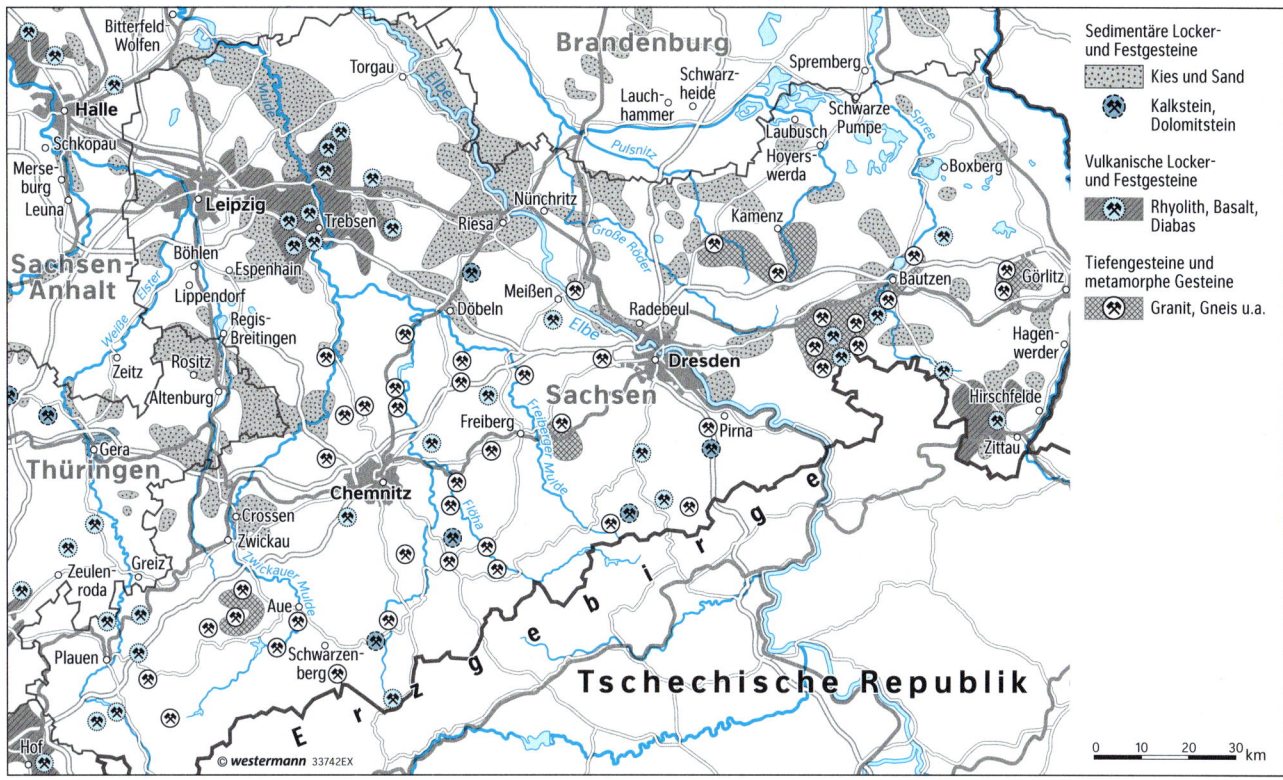

M9 Marmorabbau in der Grube Lengefeld (Mittleres Erzgebirge)

Quellen

M2–M4: Bräuer, K. u. a.: Seydlitz Geographie Oberstufe. Braunschweig 2016, S. 32 f.

M5: Kaminske, V./Keipert, C.: Diercke Spezial – Bau und Dynamik der Erde. Braunschweig 2006, S. 43

M6: Diercke Weltatlas (Ausgabe 2011), Heimatteil Sachsen, S. 8

M7: Gerber, W.: Seydlitz/Diercke – Geographie Sachsen Oberstufe, Ergänzung. Braunschweig 2011, S. 5; leicht verändert

M8: Diercke Weltatlas (Ausgabe 2011), Heimatteil Sachsen, S. 14; verändert

M9: picture-alliance, Frankfurt/M. (ZB/Wolfgang Thieme)

westermann

Zusatzmaterialien

M10   Gesteinskreislauf

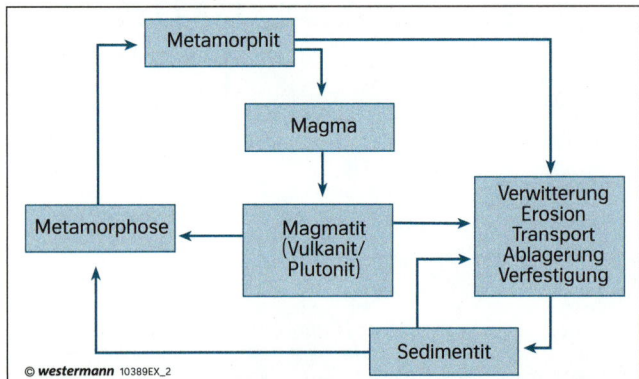

Quelle: Kaminske, V./Keipert, C.: Diercke Spezial – Bau und Dynamik der Erde. Braunschweig 2006, S. 93; leicht verändert

M11   **Diercke Weltatlas**

53.2 Oberrheingraben und Schichtstufenland – Landschaftsbild

Naturrisiken und Verwundbarkeit am Beispiel der Katastrophe in Fukushima (Japan, 2011)

Karten im Diercke Weltatlas

190/191 Ostchina, Korea, Japan – Wirtschaft

252/253.1 Verwundbarkeit und ihre Messung

253.4 Japan – Tohoku-Beben mit Tsunami (11.3.2011)

253.5 Fukushima – Nuklearkatastrophe von 2011

Unterrichtliche Voraussetzungen

Inhaltlich

Für die Bearbeitung der Klausur sind Grundkenntnisse in der Plattentektonik Voraussetzung. Den Schülern sollte bekannt sein, wie Erdbeben entstehen und wie diese mit Tsunamis verknüpft sind.

Fachbegriffe

allgemein:
- Tsunami

in den Materialien:
- Weltrisikoindex (M1 [252/253.1]) (wird im Material erklärt)
- Magnitude (M1 [253.4]) (wird im Material erklärt)
- havariertes Kernkraftwerk (M1 [253.4])
- modifizierte Mercalli-Scala (M1 [252/253.2])
- Epizentrum (M1 [253.4])
- Vertikalbewegung (M1 [253.4])
- Millisievert (M1 [253.5], M4)
- GAU (M1 [253.5], M4) (wird in den Materialien erklärt)
- Vulnerabilität (M1 [252/253.1], M6) (wird in M1 [252/253.1] erklärt)
- Plattengrenze (M1 [253.4], M7)
- Richterskala (M2)
- topographisch (M2)
- Alluvialebene (M2)
- Lieferkette (M3)
- Atommeiler (M3)
- Abklingbecken (M4)
- dekontaminiert/kontaminiert (M4)
- Drainage (M4)
- Havarie (M4)
- Reaktor (M4, M5)
- fossile Brennstoffe (M5)
- AKW (M5)
- Subduktion (M7)

Literatur

Bahr, M.: Die Dreifachkatastrophe in Japan. In: Praxis Geographie, H. 10/2015, S. 26–31.

Diercke 360° Spezial: Japan 11. März 2011 (Kartenposter mit Materialien). Braunschweig 2011.

Diercke Handbuch: Erläuterungen zu den Karten 252/253.1, 253.4 und 253.4. Braunschweig 2015, S. 413–416.

Dimmer, C.: Japan nach dem 11. März 2011: Zwischen raschem Wiederaufbau und nachhaltigem Umbau. In: Geographische Rundschau, H. 3/2013, S. 4–10.

Feldhoff, T.: Japan nach 9/11. Bewältigung der Dreifachkatastrophe, des Wiederaufbaus und einer erzwungenen Energiewende. In: Praxis Geographie, H. 10/2015, S. 4–9.

Flüchter, W.: Das Erdbeben in Japan 2011 und die Optionen einer Risikogesellschaft. In: Geographische Rundschau, H. 12/2011, S. 52–59.

Hoogen, A./Otto, J./von Reumont, F.: Gute Vorbereitung ist halbe Gefährdung. Eine GIS-basierte Gefährdungs- und Vulnerabilitätsanalyse Japans. In: Praxis Geographie, H. 10/2015, S. 10–15.

Krüger, F./Samimi, C.: Risikoräume. Die Gefährdung von Lebensräumen und Lebenswelten. In: Praxis Geographie, H. 11/2013, S. 4–9.

Schubert, J.: Umgang mit dem Risiko. Naturkatastrophen in Japan – ein Gruppenpuzzle. In: Praxis Geographie, H. 4/2007, S. 26–31.

Wördemann, R./Yamaguchi, K. (Hrsg.): Länderbericht Japan. Die Erarbeitung der Zukunft. Bonn 2014.

Erweiterungsmöglichkeiten und Alternativen (geplante Bearbeitungszeit: 120 min)

	Erweiterungsmöglichkeiten	Alternative gekürzte Klausur	Alternative erweiterte Klausur
Aufgabe 1		1. Stellen Sie die tektonischen Ursachen der Katastrophe vom 11.3.2016 dar. (M1 [253.4], M7)	1. Stellen Sie die Auswirkungen der Dreifachkatastrophe infolge des Tohoku-Bebens dar. (M1 [253.4, 253.5], M2–M5, M10)
Aufgabe 2	Mit Kategorisierungs- bzw. Differenzierungsansatz. Dadurch wird die Strukturierung der Antwort zu Aufgabe 3 vorbereitet, was für die Schüler eine Hilfe darstellt. → 2. Erläutern Sie die natürlichen und die menschengemachten Ursachen bzw. Folgen der Dreifachkatastrophe.	2. Erläutern Sie die direkten und indirekten Folgen des Erdbebens und des Tsunamis auf regionaler und nationaler Ebene. (M1 [253.4, 253.5], M2–M5)	2. Wenden Sie das Pressure-and-Release-Modell auf die Einschätzung des Risikopotenzials Japans an und leiten Sie Vorschläge zur Risikominimierung ab. (M1 [252/253.1], M4, M7, M8, M11)
Aufgabe 3		3. Erörtern Sie, auf welche Weise man die Folgen hätte verhindern bzw. verringern können. (M4, M8)	3. Nehmen Sie Stellung zu der Aussage in M9 in Bezug auf die Dreifachkatastrophe in Japan. (M9, M10)

Erwartungshorizont mit Punkteverteilung

Bitte beachten Sie: Die Punkteverteilung stellt nur einen Vorschlag dar, der je nach Bundesland und Kurssituation angepasst werden muss. Die Punkte beziehen sich zudem nur auf inhaltliche Aspekte, nicht auf die Darstellungsleistung der Schüler.

Aufgabe 1 Anforderungsbereich: I/II Materialien: M1 [190/191, 253.4], M2, M3, M7	maximale Punktzahl	erreichte Punktzahl
Lage – Nordosten der japanischen Hauptinsel Honshu, Gebiet zwischen der Küstenstadt Hashinoe im Norden und Tokio im Süden (M1 [190/191, 253.4]), am stärksten betroffen sind die Präfekturen Iwate, Miyagi und Fukushima (M3)	2	
– überwiegend schmaler, dicht besiedelter Küstenstreifen, gebirgiges Relief im Hinterland, im Norden zerklüftete Küste, südlich von Ishinomaki auch Alluvialebenen (M1 [190/191, 253.4], M2)	3	
– größter Ballungsraum des ca. 500 km langen Küstenabschnitts ist das Gebiet um die Millionenstadt Sendai (ca. 350 km nördlich von Tokio) (M1 [190/191, 253.4])	2	
Naturräumliche Gefährdung – in ca. 200–300 km Entfernung zur Küste verläuft der Japan-Graben, parallel zur Grenze zwischen Chinesischer und Pazifischer Platte (M1 [253.4], M7)	2	
– die Pazifische Platte schiebt sich unter die Chinesische Platte (Subduktionszone), Folge: hohe tektonische Aktivität, große Gefahr von Erdbeben und Vulkanismus, Tsunami-Gefahr als Folge von Seebeben (M7)	7	
– enge, tiefe Buchten an der Sanriku-Küste in Iwate – hier topographisch gesehen besondere Gefährdung durch Tsunamis, die sich weit ins Landesinnere vorschieben und auch hochgelegene Siedlungen erreichen können (M2)	2	
– flache Küstenabschnitte im Südteil des Gebietes bieten für Tsunamis weniger Hindernisse, größere Flächen sind von Tsunamis betroffen, bis 5 km im Landesinneren, Wucht der Wassermassen jedoch mit zunehmender Entfernung von der Küste geringer (M2)	2	
	20	

Aufgabe 2 Anforderungsbereich: II Materialien: M1 [190/191, 252/253.1, 253.4, 253.5], M2, M3, M4, M5	**maximale Punktzahl**	**erreichte Punktzahl**
Ursachen – Seebeben am 11. März 2011, Epizentrum im Meer ca. 100 km östlich von Sendai in 32 km Tiefe, Magnitude 9 = maximale Stärke auf der Richterskala (M1 [253.4], M2)	2	
– seismische Wellen erreichen Japan, lösen Erdbeben im ganzen Nordteil Honshus aus; an der Westküste und südlich von Tokio in den Stärken 4–5, an der Ostküste bis Tokio Stärken von 5–7, gebietsweise auch 8 (M1 [253.4], M2)	3	
– zahlreiche Nachbeben v. a. entlang der Küste von Iwate und in der Kahima-Bucht (M1 [253.4], M2)	1	
– durch die Beben entstehen Vertikalbewegungen der Erdkruste, die einen Tsunami auslösen (M1 [253.4], M2)	2	
– bis zu 60 min nach dem Hauptbeben wird die Küste von einer über 5 m hohen Wellenfront erreicht	1	
– im nördlichen Bereich des betroffenen Küstenabschnitts dringt die Flutwelle teilweise mehrere Kilometer in das Landesinnere vor (M1 [253.4])	1	
– besonders betroffen sind die zerklüfteten Küstenabschnitte der Präfektur Iwate und im nördlichen Miyagi, Wasser steigt hier besonders schnell und hoch (M2)	1	
Folgen (allgemein) – Differenzierung zwischen kurzfristigen und direkten Folgen der Naturkatastrophe und lang- und mittelfristigen Folgen, getrennt nach Folgen der eigentlichen Naturkatastrophe und der nuklearen Folgekatastrophe, ausgelöst durch Ansiedlung von Atomkraftwerken in gefährdeten Gebieten mit unzureichender baulicher und technischer Sicherung	3	
– Differenzierung zwischen Erdbebenopfern bzw. -schäden und Folgen des Tsunamis aufgrund der Überlagerung nicht immer möglich	1	
Kurzfristige Verluste und Zerstörungen – Todesopfer, Verletzte und starke Zerstörung von Gebäuden und Infrastruktur durch das Beben in den nicht vom Tsunami betroffenen Gebieten (M1 [253.4], M2)	1	
– katastrophale Zerstörungen bis zur Vernichtung der gesamten Siedlungsstruktur in den vom Tsunami betroffenen Küstenbereichen, hier Tausende von Todesopfern (statistisch nicht von Todesopfern durch die direkten Einwirkungen der Erdbeben trennbar, s. o.), höchste Opferzahlen in Ishiromaki (4000) und Kesennuma (3500) (M1 [252/253.1]), M2)	3	
– insgesamt rund 19 000 Tote, von denen 16 000 tatsächlich aufgefunden werden konnten (M2)	1	
– 561 m² überflutet, dabei 23 600 ha an landwirtschaftlichen Flächen durch das Salzwasser unfruchtbar (M2)	2	
– 130 000 Gebäude völlig und 726 000 teilweise zerstört (M2)	2	
GAU im Kernkraftwerk Fukushima I – Kernschmelzen in drei Kraftwerksblöcken nach Ausfall der Kühlung infolge des Tsunamis	2	
– Verstrahlung und Evakuierung der Bevölkerung aus einer 30 km-Zone	2	
– Ausbreitung der Radioaktivität v. a. in nordwestlicher Richtung ins Landesinnere, 75 km lange Kernzone mit Strahlenwerten von über 8 Mikrosievert pro Stunde, darunter in der Stadt Fukushima	3	
– wetterbedingte Ausbreitung der Verstrahlung nach Norden und Süden bis Tokio entlang der Küste und weiter ins Landesinnere, entlang der Gebirgsbarriere mit abnehmender Strahlendosis	3	
– Notabschaltung weiterer Kernkraftwerke auf Honshu (M1 [253.5])	1	
Mittel- und langfristige Folgen – wirtschaftliche Schäden wohl weniger gravierend: direkte Vermögensverluste von ca. 210 Mrd. US-$ allerdings ohne mittelbare Auswirkungen des Atomunfalls, entspricht ca. 3,8 % der Wirtschaftsleistung Japans 2010 und 0,6 – 0,7 % des gesamten japanischen Sachvermögens (M3)	5	
– Energieversorgung muss trotz des Abschaltens vieler Atomkraftwerke gesichert werden, Umstellung wirft hohe volkswirtschaftliche Kosten auf (M5)	2	
– Verlust der Heimat für Menschen aus den verstrahlten Gebieten (M4)	1	
– Probleme beim Wiederaufbau – Entvölkerung, Kosten [als naheliegende Schlussfolgerung]	2	
– dauerhafte Umweltschäden in Japan und weit darüber hinaus, z. B. im Meer (M4)	2	
Fazit Naturkatastrophe mit enormen Opferzahlen und Schäden löst Nuklear-Katastrophe aus, deren Folgen v. a. mittel- und langfristig noch spürbar sein werden, wenn der Wiederaufbau in den nicht oder gering verstrahlten Gebieten bereits erfolgt sein wird.	3	
	50	

Aufgabe 3 Anforderungsbereich: II/III Materialien: M1[252/253.1, 253.5], M4, M5, M6, M7	maximale Punktzahl	erreichte Punktzahl
– Risiko, Opfer einer Naturkatastrophe zu werden, ergibt sich nach Weltrisikoindex aus dem Produkt der Verwundbarkeit (= Vulnerabilität) und der Anzahl der Menschen, die ausgewählten Naturgefahren ausgesetzt sind (= Gefährdungsgrad oder Exposition) (M1 [252/253.1])	2	
– Verwundbarkeit setzt sich aus der Anfälligkeit und den Bewältigungs- und Anpassungskapazitäten zusammen (M1 [252/253.1])	2	
– Risiko für die gesamte japanische Bevölkerung, Opfer einer Naturkatastrophe zu werden, wird nach Weltrisiko-Index als sehr hoch eingestuft (M1 [252/253.1]): Rang 17 in der Welt (M6)	2	
– Gefährdungsgrad, gemessen an der Anzahl der Menschen, die einer Gefahr durch ausgewählte Naturgefahren ausgesetzt ist, ist ebenfalls sehr hoch (M1 [252/253.1]): Rang 4 in der Welt (M6)	2	
– Verwundbarkeit wird jedoch als sehr gering eingestuft (M1 [252/253.1]), da Japan aufgrund seines Entwicklungsstandes über eine vergleichsweise geringe Anfälligkeit und hohe Bewältigungs- und Anpassungskapazitäten verfügt	4	
– Erd- bzw. Seebebenbebenhäufung seit 1885 zeigt, dass die Ostküste Honshus durch Erdbeben besonders gefährdet ist (M7)	1	
– besondere Gefährdung aufgrund der Küstenlage durch Tsunamis, deren Gefahren im Vergleich mit anderen Naturgefahren besonders gravierend sind	2	
– Küste bildet zudem Bevölkerungsschwerpunkt in der Region (noch gravierendere Gefährdungslage aus diesem Grund jedoch in der südlich angrenzenden Region um Tokio)	1	
– Gefährdung durch Vulkanausbrüche oder Taifune hier hingegen zwar gegeben, aber geringer als in anderen Gebieten (M7)	2	
– Risiko für die Menschen an der Nordostküste Honshus im Falle eines Erdbebens oder Tsunamis war durch vier küstennahe Kernkraftwerke (Onagawa, Fukushima I und II, Hitachi) deutlich erhöht (M1 [253.5])	2	
– Dreifachkatastrophe hat gezeigt, dass die Verwundbarkeit durch die Atomkraftwerke erheblich höher ist als erwartet, Sicherheitsvorkehrungen waren mangelhaft (M4)	2	
Veränderungen der Gefährdungslage nach der Katastrophe – atomare Gefährdung durch das havarierte Atomkraftwerk Fukushima I wäre bei einem erneuten Erdbeben und/oder Tsunamis vor der endgültigen Sicherung nicht mehr kontrollierbar (Hinweis auf Probleme s. M5)	3	
– Kernkraftwerke der betroffenen Region wurden und blieben abgeschaltet (M5), was die Gefährdung senkt	3	
– ob sie beim geplanten Wiedereinstieg in die Nutzung der Atomkraft (M5) erneut ans Netz gehen, ist den Quellen nicht entnehmbar; Sicherheitsvorschriften haben sich für diesen Fall jedoch deutlich erhöht (M5), was die Gefährdung wiederum reduziert	2	
	30	

Name: ....   Datum: ....

Kurs/Klasse: ....   Zeit: ....

Naturrisiken und Verwundbarkeit am Beispiel der Katastrophe in Fukushima (Japan, 2011)

Aufgabe 1
Lokalisieren Sie die vom Tohoku-Beben betroffene Region Japans und beschreiben Sie die topographische Lage im Hinblick auf die naturräumliche Gefährdung des Raumes durch tektonische Ereignisse.

Aufgabe 2
Erläutern Sie Ursachen und Folgen der Katastrophe in der Region Fukushima.

Aufgabe 3
Bewerten Sie u. a. mithilfe des Weltrisikoindexes das Risiko für die Bewohner der Nordostküste der Insel Honshu. Berücksichtigen Sie dabei auch die Kernenergienutzung in diesem Raum.

M1 Diercke Weltatlas

190/191 Ostchina, Korea, Japan – Wirtschaft
252/253.1 Verwundbarkeit und ihre Messung
253.4 Japan – Tohoku-Beben mit Tsunami (11.3.2011)
253.5 Fukushima – Nuklearkatastrophe von 2011

weitere Atlaskarten nach Wahl

M2 Opfer und Zerstörungen der Flutkatastrophe

[...] Am 11. März 2011 um 14.46 Uhr Ortszeit ereignete sich 72 km vor der Küste Nordostjapans ein Erdbeben der Stärke 9,0 auf der Richterskala. Es war das stärkste jemals gemessene Erdbeben in Japan und das viertstärkste weltweit seit Beginn der Aufzeichnungen. Das mächtige Beben, das Teile der Küstenlinie um über 80 cm absenkte und Stadtteile den Gezeiten aussetzte, löste einen Tsunami aus, der innerhalb von 20 bis 40 Minuten das Land erreichte und teilweise ganze Städte und Dörfer entlang von über 500 km Küste zerstörte. Dieser Flutkatastrophe fielen 15870 Menschen zum Opfer, 2846 werden immer noch vermisst. Ferner wurden 130000 Gebäude völlig und 726000 teilweise zerstört. Von 561 m², die überflutet wurden, wurden auch 23600 ha an landwirtschaftlichen Flächen durch das Salzwasser unfruchtbar. Dies entspricht 11 % aller Anbauflächen der Präfektur Miyagi. Insgesamt sind 62 Kommunen in den sechs Präfekturen Aomori, Iwate, Miyagi, Fukushima, Ibaragi und Chila von der Tsunamikatastrophe betroffen. Der Grad der Zerstörung hängt dabei stark von den jeweiligen topographischen Gegebenheiten ab. Entlang der zerklüfteten Sanriku-Küste in Iwate entfaltete der Tsunami wegen der engen, tiefen Buchten enorme Kräfte und erklomm die Hänge um bis zu 40 m. Die hier gelegenen Städte Minami-Sanriku und Rikuzentakata wurden beinahe vollständig zerstört. In der flachen Alluvialebene südlich der Millionenstadt Sendai drangen die Wassermassen dagegen bis zu 5 km tief ins Landesinnere vor, entfalteten aber insgesamt eine geringere Zerstörungskraft. [...]

M3 Volkswirtschaftliche Belastungen durch Erdbeben und Tsunami

[...] Das Beben und der Tsunami verursachten direkte Vermögensverluste von ca. 210 Mrd. US-$ – ohne mittelbare Auswirkungen des Atomunfalls. Das sind bezogen auf die Wirtschaftsleistung Japans von 2010 rund 3,8 % und bezogen auf das gesamte japanische Sachvermögen ungefähr 0,6 % bis 0,7 %. Diese Relationen legen nahe, dass trotz der absolut betrachtet immensen Schäden mit keinen lange andauernden wirtschaftlichen Beeinträchtigungen zu rechnen ist. Negative indirekte Effekte wurden durch Produktionsausfälle in den am stärksten betroffenen Präfekturen Iwate, Miyagi und Fukushima verursacht. Hinzu kamen weltweit spürbare Lieferkettenunterbrechungen (u. a. im Automobilbereich), die der Weltwirtschaft drastisch vor Augen führten, wie stark die einzelnen Volkswirtschaften untereinander verflochten und voneinander abhängig sind.

Allerdings ist es Japan gelungen, in kurzer Zeit die Produktionsausfälle und Lieferunterbrechungen großteils auszugleichen und den Wiederaufbau erheblich voranzubringen. Beispielsweise waren bis Juli 2011 alle Haushalte wieder an das Strom- und Gasnetz angeschlossen. Darüber hinaus blieb die Stromversorgung stabil, obwohl eine große Zahl von Atommeilern vom Netz genommen wurde. Auch die Industrieproduktion hatte nach einem 15-prozentigen Einbruch im März bereits im Juni 2011 wieder 95 % des Februar-Niveaus erreicht. Des Weiteren ist damit zu rechnen, dass der japanische Güterexport noch in diesem Jahr sein Volumen vom letzten Quartal 2010 wieder erreicht haben wird. [...]

M4 Die nukleare Katastrophe

[...] Die eigentliche Katastrophe wurde erst gegen 15.35 Uhr ausgelöst, als ein zehn bis fünfzehn Meter hoher Tsunami das Kraftwerk traf, das dagegen nur unzureichend gesichert war. Die Schutzmauer gegen Tsunamis auf der Meerseite war nur 5,70 Meter hoch. Dies führte dazu, dass die Reaktoren 1 bis 4 bis zu fünf Meter hoch überschwemmt wurden. Innerhalb von wenigen Minuten fielen sowohl die Kühlwasserversorgung als auch die Notstromaggregate aus. [...]

Die Situation geriet außer Kontrolle, in drei Reaktoren kommt es zur Kernschmelze, dem größten anzunehmenden Unfall in einem Kernkraftwerk (GAU). Mitentscheidend für den weiteren Verlauf der Katastrophe war, dass sich nur relativ wenige Mitarbeiter im Kraftwerk befanden und die Notfallpläne nur auf eine Havarie in einem einzigen Reaktor ausgelegt waren. Kurze Zeit später rief die Regierung den Notstand aus. Die Reaktoren begannen sich mangels ausreichender Kühlung zu erwärmen, auch die Temperatur in den Abklingbecken stieg an. Trotz verschiedener Gegenmaßnahmen gelang es nicht, diese Entwicklung aufzuhalten und die Lage zu stabilisieren. [...]

Die Evakuierung der Einwohner in der Umgebung des Kraftwerks begann gegen 19 Uhr am Tag der Katastrophe. In den nächsten Tagen wurde der Radius der Evakuierungszone zunächst auf 20 Kilometer, zwischenzeitlich auf 30 Kilometer um das Kraftwerk ausgeweitet. Betroffen waren 140 000 Menschen, die in diesem Gebiet lebten. Die japanische Regierung versuchte damit, die Strahlenbelastung der Menschen auf maximal 50 Millisievert pro Jahr zu begrenzen. Am 22. April wurde die 20-Kilometerzone zum Sperrgebiet erklärt. In den folgenden Monaten und Jahren wurde klar, dass große Teile der Region Fukushima nicht dekontaminiert werden können und daher auch langfristig keine Wiederbesiedlung stattfinden wird.

Neben der Strahlenbelastung der Luft gerieten große Mengen an Radioaktivität ins Meer durch Eintrag aus der Luft, mit kontaminiertem Wasser, das aus dem Reaktorgelände ins Meer zurückströmte [sowie] mit Wasser aus den Versuchen zur Notkühlung, das über Drainagen, Schächte, Lecks und Risse aus den Reaktoren bzw. Abklingbecken ins Meer floss.

M5 Die Zukunft der Kernenergie in Japan

Die japanische Regierung hat den Wiedereinstieg in die Kernkraft beschlossen. Das Kabinett in Tokio verabschiedete am Freitag einen Energieplan, der drei Jahre nach der Fukushima-Katastrophe den Ausstieg der Vorgängerregierung rückgängig macht. Darin wird die Atomkraft als „wichtige Energiequelle für die Grundversorgung" bezeichnet. [...]

Umfragen zufolge sind zweimal so viele Japaner gegen ein Wiederhochfahren der fast 50 eingemotteten AKWs als dafür. Eine Befragung der Zeitschrift „Asahi" im vergangenen Monat ergab, dass fast 80 Prozent der Bevölkerung den Ausstieg aus der Kernkraft wollen. Neben der Katastrophe selbst sind die anhaltenden Probleme des Fukushima-Betreibers Tokyo Electric Powers (Tepco) bei der Bewältigung der Folgen Grund für die Skepsis. Allerdings zahlt Japan einen hohen Preis für die Atompause. Es hat fast 90 Milliarden Dollar für fossile Brennstoffe ausgegeben, um den Strombedarf konventionell zu decken. Die Handelsbilanz des Inselstaates kommt wegen der Importe nicht aus den roten Zahlen heraus. Einer Analyse der Nachrichtenagentur Reuters zufolge können möglicherweise zwei Drittel der japanischen Reaktoren wegen der Kosten für verschärfte Sicherheitsauflagen und anderer Faktoren nicht wieder ans Netz gehen. [...]

M6 Länder mit hoher Verwundbarkeit, Gefährdung und Risiko

Die fünf Länder mit der höchsten Verwundbarkeit weltweit	Die fünf Länder mit der größten Gefährdung weltweit	Die fünf Länder mit dem höchsten Risiko weltweit
1. Tschad	1. Vanuatu	1. Vanuatu
2. Haiti	2. Tonga	2. Philippinen
3. Afghanistan	3. Philippinen	3. Tonga
4. Eritrea	4. Japan	4. Guatemala
5. Zentralafrikanische Republik	5. Costa Rica	5. Bangladesch
...		...
158. Japan		17. Japan

M7 Naturgefahren in Japan

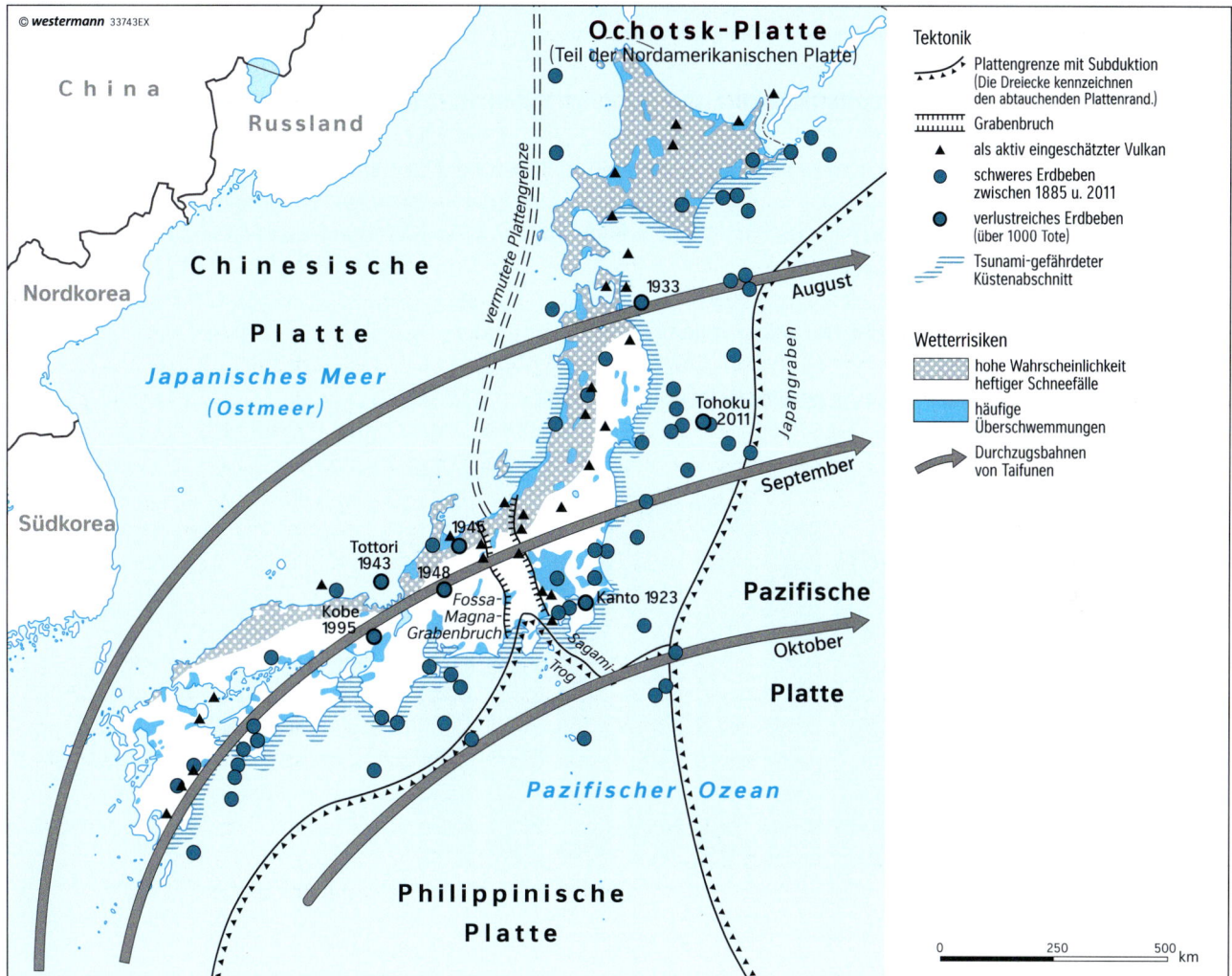

Quellen

M2: Dimmer, C.: Japan nach dem 11. März 2011: Zwischen raschem Wiederaufbau und nachhaltigem Umbau. In: Geographische Rundschau, H. 3/2013, S. 4–10

M3: http://www.munichre.com/site/corporate/get/documents_E601515810/mr/assetpool.shared/Documents/0_Corporate%20Website/6_Media%20Relations/Press%20Dossiers/Japan%20one%20year%20after/the-economic-repercussions-de.pdf

M4: http://www.diercke.de/content/fukushima-nuklearkatastrophe-von-2011-978-3-14-100800-5-253-5-1

M5: o. V.: Drei Jahre nach Fukushima: Japan beschließt den Wiedereinstieg in die Atomkraft. Spiegel online vom 11.04.2014; gekürzt (http://www.spiegel.de/wissenschaft/technik/fukushima-japan-beschliesst-wiedereinstieg-trotz-protesten-a-963833.html)

M6: Hoogen, A./Otto, J./von Reumont, F.: Gute Vorbereitung ist halbe Gefährdung. Eine GIS-basierte Gefährdungs- und Vulnerabilitätsanalyse Japans. In: Praxis Geographie, H. 10/2015, S. 10–15 (Tabelle aus M3, S. 13)

M7: Diercke 360° spezial – Japan 11. März 2011

westermann

Zusatzmaterialien

M8 Nutzen und Grenzen von Prävention

[...] Der Nutzen und die Grenzen von Prävention und Frühwarnsystemen wurden in Japan deutlich: Erfolgreich waren in Japan die strikten Bauvorschriften zur Erdbebensicherheit. Insbesondere jene Häuser außerhalb der Tsunamizone, die nach 1981 errichtet wurden, trugen nur niedrige Schäden davon. Die Hochhäuser in Tokio schwankten zwar minutenlang durch das Beben, wurden aber kaum beschädigt. Das gut funktionierende Frühwarnsystem mit einer Vorwarnzeit von 15 bis 20 Minuten und die weltweit wohl einzigartigen, extrem massiven Schutzwälle konnten die Opferzahlen verringern. Trotzdem starben Tausende durch den Tsunami. Die einzige Möglichkeit, solche Katastrophen zu verhindern, wäre ein generelles Bauverbot in den besonders gefährdeten Küstenstrichen. [...]

Quelle: http://www.munichre.com/site/corporate/get/documents_E-244283600/mr/assetpool.shared/Documents/0_Corporate%20Website/6_Media%20Relations/Press%20Dossiers/Japan%20one%20year%20after/one-year-after-the-tohoku-earthquake-de.pdf

M9 Zur Einschätzung gesamtwirtschaftlicher Belastungen durch Naturkatastrophen

Große Naturkatastrophen verursachen neben extremem menschlichen Leid erhebliche gesamtwirtschaftliche Belastungen. Eine Industrienation wird sich von solchen ökonomischen Schäden in der Regel gut erholen können. Zwar sind die Einbußen deutlich spürbar; jedoch gleicht eine Sonderkonjunktur – v. a. gestützt durch den Wiederaufbau – die Delle in der Wirtschaftsleistung zügig wieder aus. [...]

Quelle: http://www.munichre.com/site/corporate/get/documents_E601515810/mr/assetpool.shared/Documents/0_Corporate%20Website/6_Media%20Relations/Press%20Dossiers/Japan%20one%20year%20after/the-economic-repercussions-de.pdf

M10 Bruttoinlandsprodukt Japans in jeweiligen Preisen 2004–2015

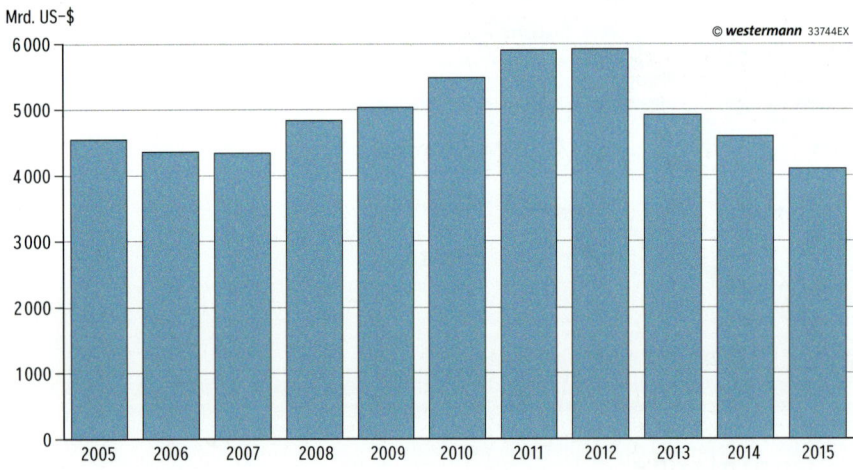

Quelle: http://de.statista.com/statistik/daten/studie/14403/umfrage/bruttoinlandsprodukt-in-japan/

M11   Pressure-and-Release-Modell

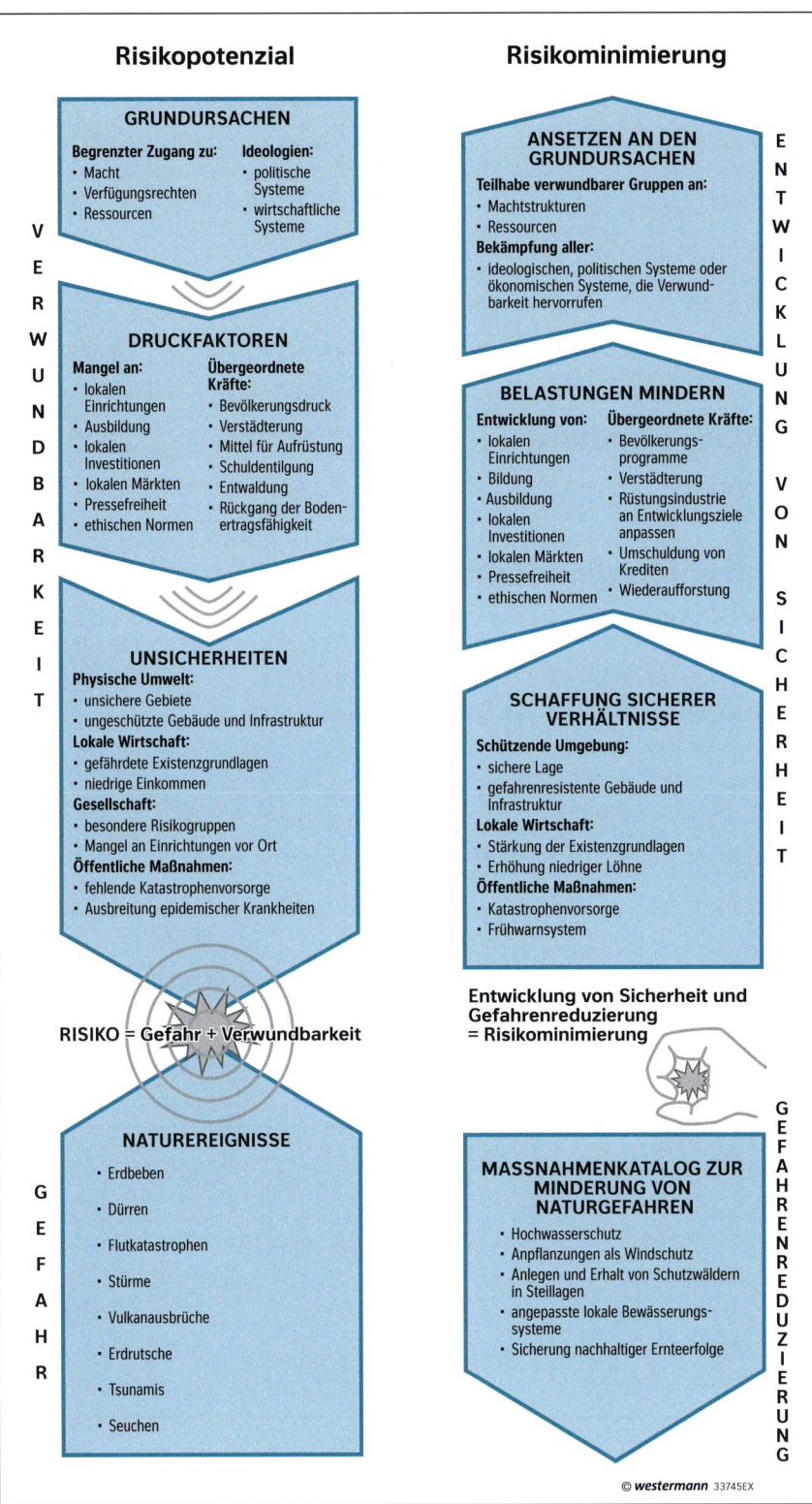

Risikopotenzial

GRUNDURSACHEN

Begrenzter Zugang zu:
- Macht
- Verfügungsrechte
- Ressourcen

Ideologien:
- politische Systeme
- wirtschaftliche Systeme

DRUCKFAKTOREN

Mangel an:
- lokalen Einrichtungen
- Ausbildung
- lokalen Investitionen
- lokalen Märkten
- Pressefreiheit
- ethischen Normen

Übergeordnete Kräfte:
- Bevölkerungsdruck
- Verstädterung
- Mittel für Aufrüstung
- Schuldentilgung
- Entwaldung
- Rückgang der Bodenertragsfähigkeit

UNSICHERHEITEN

Physische Umwelt:
- unsichere Gebiete
- ungeschützte Gebäude und Infrastruktur

Lokale Wirtschaft:
- gefährdete Existenzgrundlagen
- niedrige Einkommen

Gesellschaft:
- besondere Risikogruppen
- Mangel an Einrichtungen vor Ort

Öffentliche Maßnahmen:
- fehlende Katastrophenvorsorge
- Ausbreitung epidemischer Krankheiten

RISIKO = Gefahr + Verwundbarkeit

NATUREREIGNISSE
- Erdbeben
- Dürren
- Flutkatastrophen
- Stürme
- Vulkanausbrüche
- Erdrutsche
- Tsunamis
- Seuchen

VERWUNDBARKEIT

GEFAHR

Risikominimierung

ANSETZEN AN DEN GRUNDURSACHEN

Teilhabe verwundbarer Gruppen an:
- Machtstrukturen
- Ressourcen

Bekämpfung aller:
- ideologischen, politischen Systeme oder ökonomischen Systeme, die Verwundbarkeit hervorrufen

BELASTUNGEN MINDERN

Entwicklung von:
- lokalen Einrichtungen
- Bildung
- Ausbildung
- lokalen Investitionen
- lokalen Märkten
- Pressefreiheit
- ethischen Normen

Übergeordnete Kräfte:
- Bevölkerungsprogramme
- Verstädterung
- Rüstungsindustrie an Entwicklungsziele anpassen
- Umschuldung von Krediten
- Wiederaufforstung

SCHAFFUNG SICHERER VERHÄLTNISSE

Schützende Umgebung:
- sichere Lage
- gefahrenresistente Gebäude und Infrastruktur

Lokale Wirtschaft:
- Stärkung der Existenzgrundlagen
- Erhöhung niedriger Löhne

Öffentliche Maßnahmen:
- Katastrophenvorsorge
- Frühwarnsystem

Entwicklung von Sicherheit und Gefahrenreduzierung = Risikominimierung

MASSNAHMENKATALOG ZUR MINDERUNG VON NATURGEFAHREN
- Hochwasserschutz
- Anpflanzungen als Windschutz
- Anlegen und Erhalt von Schutzwäldern in Steillagen
- angepasste lokale Bewässerungssysteme
- Sicherung nachhaltiger Ernteerfolge

ENTWICKLUNG VON SICHERHEIT

GEFAHRENREDUZIERUNG

© westermann 33745EX

Quelle: Szymkowiak, A.: Verwundbarkeit bei extremen Naturereignissen. In: Wiktorin, D. (Hrsg.): Modelle in der Geographie. Thematische und didaktische Einordnung. (= Praxis Geographie Extra) 2014, S. 70 f. (nach B. Wisner u. a. 2004)

westermann

2 Stadt/Raumplanung

Klausuren

Das Städtebauprojekt HafenCity Hamburg

Karten im Diercke Weltatlas

34.2 Hamburg – Hafen   35.3 Hamburg – Altstadt und HafenCity

Unterrichtliche Voraussetzungen

Inhaltlich

Voraussetzung für die Bearbeitung dieser Klausur ist die unterrichtliche Auseinandersetzung mit aktuellen Strukturen und Prozessen in städtischen Räumen an Beispielen europäischer Städte. Die Schüler sollten mit der funktionalen Gliederung und der daraus resultierenden Nutzungsstruktur städtischer Teilräume vertraut sein. Der Citybegriff besitzt in diesem Zusammenhang eine besondere Bedeutung und den Schülern sollten die Merkmale einer City sowie aktuelle Problemfelder (z. B. Cityverödung) bekannt sein. Darüber hinaus sollten Prozesse der Segregation und der sozialräumlichen Differenzierung im Unterricht eine wesentliche Rolle gespielt haben und die Schüler sollten hier mit sozialen Indikatoren und ihrer Deutung vertraut sein. Am Rande wird in der Klausur zudem auf den Wandel von Stadt-Umland-Beziehungen und den Prozess der Suburbanisierung verwiesen. Neben diesen Aspekten der sozialräumlichen Stadtentwicklung spielen außerdem ökonomische Aspekte wie der industrielle Strukturwandel am Beispiel der Hafenwirtschaft, die Tertiärisierung und die damit verbundene Revitalisierung von Stadtvierteln eine wesentliche Rolle. Das Klausurbeispiel rückt den Prozess des Waterfront Development in den Fokus. Es besteht die Möglichkeit, im Unterricht zuvor ein anderes Fallbeispiel aus diesem Kontext zu analysieren (z. B. London), um auf diese Grundlagen bei der Bearbeitung der Klausur zurückzugreifen. Entsprechend stellt die Klausur dann eine Transferleistung im Hinblick auf die bereits erworbene Sach- und Urteilskompetenz dar. Es ist jedoch für die Bearbeitung der Klausur ebenso möglich, dass den Schülern der Prozess des Waterfront Development noch unbekannt ist. In diesem Fall müssen jedoch im Unterricht wirtschaftliche Wandlungsprozesse sowie Aspekte des Strukturwandels thematisiert worden sein, die zum Funktionsverlust (inner-)städtischer Flächen und der Notwendigkeit einer Revitalisierung und Sanierung führen. Die Kenntnis aktueller städtebaulicher Leibilder (nachhaltige Stadtentwicklung, Stadt der kurzen Wege etc.) wird vorausgesetzt.

Fachbegriffe

allgemein:
– Revitalisierung
– Waterfront Development
– Suburbanisierung
– Segregation
– Tertiärisierung
– Strukturwandel
– Funktionsmischung
– Brachfläche

in den Materialien:
– Containerisierung (M3)
– Metropolfunktion (M5)
– Kai (M6)
– genossenschaftlicher Mietwohnungsmarkt (M6)

Literatur

Bruns-Berentelg, J./Eisinger, A./Kohler, M./Menzl, M.: HafenCity Hamburg: Neue urbane Begegnungsorte zwischen Metropole und Nachbarschaft. Wien 2010.

Bruns-Berentelg, J./Walter, J./Meyhöfer, D. (Hrsg.): Hafencity Hamburg. Das erste Jahrzehnt: Stadtentwicklung, Städtebau und Architektur. Hamburg 2012.

Ecklund, S.: Nachhaltige Stadtentwicklung in der Hamburger HafenCity. In: Praxis Geographie, H. 1/2001, S. 24–31.

Gesellschaft für Hafen- und Standortentwicklung mbH; Hamburg Port Area Development Corporation (Hrsg.): HafenCity Hamburg. Der Masterplan. Hamburg 2000.

Heineberg, H. u. a.: Stadtgeographie. 4. Auflage. Stuttgart 2014.

Maurmann, K. H.: Traditionelle Häfen in der Globalisierung – Fallbeispiel: Hamburger Hafen. In: Diercke Klausuren 2, Braunschweig 2016, S. 143–153.

Reuschenbach, M.: Europas Städte wandeln sich. In: geographie heute, H. 311/312, 2013, S. 2–10.

Internet

http://www.planet-wissen.de/technik/schifffahrt/hamburger_hafen/pwwbhamburgerhafen100.html
Entwicklungsgeschichte des Hamburger Hafens

http://www.hafencity.com
offizielle Website der HafenCity Hamburg: Daten, Fakten und aktuelle Statistiken zu dem Projekt

http://www.wohnungsboerse.net/mietspiegel-Hamburg/3195
aktuelle Angaben zum Mietpreisniveau

http://www.welt.de/print/die_welt/hamburg/article131998323/Ladenmieten-steigen-weiter.html
Entwicklung der Ladenmieten und Leerstände in Hamburgs Stadtteilen

http://www.statistik-nord.de
  Statistisches Amt für Hamburg und Schleswig-Holstein
https://de.wikipedia.org/wiki/Elbphilharmonie
  Entwicklungsgeschichte des Bauprojekts Elbphilharmonie
http://www.hamburg-tourism.de
  Informationen zum Städtetourismus Hamburg
http://www.abendblatt.de/hamburg/article108659499/Wird-die-HafenCity-zum-Architektur-Flop.html; http://www.welt.de/regionales/hamburg/article3008327/Die-Welt-schaut-auf-die-Hafencity.html
  Architektur der HafenCity in der Diskussion

http://www.ndr.de/ratgeber/reise/hamburg/hafencity/City-der-Hafencity,ueberseequartier114.html
  Stand aktueller Bauvorhaben (Überseequartier)
http://www.katharinenschule-hafencity.de/
  Stand aktueller Bauvorhaben der Schulen

Kürzungs- und Erweiterungsmöglichkeiten (geplante Bearbeitungszeit: 90 min)

	Kürzungsmöglichkeiten	Erweiterungsmöglichkeiten
Aufgabe 1	Bei Zeitmangel ist ein Verzicht auf die Atlaskarte 34.2 sowie auf M3 denkbar. Die Darstellung der Hafenentwicklung beruht dann nur auf M2. Alternativ kann der Schwerpunkt der Darstellung auf die Entwicklung der östlichen Hafengebiete beschränkt werden. → 1. Lokalisieren Sie die Hamburger HafenCity und kennzeichnen Sie die Entwicklung des nordöstlichen Gebietes des Hamburger Hafens.	
Aufgabe 2	Die explizite Formulierung eines Fazits kann entfallen. → 2. Erläutern Sie vor dem Hintergrund der bisherigen Entwicklung das Projekt HafenCity und die damit verbundene Zielsetzung.	Analyse weiterer sozialräumlicher Prozesse im Hinblick auf Wohnen, Arbeiten und Verkehr anhand der Atlaskarte 35.4. Ergänzendes Material zur „Olympic City" (M12, M13) als weiterer konzeptioneller Baustein des Projekts HafenCity.
Aufgabe 3	M11 kann entfallen.	Falls M12 und M13 in Aufgabe 2 verwendet werden, können diese auch zur Bewertung herangezogen werden. Erweiterung der Aufgabenstellung um einen Bezug zu aktuellen städtebaulichen Leitbildern → 3. Nehmen Sie Stellung zu Chancen und Grenzen des Projekts Hamburger HafenCity und prüfen Sie im Anschluss, inwiefern das Projekt Ihnen bekannten aktuellen städtebaulichen Leitbildern entspricht. Falls andere Fallbeispiele des Waterfront Development im Unterricht behandelt wurden, wäre ein Vergleich denkbar. → 3. Nehmen Sie Stellung zu Chancen und Grenzen des Projekts Hamburger HafenCity und bewerten Sie das Projekt abschließend im Vergleich mit anderen Ihnen bekannten Projekten des Waterfront Development.

Erwartungshorizont mit Punkteverteilung

Bitte beachten Sie: Die Punkteverteilung stellt nur einen Vorschlag dar, der je nach Bundesland und Kurssituation angepasst werden muss. Die Punkte beziehen sich zudem nur auf inhaltliche Aspekte, nicht auf die Darstellungsleistung der Schüler.

Aufgabe 1 Anforderungsbereich: I/II Materialien: M1, M2, M3, M4, M6	**maximale Punktzahl**	**erreichte Punktzahl**
Lage der HafenCity – seit dem Jahr 2000 neu errichteter Stadtteil im Bundesland Hamburg (M4) – südlich der Hamburger Altstadt gelegen, grenzt an die Hamburger Speicherstadt (M1 [35.3]) – 157 ha ehemaliges Hafen- und Industrieareal; davon Landfläche: 127 ha (M6); 10,5 km Kaipromenaden entlang ehemaliger Hafenbecken, 3,1 km Uferkante zur Norderelbe	6	
Entwicklung des Hamburger Hafens bis zum Jahr 2000 – im Jahr 1492 Grundsteinlegung des Hamburger Hafens (M2) – ab 1800 stetiger Bedeutungszuwachs u. a. durch die wachsenden Handelsbeziehungen mit den Vereinigten Staaten von Amerika (M2) – 1866 Ausbau des ersten künstlichen Hafenbeckens (Sandtorhafen); ab diesem Zeitpunkt kontinuierlicher Ausbau des Hafens (M2) – 1883 Gründung der Hamburger Speicherstadt als weltgrößter zusammenhängender Lagerhauskomplex (M2) – 1911 Ausbau des Alten Elbtunnels zwischen den Landungsbrücken und Steinwerder (12 m Tiefe, Denkmalschutz) (M2) – ab 1960er-Jahre Beginn der Containerschifffahrt mit einer stetigen Weiterentwicklung (Größe und Tiefgang der Schiffe) (M2, M3) – von 1965 bis 2005 Erhöhung des maximalen Tiefgangs der Containerschiffe von 9 m auf 15 m (M3) – enorme Steigerung des Containerumschlags im Hamburger Hafen seit 1975 (2014: 9 730 000 TEU) (M3) führt zur Errichtung neuer Containerterminals im westlichen Außenbereich des Hafens (z. B. Container Terminal Tollerot, Burchardkai, Altenwerder, Eurogate) (M1 [35.2]) – bedingt durch die Zunahme des Containerverkehrs und den wachsenden Tiefgang der Schiffe ab 1967 Funktionsverlust des östlich gelegenen Hafenbeckens der Nordelbe (aufgrund des Elbtunnels Begrenzung für Schiffe mit über 12 m Tiefgang) (M2) – ab 1999 weiterer Ausbau der Unter- und Außenelbe im Westen zur Erhöhung des Containerumschlags; Stilllegung der alten Hafenbecken der Norderelbe (Sandtorhafen, Grasbrook, Magdeburger Hafen, Baakenhafen); Entstehung einer großen Brachfläche in direkter Nähe zur Innenstadt (M1 [35.3], M2)	14	
	20	

Aufgabe 2 Anforderungsbereich: I/II Materialien: M1, M4, M5, M6, M7, M11	**maximale Punktzahl**	**erreichte Punktzahl**
Erläuterung des Projekts und seiner Entwicklung – 1997 Ankündigung des Projekts und 2000 Beschluss des Masterplans Hamburger HafenCity als Planungsgrundlage; Überarbeitung des Masterplans 2010 (M4) – öffentlich initiiertes und gefördertes Projekt der Stadt Hamburg unter Beteiligung privater Investoren; Investitionsvolumen: ca. 8,5 Mrd. € private Investitionen, 2,4 Mrd. € öffentliche Investitionen (davon ca. 1,5 Mio. € finanziert aus Grundstücksverkaufserlösen) (M6) – Baubeginn 2000 im ersten Quartier am Sandtorkai/Dalmannkai; seitdem sukzessiver Ausbau von West nach Ost; die östlichen Quartiere befinden sich noch in Planung und Bau; geplante Fertigstellung des Gesamtprojekts 2025–2030 (M1 [35.3], M4, M6) – 2015: 57 Projekte fertiggestellt, 50 Projekte in Bau oder in Planung (M6)	6	
Wesentliche Charakteristika des Projekts – zentrale Entwicklungskonzeption zur Umnutzung des alten Hafens (M5) – Mischnutzung von Wohnen, Arbeiten, Bildung, Kultur und Freizeit/Tourismus (M6) – Flächenanteile der verschiedenen funktionalen Nutzungen: größter Flächenanteil für Büronutzung (42 %), zweitgrößter Anteil für Wohnfläche (32 %), Bildung/Kultur/Freizeit/Hotel 15 % und Einzelhandel/Gastronomie/Dienstleistungen 11 % (M7) – trotz funktionaler Mischung teilweise räumliche Trennung verschiedener Nutzungen: Konzentration der Wohnfunktion und Arbeitsfunktion in verschiedenen Teilen der HafenCity – physiognomisch und architektonisch deutliche Unterscheidung der Bauvorhaben von der historischen Altstadt und den alten Hafenanlagen (M1, M11c)	10	

Aufgabe 2 Anforderungsbereich: I/II Materialien: M1, M4, M5, M6, M7, M11	maximale Punktzahl	erreichte Punktzahl
Darstellung der funktionalen Flächennutzung anhand einzelner Projekte Wohnfunktion – Schaffung von attraktiver Wohnfunktion im Osten und Westen konzentriert z. B. auf Dalmann-kai, Baakenhafen, Oberhafen (noch nicht fertiggestellt); in Ufernähe oder in der Nähe von Grünflächen (M1 [35.3]) – geplant 6000–7000 Wohnungen für ca. 14 000 Bewohner – 2015 fertiggestellt: 1520 Wohnungen mit ca. 2000 Bewohnern – unterschiedliche Wohnkonzepte und Mietsegmente bzw. Eigentum von Sozialwohnungsbau bis hin zu gehobenem Wohnen (Luxusappartements) – soziale Durchmischung; Vermeidung von Segregationstendenzen (M6)	8	
Arbeitsfunktion – City-, Büro- und Geschäftszentrum im zentralen Teil der HafenCity zwischen Sandtor- und Dalmannkai und Lohsepark, darunter drei Zentralen von Großunternehmen (M1 [35.3]) – bis zu 45 000 Arbeitsplätze geplant (davon 35 000 Büroarbeitsplätze) (M6) – aktuell bereits über 500 Unternehmen ansässig mit ca. 11 000 Arbeitsplätzen (M6) – Errichtung von großen und modernen Bürogebäuden wie z. B. Waterfront Towers (M6)	7	
Bildungs-, Freizeit-, Tourismus- und Kultureinrichtungen – Parkanlagen und Grünflächen, v. a. in Nähe der Wohnanlagen (z. B. Lohsepark, Sandtorpark und Grünflächen am Baakenhafen) (M1 [35.3]) – verschiedene Museen, z. B. Internationales Maritimes Museum (M1, M6) – Schulen und Universitäten, z. B. HCU Hafencity Universität mit rd. 2500 Studierenden und Bildungsgängen im Bereich Stadtplanung und Architektur; eigener U-Bahn-Anschluss (M1 [35.3], M6) – kulturelle Einrichtungen, z. B. Elbphilharmonie oder Elbarkaden	7	
Zielsetzung des Projekts (M5, M6) – Umnutzung und Revitalisierung der im Zuge der Stilllegung großer Teile des östlichen Hafens entstandenen Brachflächen – Erweiterung der innerstädtischen Fläche um 40 % und damit der urbanen Dichte – Nutzung des attraktiven Standorts am Wasser (Waterfront Development) und Bewahrung der hafentypischen Strukturen und somit Erhalt der historischen Identität des Standorts – Stärkung der innerstädtischen Wohnfunktion und Reduzierung der Abwanderung (v. a. einkom-mensstarker) Bevölkerung ins Umland (Suburbanisierung) – Schaffung neuer Arbeitsplätze im Dienstleistungsbereich, dem Einzelhandels-, Bildungs-, Unterhaltungs- und Tourismussektor – Profilierung der Metropolfunktion und damit Imagegewinn	8	
Fazit – Revitalisierungsmaßnahmen vornehmlich zur Stärkung der Wohnfunktion, des Wirtschafts-standorts Hamburg und des Images – Orientierung an aktuellen städtebaulichen Leitbildern erkennbar wie „Stadt der kurzen Wege", „Funktionsmischung", „Stärkung innerstädtischen Lebens" oder „Urbanität durch Dichte"	4	
	50	

Aufgabe 3 Anforderungsbereich: II/III Materialien: M4, M5, M6, M8, M9, M11, M10	maximale Punktzahl	erreichte Punktzahl
Chancen und positive Ergebnisse des Projekts HafenCity – Revitalisierung ehemaliger Brachflächen und somit Neugründung eines Stadtteils (M4, M5) – Aufwertung innerstädtischen Lebens durch Funktionsmischung und Anbindung an die Innenstadt durch öffentliche Verkehrsmittel (800 m Entfernung zum Rathaus fußläufig; U-Bahn-Anbindung durch die U4) (M4, M6) – architektonische Attraktion von internationalem Interesse; Architekturwettbewerbe; Ergänzung der klassischen Backstein-Architektur der Hamburger Innenstadt durch moderne Architekturformen; somit Imagegewinn und touristisches Potenzial (M11b, M11c) – Beitrag zur Imageaufwertung der Stadt durch Waterfront Development – Stärkung der Tourismuswirtschaft (M10) – Schaffung von Arbeitsplätzen im Dienstleistungssektor (Tertiärsierung); Stärkung des Wirtschaftsstandorts Hamburg jenseits der Hafenwirtschaft (Strukturwandel); Schaffung von 11 000 Arbeitsplätzen innerhalb von 15 Jahren (M6) – Belebung der Innenstadt und Verringerung des Suburbanisierungsprozesses durch die Schaffung von Wohnraum in attraktiver Lage – Vermeidung von Segregationstendenzen in dem Stadtteil durch die planerische Ausweisung von Sozialwohnungen; familienorientierte Angebote wie z. B. Schulen, Parkanlagen; prozentualer Anteil der Haushalte mit Kindern (15,5 %) fast im Hamburger Durchschnitt (17,4 %); Dominanz der mittleren Altersgruppe (18- bis 65-Jährige) (M6, M8) – Schaffung eines kreativen Milieus durch die Einrichtung der Universitäten; Schwerpunkt der universitären Ausbildung im Bereich Stadtplanung, Architektur, Design, Medien und Logistik, somit Möglichkeiten des Austausches zwischen Forschung und Stadtplanung; Imageaufwertung des Stadtteils durch studentisches Publikum (ggf. Entwicklung zum Szeneviertel) (M6) – Zufluss von privaten (ggf. ausländischen) Investitionen in das Projekt (M6) – ...	12	
Risiken und Schwächen des Projekts Hafencity ökonomische Risiken durch Fehlinvestitionen und Fehlkalkulationen wie z. B. – hohe Leerstandsquoten bei den Büroflächen (10,6 %, entspricht fast dem Doppelten der Hamburger Innenstadt) (M7) lässt auf fehlende Nachfrage schließen; Gefahr der Konkurrenz zur Innenstadt – zu hohe oder falsch kalkulierte Kosten einzelner Bauvorhaben und fehlende privatwirtschaftliche Investoren; damit starke Belastung des kommunalen oder Landeshaushalts, fehlende Akzeptanz in der Bevölkerung und Imageschaden; Beispiel Elbphilharmonie; Verweis auf weitere mögliche gefährdete Projekte in Bau oder in Planung (M6, M9) mögliche Risiken der sozialstrukturellen Entwicklung im Stadtteil wie z. B. – mit 14 000 Einwohnern nur begrenzte Belebung des Hamburger Wohnungsmarktes, innerhalb von 15 Jahren zudem erst 2000 neue Einwohner (M6) – Ausrichtung der Wohnkonzepte auf einkommensstarke Bevölkerungsgruppen durch architektonische und bauliche Gestaltung und entsprechend hohe Mietpreise (HafenCity gehört zum teuersten Viertel Hamburgs; die Wohnfläche/Einwohner entspricht hier dem Doppelten des Hamburger Durchschnitts) (M6, M8); bisher keine Daten zum Sozialwohnungsbau; Gefahr der Segregation – mangelnde soziale Durchmischung wird in den Daten zur Sozialstruktur deutlich: geringe Arbeitslosenquote von 0,9 % (vgl. Hamburg 5,8 %) und verschwindend geringer Anteil an Sozialhilfeempfängern (0,2 %; vgl. Hamburg 10 %); entsprechend hohes Durchschnittseinkommen von 81 470 € (entspricht fast dem Dreifachen des Hamburger Durchschnitts) (M8) – hohe Pkw-Dichte (M8) führt ggf. zu Verkehrsproblemen – umstrittene Architektur und damit fehlende Identifikationsmöglichkeit für die Hamburger Bevölkerung (M11a)	12	
Formulierung eines abschließenden Urteils unter Abwägung der genannten Aspekte	6	
	30	

Name: .... Datum: ....

Kurs/Klasse: .... Zeit: ....

Das Städtebauprojekt HafenCity Hamburg

Aufgabe 1
Lokalisieren Sie die Hamburger HafenCity und kennzeichnen Sie die Entwicklung des Hamburger Hafens bis zum Jahr 2000.

Aufgabe 2
Erläutern Sie vor dem Hintergrund der bisherigen Entwicklung das Projekt HafenCity und die damit verbundene Zielsetzung. Fassen Sie Ihre Ergebnisse in einem Fazit zusammen.

Aufgabe 3
Nehmen Sie Stellung zu Chancen und Grenzen des Projekts Hamburger HafenCity

M1 Diercke Weltatlas

34.2 Hamburg – Hafen
35.3 Hamburg – Altstadt und HafenCity

M2 Hafengeschichte Hamburg

1492	Grundsteinlegung des Hamburger Hafens
ab ca. 1800	stetiger Bedeutungszuwachs des Hamburger Hafens durch wachsende Handelsbeziehungen mit den Vereinigten Staaten von Amerika
1847	Gründung der „Hamburg-Amerika-Linie" als eine der größten Reedereien der Welt und Aufstieg Hamburgs zu einem Hafen von globaler Bedeutung
1866	Ausbau des ersten künstlichen Hafenbeckens (Sandtorhafen)
1871	Anschluss Hamburgs an das Deutsche Reich und Errichtung eines Freihafens für den zollfreien Warenumschlag
ab 1883	Gründung der Hamburger Speicherstadt als weltgrößtem zusammenhängenden Lagerhauskomplex und kontinuierlicher Ausbau der Hafenbecken der südlichen Norderelbe und der Süderelbe
1907–1910	Bau der St. Pauli-Landungsbrücken als Anlege- und Umschlagplatz
1911	Ausbau des Alten Elbtunnels zwischen den Landungsbrücken und Steinwerder (12 m Tiefe; heute unter Denkmalschutz)
Ende der 1960er-Jahre	Beginn der Containerschifffahrt und damit Zunahme von Größe und Tiefgang der Schiffe
ab 1967	Errichtung von neuen Containerterminals im westlichen Außenbereich des Hafens und beginnender Funktionsverlust der alten, östlich gelegenen Hafenbecken der Norderelbe (maximaler Tiefgang: 12 m)
ab 1999	weiterer Ausbau der Unter- und Außenelbe im Westen zur Erhöhung des Containerumschlags; Stilllegung der alten Hafenbecken der Norderelbe (Sandtorhafen und Grasbrook)

westermann

M3 Containerisierung im Hamburger Hafen

Jahr	Containerumschlag (in 1000 TEU*)	maximaler Tiefgang der Schiffe (in m)
1965	0	9,00
1975	326	11,50
1985	1158	12,00
1995	2895	14,30
2005	8087	15,00
2014	9730	16,00

* TEU = Twenty-Foot-Equivalent-Unit (20-Fuß-Containerlängeneinheit; Container mit einer Länge von 6,10 m, einer Breite von 2,44 m und einer Höhe von 2,60 m)

M4 Bisherige Entwicklungsgeschichte des Projekts HafenCity

1997	Ankündigung des Projekts HafenCity
2000	Beschlussfassung des Masterplans durch den Senat und Beginn der Infrastrukturmaßnahmen und Flächenfreimachung
2003–2009	Gesamtfertigstellung des ersten Quartiers Am Sandtorkai/Dalmannkai
2010	Überarbeitung des Masterplans für die östliche HafenCity
2011	Fertigstellung der Quartiere Am Sandtorpark/Grasbrook und Brooktorkai/Ericus
2012	Betriebsaufnahme der U-Bahnlinie U4
2013	Eröffnung Grasbrookpark
2013	Fertigstellung Elbarkaden
2014	Architekturwettbewerb für den westlichen Strandkai
2015	Baubeginn Quartier Baakenhafen und letzter städtebaulicher Wettbewerb für die HafenCity (Quartier Elbbrücken)

M5 Leitgedanken des Masterplans Hamburg HafenCity

Die HafenCity soll, unter Wahrung der hafentypischen Strukturen von Land- und Wasserflächen, ein Gebiet von innerstädtischem Charakter werden, das die städtebaulichen Voraussetzungen für eine urbane Nutzungsstruktur durch innerstädtische Dichte, eine Bebauung im städtebaulichen Zusammenhang und eine abwechslungsreiche Folge öffentlicher Räume bietet. Die HafenCity soll von einer städtisch-gemischten Nutzungsstruktur geprägt sein, mit der die Wohnfunktion in der Innenstadt gestärkt, ein breites Angebot für neue Arbeitsplätze geschaffen und zusätzliche Attraktivitäten aus dem Einzelhandels-, Bildungs-, Kultur-, Unterhaltungs- und Tourismussektor an die Stadt gebunden werden. [...] Angestrebt wird eine ergänzende Profilierung der Metropolfunktion Hamburgs unter Nutzung der besonderen Eigenschaften des Standortes: internationaler Bezug, Hafenbezug, Wasserbezug, Transport- und Kommunikationsbezug, tagesorientierter Freizeitbezug der angebotenen Güter- und Dienstleistungen.

M6 Daten und Fakten zur HafenCity Hamburg (Stand 2015)

Allgemeiner Überblick
- Gesamtfläche: 157 ha ehemaliges Hafen- und Industrieareal; davon Landfläche: 127 ha; 10,5 km Kaipromenaden/ 3,1 km Uferkante zur Elbe
- Erweiterung der Hamburger Cityfläche um 40 %
- derzeit sind 57 Projekte fertiggestellt, 50 Projekte in Bau oder in Planung
- Investitionsvolumen: ca. 8,5 Mrd. € private Investitionen, 2,4 Mrd. € öffentliche Investitionen (davon ca. 1,5 Mio. € finanziert aus Grundstücksverkaufserlösen)
- allgemeine Planungsgrundlagen: Masterplan 2000 und Masterplanüberarbeitung östliche HafenCity 2010
- 2025–2030: voraussichtliche Fertigstellung der HafenCity (bis auf einzelne Gebäude)

Funktions- und Nutzungsstruktur
Arbeiten in der Hafencity
- bis zu 45 000 Arbeitsplätze geplant (davon 35 000 Büroarbeitsplätze)
- aktuell bereits über 500 Unternehmen ansässig mit ca. 11 000 Arbeitsplätzen

westermann

Wohnen in der Hafencity

- geplant 6000–7000 Wohnungen für ca. 14 000 Bewohner
- aktuell fertiggestellt: 1520 Wohnungen mit ca. 2000 Bewohnern
- Mietpreise:
  - freier Mietwohnungsmarkt: 12–18 €/m^2
  - genossenschaftlicher Mietwohnungsmarkt: 9,50–13,50 €/m^2
  - Eigentumswohnungen: von ca. 2850 €/m^2 (Baugemeinschaften) bis zu 10 000 €/m^2 (Luxusmarktkonzepte)
  - Mietpreis-Vergleich: teuerstes Viertel in Hamburg: Harvestehude (17,10 €/m^2); günstigstes Viertel in Hamburg: Hausbruch (8,18 €/m^2)

Weitere wichtige öffentliche und private Einrichtungen

- Elbphilharmonie: großer und kleiner Konzertsaal (insgesamt 2650 Plätze); Hotel (ca. 250 Zimmer); Wohnungen (45) und Gastronomie; geplante Eröffnung: 2017
- Internationales Maritimes Museum Hamburg (seit 2008)
- Automuseum Prototyp (seit 2008)
- Überseequartier (geplante Fertigstellung 2021) und Elbarkaden (seit 2010): Mischnutzung mit den Schwerpunkten Wohnen, Einzelhandel, Büros und Gastronomie
- zwei Grundschulen (Katharinenschule fertiggestellt) und ein Gymnasium (z. T. noch in Planung)
- HCU Hafencity Universität mit rd. 2500 Studierenden u. a. in den Studiengängen Architektur, Bauingenieurwesen, Resource Efficiency, Stadtplanung oder Urban Design (seit 2014)
- KLU Kühne Logistics University (seit 2010); MSH Media School (seit 2010); International School of Management (seit 2010), Frankfurt School of Finance and Management (seit 2012)

M7 Flächennutzung und Auslastung in der HafenCity

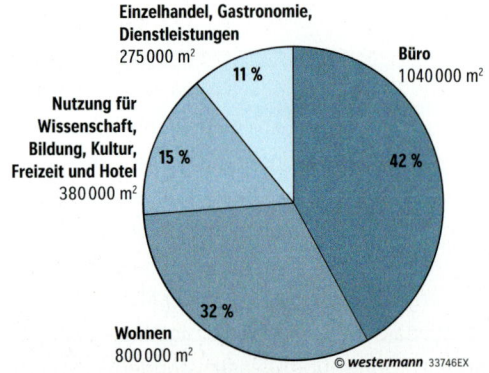

Einzelhandel, Gastronomie, Dienstleistungen 275 000 m^2 — 11 %
Büro 1 040 000 m^2 — 42 %
Nutzung für Wissenschaft, Bildung, Kultur, Freizeit und Hotel 380 000 m^2 — 15 %
Wohnen 800 000 m^2 — 32 %

© westermann 33746EX

Leerstandsquoten (Stand 2014)
- Büroflächen in der HafenCity: 10,6 %
- Büroflächen in der Hamburger Innenstadt: ca. 6,4 %

M8 Daten zur Sozialstruktur (2013)

	Stadtteil HafenCity	Hamburg
Anteil der unter 18-Jährigen	12,8 %	15,7 %
Anteil der 65-Jährigen oder älter	11,2 %	18,7 %
Haushalte mit Kindern	15,5 %	17,4 %
Arbeitslosequote der 15- bis unter 65-Jährigen	0,9 %	5,8 %
Anteil an Sozialhilfeempfängern	0,2 %	10,0 %
durchschnittliches Einkommen/Steuerpflichtiger	81 470 €	35 567 €
Wohnfläche/Einwohner	53,2 m^2	38,8 m^2
Anteil der Sozialwohnungen	-	9,5 %
private Pkw/1000 Einwohner	368	341

M9 Kostenentwicklung der Elbphilharmonie

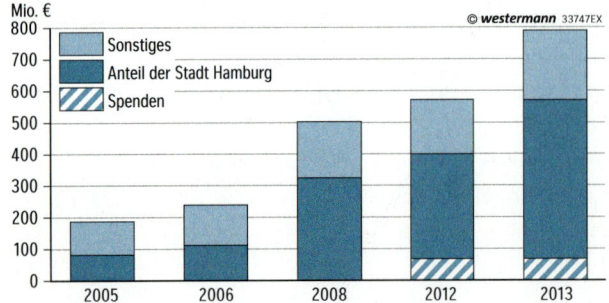

Mio. €
© westermann 33747EX
- Sonstiges
- Anteil der Stadt Hamburg
- Spenden

2005 2006 2008 2012 2013

Hinweis: Kostenexplosion bedingt durch Bauverzögerungen und Fehlplanungen.

Elbphilharmonie

westermann

M10 Der Hamburger Hafen, ein Anziehungspunkt für Kreuzfahrttouristen

Mit 160 Anläufen und 661 000 Passagieren soll 2016 ein neues Rekordjahr werden. Alle Schiffe machen an den angegebenen Daten an den Kreuzfahrtterminals des Cruise Centers in der HafenCity, an der Andockstelle in Altona und am Kronprinzkai in Steinwerder fest.

M11a Wird die HafenCity zum Architektur-Flop?

Die Magellan-Terrassen in der HafenCity an einem sonnigen Nachmittag: Fußgänger schlendern über das weiße Pflaster, schauen sich interessiert die fertigen Gebäude an. Britta Giesecke (27) und ihr Freund Kai Krüger (37) aus Winterhude sind sogar eigens zum HafenCity-Gucken gekommen [...]. Ihr Fazit: „Sehr nüchtern, würfelartig – für Büros okay, zum Wohnen und Leben viel zu kalt." Ein Eindruck, den nicht nur Spaziergänger haben: Vor zehn Jahren präsentierte Hamburg die ersten Pläne, das Projekt wurde hoch gelobt – doch jetzt mehren sich immer mehr kritische Stimmen: In den Feuilletons großer Zeitungen gibt es mitunter bissige Kommentare: „Babylonisches Formengewirr", schreibt etwa die „Süddeutsche Zeitung". Auch manche Architektur-Experten halten nicht mit herber Kritik zurück, nachdem die ersten Häuser stehen. Die HafenCity sei eine „an den Haaren herbeigezogene Kopfgeburt", sagt beispielsweise der renommierte Stadthistoriker Professor Hermann Hipp. Entsprechend „langweilig" seien die Gebäude, die so überall in der Welt stehen könnten. [...]

M11b Die Welt schaut auf die HafenCity

Hamburgs Stadtbild als harmonisches Ensemble war nie umstritten. Der frühere Oberbaudirektor Fritz Schumacher sprach gar vom Kunstwerk Hamburg. Die Einzelbauten aber [...] galten als nicht sonderlich spektakulär und fanden folglich höchst selten in Architekturzeitschriften Beachtung. [...] Zum Jahreswechsel erschien jetzt gleich eine ganze Reihe von Artikeln in internationalen Publikationen. So berichtet das Magazin „The Plan Urban Development", über Hamburg in einem Atemzug mit London, Lyon, Mailand und Paris. Dabei findet die HafenCity in allen Details eine Würdigung – sowohl die fertiggestellten als auch die noch geplanten Projekte. Als positives Beispiel gilt das Vorhaben vor allem deshalb, weil sich die Neubauten in Höhe und Stil dem innerstädtischen Bestand angliedern und sich das Viertel, mit dem die City um 40 Prozent erweitert wird, als lebendige Mischung aus Wohnen, Arbeiten, Freizeit, Kultur und Einkaufen präsentiert. [...]

M11c Panoramaaufnahme Sandtorkai

Quellen

M2: http://www.planet-wissen.de/technik/schifffahrt/hamburger_hafen/pwwbhamburgerhafen100.html

M3: zitiert nach Maurmann, K. H.: Traditionelle Häfen in der Globalisierung – Fallbeispiel: Hamburger Hafen. In: Diercke Klausuren 2, Braunschweig 2016, S. 143–153 (M2, M6)

M4: eigene Zusammenstellung nach http://www.hafencity.com/de/ueberblick/daten-fakten.html

M5: Auszug aus dem Masterplan Hamburg HafenCity 2000 (http://www.hafencity.com/upload/files/files/z_de_broschueren_5_arbeitsheft_4.pdf)

M6: eigene Zusammenstellung nach http://www.hafencity.com/de/ueberblick/daten-fakten.html; http://www.wohnungsboerse.net/mietspiegel-Hamburg/3195; http://www.ndr.de/ratgeber/reise/hamburg/hafencity/City-der-Hafencity,ueberseequartier114.html; http://www.katharinenschule-hafencity.de/

M7: http://www.hafencity.com/de/ueberblick/daten-fakten.html; http://www.welt.de/print/die_welt/hamburg/article131998323/Ladenmieten-steigen-weiter.html

M8: Statistisches Amt für Hamburg und Schleswig-Holstein: Hamburger Stadtteil-Profile 2014.NORD.regional, Bd. 16 (https://www.statistik-nord.de/fileadmin/Dokumente/NORD.regional/NR16_Statistik-Profile_HH_2014_web.pdf)

M9: Diagramm: https://de.wikipedia.org/wiki/Elbphilharmonie; Foto: fotolia.com, New York (dietwalther)

M10: http://www.hamburg-tourism.de/sehenswertes/schiff-und-kreuzfahrt/schiffsankuenfte/

M11a: Tiedemann, Axel: Wird die HafenCity zum Architektur-Flop? In: Hamburger Abendblatt vom 05.04.2007 (http://www.abendblatt.de/hamburg/article108659499/Wird-die-HafenCity-zum-Architektur-Flop.html)

M11b: Schütte, Gisela: Die Welt schaut auf die Hafencity. In: Die Welt vom 11.01.2009 (http://www.welt.de/regionales/hamburg/article3008327/Die-Welt-schaut-auf-die-Hafencity.html)

M11c: fotolia.com, New York (kameraauge)

Zusatzmaterialien

M12   Olympic City – Daten

Gelände: Kleiner Grasbook, östlich der Hafencity. Das Gelände liegt größtenteils brach, nur die Hafenverwaltung und der Zoll sind aktive Einrichtungen auf dem Kleinen Grasbook.

Größe: 4,5 km² große Insel in der Elbe

Geplante Gebäude:
- Olympiastadium mit 70 000 Plätzen
- Schwimmhalle mit 15 000 Plätzem
- Olympisches Dorf
- Olympiahalle mit 15 000 Plätzen

Quelle: http://www.hamburg-zwei.de/Hamburg/Nachrichten/2014/September/Sommerspiele-2024-28-Hamburgs-Olympiaplaene

M13   Olympic City – Aus für die Olympia Bewerbung

Das „Aus" für die Olympia-Bewerbung in Hamburg hatte vermutlich mehr mit der HafenCity, Hamburgs prominentem Stadtviertel an der Elbe, zu tun, als dessen Planern lieb sein kann. Immer wieder fiel in Diskussionen über den Sinn der Spiele von den Gegnern der Satz, man wolle nicht noch mehr HafenCity. Und diese Ablehnung zielte auf das eigentlich beste Argument der Befürworter.

Denn hätte Hamburg tatsächlich 2024 das Sportfest ausrichten können, dann wäre ein großer neuer Stadtteil an den Elbbrücken entstanden, der die bisher durch Hafennutzung getrennten Gebiete nördlich und südlich der Elbe verbunden hätte. Aber die architektonische Vorstellung, die das bereits gebaute und das geplante Bild der HafenCity über das mögliche Aussehen einer „Olympic City" lieferte, schien der Mehrheit bei der Abstimmung offensichtlich keine Verheißung zu sein. [...]

Quelle: Briegleb, Till: Hamburgs HafenCity, eine städtebauliche Erfolgsgeschichte. In: Süddeutsche Zeitung vom 09.12.2015 (http://www.sueddeutsche.de/kultur/2.220/staedtebau-hamburgs-hafencity-eine-staedtebauliche-erfolgsgeschichte-1.2771804)

Verkehrsprobleme in der Metropolregion Hamburg

Karten im Diercke Weltatlas

35.3 Hamburg – Altstadt und HafenCity

35.4 Hamburg – Wohnen, Arbeiten und Verkehr

Unterrichtliche Voraussetzungen

Inhaltlich

Voraussetzung für die Bearbeitung der Klausur ist das Wissen über grundlegende Aspekte der Suburbanisierung mit ihren Folgen und Ursachen. Im Fokus steht die mit der Suburbanisierung einhergehende Verkehrsproblematik. Zudem sollten die Strategien einer nachhaltigen Stadtentwicklung bekannt sein. Die Erstellung eines Wirkungsgefüges zur Darstellung innerer Zusammenhänge sollte eingeübt sein.

Fachbegriffe

allgemein:
- Metropolregion
- Pendler
- Nachhaltigkeit/nachhaltige Stadtentwicklung
- Urbanisierung
- Segregation

in den Materialien:
- Grundzentrum (M1)
- Mittelzentrum (M1)
- Kernstadt (M5)
- Suburbanisierung (M5)
- ÖPNV (M5)
- Individualverkehr (M5)
- Flächenrecycling (M7)
- Innenverdichtung (M7)
- Genossenschaftswohnungen (M8)

Literatur

Fischer, N.: Landschaften – Vom Hamburger Umland zur Metropolregion. In: Tá katoptrizómena, H. 62, 2009. (http://www.theomag.de/62/nf1.htm#_ednref3)

Handelskammer Hamburg: Stadtmobilität in Hamburg 2030 – Eine lebenswerte Stadt in Bewegung. (https://www.hk24.de/produktmarken/interessenvertretung/verkehr-stadtentwicklung/verkehr/stadtverkehr/Stadtmobilitaet_in_Hamburg_2030/1162876)

Knödler, G.: Zukunftsrat kritisiert Hafencity. In: taz.de vom 13.09.2010. (http://www.taz.de/!5135773/)

Regener, M.: Auswirkungen der Wohnstandort(im)mobilität auf die sozialräumliche Entwicklung und Differenzierung Hamburgs – Ausgangsbedingungen, Problemfelder und Lösungsansätze. (http://shop.arl-net.de/media/direct/pdf/ab/ab_001/ab_001_12.pdf)

Twickel, C.: Streit über Hafencity-Studie: Reichenviertel oder Öko-Superstadt? In: Spiegel online vom 16.09.2010. (http://www.spiegel.de/kultur/gesellschaft/streit-ueber-hafencity-studie-reichenviertel-oder-oeko-superstadt-a-717386.html)

Internet

http://www.hafencity.com/
Infoseite der HafenCity Hamburg

Alternativen (geplante Bearbeitungszeit: 90 min)

	Alternativen
Aufgabe 2	Sollen die Schüler kein Wirkungsgefüge zeichnen, so bietet sich folgende Alternativaufgabe auf der Basis des Zusatzmaterials M9 an: → 2. Erklären Sie mithilfe des Wirkungsgefüges (M9) die Ursachen, Folgen und Probleme der Verkehrsproblematik in der Metropolregion Hamburg.

Erwartungshorizont mit Punkteverteilung

Bitte beachten Sie: Die Punkteverteilung stellt nur einen Vorschlag dar, der je nach Bundesland und Kurssituation angepasst werden muss. Die Punkte beziehen sich zudem nur auf inhaltliche Aspekte, nicht auf die Darstellungsleistung der Schüler.

Aufgabe 1 Anforderungsbereich: I/II Materialien: M1, M2, M3	maximale Punktzahl	erreichte Punktzahl
Abgrenzung der Metropolregion Hamburg Hamburg ist Kern einer Metropolregion, zu der neben dem Stadtstaat Hamburg die schleswig-holsteinischen Städte Lübeck und Neumünster sowie die Kreise Herzogtum Lauenburg, Ostholstein, Segeberg, Steinburg, Stormarn, Pinneberg und Dithmarschen sowie die niedersächsischen Kreise Cuxhaven, Harburg, Heidekreis, Lüchow-Dannenberg, Lüneburg, Rotenburg, Stade, Uelzen und die mecklenburg-vorpommerschen Landkreise Ludwigslust und Nordwestmecklenburg gehören. (M2)	6	
Beschreibung des Pendleraufkommens Hamburg weist einen sehr positiven Pendlersaldo auf. In M1 sind die Pendlerbewegungen mit ausgewählten Herkunfts-/Zielorten eingetragen. Danach pendeln täglich etwa 144 000 Menschen ein, während nur etwa 50 000 auspendeln. Der Pendlereinzugsbereich umfasst die gesamte Metropolregion, geht aber noch weit darüber hinaus, z. B. nach Hannover. (M1)	10	
Analyse der Verkehrsproblematik Die Zahl der Beschäftigten nimmt zum Stadtkern hin stark zu. (M3) Dort befinden sich wie in jeder Großstadt viele Arbeitsplätze im Dienstleistungsbereich, speziell in Hamburg zusätzlich noch Arbeitsplätze im Hafen, der sich an die Innenstadt anschließt. (M1) Viele Pendler müssen daher bis in die Innenstadt Hamburgs, was die Verkehrsbelastung gerade dort ansteigen lässt. Besonders stark belastet sind die Nord-Süd-verlaufenden Autobahnen A 1 und A 7. Verschärft wird diese Problematik dadurch, dass es keinen Autobahnring um die Stadt herum gibt. Wenige Elbüberquerungen (A 1, A 7) fördern die räumliche Konzentration des Kfz-Verkehrs. (M1) Der schienengebundene Nahverkehr zeigt keine flächendeckende Vernetzung. Ortsteile mit hohem Pendleraufkommen wie z. B. Norderstedt sind z. T. nicht an das Schienennetz angeschlossen, was die Kfz-Nutzung fördert. (M1) Folgende Problematik lässt sich ableiten: – Entstehende Nadelöhre (z. B. A 7 Emsbüttel Richtung Altona mit mehr als 100 000 Kfz/24 Stunden und A 1 Seevetal Richtung City mit mehr als 100 000 Kfz/24 Stunden) sind stauanfällig. – Ausweichmöglichkeiten auf den ÖPNV sind nicht überall möglich und auch hier ist mit einem starken Andrang zu rechnen. → Insgesamt ist mit einer großen Verkehrsproblematik vor allem in der Rushhour zu rechnen.	18	
	34	

Aufgabe 2 Anforderungsbereich: II/III Materialien: M4, M5	**maximale Punktzahl**	**erreichte Punktzahl**
Das Erstellen eines Wirkungsgefüges zeigt das Verständnis über die inneren Zusammenhänge eines Prozesses auf. Im Mittelpunkt der Ursachenforschung der Verkehrsproblematik in Hamburg steht die Suburbanisierung. Für die Suburbanisierung gibt es in Hamburg einige Ursachen: – Flächenbedarf des verarbeitenden Gewerbes und von Dienstleistungsbetrieben bzw. fehlende Expansionsmöglichkeiten für Betriebe in der Stadt – gestiegene Ansprüche an Wohnfläche und Wohnumfeld – Siedlungsflächendruck in der Innenstadt (hohe Mietpreise und geringe Flächenverfügbarkeit) – Imageprobleme der Stadt durch hohe Umweltbelastungen (vor allem Verkehrslärm) – Ausbau der Verkehrsnetze, Steigerung des ÖPNV bzw. höhere Mobilität der Bevölkerung – Bedürfnis der Bevölkerung nach einem Wohnraum „im Grünen". Eine Folge der Suburbanisierung sind die steigenden Pendlerzahlen und die damit einhergehende Verkehrsproblematik. Damit geht ein Imageverlust des Kernstadtgebiets einher, welcher zu weiteren Suburbanisierungstendenzen führt. Das Wirkungsgefüge könnte wie folgt aussehen: 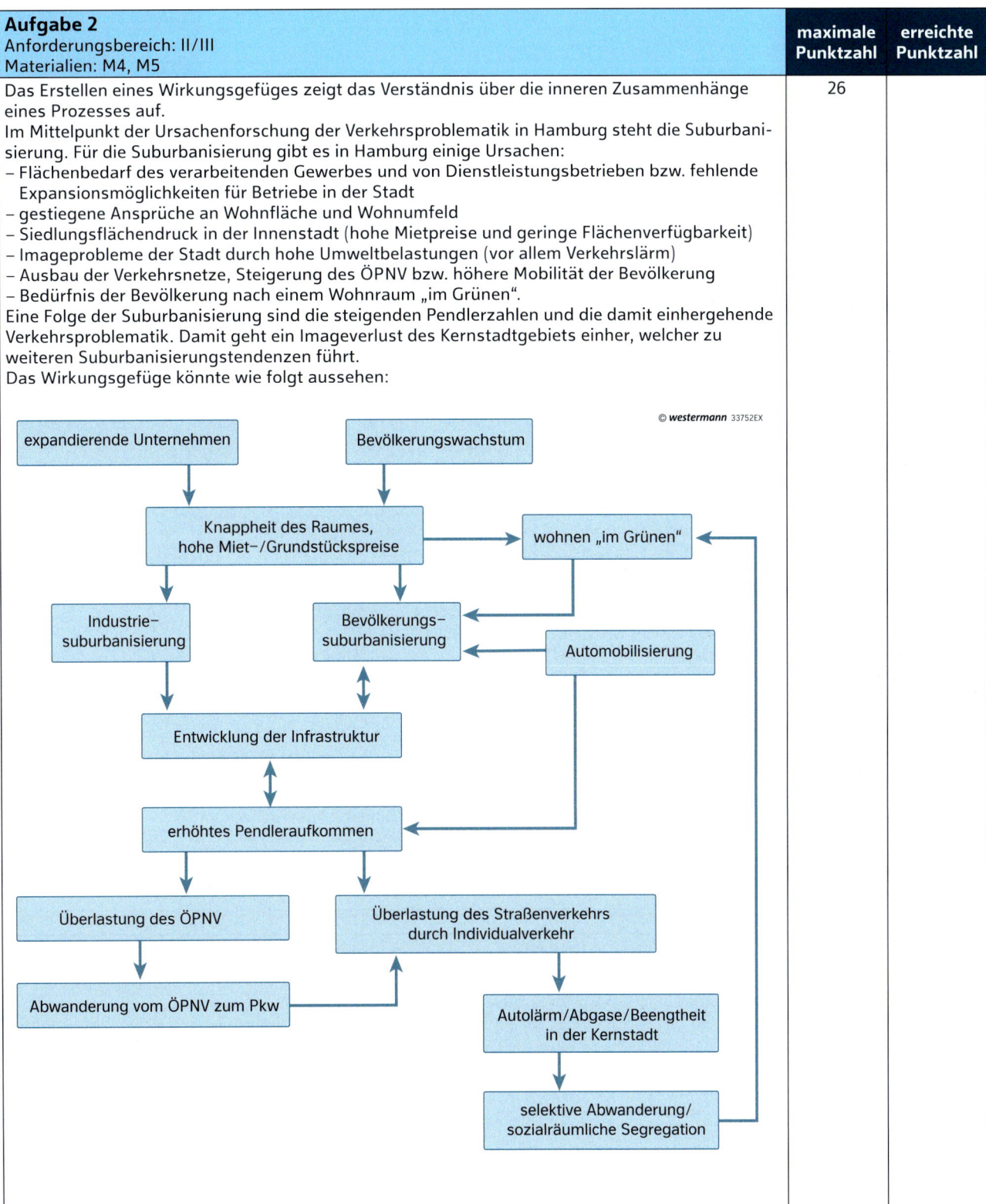 © *westermann* 33752EX	26	

Aufgabe 3 Anforderungsbereich: II/III Materialien: M6, M7, M8	maximale Punktzahl	erreichte Punktzahl
Konzept der HafenCity unter besonderer Berücksichtigung der Verkehrsproblematik Hauptursache der Verkehrsproblematik in Hamburg ist die Suburbanisierung. Ein neues, attraktives Zentrum mitten in der Kernstadt wirkt dieser entgegen. Besonders positiv ist die Nutzungsmischung aus Wohnen, Arbeiten, Kultur, Freizeit und Handel zu sehen, die im Sinne der „Stadt der kurzen Wege" verkehrsvermeidend wirkt. In M6 ist diese Funktionsmischung zu erkennen: City, Büro- und Geschäftszentren befinden sich neben Wohnbebauung. Auch die zahlreichen Freiflächen und Grünanlagen verstärken die Attraktivität der Wohnlage. Durch den Bau einer neuen U-Bahn-Linie ist die HafenCity zudem gut an den ÖPNV angebunden.	10	
Nachhaltige Stadtentwicklung Um das Ziel Nachhaltigkeit zu erreichen, müssen alle drei Dimensionen der Nachhaltigkeit in Einklang gebracht werden. Zu diesen Dimensionen gehören Ökonomie, Ökologie und Soziales. Ziel dabei ist, die Welt für zukünftige Generationen zu erhalten. Bei einer nachhaltigen Stadtentwicklung sind u. a. folgende Bereiche von zentraler Bedeutung: nachhaltige Nutzung des Raumes, geringer Energieverbrauch, gut ausgebauter ÖPNV zur Vermeidung des Individualverkehrs sowie nachhaltige Abfallentsorgung.	4	
Überprüfung der HafenCity auf Nachhaltigkeit Ökonomie - Kosten der HafenCity sind enorm und führen zu einer deutlichen Erhöhung der Staatsschulden (M8) + Entstehung neuer Arbeitsplätze Soziales - sehr hohe Miet-/Kaufpreise → sozialräumliche Segregation → keine soziale Gerechtigkeit (M8) Ökologie + gute Erreichbarkeit ohne Pkw (M7) + Nachnutzung einer Brachfläche/Flächenrecycling (M7) + Innenverdichtung statt Außenexpansion/Vermeidung weiterer Suburbanisierung (M7) + kurze Wege und damit Verkehrsvermeidung durch Nutzungsmischung (M6, M7) + durch Neubau der U4 Anbindung an den ÖPNV (M6, M7) + dichtes Busnetz (M7) + neue Fähranleger (M7) + Nähe zur Innenstadt fördert Fußgänger-/Fahrradfahrverkehr (M7) - große Wohnflächen/Einwohner (M8) - Verkehrslärm in der östlichen HafenCity durch die Nähe zum Hafen (M8) - Fehlen naturbelassener Flächen (M8) *Fazit* Individuelle Lösung. Beispiel: Die Überprüfung der Dimensionen der Nachhaltigkeit hat ergeben, dass die HafenCity vor allem in dem Bereich der Ökologie Vorteile mit sich bringt, z. B. durch eine umweltfreundliche Mobilität. Die sozialen und ökonomischen Aspekte führen zu Kritik an der HafenCity. Hier sind vor allem die fehlende soziale Gerechtigkeit und die hohen Erschließungskosten zu erwähnen.	16	
	30	

Name: ....   **Datum:** ....

Kurs/Klasse: ....   **Zeit:** ....

Verkehrsprobleme in der Metropolregion Hamburg

Aufgabe 1
Analysieren Sie die Verkehrsproblematik in der Metropolregion Hamburg, die mit den Pendlerströmen einhergeht. Berücksichtigen Sie dabei das Straßen- und Schienennetz.

Aufgabe 2
Erstellen Sie ein Wirkungsgefüge, welches die Ursachen, Folgen und Probleme der Verkehrsproblematik in der Metropolregion Hamburg verdeutlicht.

Aufgabe 3
Erörtern Sie das Stadtplanungskonzept der HafenCity als Antwort auf die Verkehrsproblematik unter Berücksichtigung einer nachhaltigen Perspektive der Stadtentwicklung.

M1 **Diercke Weltatlas**

35.4 Hamburg – Wohnen, Arbeiten und Verkehr

M2 **Metropolregion Hamburg**

© westermann 33753EX

westermann

M3 Bevölkerung und Beschäftigte nach Entfernungszonen um das Hamburger Rathaus

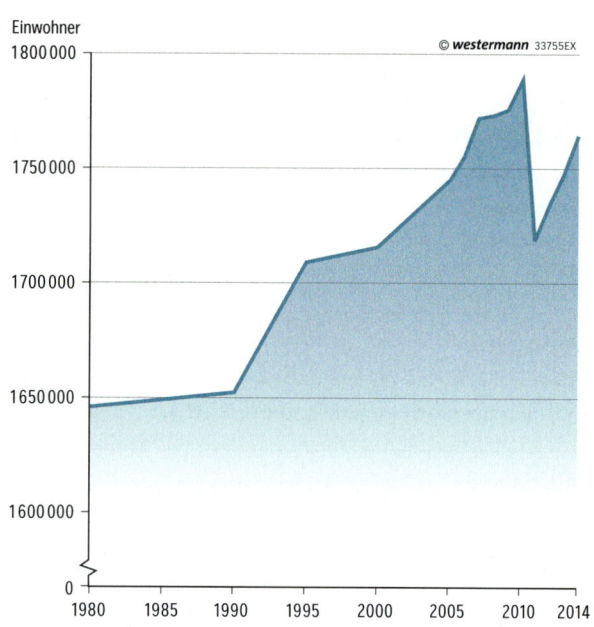

M4 Einwohnerentwicklung Hamburg

M5 Verkehrsentwicklung in Hamburg

Die Verkehrsentwicklung in der Metropolregion Hamburg wird maßgeblich von der Bevölkerungs- und Beschäftigungsentwicklung in der Metropolregion und den Verflechtungen zwischen Hamburg und seinem Umland bestimmt.

Die Metropole Hamburg konnte ihren in den 1950er- und 1960er-Jahren expandierenden Unternehmen infolge des Wirtschaftswachstums längst nicht mehr genügend Erweiterungsflächen anbieten. Zahlreiche Firmen nutzten die Gelegenheit und wanderten ins Umland ab – damit setzte im Großraum Hamburg ein über Jahrzehnte anhaltender Prozess der Industriesuburbanisierung ein. Darüber hinaus zogen diese die Ansiedlung von Dienstleistungsbetrieben nach sich. Indem die Industriesuburbanisierung dörflich-agrarisch-kleingewerbliche Produktionsformen ablöste, wurde sie zum wichtigsten Katalysator der regionalen Modernisierung im Hamburger Umland.

Dies führte zu einer starken Standortkonkurrenz des Umlandes gegenüber der Kernstadt und einem drohenden Funktionsverlust der Kernstadt.

Später lösten die Schaffung der neuen Arbeitsplätze im Umland und das zunehmende Bedürfnis nach dem Eigenheim „im Grünen" seit den 1960er-Jahren eine zweite Zuzugswelle ins Umland aus.

Vor allem die direkt an die Hansestadt angrenzenden Umlandkreise ziehen dank ihrer Nähe zu Hamburg bei gleichzeitig günstigen Grundstückspreisen besonders viele Umlandwanderer, aber auch Unternehmen, an. Vor allem junge Hamburger Familien, die Eigentum bilden wollen, ziehen aufgrund eines zu geringen Angebots an Grundstücken für den Bau von Einfamilienhäusern ins Hamburger Umland. Der Suburbanisierungstrend hat seit 2006 sogar wieder deutlich zugenommen. Da dieser Trend seit Jahrzehnten anhält, haben sich die Pendlerzahlen kontinuierlich erhöht. Seit 1970 hat sich die Zahl der Einpendler nach Hamburg mehr als verdoppelt.

Diese Bevölkerungssuburbanisierung wurde durch die massenhafte Verbreitung des Autos begünstigt. Als Folge wurde die entsprechende Verkehrsinfrastruktur ausgebaut. Diese konnte jedoch mit dem wachsenden Mobilitätsbedürfnis nicht Schritt halten. Die Folge waren zunehmender Verkehrslärm, Abgase und Beengtheit in der Stadt, was wiederum die Suburbanisierung förderte.

Im Folgenden kam es zu einem Prozess der räumlichen Differenzierung, bei dem sich benachteiligte städtische Gebiete herausbildeten, in welchen sich städtebauliche Umwelt- und Verkehrsprobleme häufen. Für die Kernstadt bedeutet dies eine selektive Abwanderung, was zu einem Imageverlust bestimmter Stadtquartiere führt.

Insgesamt ist ein steigender Wohlstand zu verzeichnen, der auch zu einem wachsenden Mobilitätsbedürfnis geführt hat, welches auch weiterhin wachsen wird. Nicht nur auf den Autobahnen und den Ring- und Tangentialverbindungen im Hauptverkehrsstraßennetz ist eine Verkehrszunahme zu verzeichnen, sondern auch im ÖPNV. Die Auswirkungen sind in Hamburg beinahe täglich zu spüren: durch Staus auf den Straßen und überfüllte Busse und Bahnen. Wichtige Stadtteile in Hamburg verfügen bis heute nicht über einen ÖPNV-Anschluss, während gleichzeitig Wohnungsbaupotenziale im unmittelbaren Einzugsbereich verschiedener Schnellbahnstationen ungenutzt bleiben. So werden Fahrgastpotenziale für den ÖPNV verschenkt und eine anhaltende Umlandwanderung sowie ein hoher Anteil von Pendlern im motorisierten Individualverkehr werden begünstigt. Wegen der stark gewachsenen Fahrgastzahlen treten im Schnell- und Regionalbahnnetz sowie auf zahlreichen Buslinien besonders im Metrobusnetz Kapazitätsengpässe auf. Zudem werden Sicherheit und Sauberkeit von Fahrzeugen und Halte-stellen von vielen Fahrgästen noch als unzureichend empfunden und stehen der Gewinnung zusätzlicher Kunden im Wege. Die Beförderungsqualität ist dadurch erheblich beeinträchtigt. Kunden des ÖPNV könnten verstärkt zum Individualverkehr abwandern.

M6   Diercke Weltatlas

35.3 Hamburg – Altstadt und HafenCity

M7   Hamburger HafenCity – die Stadt des 21. Jahrhunderts

Die HafenCity setzt zukunftsweisende Standards durch nachhaltige Stadtentwicklung. Das ehemalige Hafen- und Industrie-gebiet wird intensiv genutzt und die Hamburger City so um 40 Prozent erweitert.

Schon vom Grundsatz her entspricht die Entwicklung der HafenCity einem wichtigen Nachhaltigkeitskriterium, da sie das Hamburger Stadtgebiet nicht auf landwirtschaftlichen Flächen in der Peripherie erweitert, sondern stattdessen ehemaliges innerstädtisches Hafengebiet wiederverwertet. Neben einem Flächenrecycling findet somit eine erfolgreiche Innenverdichtung statt. [...]

Stadt der kurzen, attraktiven Wege

Die HafenCity zeichnet sich durch eine feinkörnige horizontale und vertikale Mischung der verschiedenen Stadtnutzungen aus – Wohnen, Arbeiten, Kultur, Freizeit und Handel liegen dicht beieinander und verkürzen so die Wege. Das dichte Wegenetz bezieht auch private Flächen ein. [...] Die Lage am Wasser und damit die Nähe zum bestehenden Hafen auf der südlichen Elbseite, aber auch Verkehrslärm in der östlichen HafenCity machen besonders hohe Schutzanforderungen für Gebäude und Infrastruktur erforderlich. [...]

Nachhaltige Mobilität

Die HafenCity ist auch ohne Pkw sehr gut erreichbar. Die neue, Ende 2012 in Betrieb genommene U-Bahn-Linie U4 ist hierbei ein zentraler Baustein. Spätestens mit der Eröffnung der dritten Haltestelle an den Elbbrücken und der baulich weitgehenden Fer-tigstellung der HafenCity sollen täglich rund 35 000 Menschen die U4 nutzen. Weiterhin gibt es ein dichtes Netz an Busstationen, und es wurde ein erster Fähranleger nahe der Elbphilharmonie in Betrieb genommen (zwei weitere an der HafenCity Universität und den Elbbrücken sollen folgen). Aus der bestehenden Innenstadt gelangen Fahrradfahrer und Fußgänger zudem binnen weniger Minuten über ein attraktives und dichtes Wegenetz und zahlreiche Brücken in den neuen Stadtteil und umgekehrt. Zu 70 Prozent verlaufen die Fuß- und Fahrradwege in der HafenCity abseits des Autoverkehrs auf Promenaden, Stegen und Plätzen, zu rund 30 Prozent direkt am Wasser. Fahrradleihstationen ermöglichen die emmissionsfreie Rundfahrt. [...]

M8   Kritische Meinungen zur HafenCity Hamburg

Text 1: Streit über Hafencity-Studie: Reichenviertel oder Öko-Superstadt?

Nachhaltigkeit erfordere eine „langfristige Balance zwischen ökonomischer Stabilität, ökologischer Tragfähigkeit und sozialer Gerechtigkeit", definiert der Rat seine Kriterien. Vor allem in Sachen sozialer Gerechtigkeit hapere es im Falle HafenCity. Daran änderten auch die Genossenschaftswohnungen in mittlerer Preisklasse nichts. In dem Retortenstadtteil werden die höchsten Quadratmeterpreise der Stadt gezahlt, die Wohnfläche pro Einwohner beträgt mit 76,8 Quadratmeter mehr als doppelt so viel wie im Hamburger Durchschnitt. Und was den Fuhrpark angeht, können es die Hafencity-Bewohner offensichtlich mit der Oberschicht von Dubai aufnehmen: Pro Bewohner stehen im Durchschnitt drei Pkw in der Garage. Der neue Stadtteil sei „insgesamt ein Reichenviertel", das sich vom Gemeinwesen abkoppelt. Wegen des Luxus-Images ergebe sich für die Hamburger „eher eine Art Zoo-Effekt". [...] 1997 hatte Bürgermeister Voscherau noch von der „marktgerecht selbst tragenden Entwicklung und Verwertung" des Großprojekts gesprochen und in Aussicht gestellt, dass die Vermarktung der Grundstücke den Bau eines hochmodernen Containerterminals finanzieren könne. Diese Erwartung habe sich jedoch nicht erfüllt, so der Zukunftsrat. Der Verkauf der Grundstücke werde voraussichtlich nicht mal die Infrastrukturkosten decken. Die Errichtung der Hafencity führe aus heutiger Sicht „zu einer deutlichen Erhöhung der Staatsschulden".

westermann

Text 2: Zukunftsrat kritisiert HafenCity

Nicht nachhaltig sei der Lärm der Straßen und aus dem Hafen, die Homogenität der Anwohner, die alle wohlhabend seien sowie das Verkehrskonzept, das ganz traditionell den Autoverkehr bevorzuge. Auch fehlten naturbelassene Bereiche, in denen Kinder spielen könnten. Wegen der hohen Erschließungskosten drohe der Stadtteil zum Zuschussgeschäft zu werden. Angesichts der hohen Kosten stelle sich die Frage, ob Hamburg die HafenCity brauche.

Quellen

M2: http://metropolregion.hamburg.de/karte/
M4: Statistisches Bundesamt
M5: eigener Text ergänzt durch Handelskammer Hamburg: Stadtmobilität in Hamburg 2030 – Eine lebenswerte Stadt in Bewegung (https://www.hk24.de/produktmarken/ interessenvertretung/verkehr-stadtentwicklung/verkehr/stadtverkehr/Stadtmobilitaet_in_Hamburg_2030/1162876); Fischer, Norbert: Landschaften – Vom Hamburger Umland zur Metropolregion. In: Tà katoptrizómena, H. 62, 2009 (http://www.theomag.de/62/nf1.htm#_ednref3)
M7: http://www.hafencity.com/de/konzepte/stadt-des-21-jahrhunderts.html
M8: Text 1: Twickel, Christoph: Streit über Hafencity-Studie: Reichenviertel oder Öko-Superstadt? In: Spiegel online vom 16.09.2010 (http://www.spiegel.de/kultur/ gesellschaft/streit-ueber-hafencity-studie-reichenviertel-oder-oeko-superstadt-a-717386.html); Text 2: Knödler, Gernot: Zukunftsrat kritisiert Hafencity. In: taz.de vom 13.09.2010 (http://www.taz.de/!5135773/)

Zusatzmaterial

M9   **Wirkungszusammenhänge der Verkehrsproblematik in der Metropolregion Hamburg**

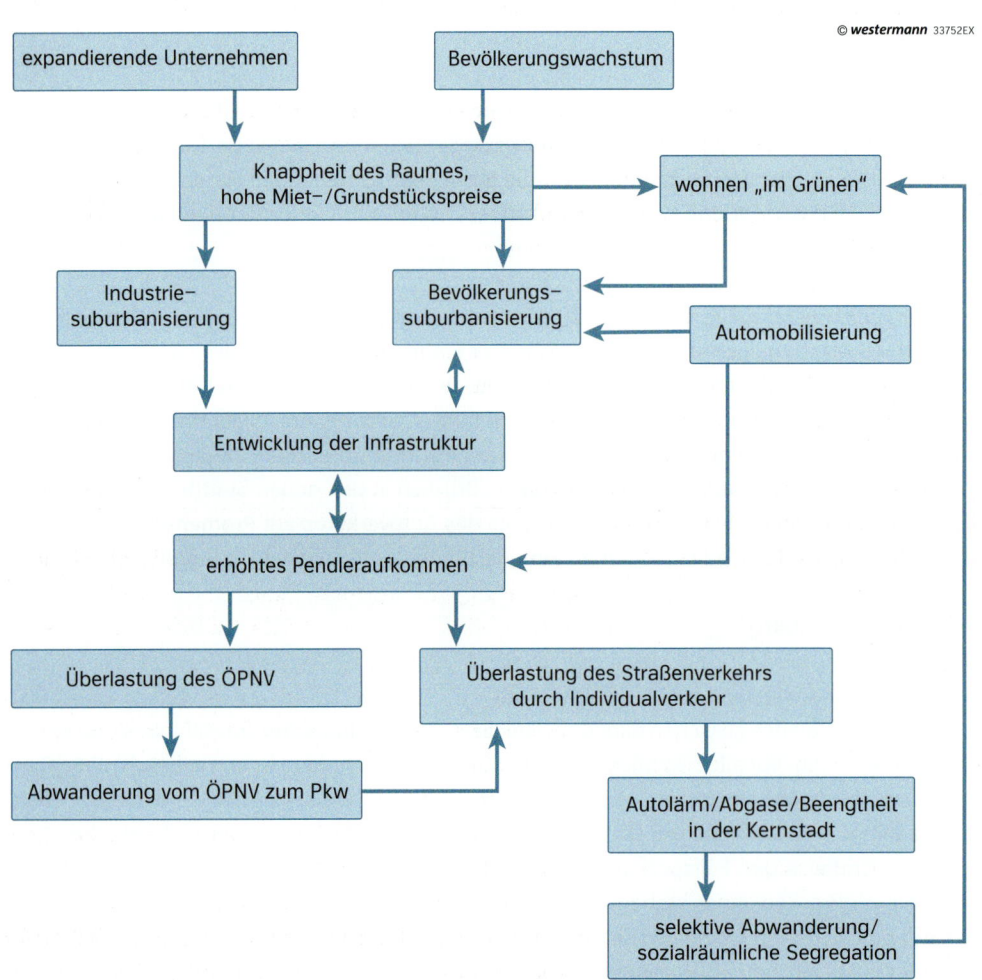

© westermann 33752EX

Unternehmen und Stadt – Fallbeispiel: Wolfsburg

Karten im Diercke Weltatlas

⬚ 37.4 Wolfsburg – Geplante Industriestadt 1930/1938 /nach 1945

⬚ 37.5 Ost-Niedersachsen – Zulieferer der Automobilindustrie

⬚ 37.6 Global Player Volkswagen – Deutschland/Europa/Erde

⬚ 70.1 Deutschland – Wirtschaftsstruktur (Übersicht)

Unterrichtliche Voraussetzungen

Inhaltlich

Voraussetzung für die vorliegende Klausur ist die unterrichtliche Behandlung von Entwicklungstendenzen der Industrie seit der Mitte des 20. Jahrhunderts und deren Einfluss auf Siedlungen. Die Schüler haben dabei Standortfaktoren für Industriebetriebe kennengelernt und die Auswirkungen der Globalisierung für Standortentscheidungen von Großunternehmen. Sie kennen daher den typischen Entwicklungspfad vom lokalen Einzelunternehmen zum Global Player mit Werken in verschiedenen Teilen der Welt. Die Ausbildung regionaler Cluster ist ebenso erarbeitet worden wie die Problematik von Monokulturen. Die Schüler kennen die Gliederung in Wirtschaftssektoren und haben Gründe für deren Bedeutungswandel erarbeitet. Sie können den Weg der Diversifizierung als wichtige Möglichkeit zur Reduzierung der Probleme von Monostrukturen aufzeigen. Sie wissen, dass die Tertiärisierung eine bedeutende Rolle spielt bei der Verbesserung der sozioökonomischen Verhältnisse und der städtischen Strukturen. Den Schülern ist geläufig, dass Impulse im Freizeit- und Tourismusangebot zur Steigerung der Lebensqualität für die Wohnbevölkerung beitragen und durch die Förderung des Städtetourismus den Trend zur Tertiärisierung verstärken.

Fachbegriffe

allgemein:
- Cluster
- Digitalisierung
- Diversifizierung
- Einzugsgebiet
- Gartenstadt
- Innovation
- Monostruktur
- Multifunktionalität
- Oberzentrum
- Pendler
- Rationalisierung
- Standortfaktoren
- städtische Funktionen
- Strukturwandel
- Tertiärisierung
- Trennung der Funktionen

in den Materialien:
- just in time (M3a)
- Zulieferbetriebe (M3a)
- Global Player (M3b)
- Konzernzentrale (M3b)
- Hauptsitz einer Automarke (M3b)
- Komponentenwerk (M3b)
- sozioökonomisch (M7)
- sozialversicherungspflichtig Beschäftigte (M7a)
- produzierendes Gewerbe (M7a)
- Bruttoinlandsprodukt (BIP) (M7b)
- Kaufkraft (M7b)
- Raumordnungsregion (M7b)
- Public Private Partnership (PPP) (M8a)
- Branding Center (M8b)
- Science Center (M8b)
- Factory Outlet (M8b)
- autonome Fahrzeuge (M9)

Literatur

Fassmann, H.: Stadtgeographie I: Allgemeine Stadtgeographie. Das Geographische Seminar. Braunschweig 2004.

Freier, O.: Wolfsburg – von der Werkssiedlung zur Erlebniswelt. In: Paal, M.: Stadtzukünfte in Deutschland. Strategien zwischen Boom und Krise. Forschungsbeiträge zur Stadt- und Regionalgeographie, Bd. 4, Berlin 2010, S. 109–130.

Grieger, M./Lupa, M. (Hrsg.): Vom Käfer zum Weltkonzern. Die Volkswagen Chronik. Historische Notate. Schriftenreihe der Historischen Kommunikation der Volkswagen Aktiengesellschaft, Bd. 17. Wolfsburg 2015.

Harth, A. u. a.: Wolfsburg am Wendepunkt. Opladen 2000.

Harth, A. u. a.: Stadt als Erlebnis: Wolfsburg. Zur stadtkulturellen Bedeutung von Großprojekten. Wiesbaden 2010.

Herlyn, U./Tessin, W.: Faszination Wolfsburg 1938–2000. Opladen 2000.

Ostermann, M.: Die Grundzüge nationalsozialistischer Stadtplanung, dargestellt anhand ausgewählter Beispiele. Materialien zur Geographie, H. 29. Mannheim 1997.

Pohl, J.: Urban Governance à la Wolfsburg. In: Informationen zur Raumentwicklung, H. 9/10, 2005, S. 637–647.

Zehner, K.: Stadtgeographie. Perthes Geographie Kolleg. Gotha 2001.

Internet

http://www.wolfsburg.de
  Stadt Wolfsburg
http://www.volkswagen.com
  Volkswagen international
http://www.volkswagenag.com
  Volkswagen-Konzern (Statistiken, Geschäftsberichte …)
http://www.autostadt.de
  Seite der Autostadt

http://www.wolfsburg-ag.com
  Homepage der Wolfsburg AG: Gemeinschaftsunternehmen (PPP: Public Private Partnership) von Stadt Wolfsburg und Volkswagen
http://www.statistik.niedersachsen.de
  Statistisches Amt Niedersachsen
http://www-genesis.destatis.de
  Gemeinsames Neues Statistisches Informationssystem (GENESIS) des Bundes und der Bundesländer: tief gegliederte Ergebnisse der amtlichen Statistik bis zu Kreisen und Gemeinden
http://www.niedersachsen.de
  Portal der niedersächsischen Landesregierung

Kürzungs- und Erweiterungsmöglichkeiten (geplante Bearbeitungszeit: 135 min)

	Kürzungsmöglichkeiten	Erweiterungsmöglichkeiten
Aufgabe 1	Verzicht auf die historischen Standortaspekte bei der Planung des Werkes vor 1938 → M4 entfällt

Eine weitgehende Reduzierung des Materialumfangs von M6 ist beim Verzicht auf eine differenzierte Entwicklung möglich. Dabei sollten aber in M6 zumindest noch die Daten für 1950 und 2015 erhalten bleiben. | Falls der Akzent der Klausur stärker auf die Entwicklung des Wirtschaftsunternehmens gelegt werden soll, bieten die Zusatzmaterialien M10 zusätzliche und vertiefende Informationen:
– M6 kann ersetzt werden durch das deutlich umfassendere M10a.
– Eine räumlich noch differenziertere Aufstellung der Beschäftigten in der Produktion enthält M10b.
– Falls den Schülern Gründe für die Entstehung von Auslandsbetrieben der Global Player nicht hinreichend bekannt sind, kann M10c als Information dienen. |
| Aufgabe 2 | Reduzierung des Datenangebots in M8c: Die beiden Spalten mit Daten zu Beherbergungsbetrieben und Betten können entfallen. | Wenn die regionale Struktur deutlicher berücksichtigt werden soll, bieten die Zusatzmaterialien M11 und M12 ergänzende Informationen zur regionalen Struktur, damit zum Verhältnis zwischen der Stadt Wolfsburg und ihrem Umland.
– M11 kann mit genauen Zahlen M7b ergänzen oder auch ersetzen.
– M12a und M12b ermöglichen die zusätzliche Berücksichtigung der Pendelwanderung und damit die Erfassung Wolfsburgs als Arbeitszentrum für die Region.

Die Informationen zur Entwicklung des Tourismus in Wolfsburg (M8c) können vertieft werden durch das Zusatzmaterial M13. |
| Aufgabe 3 | | Die Beurteilungsgrundlage kann verbessert werden durch die Berücksichtigung der Daten im Zusatzmaterial M13. |

Erwartungshorizont mit Punkteverteilung

Bitte beachten Sie: Die Punkteverteilung stellt nur einen Vorschlag dar, der je nach Bundesland und Kurssituation angepasst werden muss. Die Punkte beziehen sich zudem nur auf inhaltliche Aspekte, nicht auf die Darstellungsleistung der Schüler.

Aufgabe 1 Anforderungsbereich: I/II Materialien: M1, M2, M3, M4, M5, M6	maximale Punktzahl	erreichte Punktzahl

Großräumige Lage des neuen Volkswagenwerkes
– zentrale Lage im Deutschen Reich, recht weit entfernt von Grenzen
– gute Transportmöglichkeiten durch folgende Verkehrsanbindungen:
  – West-Ost-Fernbahnlinie
  – West-Ost-Kanal (Mittellandkanal, damalige Bezeichnung: Weser-Elbe-Kanal; damals im Bau: Verbindung vom Ruhrgebiet)
  – Autobahn in geringer Entfernung, damit gut erreichbar
– landwirtschaftlich geprägte Region, im Norden eher ärmlich
Somit sind die in M4 aufgeführten Kriterien für die Standortsuche erfüllt. (M1, M4)
	4	

Kleinräumige Lage – flaches Gelände, gut geeignet für den Bau eines großen Werkes – keine größeren Siedlungen vorhanden, damit auch Platz für spätere Erweiterungen des Werkes – vor allem land- und forstwirtschaftliche Flächennutzung, im Süden große Fläche des Rothehofer Forstes (M1)	2	
Planungskonzept für den neuen Standort – Werksstandort mit eigenem Hafen direkt am neuen Kanal; Lage auf der nördlichen, flachen Seite des Kanals in der Allerniederung – Anlage der zugehörigen Wohnsiedlung gegenüber vom Werk auf der Südseite von Kanal und Fernbahnlinie sowie einer kleineren Siedlung im Anschluss an die Burg Wolfsburg im Norden → deutliche räumliche Trennung der Funktionen Arbeiten und Wohnen in der geplanten neuen Stadt (M1)	3	
Entwicklung des Volkswagenwerks in Wolfsburg nach dem Zweiten Weltkrieg – 1955 bereits etwa 30 000 Beschäftigte – 1970 fast 60 000 Beschäftigte – 1985 über 60 000 Beschäftigte (M5)	1	
im Laufe der Jahrzehnte Wandel vom Einzelwerk Wolfsburg zu Hauptwerk und Verwaltungszentrale eines Großunternehmens mit mehreren Werken an verschiedenen Standorten (M1, M2, M3)	2	
heute Einbindung des Werkes Wolfsburg als Endmontagewerk in ein Netz von VW-Zulieferbetrieben → jeweils spezialisierte Konzernwerke für Motoren, Getriebe, Elektronik etc. (in Braunschweig, Kassel, Salzgitter …), Zulieferungen dabei just in time an das Montageband (M2)	3	
außerdem weitere Zulieferwerke anderer Unternehmen in Wolfsburg, in Ost-Niedersachsen und auch in größerer Entfernung → horizontale und vertikale Verflechtungen der Unternehmen (M2)	2	
somit vom Zentrum in Wolfsburg ausgehend Herausbildung eines Automobilclusters in einer früher weitgehend agrarisch geprägten Region (M1, M2)	4	
Entwicklung des Unternehmens Volkswagen zu einem Mehrmarkenkonzern → VW, Audi, Seat, Skoda, Porsche usw. als Marken des Volkswagen-Konzerns; Wolfsburg zugleich Hauptsitz der Marke Volkswagen und Konzernzentrale (M3)	1	
im Rahmen der Unternehmensexpansion neben den deutschen Werken auch Entstehung bzw. Übernahme von Betrieben in anderen Staaten Europas, ebenso im Rahmen der Globalisierung auch auf fast allen anderen Kontinenten (M3)	2	
schon seit den 1970er-Jahren bedeutender Anteil der Konzernbeschäftigten im Ausland (1980: 99 000 = 38 %); seit 2010 mehr Beschäftigte im Ausland als in Deutschland; erhebliche Beschäftigtenzahlen v. a. in China, Lateinamerika, Tschechischer Republik und Spanien (M3, M6)	2	
wichtige Gründe für den starken Anstieg der Beschäftigtenzahlen im Ausland: vor allem geringere Produktionskosten aufgrund niedriger Löhne sowie die Sicherung von Absatzmärkten	2	
Zusammenfassung Aufstieg des Unternehmens Volkswagen vom 1938 gegründeten Einzelwerk in Wolfsburg zum weltweit operierenden und produzierenden Global Player, einem der größten Unternehmen in der Automobilbranche	2	
	30	

Aufgabe 2 Anforderungsbereich: I/II Materialien: M1, M2, M5, M7a, M7b, M7c	maximale Punktzahl	erreichte Punktzahl
bei der Gründung des neuen Automobilwerks zugleich auch Planung einer zugehörigen Werks-siedlung, einer neuen Stadt für 90 000 Einwohner: Wohnsiedlung v. a. südlich der markanten West-Ost-Trennungslinie (Fernbahn, Kanal) vorgesehen, gegenüber der Fabrik, in den hügeligen Rothehofer Forst hinein; Planung einer gegliederten Stadt, bestehend aus Siedlungszellen überschaubarer Größe, jeweils durch freie Flächen, z. B. Waldstreifen, voneinander getrennt → Grundprinzip des Gartenstadt-Konzepts (M1)	4	
Bau der Stadt Wolfsburg überwiegend erst nach dem Zweiten Weltkrieg; nur in der Nähe des Bahnhofs schon vor 1945 Fertigstellung von Siedlungsgebieten (M1)	1	
seit dem Ende der 1940er-Jahre mit dem schnellen Wachstum der Werksbelegschaft auch rasches Wachstum der Werkssiedlung; Wolfsburg: 1960 bereits 60 000 Einwohner, 1975 (nach der Gebiets-reform) fast 130 000 Einwohner; seitdem leichter Rückgang bzw. Stagnation der Einwohnerzahl (M1, M5)	2	
Entwicklung der Besiedlung: – im Zeitraum von 1948–1964 Entstehung einer Abfolge von Siedlungen südlich und parallel zu Bahn und Kanal (M1)	2	
– 1948 bis Anfang der 1970er-Jahre: Bau von Siedlungen im Rothehofer Forst, deutlich voneinan-der abgegrenzt durch Waldstreifen (s. Gartenstadt-Prinzip); aber auch Siedlungen im Norden, jenseits der Aller (M1)	3	
– seit den 1970er-Jahren Errichtung weiterer größerer Siedlungen im Süden, jenseits des Rotheho-fer Forstes (Nordsteimke, Detmerode, Westhagen, Ehmen) (M1)	2	
Entwicklung Wolfsburgs zur Großstadt somit durch die Entwicklung des Volkswagen-Werkes in einem sonst, vor allem im Norden, dünner besiedelten Raum (M1, M5)	2	
aufgrund der Entstehung und Entwicklung sehr einseitige Wirtschaftsstruktur Wolfsburgs: 1997 fast ¾ der sozialversicherungspflichtig Beschäftigten im produzierenden Gewerbe; 1980 allein 72 % aller Beschäftigten in Wolfsburg im Volkswagenwerk, 1997 noch 65 % (M5, M7a)	3	
sehr deutliche Monostruktur in Wolfsburg aufgrund der Ausrichtung auf ein Unternehmen (M7a)	4	
positive Folge der Wirtschaftsstruktur: sehr hohes BIP je Einwohner (über 40 000 €) in Wolfsburg, weit über dem deutschen Durchschnittswert; dagegen in den umliegenden Kreisen unterdurch-schnittliche Werte; Wolfsburg ist also eine wohlhabende Stadt (M7b)	4	
dieser Wohlstand aber abhängig von der Entwicklung eines einzigen Werkes: Beschäftigung des ganz überwiegenden Teils der sozialversicherungspflichtig Beschäftigten im produzierenden Gewerbe; im Wesentlichen Beschäftigte von Volkswagen oder Beschäftigte in Zulieferbetrieben, damit indirekt abhängig von der Entwicklung bei VW (M2, M5, M7a)	3	
negative Folgen der Monostruktur werden deutlich in Automobilkrisen, z. B. Mitte der 1990er-Jahre: Damals starker Anstieg der Arbeitslosenzahlen in Wolfsburg von rund 4500 (1991) auf 10 000 (1996): 17,9 % Arbeitslosenquote gegenüber einem Durchschnitt von 11,5 % in Deutschland insgesamt. In Wolfsburg damals fast jeder Fünfte arbeitslos; dabei kaum Alternativen auf dem Arbeitsmarkt der Stadt (M7c)	4	
bei besserer Situation der Automobilkonjunktur dagegen Absinken der Anzahl der Arbeitslosen 2014/2015 auf rund 3000: nur 4,5 % Arbeitslosenquote in Wolfsburg gegenüber 7,5 % in Deutsch-land (M7c)	3	
in Wolfsburg also deutlichere Auswirkungen der konjunkturellen Schwankungen, eine stärkere Krisenanfälligkeit aufgrund der Monostruktur (M7c)	3	
	40	

Aufgabe 3 Anforderungsbereich: I/II/III Materialien: M1, M5, M6, M7a, M7b, M7c, M8a, M8b, M8c, M9	maximale Punktzahl	erreichte Punktzahl
Wolfsburg: wohlhabende Stadt, aber Diversifizierung der Wirtschaftsstruktur in den 1990er-Jahren dringend nötig zur Reduzierung der ausgeprägten Monostruktur der Stadt zur Verbesserung der krisenanfälligen Struktur der Stadt Gründung der Wolfsburg AG, einer Public Private Partnership (PPP) des Unternehmens Volkswagen und der Stadt Wolfsburg Ziele: Verbesserung der Wirtschaftsstruktur, des Beschäftigungsangebotes und der Lebensqualität in der Stadt (M7a, M7b, M8a)	2	
in diesem Rahmen Realisierung einiger Großprojekte in Wolfsburg; dabei das international beachtete Kunstmuseum als früherer Vorläufer Großprojekte in der Hoffnung auf Verbesserungen … – des großstädtischen Angebots: Bahnhof, Kino, City Galerie, Arena – des touristischen Angebots: Kunstmuseum, Autostadt, Badeland, Phaeno – des zentralörtlichen Handelsangebots: City Galerie, DOW – der Lebensqualität: Allerpark, Badeland Zielsetzungen der Großprojekte: Steigerung der Attraktivität der Stadt für Bewohner und Gäste, Stärkung von Funktionen eines Oberzentrums, Hebung des Image der früheren Werkssiedlung (M1, M8b)	4	
Ergebnisse der Aktivitäten: – deutliche Steigerung der Beschäftigung in Wolfsburg in den knapp 20 Jahren von 1997 bis 2015 um rund 45 000 SVP-Beschäftigte (+61 %) (M7a)	2	
– dabei Beschäftigungszunahme im tertiären Sektor von 1997 bis 2015 um rund 27 000 (+85 % im Bereich Handel, Gastgewerbe, Verkehr und +165 % im Bereich Dienstleistungen); Anstieg des Anteils des tertiären Sektors an allen Beschäftigten dadurch von 26,8 % im Jahr 1997 auf fast 40 % 2015 → deutliche Steigerung des Tertiärisierungsgrads der Stadt (M7a)	3	
deutliche Entwicklung auch im Bereich des Tourismus: in den 30 Jahren seit 1986 erhebliche Vergrößerung des Angebots (Zahl der Betriebe: +66 %; Bettenangebot: +220 %) und besonders der Nachfrage (Ankünfte: +260 %; Übernachtungen: +200 %) (M8c)	2	
in der Phase der Großprojekte in den Zielbereichen der Wolfsburg AG also eindeutige Fortschritte in Wolfsburg feststellbar (M7a, M8a, M8c)	2	
Erfolgreicher Beitrag der Großprojekte zum Wandel von der Werkssiedlung Wolfsburg zu einem repräsentativeren Konzernsitz eines Global Player. Aber noch immer eine ausgeprägte Monostruktur in Wolfsburg, Abhängigkeit der Stadt von Volkswagen. Denn auch noch 2015 Arbeitsplätze von rund 58 % der sozialversicherungspflichtig Beschäftigten der Stadt im produzierenden Gewerbe, 52 % allein bei Volkswagen. (M5, M7a)	3	
Derzeit wieder Unsicherheiten über eine zukünftige Fortsetzung der positiven Entwicklung des Volkswagenwerks in Wolfsburg. Denn in der Zukunft wohl große Herausforderungen im Automobilmarkt, vielleicht sogar gravierender Umbruch. (M9)	2	
Vielleicht Ablösung der Autos mit Benzin- oder Dieselmotoren durch Elektrofahrzeuge. Entwicklung vollautomatischer, selbstfahrender Autos. Für die traditionellen Automobilhersteller dabei aber neue Konkurrenz durch eigene Fahrzeugentwicklungen branchenfremder Computer- und Internetfirmen. (M9)	3	
Volkswagen-Stammwerk Wolfsburg im Hochlohnland Deutschland: Dauerhafte Behauptung gegen Produkte aus Billiglohnländern möglich? (M6)	2	
Besondere Belastung des Volkswagen-Konzerns aufgrund des Volkswagen-Abgas-Skandals vom Herbst 2015: Vermutlich Zahlung von Milliarden Euro für Entschädigungen und Strafen; deshalb Sorge vor fehlenden Mitteln für Forschung und Entwicklung gerade in einer Umbruchphase mit zahlreichen Innovationen. Außerdem Furcht vor einem noch unübersehbaren Imageschaden für die Marke. (M9)	3	
Wolfsburg deshalb vielleicht wieder vor einer sozioökonomischen Krise; weitere Maßnahmen zur Diversifizierung daher weiterhin erforderlich	2	
	30	

Name: ....   **Datum:** ....

Kurs/Klasse: ....   **Zeit:** ....

Unternehmen und Stadt – Fallbeispiel: Wolfsburg

Aufgabe 1
Stellen Sie die Entwicklung des Unternehmens Volkswagen seit 1938 dar.

Aufgabe 2
Erläutern Sie Entwicklung und Struktur der Stadt Wolfsburg bis zur Mitte der 1990er-Jahre.

Aufgabe 3
Nehmen Sie Stellung zum Konzept der Stadtentwicklung durch Großprojekte in Wolfsburg in jüngerer Zeit.

M1 **Diercke Weltatlas**

37.4 Wolfsburg – Geplante Industriestadt 1930/1938 / nach 1945

M2 **Diercke Weltatlas**

37.5 Ost-Niedersachsen – Zulieferer der Automobilindustrie

M3 **Diercke Weltatlas**

37.6 Global Player Volkswagen – Deutschland/Europa/Erde
weitere Atlaskarten nach Wahl

M4 **Kriterien bei der Standortwahl für das Volkswagenwerk 1937/1938**

- Die Käufer holen ihre neuen Fahrzeuge selbst im Werk ab.
- Die für die Produktion erforderlichen Materialien können günstig angeliefert werden.
- Ein zuvor wenig entwickelter Raum soll durch das neue Werk aufgewertet werden.
- Das neue Werk soll möglichst sicher gelegen sein vor militärischen Angriffen, besonders eventuellen Luftangriffen.

M5 **Wolfsburg: VW-Belegschaft und Wohnbevölkerung 1945–2015**

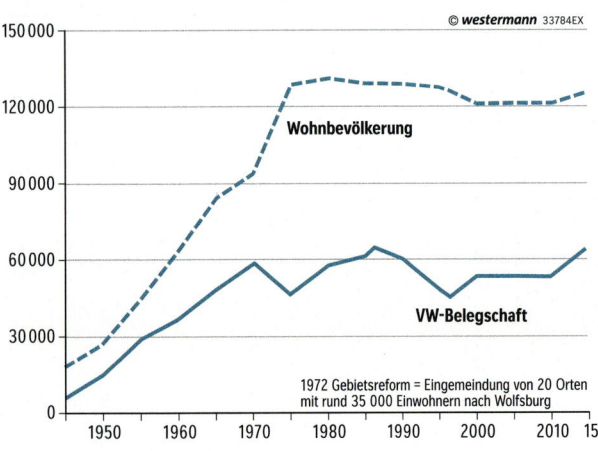

westermann

M6 VW-Konzern: Beschäftigte im In- und Ausland 1945–2015

Jahr	Beschäftigte (in 1000)		
	gesamt	Inland	Ausland
1945	6	6	0
1950	15	15	0
1960	76	64	12
1970	190	155	35
1980	258	159	99
1990	261	166	95
1995	257	143	114
2000	322	163	159
2005	345	179	166
2010	389	179	210
2015	604	276	329

M7 Sozioökonomische Strukturen Wolfsburgs

M7a Sozialversicherungspflichtig Beschäftigte nach Wirtschaftszweigen in Wolfsburg 1980–2015

Jahr	Beschäftigte gesamt	davon			
		Land- und Forst-wirtschaft	produzierendes Gewerbe	Handel, Gast-gewerbe, Verkehr	Dienstleistungen
1980	80 219	296	k. A.	k. A.	10 032
1990	86 374	263	k. A.	k. A.	12 259
1997	73 363	273	53 433	6 156	13 501
2000	87 363	378	59 143	9 137	18 468
2005	92 250	320	62 801	10 200	18 929
2010	98 185	39	58 884	10 360	28 902
2015	118 674	46	71 438	11 407	35 783

M7b Diercke Weltatlas

70.1 Deutschland – Wirtschaftsstruktur (Übersicht)

M7c Stadt Wolfsburg: Arbeitslosigkeit 1990–2015

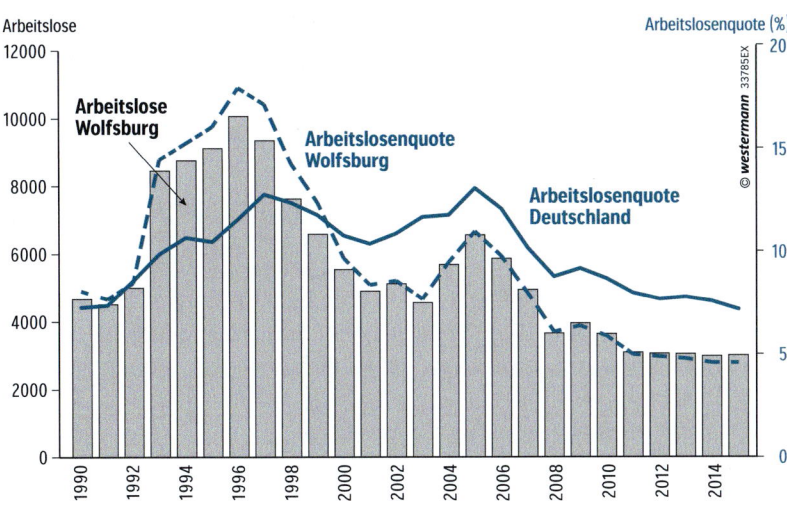

westermann

M8 Wolfsburg: Stadtentwicklung in jüngerer Zeit

M8a Wolfsburg AG

Die Wolfsburg AG, ein 1999 gegründetes Gemeinschaftsunternehmen (Public Private Partnership [PPP]) von der Stadt Wolfsburg und Volkswagen, soll die Wirtschaftsstruktur, die Beschäftigungsentwicklung und die Lebensqualität am Standort Wolfsburg und in der Region fördern.

M8b Großprojekte der Stadtentwicklung in jüngerer Zeit

Jahr	Projekt
1994	Kunstmuseum für international bedeutende moderne Kunst (2014: 80 000 Besucher)
1998	ICE-Haltepunkt an der neuen Hochgeschwindigkeitsstrecke Hannover – Berlin
2000	– Autostadt: Themen- und Freizeitpark des Volkswagen-Konzerns; Branding Center zur Markenpräsentation, Auslieferungszentrum, Museen, 5-Sterne-Hotel (2015: 2,42 Mio. Besucher, seit der Eröffnung über 33 Millionen Besucher) – Multiplex-Kino Cinemaxx mit sieben Kinosälen und über 1600 Sitzplätzen, am Hauptbahnhof
2001	City-Galerie an der Haupteinkaufsstraße: etwa 90 Fachgeschäfte auf rund 20 000 m² Verkaufsfläche sowie Dienstleistungs- und Gastronomiebetriebe
2002	– Volkswagen-Arena für den VfL Wolfsburg mit 30 000 überdachten Zuschauerplätzen – Erlebnisbad „Badeland" (2014: 783 194 Besucher)
2004	Allerpark für vielfältige Freiraum- und Sportaktivitäten, u. a. Eislaufarena
2005	Phaeno: Science Center, eine Experimentier- und Erlebnisstätte (2014: 252 000 Besucher)
2007	Designer Outlets Wolfsburg (DOW), östlich des Phaeno: erstes Factory Outlet in innerstädtischer Lage in Deutschland: 79 Markenshops auf rund 16 000 m² Verkaufsfläche

M8c Fremdenverkehr in Wolfsburg 1986–2015

Zeitraum (je 5 Jahre)	Beherbergungs-betriebe[1]	Betten[1]	Gästeankünfte (in 1000)[2]	Übernachtungen (in 1000)[2]
1986–1990	24	1 193	369	849
1991–1995	24	1 377	466	901
1996–2000	25	1 624	669	1 253
2001–2005	31	2 593	1 010	1 886
2006–2010	34	2 997	1 112	2 154
2011–2015	40	3 856	1 322	2 555

[1] Betriebe und angebotene Betten: Durchschnittswerte der jeweiligen fünf Jahre
[2] Gäste(-ankünfte) und Übernachtungen: Summen der jeweiligen fünf Jahre

M9 Perspektiven 2015/2016

Lösen Elektroautos die traditionellen Benzin- und Dieselfahrzeuge ab? Gehört die Zukunft vollautomatisch gesteuerten, fahrerlosen Autos? Verschiedene Unternehmen testen bereits die ersten selbstfahrenden Autos. Computer- und Internetfirmen wie Google und Apple drängen mit Software für Unterhaltung, Navigation und Vernetzung ins Geschäft der traditionellen Automobilhersteller, entwickeln aber auch eigene, autonome Fahrzeuge für den digitalen Wandel des Automobilmarktes.

Infolge der drohenden Milliardenkosten im Rahmen des VW-Abgas-Skandals kürzt Volkswagen seine geplanten Investitionen für 2016 um rund eine Milliarde Euro. Mitarbeiter fürchten aufgrund des Skandals um ihre Jobs. Im Dezember 2015 ist der Autoabsatz der Marke Volkswagen um fast 8 % gesunken.

Quellen

M4: eigener Text nach verschiedenen Quellen
M5: eigene Zusammenstellung nach verschiedenen Quellen, v. a. Herlyn, U./Tessin, W.: Faszination Wolfsburg 1938–2000. Opladen 2000, S. 181; http://www.wolfsburg.de/statistik: Stadt Wolfsburg, Ref. 21 (Hrsg.): Bevölkerungsbericht 2016. Wolfsburg 2016, S. 5; Jahresabschlüsse der Volkswagen AG für die Jahre 2000–2015, jeweils zum 31.12.
M6: eigene Zusammenstellung nach verschiedenen Quellen
M7a: eigene Zusammenstellung nach verschiedenen Quellen
M7c: eigene Zusammenstellung nach verschiedenen Quellen
M8a: eigener Text nach verschiedenen Quellen
M8b: eigene Zusammenstellung nach verschiedenen Quellen
M8c: eigene Zusammenstellung und Berechnung nach http://www.nls.niedersachsen.de: LSKN-Online, Tabellen Z7350151, Z7360001
M9: eigener Text nach verschiedenen Quellen

Zusatzmaterialien

M10 Entwicklung des Volkswagen-Konzerns

M10a VW-Konzern: Umsatz, Absatz, Produktion und Beschäftigte 1945–2015

Jahr	Umsatz	Absatz (1000 Fahrzeuge)			Produktion (1000 Fahrzeuge)			Beschäftigte (in 1000)		
	(in Mio. €)	gesamt	Inland	Ausland	gesamt	Inland	Ausland	gesamt	Inland	Ausland
1945	k. A.	k. A.	k. A.	k. A.	k. A.	k. A.	-	6	6	-
1950	210	90	61	29	90	90	-	15	15	-
1955	738	328	150	178	330	k. A.	k. A.	32	31	1
1960	2356	889	374	514	891	866	25	76	64	12
1965	4739	1596	633	964	1595	1448	147	125	106	19
1970	8074	2207	725	1482	2215	1889	326	190	155	35
1975	9641	2038	626	1412	1949	1229	720	177	118	59
1980	17020	2495	788	1707	2574	1499	1075	258	159	99
1985	26844	2398	722	1676	2398	1635	763	259	170	89
1990	34799	3030	945	2085	3058	1816	1242	261	166	95
1995	45055	3607	937	2670	3595	1526	2069	257	143	114
2000	81835	5165	1019	4146	5156	1830	3326	322	163	159
2005	93996	5193	1019	4174	5219	1913	3306	345	179	166
2010	126875	7278	1059	6219	7358	2115	5243	389	179	210
2015	213292	10010	1279	8731	10017	2681	7336	604	276	329

Quelle: eigene Zusammenstellung nach: Grieger, M. u. a. (Hrsg.): Volkswagen Chronik. Historische Notate. Schriftenreihe der Historischen Kommunikation der Volkswagen AG, H. 7. Wolfsburg 2005 (für 1945–1965); verschiedene Geschäftsberichte der Volkswagen AG

westermann

M10b VW-Konzern: Belegschaft der Produktionsgesellschaften nach Staaten (je 31.12.)

Staat	Beschäftigte	
	2004	2011
Deutschland	160 100	155 982
VR China	22 000	45 511
Tschechische Republik	21 800	24 936
Brasilien	22 300	23 441
Spanien	23 300	17 246
Mexiko	13 800	13 936
Polen	7 000	8 794
Slowakei	8 300	8 257
Ungarn	5 100	7 322
Argentinien	2 700	7 069
Russland	0	5 713
Indien	300	5 045
Südafrika	6 200	4 671
Portugal	3 000	3 620
Großbritannien	4 400	3 500

Quelle: Zusammenstellung nach: Volkswagen AG – Konzern Kommunikation (Hrsg.): Navigator – Zahlen Daten Fakten, Ausgaben: 2005, S. 31; 2012, S. 39

M10c Betriebsgründungen im Ausland: zwei Beispiele

Brasilien

VW montierte in Brasilien seit 1953 aus Deutschland importierte Teilesätze. Ab 1957 schrieb Brasilien einen landeseigenen Fertigungsanteil von 40 % vor. Das Montagewerk wurde deshalb um Presswerk, Motorenbau, Karosseriebau und Lackiererei zu einer selbstständigen Automobilfabrik erweitert. Schon 1960 erreichte der brasilianische Fertigungsanteil bei der Pkw-Produktion 90 %.

China

1985 gründete VW mit einem 50 %-Anteil das Joint Venture „Volkswagen Shanghai Automotive Company", das zum größten Pkw-Produzenten Chinas aufstieg. VW verstärkte seine Marktposition 1991 noch durch ein weiteres Joint Venture, die „FAW-Volkswagen Automotive Company" in Changchun (Nordchina), an der VW einen Anteil von 40 % Anteil erhielt.

Quelle: eigene Texte nach verschiedenen Quellen, u. a.: Grieger, M. u. a. (Hrsg.): Volkswagen Chronik. Historische Notate. Schriftenreihe der Historischen Kommunikation der Volkswagen AG, H. 7. Wolfsburg 2005

M11 Bruttoinlandsprodukt je Einwohner in der Region Wolfsburg 2013

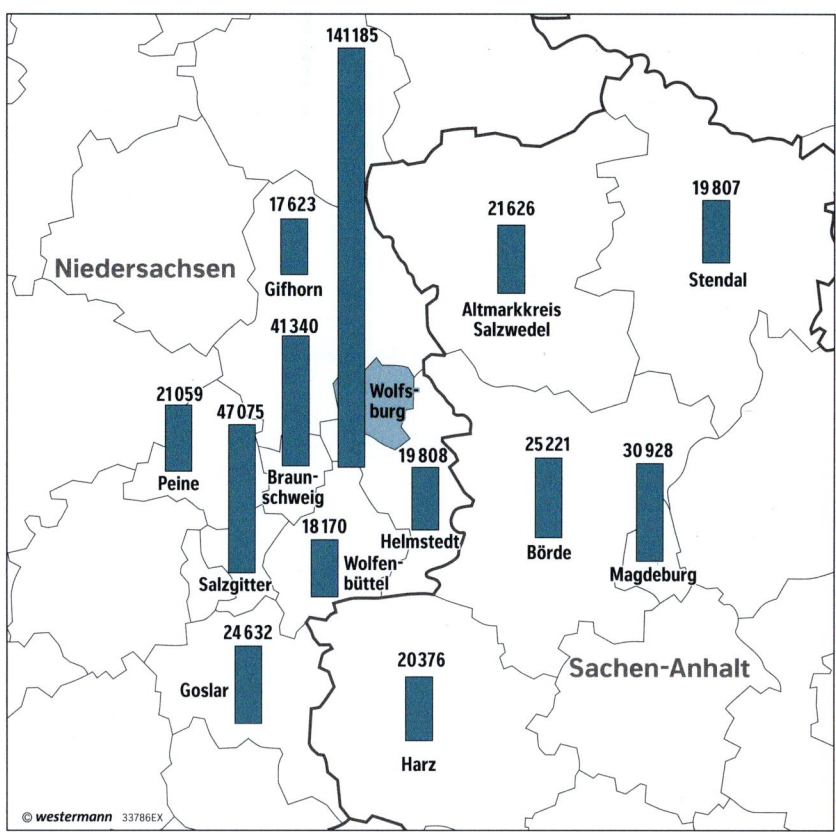

Quelle: eigene Zusammenstellung nach http://www-genesis.destatis.de: Statistische Ämter des Bundes und der Länder, Regionalatlas Deutschland (Stand: März 2016)

M12 Pendelwanderung in Wolfsburg

M12a Pendler in Wolfsburg 1995–2015

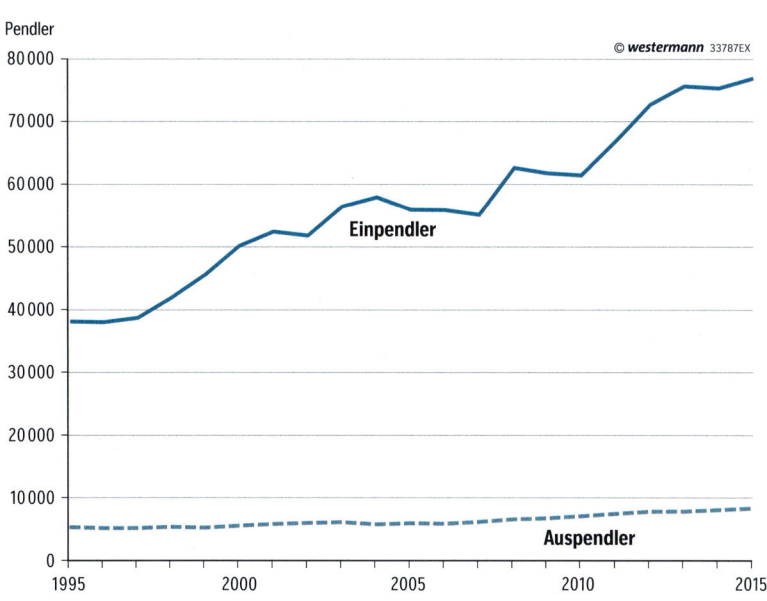

Quelle: eigene Zusammenstellung nach: Stadt Wolfsburg, Ref. 21 (Hrsg.): Wolfsburg – Statistisches Jahrbuch, verschiedene Ausgaben; Stadt Wolfsburg, Ref. 21 (Hrsg.): Arbeitsmarktbericht 2016. Wolfsburg 2016, S. 11

westermann

M12b Wolfsburg: Herkunft der Einpendler nach kreisfreien Städten bzw. Landkreisen mit mindestens 400 Einpendlern 2015

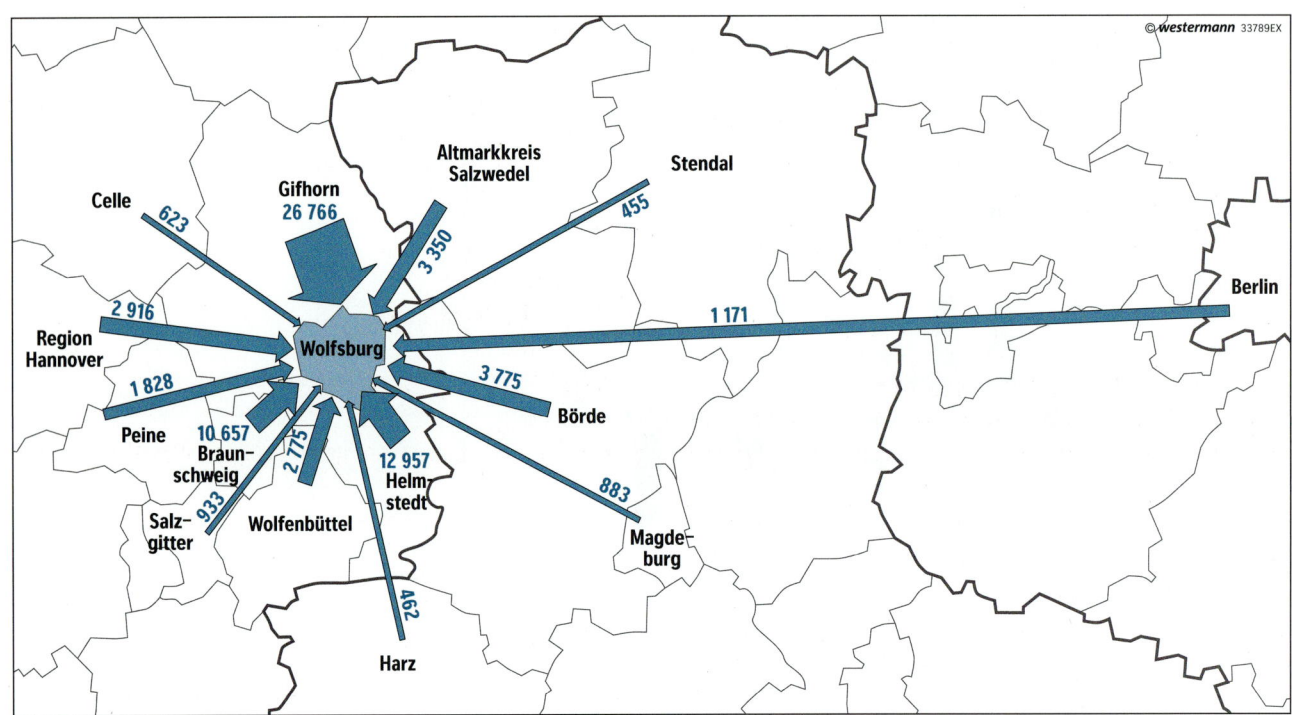

Quelle: Stadt Wolfsburg, Ref. 21 (Hrsg.): Arbeitsmarktbericht 2016. Wolfsburg 2016, S. 16

M13 Wolfsburg: Beschäftigte im Gastgewerbe 1980–2015

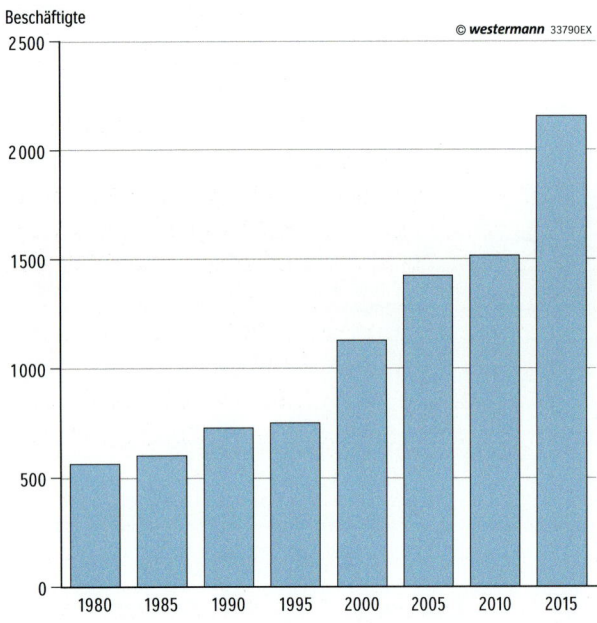

Quelle: eigene Zusammenstellung nach verschiedenen Quellen

Leuchtet München?

Karten im Diercke Weltatlas

☐ **50.1 Metropolregion München – Wirtschaft/ Naherholungsraum**

☐ **51.2 München – Hightech-Standorte**

☐ **51.3 München – Kulturzentrum**

Unterrichtliche Voraussetzungen

Inhaltlich

Voraussetzung für diese Klausur ist die unterrichtliche Behandlung stadtgeographischer Entwicklungen, wobei die Entwicklungslinien europäischer Städte im Vordergrund stehen. Typische Strukturen und Funktionen von oberzentralen Großstädten sind ebenso erarbeitet worden wie die wichtigen Standortfaktoren für die Entwicklung von Industriestandorten. Die Tertiärisierung und die Bedeutung einer diversifizierten Wirtschaftsstruktur unter Beteiligung von Wachstumsbranchen sind den Schülern geläufig. Grundlegend behandelt wurden die Prozesse der Bevölkerungsentwicklung von Städten und Stadtregionen in jüngerer Zeit unter besonderer Berücksichtigung der Wanderungsbewegungen zwischen Kernstadt und Umland, besonders die Suburbanisierung von Wohn- und Gewerbestandorten in Stadtregionen. Die Bedeutung eines attraktiven Kultur- und Freizeitangebots für die Entfaltung eines modernen Wirtschaftsstandorts und als Grundlage für den Städtetourismus ist untersucht worden.

Fachbegriffe

allgemein:
- Bodenversiegelung
- City
- Diversifizierung
- Freizeitwert
- Geschäftsreiseverkehr
- glaziale Formen
- Grünlandwirtschaft
- Kernstadt
- Landflucht
- monozentrisch
- Residenzstadt
- Reurbanisierung
- Segregation
- Städtetourismus
- Suburbanisierung
- Umland
- weiche Standortfaktoren

in den Materialien:
- Metropolregion (M1)
- Finanzzentrum (M1)
- Logistik (M1)
- Biotechnologie (M1, M2)
- Hightech-Betriebe (M2)
- Nanotechnologie (M2)
- Pinakothek (M3, M7b)
- Arbeitslosenquote (M4)
- Kaufkraft (M4)
- sozialversicherungspflichtig Beschäftigte (SVP-Beschäftigte) (M6a, M6b)
- Pendler (M6b)
- Nettokaltmieten (M9)

Literatur

Geipel, R./Heinritz, G. (Hrsg.): München – Ein sozialgeographischer Exkursionsführer. Münchener Geographische Hefte 55/56, Kallmünz 1987.

Heineberg, H.: Stadtgeographie. Grundriss Allgemeine Geographie. 4. Aufl. Paderborn 2014.

Heinritz, G. u. a. (Hrsg.): Der München Atlas. Die Metropole im Spiegel faszinierender Karten. Köln 2003.

Landeshauptstadt München (Hrsg.): München wie geplant. Die Entwicklung der Stadt von 1158 bis 2008. München 2004.

Maier, J. (Hrsg.): Bayern. Perthes Länderprofile. Gotha 1998.

Popp, M.: München – boomende Stadtregion mit „Schönheitsfehlern". In: Geographische Rundschau, H. 6/2006, S. 14–21.

Ruppert, K. u. a.: Bayern. Eine Landeskunde aus sozialgeographischer Sicht. Wissenschaftliche Länderkunden, Bd. 8, II. Darmstadt 1987.

Ruppert, K. u. a.: Region München. WGI – Berichte zur Regionalforschung, H. 18. München 1987.

Sternberg, R.: München und Voralpen. In: Kulke, E. (Hrsg.): Wirtschaftsgeographie Deutschlands. Perthes Geographie-Kolleg. Gotha 1998, S. 523–551.

Internet

http://www.muenchen.de
    Stadtportal der Landeshauptstadt München
http://www.muenchen.de/statamt
    Statistisches Amt der Landeshauptstadt München
http://www.muenchen.de/tourismus
    Tourismusportal der Stadt München
http://www.pv-muenchen.de
    Planungsverband Äußerer Wirtschaftsraum München (PV) (Region 14, München)

http://www.regionalstatistik.de

Statistische Ämter des Bundes und der Länder: Regionaldatenbank Deutschland

http://www.statistik.bayern.de

Bayerisches Landesamt für Statistik

http://www.muenchen.ihk.de

Portal der Industrie- und Handelskammer für München und Oberbayern

http://www.landesentwicklung.bayern.de

Landesentwicklung Bayern. Bayerisches Staatsministerium der Finanzen, für Landesentwicklung und Heimat

http://www.bayern.de

Portal der Bayerischen Staatsregierung

Kürzungs- und Erweiterungsmöglichkeiten (geplante Bearbeitungszeit: 135 min)

	Kürzungsmöglichkeiten	Erweiterungsmöglichkeiten
Aufgabe 1	Die Darstellung der landschaftlichen Prägung der Region kann entfallen. → 1. Stellen Sie die Lage Münchens dar.	Genauere Informationen zu den Landschaften des Alpenvorlandes bietet das Zusatzmaterial M11.
Aufgabe 2	In mehreren Materialien lässt sich der Materialumfang reduzieren: M4: Verringerung der Zahl der Vergleichsstädte, z. B. Beschränkung auf die deutschen Millionenstädte → Frankfurt, Stuttgart (und Deutschland als Vergleich) entfallen. M6a: Berücksichtigung nur der Jahre 1975, 2000 und 2015 M7a: Verringerung der Zahl der Jahre; z. B. nur die Jahre 1960, 1980, 2000, 2015 bleiben M7b: vollständiger Verzicht auf das Material, damit auf die Besucherzahlen der Einrichtungen; dadurch erfolgt eine Beschränkung der Informationen der Schüler auf die Lage dieser Kultureinrichtungen in der Atlaskarte M3 M8: Beschränkung auf die Jahre 1950 und 2015	Die Aufgabenstellung kann um den Sachaspekt „Kernstadt und Umland" erweitert werden, wodurch u. a. der Sachverhalt der für die Region München bedeutenden Suburbanisierung fundierter und differenzierter berücksichtigt werden kann. → 2. Erläutern Sie Struktur und Entwicklung von Stadt und Region München. Dabei kann zum Sachverhalt der Bevölkerungsentwicklung M5 genutzt werden, alternativ beim Wunsch nach einer größeren räumlichen Differenzierung innerhalb des Umlandes das Zusatzmaterial M12, das Zahlen für das Umland nach seinen Kreisen gegliedert enthält. → M12 ersetzt dann M5. Ebenso bietet M13a räumlich differenziertere Informationen zur Entwicklung der Beschäftigung in den Landkreisen. → M13a kann dann M6a ersetzen. M13b erlaubt zusätzlich zu M6a bzw. M13a eine Differenzierung der Beschäftigung nach Wirtschaftssektoren, räumlich unterschieden nach Kernstadt und Umland. M14 berücksichtigt die Entwicklung der Flächennutzung in Kernstadt und Umland und ist damit räumlich umfassender als M8. → M14 kann M8 ersetzen. Die Zusatzmaterialien M15 und M17 liefern ergänzende Sachaspekte, räumlich differenziert nach Kernstadt und Umland. Eine interessante Ergänzung für die Schüler bietet das Zusatzmaterial M16 mit Bodenpreisinformationen für die Stadt München und die Landkreise des Umlandes.
Aufgabe 3		Alternative Aufgabenstellung unter Einbezug des Zusatzmaterial M18: → 3. Beurteilen Sie den Bau der Siedlung München-Neuperlach vor dem Hintergrund der Entwicklung von Stadt und Region München.

Erwartungshorizont mit Punkteverteilung

Bitte beachten Sie: Die Punkteverteilung stellt nur einen Vorschlag dar, der je nach Bundesland und Kurssituation angepasst werden muss. Die Punkte beziehen sich zudem nur auf inhaltliche Aspekte, nicht auf die Darstellungsleistung der Schüler.

Aufgabe 1 Anforderungsbereich: I/II Materialien: M1, M2	maximale Punktzahl	erreichte Punktzahl
Lage München ist die Landeshauptstadt des deutschen Bundeslandes Bayern. Die Stadt liegt an der Isar, einem südlichen Nebenfluss der Donau, in rund 500 m Höhe im Alpenvorland in recht ebenem Gelände ohne größere Reliefenergie. (M1)	2	
Verkehrslage München ist ein wichtiger Verkehrsknoten auf der Nordseite der Alpen mit Fernverbindungen für den Bahn- und Autoverkehr in alle Richtungen. Die Isar wird nicht als Verkehrsweg für Binnenschifffahrt genutzt. Nördlich der Stadt liegt bei Freising der bedeutende Münchner Flughafen. Ein sternförmiges S-Bahnnetz verbindet die Millionenstadt vom Hauptbahnhof bzw. von der Altstadt aus mit Gemeinden im Umland. (M1)	2	

Aufgabe 1 Anforderungsbereich: I/II Materialien: M1, M2	maximale Punktzahl	erreichte Punktzahl
Landschaftliche Prägung der Region Im Kartenausschnitt ist eine deutliche landschaftliche Gliederung zu erkennen: – nördlich der Stadt, etwa nördlich der Linie Landsberg – Planegg – München – Haar – Dorfen, prägen Ackerbauflächen die Landschaft. (M1)	2	
– Südlich der genannten Landschaftsgrenze umrahmen großflächige Wälder den Südteil der Stadt München. Außer den Wäldern bestimmen dabei im südwestlichen Umland neben zwei großen Seen (Ammersee und Starnberger See) auch kleinere Seen das Landschaftsbild. (M1)	2	
Es handelt sich hier um eine glazial geprägte Landschaft mit Moränen, durch die Seen aufgestaut wurden, und mit schlechter Bodenqualität für die Landwirtschaft (Sande, Schotter), sodass große Anbauflächen fehlen. (M1)	2	
– Südlich dieses Waldgürtels um den Südteil der Stadt bestimmt Grünlandwirtschaft im Wechsel mit Mooren und kleineren Waldflächen die hügelige Landschaft. (M1)	2	
– Etwa südlich der Linie Murnau – Bad Tölz – Miesbach beginnen die Alpen. In der Gebirgslandschaft haben sich bekannte Fremdenverkehrsorte entwickelt. Mit einer Entfernung ab etwa 60 km liegen sie noch im Wochenenderholungsgebiet der Münchner. (M1)	2	
– Die Stadt München an der Nahtstelle unterschiedlicher Landschaften prägt als dominante Kernstadt den monozentrischen Ballungsraum. (M1)	2	
Fazit München verfügt über eine zentrale Lage und ein sehr gutes natürliches Freizeit- und Erholungsangebot vor allem im südlichen Umland mit guten Wassersport- und Wintersportmöglichkeiten. (M1, M2)	2	
	18	

Aufgabe 2 Anforderungsbereich: I/II Materialien: M1, M2, M3, M4, M5, M6a, M6b, M7a, M7b	maximale Punktzahl	erreichte Punktzahl
Wirtschaftsstruktur Die Stadt München besitzt erhebliche Bedeutung als Industriestandort, besonders in den Branchen Maschinenbau, Fahrzeugbau, Elektrotechnik/Elektronik, Pharmazie. (M1)	2	
Große Bedeutung kommt auch Hightech-Branchen zu: Eine Vielzahl von Firmen der Softwareentwicklung, Bio- und Nanotechnologie, Messtechnik etc. sind hier entstanden, fast 1300 allein in der Stadt; diese zahlreichen Hightech-Betriebe, vor allem in der Stadt, aber auch in den Umlandgemeinden, basieren oft auf Forschungsergebnissen, erarbeitet an den Universitäten und zahlreichen Forschungs- und Entwicklungsinstituten der Region. Eine entsprechend große Studentenzahl der Hochschulen in München steht für die Arbeitsplätze zur Verfügung. (M2, M4) Die hier entstandenen Hightech-Cluster beeinflussen im Sinne eines „Silicon Bavariae" die wirtschaftliche Entwicklung des Raumes München.	4	
Von sehr großer Bedeutung ist München als Standort des tertiären Sektors: Zahlreiche Verwaltungseinrichtungen (Landeshauptstadt), Hochschulen, außeruniversitäre Forschungs- und Entwicklungszentren, Medien- und Fernsehunternehmen, Finanzinstitute, eine bedeutende Messe und viele andere prägen die Dienstleistungsmetropole. (M1, M2)	2	
Die Wirtschaftsleistung des sehr diversifizierten Wirtschaftsstandortes schlägt sich in einer niedrigen Arbeitslosenquote und einer sehr großen Kaufkraft der Bevölkerung nieder (M4); daraus resultiert eine große Attraktivität der Stadt für Arbeitskräfte.	2	
Einwohnerentwicklung München weist deshalb im 20. und 21. Jahrhundert eine beeindruckende Steigerung der Einwohnerzahl auf: In den ersten 50 Jahren (1900–1950) um 300000, noch stärker aber nach dem Zweiten Weltkrieg: In den 20 Jahren von 1950–1970 kommen fast 500000 Einwohner hinzu (+58 %). In dieser Phase der Landflucht wird München durch die starke Zuwanderung zur Millionenstadt. (M5)	3	
Es folgen Jahrzehnte der Stagnation bzw. des Rückgangs der Einwohnerzahl. 1970–2000: Verlust von 100000 Bewohnern (-9 %). Dieser Rückgang ist aber nicht begründet durch mangelnde Attraktivität der Standortes München, sondern durch die starke Abwanderung von Wohnbevölkerung aus der Stadt ins Umland in dieser Zeit (Suburbanisierung). Denn die Einwohnerzahl des Umlandes (Landkreise der Region) steigt im Zeitraum von 1970 bis 2000 um 430000 (+55 %), die Einwohnerzahl der Region München insgesamt wächst deshalb um rund 330000 (+16 %). (M5)	4	
Erst nach 2000 ändert sich die Wohnortpräferenz der Bevölkerung wieder. Im Zuge einer Reurbanisierung wächst die Einwohnerzahl in der Kernstadt nun wieder stärker als im Umland: in den 15 Jahren ein Zuwachs der Wohnbevölkerung um 240000 (+20 %) in der Stadt gegenüber „nur" 160000 (+13 %) insgesamt in den Landkreisen des Umlandes. (M5)	4	
Auch die Zahl der sozialversicherungspflichtig Beschäftigten in der Stadt nimmt zu: von 625000 (1975) um 27 % auf fast 800000 im Jahr 2015. (M6a)	1	

Aufgabe 2 Anforderungsbereich: I/II Materialien: M1, M2, M3, M4, M5, M6a, M6b, M7a, M7b	maximale Punktzahl	erreichte Punktzahl
Suburbanisierung Dabei wohnt ein zunehmender Anteil der Beschäftigten in der Stadt außerhalb der Stadtgrenzen. Betrug der Anteil der Einpendler an den SVP-Beschäftigten in der Stadt 1974/75 noch 22 %, so stieg er bis 2015 auf 45 % an. (M6a, M6b) Mit fast 360 000 Einpendlern nach München hat die Pendelwanderung eine gewaltige Dimension erreicht. Die Zahl der Einpendler ist seit 1974 noch um 165 % gewachsen. Zur Bewältigung dieser Pendelwanderung dient v. a. das umfangreiche S-Bahnnetz. (M1, M6b)	3	
Aber das Umland ist zunehmend auch selbst zum Standort von Arbeitsplätzen geworden. Seit 1974 ist die Zahl der Auspendler aus der Stadt München relativ stärker gestiegen als die Zahl der Einpendler. (M6b)	3	
Denn die Baulandpreise sind in der Stadt München stark gestiegen, haben Spitzenwerte in Deutschland erreicht. (M4) Fehlende Erweiterungsmöglichkeiten in der Kernstadt und die sehr hohen Grundstückspreise dort führen oft zu Niederlassungen im Umland und zu Verlagerungen in die Umlandgemeinden.	3	
Dennoch erreicht der Pendlersaldo der Stadt München 2015 fasst 200 000, während es 1974 erst knapp 120 000 waren. (M6b)	2	
Weiche Standortfaktoren Im Wettbewerb um zukunftsträchtige Hightech-Unternehmen und qualifizierte Arbeitskräfte locken Städte auch mit guten weichen Standortfaktoren, gern mit attraktivem Freizeitangebot.	2	
Gerade München weist dabei ein sehr gutes Angebot auf. Das natürliche Angebot in der Region, vor allem Wasser-, Winter- und andere Outdoor-Sportmöglichkeiten, wird ergänzt durch den Ausbau von Freizeiteinrichtungen: – Golfplätze, vor allem im südlichen Umland, aber auch im weniger attraktiven nordöstlichen Umlandbereich – Yachthäfen an Ammersee und Starnberger See. (M1, M2)	3	
Die frühere Residenzstadt der bayerischen Könige bietet eine große Vielfalt kultureller Einrichtungen: Millionen Besucher besichtigen jährlich die größeren Sammlungen und Museen in München. Allein das technisch ausgerichtete Deutsche Museum zählt jährlich mehr als eine Million Besucher. (M7b) Zahlreiche Sammlungen und Museen liegen zentral in der Innenstadt, besonders in der zur City gewordenen Altstadt und nordwestlich der Altstadt im Museumsviertel um den Königsplatz. (M3)	3	
Auch zahlreiche Theater und Musiktheater haben ihren Standort in der Innenstadt, vor allem im Norden der Altstadt (Residenz) sowie an ihrem Südrand. Daneben liegt ein weiterer Schwerpunkt im nördlichen Stadtteil Schwabing, nahe dem Englischen Garten, dem großen innerstädtischen Park der Stadt. (M3) Die staatlichen und städtischen Theater der Stadt lockten 2014 fast 1,7 Millionen Besucher an. (M7b)	3	
Tourismus Die Sehenswürdigkeiten, Kultur- und Freizeitangebote der Stadt sind neben dem Geschäftsreiseverkehr die wichtigste Grundlage für den Fremdenverkehr in München.	2	
Er expandiert seit dem Zweiten Weltkrieg nachhaltig, wobei die Aufenthaltsdauer der Gäste mit 2,02 Tagen 2015 niedrig ist, aber ein durchaus typischer Wert für Städte mit vorherrschendem Geschäftsreise- und Städtetourismus. (M7a)	3	
In den 40 Jahren von 1960 bis 2000 stieg die Gästezahl stark an um 2,2 Millionen, die Zahl der Übernachtungen um 4,6 Millionen (150 %). In den folgenden 15 Jahren von 2000 bis 2015 hat ein noch stärkerer absoluter Zuwachs um 3,2 Millionen Gäste und 6,3 Millionen Übernachtungen stattgefunden. (M7a)	3	
Zu diesem Boom des Tourismus in München tragen natürlich auch weltbekannte Veranstaltungen wie das Münchener Oktoberfest bei. München profitiert von der international starken Nachfrage nach Kurzreisen, nach Städte- und Kulturtourismus, nach bekannten Events.	2	
	54	

Aufgabe 3 Anforderungsbereich: I/II/III Materialien: M1, M2, M3, M4, M5, M6a, M6b, M7a, M7b, M8, M9, M10	maximale Punktzahl	erreichte Punktzahl
Positive Aspekte Sehr positiv sind in München einzuschätzen: – eine sehr differenzierte Wirtschaftsstruktur mit einem hohen Anteil zukunftsträchtiger und Hightech-Branchen (M1, M2) – dadurch eine sehr niedrige Arbeitslosenquote (M4) – ein deutlicher Anstieg der Beschäftigung (M6a) – zahlreiche gut bezahlte Arbeitsplätze, dadurch eine hohe Kaufkraft der Bevölkerung (M4) – eine starke Bevölkerungszuwanderung seit der Mitte des 20. Jahrhunderts (M5) – das sehr attraktive und stark frequentierte Touristenziel (M7a, M7b) – sehr gute weiche Standortfaktoren und dadurch ein hoher Freizeitwert (M1, M3) – ein hervorragendes Angebot im Rahmen der Naherholung, v. a. im Umland südlich der Stadt (M1).	4	
Negative Aspekte Doch zeigen sich in München auch negative Aspekte: Die starke Steigerung der Einwohnerzahl bewirkt eine Steigerung der Nachfrage nach begrenzten Gütern der Stadt/Region. Aufgrund der expandierenden Nachfrage werden Freiflächen zunehmend überbaut mit Wohn- und Gewerbebauten sowie Verkehrsinfrastruktur. Daher sind seit 1950 die Landwirtschaftsflächen in der Stadt um zwei Drittel verringert, Siedlungs- und Verkehrsflächen dagegen um 94 % ausgeweitet worden. Der Anteil der Siedlungs- und Verkehrsflächen vergrößerte sich dadurch in gravierendem Maße von 42 % 1950 auf 72 % im Jahr 2000 und schließlich 79 % 2015. (M8)	3	
Konsequenz der zunehmenden Überbauung früherer Freiflächen ist eine problematische Ausweitung der Bodenversiegelung.	2	
Der zunehmende Mangel an unbebauten Flächen lässt die Preise für Bauflächen ganz erheblich steigen, viel höher als in anderen deutschen Großstädten. (M4) Diese Verteuerung trifft neben dem Wohnungsbau auch die Interessenten für Gewerbeflächen.	3	
Die starke und steigende Nachfrage nach Wohnraum lässt die Mietpreise – wenn auch mit Schwankungen – steigen, zuletzt sogar ausgesprochen stark. (M9)	2	
Die Einkünfte, vor allem bei Beschäftigten in niedrig qualifizierten Tätigkeiten, reichen oft für die teure Lebenshaltung in München nicht aus. Erstaunlich viele Stadtbewohner in der wohlhabenden Stadt sind von Armut gefährdet: Im Jahr 2000 rund 125 000, 2010 schon rund 180 000, immerhin 13 % der Wohnbevölkerung. (M10) Es kommt deshalb zu sozialen Verdrängungsprozessen, zu einer sozioökonomischen Segregation, nicht zuletzt durch Gentrifizierung.	3	
Eine weitere Schattenseite der Stadt sind die Verkehrsprobleme. Die sehr hohe Pendlerzahl führt zu starker Belastung des Nah- und Regionalverkehrs, v. a. in den Zeiten der Rushhour. (M6b) Die Überlagerung von Fern- und Regionalverkehr in und um München ergibt häufig Überlastungen der Verkehrsinfrastruktur.	2	
Fazit Zweifellos leuchtet München als große wirtschaftliche und kulturelle Kernstadt, als Metropole in einer sonst eher dörflich bis kleinstädtisch strukturierten Region; seine Ausstrahlung reicht weit über die Region hinaus. (M1)	2	
Aber gerade die fast übergroße Attraktivität der Stadt bedroht sie auch. Zusätzliche Wachstumsimpulse sind bei einem Anteil der Siedlungs- und Verkehrsflächen von zuletzt fast 80 % in München nicht mehr in größerem Ausmaß zu verkraften, wenn nicht Umwelt- und Lebensqualität leiden sollen. Grenzen des Wachstums der Stadt sind daher absehbar. (M8)	4	
Deshalb müssen Stadt- und Regionalplanung so gestaltet werden, dass gut erschlossene und erreichbare Entwicklungsschwerpunkte als Entlastungsstandorte in der Region München oder sogar außerhalb der Region dazu beitragen, den Druck auf die Stadt München zu verringern.	3	
	28	

Name: ....   Datum: ....

Kurs/Klasse: ....   Zeit: ....

Leuchtet München?

Aufgabe 1
Stellen Sie die Lage Münchens und die landschaftliche Prägung der Region dar.

Aufgabe 2
Erläutern Sie die Wirtschaftsstruktur und Entwicklung der Stadt München.

Aufgabe 3
Nehmen Sie Stellung zum Thema der Klausur, das eine Formulierung von Thomas Mann aufgreift („München leuchtete").

M1 **Diercke Weltatlas**

50.1 Metropolregion München – Wirtschaft/Naherholungsraum

M2 **Diercke Weltatlas**

51.2 München – Hightech-Standorte

M3 **Diercke Weltatlas**

51.3 München – Kulturzentrum

weitere Atlaskarten nach Wahl

M4 **München im Großstadtvergleich**

Merkmal	Jahr	Städte						Deutschland
		Berlin	Hamburg	München	Köln	Frankfurt	Stuttgart	
Arbeitslosenquote	2015	10,6	7,4	4,6	9,4	6,8	4,7	6,4
Studierende an Universitäten	WS 2014/15	105 600	54 200	89 100	59 400	45 500	26 800	1 702 300
Kaufkraft (€/Einwohner)	2015	20 202	24 322	30 786	23 253	24 688	23 791	22 365
Baulandpreise (durchschnittlicher Kaufwert in €/m²)	2014	303	534	1 436	263	710	903	106

M5 Bevölkerungsentwicklung in der Region München* 1900–2015

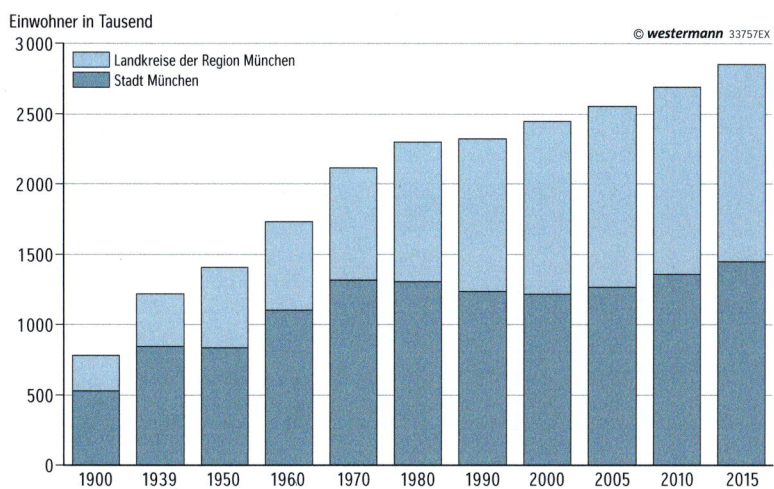

Einwohner in Tausend

© *westermann* 33757EX

* Die Region München umfasst die Landeshauptstadt München und acht Landkreise: Dachau, Ebersberg, Erding, Freising, Fürstenfeldbruck, Landsberg am Lech, München, Starnberg. Zur räumlichen Lage der Kreise s. Diercke Weltatlas 28/29 Deutschland – Verwaltungsgliederung.

M6 Sozialversicherungspflichtig Beschäftigte in München

M6a Stadt München: Sozialversicherungspflichtig Beschäftigte am Arbeitsort München 1975–2015

Jahr	SVP-Beschäftigte
1975	624 757
1980	660 404
1990	688 169
2000	676 141
2005	665 407
2010	694 459
2015	797 102

M6b Stadt München: Berufspendler (der sozialversicherungspflichtig Beschäftigten) 1974–2014

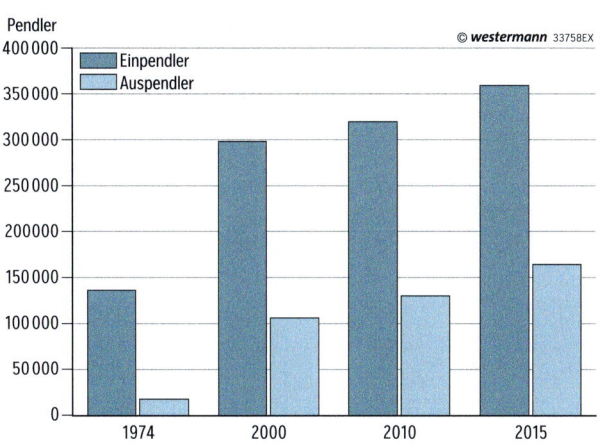

Pendler

© *westermann* 33758EX

westermann

M7 Tourismus in München

M7a Fremdenverkehr 1950–2015

Jahr	Ankünfte (in 1000)	Übernachtungen (in 1000)
1950	533	1189
1960	1509	3094
1970	1888	3698
1980	2535	5307
1990	3585	6924
2000	3743	7756
2005	4122	8356
2010	5573	11096
2015	6958	14066

M7b Besucher kultureller Einrichtungen in München 2014

Besucher größerer kultureller Sammlungen und Museen 4473000
davon:
- Deutsches Museum 1189000
- Schloss Nymphenburg 545000
- Städtische Galerie (Lenbachhaus) 343000
- Pinakothek der Moderne 312000
- Residenzmuseum 295000
- Alte Pinakothek 243000

Besucher von Aufführungen der staatlichen und städtischen Theater 1686000

M8 Stadt München: Flächennutzung 1950–2015 (in ha)

Jahr	Gesamtfläche	davon		
		Landwirtschaftsfläche	Waldfläche	Siedlungs- und Verkehrsfläche
1950	31155	14333	1200	12700
1980	31039	7044	1130	19580
2000	31041	6571	1374	22216
2015	31075	4648	1291	24626

M9 Region München: Nettokaltmieten bei Wiedervermietung 2001–2015 (in €/m²)

Jahr	Stadt München	Landkreise der Region München insgesamt
2001	12,26	k. A.
2006	11,19	9,21
2010	12,11	9,43
2015	15,57	10,84

M10 Von Armut gefährdete Einwohner* Münchens

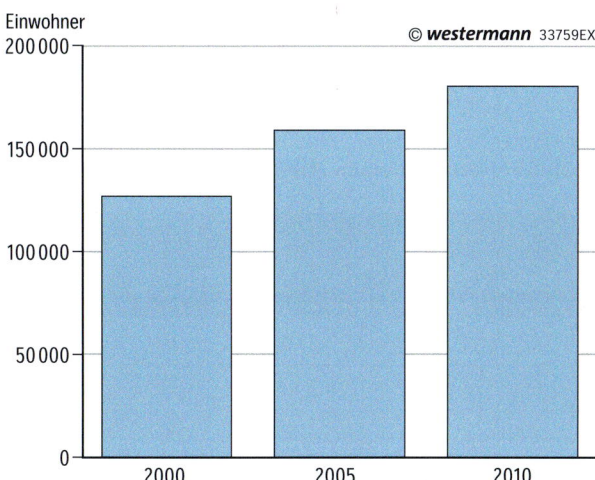

© *westermann* 33759EX

* Von Armut gefährdet sind nach der Definition der OECD Personen, die über weniger als 60 % des mittleren Nettoeinkommens der Bevölkerung verfügen.

Quellen

M4: eigene Zusammenstellung und Berechnung nach http://www.regionalstatistik.de: Statistische Ämter des Bundes und der Länder: Regionaldatenbank Deutschland, Tabelle 400-51-4; http://www-genesis.destatis.de: Statistisches Bundesamt, Tabelle 21311-0002; http://www.wirtschaft-muenchen.de: Landeshauptstadt München, Referat für Arbeit und Wirtschaft (Hrsg.): München. Der Wirtschaftsstandort. Fakten und Zahlen. 2016. Veröffentlichung des Referats für Arbeit und Wirtschaft, H. 299. München 2016, S. 6, 9

M5: eigene Zusammenstellung und Berechnung nach Paesler, R.: Tendenzen der Bevölkerungs- und Siedlungsentwicklung in der Region München. In: Ruppert, K. (Hrsg.): Region München. WGI-Berichte zur Regionalforschung, H. 18, München 1987, S. 22; http://www.statistik.bayern.de: Bayerisches Landesamt für Statistik: Genesis-Online Datenbank, Tab. 12411-002; http://www.muenchen.de: Landeshauptstadt München, Statistisches Amt; http://www.regionalstatistik.de: Statistische Ämter des Bundes und der Länder: Regionaldatenbank Deutschland, Tabelle 173-01-4

M6a: eigene Zusammenstellung nach http://www.statistik.bayern.de: Bayerisches Landesamt für Statistik: Genesis-Online Datenbank, Tab. 13111-002z

M6b: eigene Zusammenstellung nach Fuchs, G.: Die Bundesrepublik Deutschland. 4. Aufl. Stuttgart 1988, S. 102; http://www.statistik.bayern.de: Bayerisches Landesamt für Statistik: Genesis-Online Datenbank, Tab. 13111-104z; http://www.statistik.arbeitsagentur.de

M7a: Zusammenstellung nach http://www.muenchen.de: Landeshauptstadt München, Statistisches Amt

M7b: Zusammenstellung nach http://www.muenchen.de: Landeshauptstadt München, Statistisches Amt

M8: eigene Zusammenstellung nach Lintner, P.: Flächennutzung und Flächennutzungswandel in Bayern. Münchner Studien zur Sozial- und Wirtschaftsgeographie, Bd. 29. Kallmünz 1985, S. 99; http://www.muenchen.de: Landeshauptstadt München, Statistisches Amt

M9: eigene Zusammenstellung nach http://www.muenchen.de: Landeshauptstadt München, Referat für Stadtplanung und Raumordnung (Hrsg.): Wohnungsmarktbarometer 2012 und 2015. München 2012 und 2015, je S. 7, 14

M10: http://www.muenchen.de: Landeshauptstadt München, Sozialreferat (Hrsg.): Münchner Armutsbericht 2011. München 2012, S. 7, 27

Zusatzmaterialien

M11 **Diercke Weltatlas**

52.1 Deutschland – Landschaften

M12 **Bevölkerungsentwicklung in der Stadt München und den Landkreisen der Region München 1900–2015 (in 1000)**

Jahr	Stadt München	Region München*	Landkreise								
			insge- samt	Dachau	Ebersberg	Erding	Freising	Fürsten- feldbruck	Landsberg	München	Starnberg
1900	526	779	253	33	25	47	49	23	36	20	19
1939	840	1216	376	47	31	55	60	42	46	59	37
1950	830	1406	576	70	53	74	84	66	67	96	66
1960	1101	1731	629	74	56	73	80	82	64	126	74
1970	1312	2112	800	90	76	80	98	124	71	175	88
1980	1299	2300	1001	102	96	87	114	169	78	249	107
1990	1229	2319	1090	112	102	95	129	180	90	267	115
2000	1210	2446	1236	130	119	116	152	193	106	295	125
2005	1260	2552	1292	134	124	123	161	200	112	309	129
2010	1353	2687	1334	139	129	127	166	205	115	323	130
2015	1450	2849	1399	149	137	134	173	214	118	340	134

* Die Region München umfasst die Landeshauptstadt München und acht Landkreise: Dachau, Ebersberg, Erding, Freising, Fürstenfeldbruck, Landsberg am Lech, München, Starnberg.
Hinweis: Aufgrund der Rundungen (in 1000) können bei einer Addition der Einzelwerte kleine Abweichungen von der angeführten Summe der Landkreise bzw. der Region auftreten.
Quelle: eigene Zusammenstellung und Berechnung nach Paesler, R.: Tendenzen der Bevölkerungs- und Siedlungsentwicklung in der Region München. In: Ruppert, K. (Hrsg.): Region München. WGI-Berichte zur Regionalforschung, H. 18, München 1987, S. 22; http://www.statistik.bayern.de: Bayerisches Landesamt für Statistik: Genesis-Online Datenbank, Tab. 12411-002; http://www.regionalstatistik.de: Statistische Ämter des Bundes und der Länder: Regionaldatenbank Deutschland, Tabelle 173-01-4

M13 **Sozialversicherungspflichtig Beschäftigte in der Region München**

M13a **Sozialversicherungspflichtig Beschäftigte am Arbeitsort in den Kreisen der Region München 1976–2015**

	1976	1985	2000	2015
Dachau	18377	20490	26610	38486
Ebersberg	14015	18842	27084	37612
Erding	17018	19685	25132	39603
Freising	26851	34995	60151	78396
Fürstenfeldbruck	21479	29349	37791	46966
Landsberg a. L.	14266	18316	25994	34801
München	65721	95359	156451	210761
Starnberg	22385	27650	35603	45729
Landkreise insgesamt	200112	264686	394816	532354
Stadt München	623241	643002	676141	797102
Region München	823353	907688	1070957	1329456

Quelle: eigene Zusammenstellung nach http://www.statistik.bayern.de: Bayerisches Landesamt für Statistik: Genesis-Online Datenbank, Tabellen 13111-001 und 13111-002r; http://www.statistik.arbeitsagentur.de

westermann

M13b Sozialversicherungspflichtig Beschäftigte nach Wirtschaftssektoren in der Region München 1976–2015

Gebietseinheit	Jahr	SVP-Beschäftigte insgesamt	davon Sekundärer Sektor	davon Verarbeitendes Gewerbe	davon Tertiärer Sektor
Stadt München	1976	623 241	247 511	k. A.	370 540
	1985	653 826	234 587	185 954	416 880
	2000	676 147	174 540	141 107	499 283
	2015	797 102	128 856	96 581	667 673
Landkreise der Region insgesamt	1976	200 175	110 815	k. A.	89 442
	1985	270 195	129 453	100 154	135 783
	2000	394 818	121 601	89 979	268 866
	2015	532 354	125 707	91 517	403 523
Region München insgesamt	1976	823 416	358 326	k. A.	459 982
	1985	924 021	364 040	286 108	552 663
	2000	1 070 965	296 141	231 086	768 149
	2015	1 329 456	254 563	188 098	1 071 196

Quelle: eigene Zusammenstellung und Berechnungen nach Metz, R.: Wandel der Arbeitsmärkte in der Planungsregion München (14) von 1970–1986. In: Ruppert, K. (Hrsg.): Region München. WGI-Berichte zur Regionalforschung, H. 18, München 1987, S. 76 f.; http://www.muenchen.de: Statistisches Amt der Stadt München; http://www.wirtschaft-muenchen.de: Landeshauptstadt München, Referat für Arbeit und Wirtschaft (Hrsg.): München. Der Wirtschaftsstandort. Fakten und Zahlen. 2016. Veröffentlichung des Referats für Arbeit und Wirtschaft, H. 299. München 2016, S. 8; http://www.statistik.arbeitsagentur.de

M14 Flächennutzung in der Region München 1980–2014/15 (in ha)

Gebietseinheit	Jahr	Gesamtfläche	davon Landwirtschaftsfläche	Waldfläche	Siedlungs- und Verkehrsfläche
Stadt München	1950	31 155	14 333	1 200	12 700
	1980	31 039	7 044	1 130	19 580
	2000	31 041	6 571	1 374	22 216
	2015	31 075	4 648	1 291	24 626
Landkreise der Region insgesamt	1980	519 315	322 322	132 542	43 214
	2000	519 337	302 091	134 576	59 930
	2014	519 023	278 001	140 600	72 996
Region München insgesamt	1980	550 354	329 366	133 672	62 794
	2000	550 378	308 662	135 950	82 146
	2014	550 092	282 761	142 722	95 925

Quelle: eigene Zusammenstellung und Berechnungen nach Lintner, P: Flächennutzung und Flächennutzungswandel in Bayern. Münchner Studien zur Sozial- und Wirtschaftsgeographie, Bd. 29. Kallmünz 1985, S. 99; http://www.muenchen.de: Statistisches Amt der Stadt München; http://www.pv-muenchen.de: Planungsverband Äußerer Wirtschaftsraum München (PV) (Hrsg.): Region München 2015. Ausführliche Datengrundlagen, München 2016, S. 30

westermann

M15 Wohnungsbestand in der Region München 1973–2015

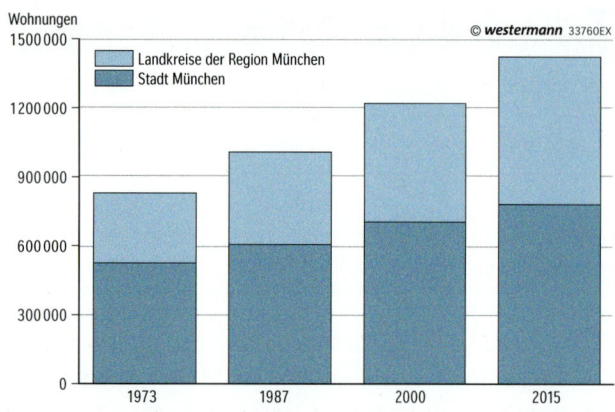

Quelle: eigene Zusammenstellung und Berechnungen nach http://www.statistik.bayern.de: Bayerisches Landesamt für Statistik: Genesis-Online Datenbank, Tabelle 31231-004z

M16 Bodenpreisrichtwerte für Wohnbauland in der Region München 2014

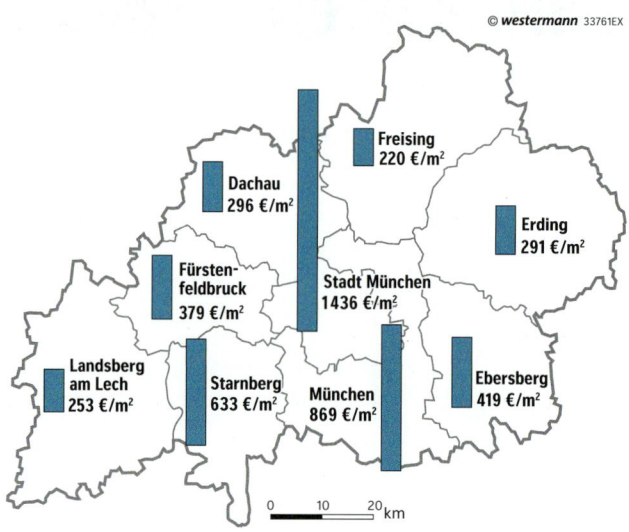

Quelle: eigene Zusammenstellung nach http:// www.pv-muenchen.de: Planungsverband Äußerer Wirtschaftsraum München (PV) (Hrsg.): Gemeindedaten 2015, München 2015, verschiedene Hefte; http://www.regionalstatistik.de: Statistische Ämter des Bundes und der Länder: Regionaldatenbank Deutschland, Tabelle: 400-51-4

M17 Privathaushalte in der Region München nach Haushaltsgrößen 1970 und 2015

Gebietseinheit	Jahr	Haushalte insgesamt	davon mit				
			1 Person	2 Personen	3 Personen	4 Personen	5 oder mehr Personen
Stadt München	1970	591436	246512	163749	100309	55511	25355
	2015	824000	435000	237000	77000	77000	
Landkreise der Region insgesamt	1970	262680	58895	67817	57816	45368	38784
	2015	627000	216000	216000	88000	107000	
Region München insgesamt	1970	854116	305407	231566	158125	100879	64139
	2015	1451000	651000	453000	165000	182000	

Quelle: eigene Zusammenstellung und Berechnungen nach Dheus, E.: Die Olympiastadt München. Entwicklung und Struktur. Zahl + Leben, H. 12. Stuttgart 1972, S. 111, 115; http://www.statistik.bayern.de: Bayerisches Landesamt für Statistik: Genesis-Online Datenbank, Tabellen 12111-302r; http://www.statistik.bayern.de: Bayerisches Landesamt für Statistik (Hrsg.): Statistische Berichte: Struktur der Bevölkerung und der Haushalte in Bayern 2015. Regionalergebnisse des Mikrozensus. München 2016

M18 Diercke Weltatlas

79.5 München-Neuperlach – Großwohnsiedlung

Stadtplanung zwischen Vision und Wirklichkeit – Fallbeispiel: Brasília

Karten im Diercke Weltatlas

237.6 Brasília – Haupt-
stadt seit 1960

232/233 Südamerika –
Wirtschaft

Unterrichtliche Voraussetzungen

Inhaltlich

Die Schüler sollten bereits unterschiedliche Leitziele von Stadtplanung kennengelernt, verglichen und bewertet haben. Die Charta von Athen sowie die Merkmale der autogerechten Stadt sollten im Unterricht behandelt worden sein, andernfalls müssen die Materialien durch entsprechende Informationen ergänzt werden (s. Literatur).

Fachbegriffe

allgemein:
– autogerechte Stadt

in den Materialien:
– Favela (M1, M13) (wird in M1 erklärt)
– Baumsavanne (M1, M3)
– Slum (M3)
– Weltkulturerbe (M7)
– Zentrum-Peripherie-Struktur (M7)
– Charta von Athen (M8)
– Satellitenstadt (M10, M11, M13)
– Squatter-Siedlung (M11)
– Entwicklungs-/Wachstumspol (M12)
– Segregation (M13)
– Gartenstadt (M13)

Literatur

Glüsing, J.: 50 Jahre Brasília: Vom Betonmonster zur Boomtown. In: Spiegel online vom 21.04.2010. (http://www.spiegel.de/kultur/gesellschaft/50-jahre-brasilia-vom-betonmonster-zur-boomtown-a-690333.html)

Hoffmann, T.: Brasília: Vision – Symbol – Problem? In: Praxis Geographie, H. 3/2014, S. 48–53.

Niclas, B.: Funktional geplant. Der Versuch der Realisierung der Charta von Athen in Chandigarh und Brasilia. Oldenburg 2009. (http://oops.uni-oldenburg.de/899/1/Magisterarbeit.pdf)

Schorsch, A.: Gescheiterte Utopie. Brasilia – die Zukunftsstadt von gestern. In: n-tv.de vom 27.09.2015. (http://www.n-tv.de/wissen/Brasilia-die-Zukunftsstadt-von-gestern-article16280986.html)

Upadek, C.: Brasilia – Hauptstadt im Nirgendwo. In: Planet Wissen vom 12.06.2014. (http://www.planet-wissen.de/kultur/suedamerika/brasilien/pwiebrasiliahauptstadtimnirgendwo100.html)

Erweiterungsmöglichkeiten (geplante Bearbeitungszeit: 90 min)

	Erweiterungsmöglichkeiten
Aufgabe 3	Mithilfe des Zusatzmaterials M15 lernen die Schüler aus der Perspektive eines Anwohners positive und negative Aspekte kennen.

Erwartungshorizont mit Punkteverteilung

Bitte beachten Sie: Die Punkteverteilung stellt nur einen Vorschlag dar, der je nach Bundesland und Kurssituation angepasst werden muss. Die Punkte beziehen sich zudem nur auf inhaltliche Aspekte, nicht auf die Darstellungsleistung der Schüler.

Aufgabe 1 Anforderungsbereich: I/II Materialien: M1, M2, M3, M4, M5, M6, M7, M10, M11	**maximale Punktzahl**	**erreichte Punktzahl**
Lage von Brasília – in Brasilien (M2) – nördlich von São Paulo (M2) – in der Baum- und Strauchsavanne (M2) – am südöstlichen Rand der „Mitte" Brasiliens (M4) – Straßenverbindungen in alle Landesteile (M2) – Eisenbahnverbindung nur nach Süden, nach São Paulo und Rio de Janeiro (M2) – am Ende der Erdöl-Pipeline von São Paulo (M2)	6	
Bauliche Entwicklung der Stadt (M1, M3, M5, M6, M7, M10, M11) – Planstadt nach Entwurf von Lúcio Costa – als neue Hauptstadt geplant, Verlagerung der Hauptstadtfunktion von Rio de Janeiro nach Brasília geplant – 1893 Festlegung der Lage – 1922 Grundsteinlegung, 1960 Fertigstellung – Kernstadt: Plano Piloto – Entstehung von Satellitenstädten im Umland, Ende der 1950er-Jahre acht Satellitenstädte, heute 29	8	
Entwicklung der Einwohnerzahl (M1) – sehr starkes lineares Wachstum von 1960 bis 1980 in der Kernstadt – ab 1980 abflachendes Wachstum in der Kernstadt – im Vergleich: durchgehend sehr starkes lineares Wachstum im Bundesdistrikt Brasília seit 1960	6	
	20	

Aufgabe 2 Anforderungsbereich: I/II Materialien: M1, M3, M5, M6, M9, M13	**maximale Punktzahl**	**erreichte Punktzahl**
Physiognomie der Stadt – Grundriss: Kreuz mit geschwungener Querachse, Anpassung an die örtlichen Gegebenheiten (See) (M1, M5, M6) – großzügiges Straßensystem mit mehrspurigen kreuzungsfreien Erschließungsstraßen (M1) – Hochhäuser (M9) – moderne Architektur (M9, M13)	8	
Struktur der Stadt – räumliche Trennung von Wohn-, Regierungs-, Geschäfts-, Universitäts- und Botschaftsviertel sowie Krankenhaus, Grünanlagen und Industrie und Gewerbe (M1) – Geschäftsviertel an der Zentralachse, Regierungsviertel und öffentliche Gebäude an der Zentralachse (M1, M3) – Wohnviertel, eingeteilt in Quadras, in der Querachse (M1, M3) – weitere Wohnviertel am See, auch am östlichen Ufer sowie südlich an der Ausfallstraße nach Süden (M1, M3) – Wohnviertel unterschiedlicher Schichten, soziale Segregation erkennbar (M1, M3) – Industriegebiet im Westen am Eisenbahnanschluss und der Hauptstraßenverbindung nach Norden und Süden (M1, M3)	14	
Veränderungen seit 1980 (M1, M3) – Wachstum der Stadt Richtung Osten – Erweiterung des Straßensystems seit 1980, z. B. im Bereich des westlichen Seeufers sowie Brücke über den See und Erschließung des kompletten östlichen Seeufers – Verdrängung der Mittelschicht in Seenähe durch die Oberschicht – Hotelreihe nordöstlich des Regierungsviertels am Paranoá-Stausee – Kasernengelände im nordwestlichen Teil der Stadt, zum Teil Umnutzung ehemaligen Industriegeländes – Ausweitung des Industriegeländes in Richtung Westen, neue Industrieansiedlung im Norden – Mittelschicht verdrängt Unterschicht im Südwesten der Stadt – neue Wohnviertel zwischen Ausfallstraße und Querachse – Ausweisung eines Botanischen Gartens und des Nationalparks von Brasília – Zunahme der Zahl der Bildungseinrichtungen an der Querachse – Erweiterung des Universitätsviertels – Einrichtung eines Raumfahrtzentrums im Westen der Stadt	14	
	36	

Aufgabe 3 Anforderungsbereich: II/III Materialien: M1, M2, M4, M5, M6, M7, M8, M9, M11, M12, M13, M14	maximale Punktzahl	erreichte Punktzahl
Planungsziele – Grundriss in Form eines gebogenen Kreuzes, Anpassung an die örtlichen Gegebenheiten wie Gewässer (M5, M6) – zentrale Verwaltungsachse (M1, M6) – Wohnquartiere in der Querachse (M1, M6) – Funktionstrennung (M8) – aufgelockerte Bauweise durch Grünzüge und Freiflächen (M8) – überschaubare Wohnbereiche durch Superquadras (M13) – autogerechte Stadt (breite Straßen ohne Bürgersteige) (M9) – soziale Durchmischung (M8) – gute Infrastruktur (M1) – als Verwaltungszentrum geplant (tertiärer Sektor, sekundärer Sektor ausgeschlossen) (M12)	10	
Vision – moderne Modellstadt (M1, M9, M13) – gute Erreichbarkeit aller öffentlichen Einrichtungen innerhalb der Stadt (M1) – Vision der Gleichheit der Wohn- und Lebensbedingungen in der Stadt (M8, M14) – Stadt als Präsentation des fortschrittlichen Brasiliens (M13, M14) – Inwertsetzung einer unerschlossenen Region (M2, M4, M5, M7)	6	
Realität Umgesetzte Planungsziele: – Grundrissstruktur wie Plano Piloto (M1, M6) – repräsentatives Äußeres (M11) – Gliederung durch Grünzüge (M1) – Funktionstrennung (M1) – kreuzungsfreies Straßennetz, autogerechte Stadt (M1) – gut ausgebaute Infrastruktur (M1) – Verwaltungsfunktion erkennbar (Regierungsviertel, Botschaften) (M1) – Superquadras als überschaubare Wohnbereiche; funktionaler Mittelpunkt nicht im Material erkennbar (M1)	8	
Nicht umgesetzte Planungsziele: – Segregation statt sozialer Durchmischung: Favela mitten in der Stadt, Viertel der Unterschicht räumlich getrennt von Vierteln der Mittel- und Oberschicht (M1, M13) – Verdrängung der Mittelschicht durch die Oberschicht, z. B. im Bezirk Dom Bosco und Peninsula (= bevorzugte Wohnlage am See) (M1) – sekundärer Sektor vorhanden: Industrieansiedlung im Westen der Stadt entlang der Bahnlinie (M1, M12)	8	
Nicht geplante Entwicklungen: – Bevölkerungswachstum und Wohnraumknappheit (M11) – Satellitenstädte (M11, M13) – Wachstum ins Umland (M13) – Wachstum Richtung Osten, Besiedlung des Seeufers (M1, M3) – Squattersiedlung am Stadtrand (M11) – bauliche Dichte durch Hochhausbebauung in den Satellitenstädten (M13) – Kriminalität, Drogenbanden (M13) – hohes Pendleraufkommen infolge der Trennung von Wohnen und Arbeiten (M13) – fehlendes städtisches Leben im Hinblick auf fehlende öffentliche Plätze (M14) – künstlich wirkende Architektur (M14)	8	
abschließende Beurteilung unter Berücksichtigung aller Aspekte	4	
	44	

Name: ....   **Datum:** ....

Kurs/Klasse: ....   **Zeit:** ....

Stadtplanung zwischen Vision und Wirklichkeit – Fallbeispiel: Brasília

Aufgabe 1
Lokalisieren Sie Brasília und beschreiben Sie die Entwicklung der Stadt.

Aufgabe 2
Erläutern Sie Physiognomie und Struktur der Stadt sowie Veränderungen seit 1980.

Aufgabe 3
Beurteilen Sie, ob die Vision der Stadtplanung Wirklichkeit geworden ist.

M1   **Diercke Weltatlas**

237.6 Brasília – Hauptstadt seit 1960

M2   **Diercke Weltatlas**

232/233 Südamerika – Wirtschaft

weitere Atlaskarten nach Wahl

M3   **Brasília 1980**

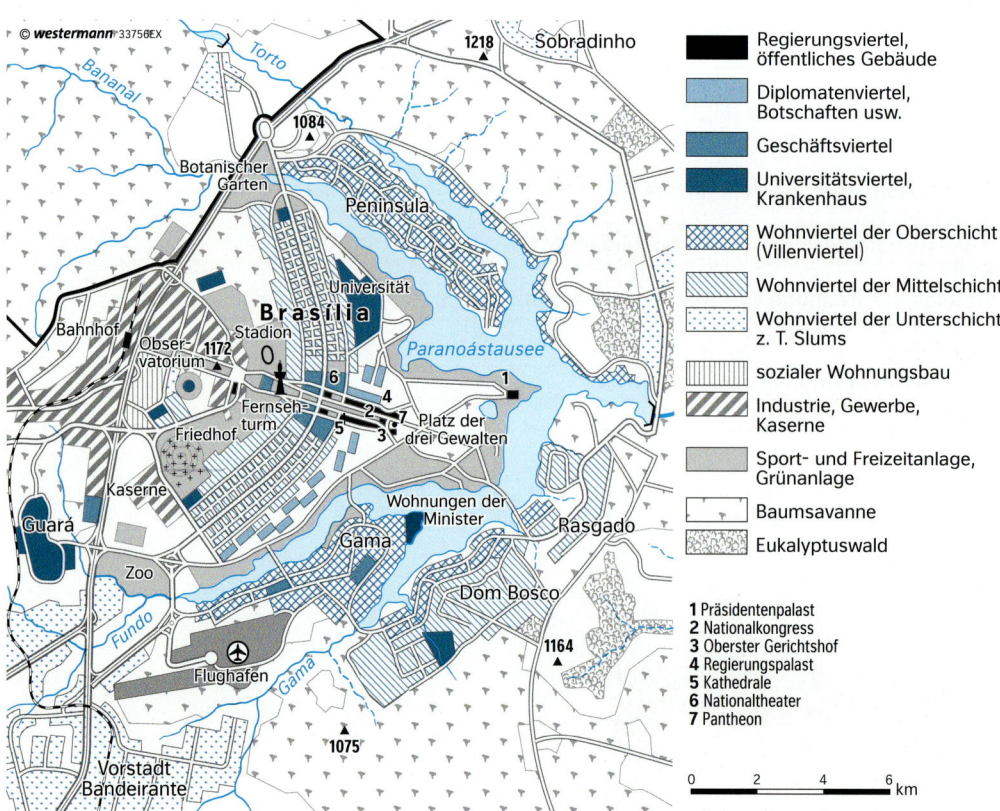

Regierungsviertel, öffentliches Gebäude

Diplomatenviertel, Botschaften usw.

Geschäftsviertel

Universitätsviertel, Krankenhaus

Wohnviertel der Oberschicht (Villenviertel)

Wohnviertel der Mittelschicht

Wohnviertel der Unterschicht z. T. Slums

sozialer Wohnungsbau

Industrie, Gewerbe, Kaserne

Sport- und Freizeitanlage, Grünanlage

Baumsavanne

Eukalyptuswald

1 Präsidentenpalast
2 Nationalkongress
3 Oberster Gerichtshof
4 Regierungspalast
5 Kathedrale
6 Nationaltheater
7 Pantheon

westermann

M4 Raumentwicklung in Brasilien: Entwicklungsmodell um 1900 und heute

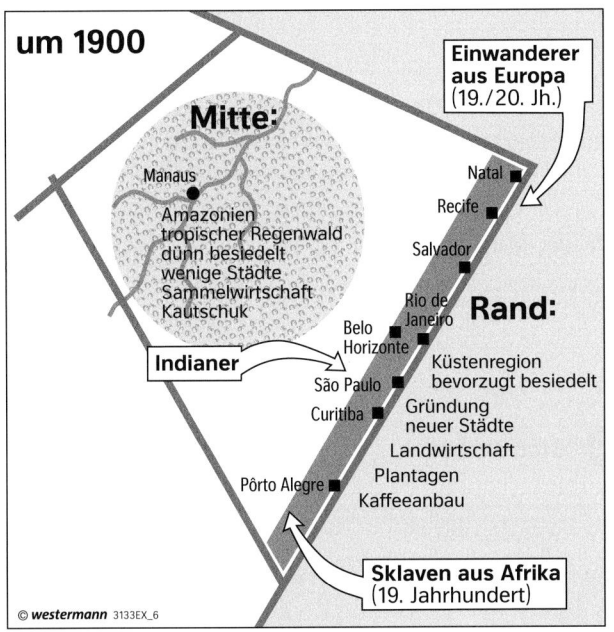

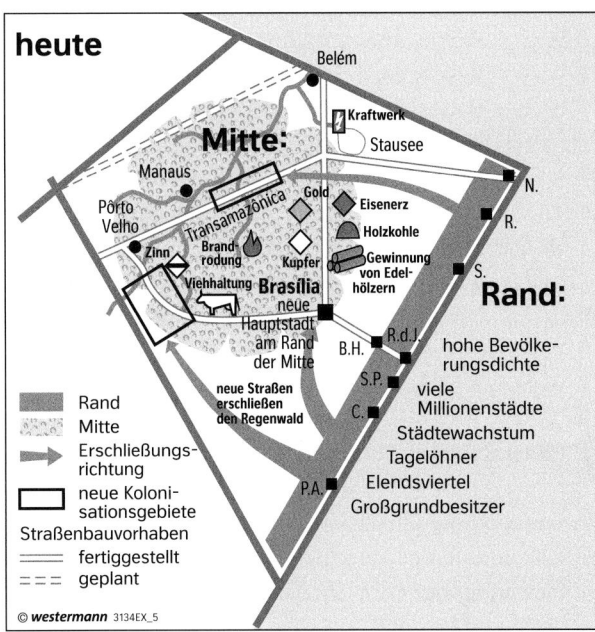

M5 Skizzen des Architekten Lúcio Costa zum geplanten Grundriss der Stadt Brasília: Grundstruktur und Anpassung an die lokalen Gegebenheiten

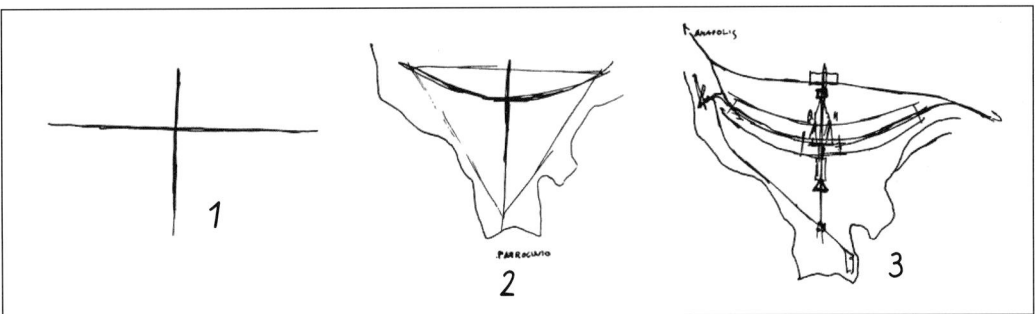

M6 Plano Piloto (Pilotplan) von Lúcio Costa zur Errichtung Brasílias

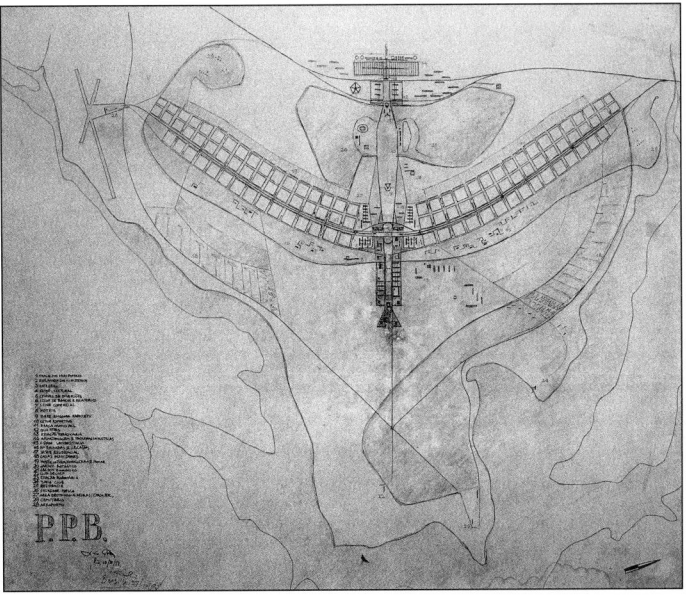

westermann

M7   Informationen zur Stadtgründung und -entwicklung

seit 1763	Rio de Janeiro Hauptstadt von Brasilien
1891	Beschluss in der Verfassung verankert, eine neue Hauptstadt zu bauen, Begründung: neutrale föderale Hauptstadt, Entwicklung der Infrastruktur des Binnenlandes, Überwindung der ungleichgewichtigen Zentrum-Peripherie-Struktur des Landes
1893	Festlegung der Lage der neuen Hauptstadt
07.09.1922	Grundsteinlegung, Bau nach dem Plan von Lúcio Costa (Städteplaner, der den Architektenwettbewerb gewonnen hatte) unter der Leitung von Oscar Niemeyer (Architekt, Leiter des staatlichen Bauamtes, der die öffentlichen Gebäude entwarf)
1956	Fortsetzung des Bauvorhabens
1960	offizielle Einweihung
1987	Weltkulturerbe der UNESCO

M8   Planungsziele

- Umsetzung der Charta von Athen:
  - Gliederung der Stadt durch Grünzüge
  - Trennung der Funktionen Wohnen, Arbeiten, Erholung und Verkehr
  - Herabsetzung der Wohndichte und Gewinnung von Freiflächen
  - Schaffung überschaubarer Wohnbereiche mit funktionalem Mittelpunkt
  - klare Trennung der Fußgängerbereiche vom fließenden Verkehr und wirksame Lösungen für den fließenden und ruhenden Verkehr
- sozioökonomische und räumliche Integration sozial schwacher Bewohner innerhalb der Wohnblocks

M9   Stadtansicht

M10   Stadtentwicklung Brasílias in den 1980er-Jahren

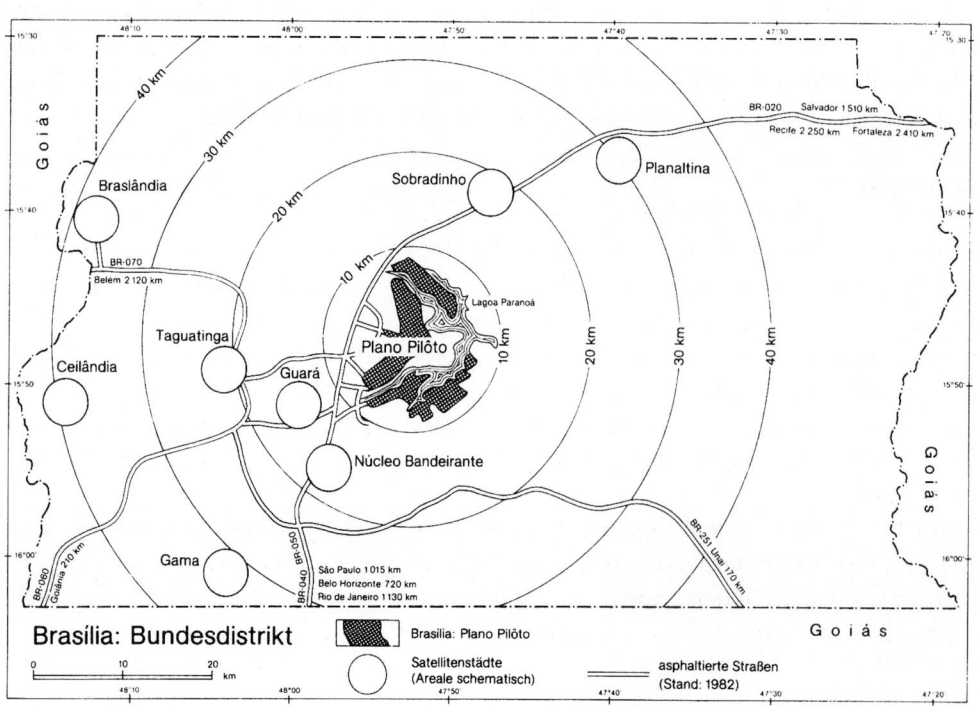

M11 Wohnraum in Brasília

Da der Bau von Wohnungen zu keiner Zeit mit dem Bevölkerungswachstum Schritt hielt, gab es von Anfang an sowohl in der Stadt als auch an ihren Rändern spontane, wilde Ansiedlungen, die man grundsätzlich von Brasília fernhalten wollte. Sie ließen sich mit dem repräsentativen Äußeren einer modernen Hauptstadt [...] nicht vereinbaren. Ende der fünfziger Jahre, also noch vor der offiziellen Einweihung Brasílias, waren aber bereits auf der Grundlage von Squatter-Siedlungen acht Satellitenstädte entstanden. Die Planer duldeten sie, um ein Übergreifen auf die Kernstadt zu vermeiden.

M12 Brasílias Wirtschaftsentwicklung

Während Brasília anfangs nicht als Entwicklungspol im klassischen Sinne gelten konnte, weil der Sekundärsektor als Träger einer regionalen Wirtschaftsentwicklung ausgeklammert wurde, haben seine außerordentliche Attraktivität und das rasche städtische Wachstum das „Nachziehen" industrieller und gewerblicher Aktivitäten erforderlich gemacht. Mit der vorgesehenen Regionalentwicklung erhält Brasília nun endgültig die Funktion eines Wachstumspols für den Mittelwesten.

M13 Auszug aus einem Zeitungsartikel

Brasília war das anregendste, aufregendste Projekt der Moderne. [1960] wurde die „Stadt der Hoffnung" eingeweiht – und heute? Ist Brasília immer noch modern, schön, grün, zukunftsfroh. Aber auch verbaut, hässlich, korrupt, deprimierend. Eigentlich ein ganz normales Stück Brasilien. [...]
Die bis heute strahlend schönen, eleganten Staatsbauten Niemeyers sind durch die Wohngebiete ergänzt worden, die nach dem Prinzip der Gartenstadt gestaltet und entsprechend dem Geist der Zeit autofreundlich durch kreuzungsfreie Straßen verbunden wurden. Die Superquadras genannten Wohnquartiere waren von großbürgerlich-luxuriösem Zuschnitt, um die aus Rio de Janeiro zwangsverpflanzten Beamten zu entschädigen. [...]
Im Jahr 2000, so hieß es bei Baubeginn, werde Brasília 600 000 Einwohner haben. Aber da waren es schon 2,4 Millionen. Die Stadt ist einfach in die Breite gegangen. 29 Satellitenstädte sind im Laufe der Jahrzehnte um den Plano Piloto herumgewuchert. Manche sehen aus wie Manhattan, so eng stehen die Hochhäuser, in denen die Mittelschicht ihre Appartements hat. Andere sind auch nicht besser als die Favelas von Rio und São Paulo – Orte mit Supermärkten, die schon 30-mal überfallen wurden. Orte, in denen morgens die Toten auf der Straße liegen, wenn die Drogenbanden mal wieder ihre Rivalitäten schießenderweise ausfechten. „Brasília besteht aus mindestens zwei Welten", sagt die Soziologin Patricia Arruda, „die Segregation ist hier noch strikter als anderswo in Brasilien." Und der Geograph Aldo Paviani wirft Niemeyer und Costa vor, sie hätten sich „an der Schönheit des Plano Piloto begeistert, aber dass sie die Satellitenstädte praktisch mitgeschaffen haben, das haben sie nicht bedacht." Zwei Drittel der Arbeitsplätze liegen noch heute im Gebiet des Plano Piloto –, „die Leute verbringen also ihr halbes Leben im Omnibus."

M14 Auszug aus einem Fernsehbeitrag

Eine der gesellschaftlichen Visionen, die die neue Stadt erfüllen sollte, war Gleichheit. Unter Brasiliens sozialistischem Staatspräsidenten Juscelino Kubitschek erbaut, sollte Brasília jeglicher Form von Diskriminierung, Ungerechtigkeit und Klassenunterschieden entgegenwirken. Gleichzeitig sollte es die wirtschaftliche Stärke des Landes demonstrieren. Brasília, das war das fortschrittliche Brasilien, das zukunftsfähige. Die Stadt trug die moderne Zivilisation in eine bis dahin unerschlossene Region. Brasiliens Kraft wuchs; sie konzentrierte sich nicht mehr nur auf die Küstenstädte. [...]
Die überbreiten Straßen Brasílias sind für Autos gemacht; nur für Autos. Spazieren, flanieren, bummeln möchte hier niemand. Dafür sind die Boulevards auch nicht vorgesehen. Brasília bietet viel freien Raum, aber keine Plätze, die die Bewohner zum Zusammentreffen einladen. [...]
Brasílias Architektur ist hochästhetisch, aber eben nicht von Leben erfüllt. Die Stadt wirkt künstlich. Kein Wunder, ist Brasília doch eine Planstadt. Anders als andere Städte ist sie nicht allmählich gewachsen, wurde sie nicht sich verändernden Bedingungen und Lebensumständen angepasst. Brasília hat keine Geschichte, die Stadt ist pure Theorie. Ein Ideal, das Optimum – doch eben nur auf dem Reißbrett. Brasília ist Kulisse.

westermann

Quellen

M3: Diercke Weltatlas, 3. aktualisierte Auflage 1992, Karte 213.3

M4: Nebel, J.: Heimat und Welt, Erdkunde für Nordrhein-Westfalen 7/8, Braunschweig, 1999, S. 58

M5: http://grandearquitetura.com.br/surge-uma-nova-arquitetura-em-brasilia/

M6: Foto: laif, Köln (David Steets)

M7: eigene Zusammenstellung nach https://de.wikipedia.org/wiki/Bras%C3%ADlia

M8: eigene Zusammenstellung nach http://www.planet-wissen.de/kultur/suedamerika/brasilien/pwiebrasiliahauptstadtimnirgendwo100.html; Rönick, V.: Urbanisierung Regionalentwicklung im Großraum Brasília. In: Geographische Rundschau, H. 4/1985, S. 178; https://de.wikipedia.org/wiki/Bras%C3%ADlia

M9: Foto: picture-alliance, Frankfurt/M. (Lou Avers)

M10: Hoffmann, T.: Brasília: Vision-Symbol-Problem? Aus: Rönick, V.: Urbanisierung und Regionalentwicklung im Großraum Brasília. (In: Geographische Rundschau , H. 4/1985, S. 178)

M11: Rönick, V.: Urbanisierung Regionalentwicklung im Großraum Brasília. In: Geographische Rundschau, H. 4/1985, S. 178

M12: Rönick, V.: Urbanisierung Regionalentwicklung im Großraum Brasília. In: Geographische Rundschau, H. 4/1985, S. 182

M13: Kunath, W.: Der Nullpunkt und die Unendlichkeit. In: Frankfurter Rundschau vom 21.04.2010 (http://www.fr-online.de/kultur/50-jahre-bras-lia-der-nullpunkt-und-die-unendlichkeit,1472786,3011250.html)

M14: Schorsch, A.: Gescheiterte Utopie. Brasilia – die Zukunftsstadt von gestern. n-tv.de vom 27.09.2015 (http://www.n-tv.de/wissen/Brasilia-die-Zukunftsstadt-von-gestern-article16280986.html)

Zusatzmaterial

M15 Eindruck eines Einwohners einer Satellitenstadt von Brasília

Augusto Ferreira de Souza kam mit 19 Jahren aus der Provinz nach Brasília, um sein Glück zu finden. Das war 1978. „Emotional war das natürlich belastend. Ich war sehr jung, ganz allein an einem fremden Ort, ohne Verwandte. Ich war ungelernt und hatte nicht die geringste finanzielle Möglichkeit, im Plano Piloto zu wohnen." Aber es habe überall freie Stellen gegeben. Augusto ging zum Militär, gründete eine Familie und kaufte sich ein Haus in Vincente Pires am Rand von Taguatinga. Heute ist die Gegend zu einer guten Nachbarschaft geworden, die Immobilienpreise sind hoch. Augusto ist inzwischen beim Militär pensioniert und arbeitet als Sicherheitsberater. „Wenn ich nicht aus meiner Heimat weggegangen wäre, würde ich heute auf dem Feld arbeiten, ohne Perspektive und ohne einen Zahn im Mund." Er verdankt Brasília viel und fühlt sich inzwischen sehr wohl: „Ich komme viel rum in Brasilien. Im Vergleich zu anderen Städten haben wir hier eine traumhafte Infrastruktur."

Nur die Kriminalität macht Augusto zu schaffen. Laut den Vereinten Nationen ist Brasília eine der Städte mit der größten sozialen Ungleichheit. Hinter Taguatinga beginnt die nächste Satellitenstadt: Ceilândia. An ihrem Westrand befindet sich eines der größten Armenviertel Südamerikas. Wie viele Menschen in dem Favela-Komplex leben, weiß niemand. Schätzungen gehen von 80000 bis 150000 Menschen aus. Aus den unverputzten Steinhäusern und Holzhütten läuft das Abwasser meist auf die Straße aus rotbrauner Erde. Es gibt keine Kanalisation, keine Müllabfuhr und nur wenige asphaltierte Wege.

Die Kriminalitätsrate ist hoch, die Anzahl der Polizisten gering. Der Westrand von Ceilândia gilt als Brasílias gefährlichste Gegend und als Grund, warum die Hauptstadt mit ihrem Bundesdistrikt in der brasilianischen Kriminalitätsstatistik in jedem Bereich weit oben rangiert. Die Mordstatistik führt Brasília noch vor den als gefährlich geltenden Metropolen Rio de Janeiro oder São Paulo. Auf 100000 Einwohner kommen im Hauptstadtdistrikt pro Jahr über 30 Morde. In Deutschland liegt dieser Wert bei 0,8.

Quelle: Upadek, C.: Brasília – Hauptstadt im Nirgendwo. In: Planet Wissen, 12.06.2014 (http://www.planet-wissen.de/kultur/suedamerika/brasilien/pwiebrasilia hauptstadtimnirgendwo100.html)

Johannesburg – aktuelle Stadtentwicklung in Südafrika

Karten im Diercke Weltatlas

 **152.3 Fourways (Johannesburg) – Fragmentierung**

152.4 Johannesburg (Gauteng) – Bevölkerungsgruppen

 **156/157 Afrika südlicher Teil – Physische Karte**

160/161 Afrika südlicher Teil – Wirtschaft

Unterrichtliche Voraussetzungen

Inhaltlich

Die Klausur kann auf einem einfacheren Niveau als Beispiel für die sozioökonomische und ethnische Ausdifferenzierung einer Stadt in Entwicklungs- und Schwellenländern gestellt werden. Hierfür sind die entsprechenden Kenntnisse über Segregations- und Marginalisierungsprozesse, mit Gated Communities auf der einen Seite sowie der Ausbildung von informellen Siedlungen auf der anderen Seite, grundlegend. Eine weitere Voraussetzung stellt die Behandlung der Theorie der fragmentierten Stadtentwicklung nach Scholz dar.

Auf einem höheren Anspruchsniveau setzt die Klausur Kompetenzen im Umgang mit geographischen Stadtmodellen (den drei klassischen Strukturmodellen, sinnvollerweise auch mit den Modellen der lateinamerikanischen und der angloamerikanischen Stadt) voraus.

In jedem Fall sind auch historisch-politische Grundkenntnisse über die Entwicklung Südafrikas in den letzten Jahrzehnten hilfreich.

Fachbegriffe

allgemein:
- Marginalisierung
- Segregation
- Fragmentierung

in den Materialien:
- informelle Siedlung (M2)
- Slum (M2)
- Squatter (M2)
- Township (M2, M4, M6) (wird in M4 und M6 erklärt)
- Coloureds (M2, M7) (wird in den Materialien erklärt)
- Apartheid(politik) (M3, M5) (wird in den Materialien erklärt)
- Gated Community (M6)

Literatur

Bähr, J.: Informalisierung der Städte im subsaharischen Afrika. In: Geographische Rundschau, H. 10/2005, S. 4–11.

Bähr, J./Jürgens, U.: Die Stadt in der Republik Südafrika. Von der Spät-Apartheid zur Post-Apartheid. In: Geographische Rundschau, H. 7–8/1993, S. 410–419.

Heineberg, H.: Stadtgeographie. 4. Auflage. Paderborn 2014.

Jürgens, U.: Informelles Wohnen in Johannesburg. In: Geographie und Schule, H. 157, 2005, S. 20–25.

Jürgens, U./Gnad, M.: Gated Communities in Südafrika – Untersuchungen im Großraum Johannesburg. In: Erdkunde, H. 3/2000, S. 198–207.

Lohnert, B.: Bedeutung der Wohnsituation im Entwicklungsprozess von Südafrika. In: Geographische Rundschau, H. 6/2010, S. 44–48.

Steinbrink, M./Frehe, K.: Township-Tourismus: To go or No Go? Image, (Un-)Sicherheit und Städtetourismus in Südafrika. In: Praxis Geographie, H. 12/2008, S. 38–43.

Internet

http://www.corridorsoffreedom.co.za
Seite des Stadtentwicklungsamtes mit Material zum aktuellen Stadtentwicklungskonzept

http://www.joburg.org.za
offizielle Website der Stadt Johannesburg

http://www.statssa.gov.za
umfangreiche Seite der Regierung Südafrikas, mit statistischem Material zu unterschiedlichen Bereichen

Kürzungs- und Erweiterungsmöglichkeiten, Alternativen (geplante Bearbeitungszeit: 90 min)

	Kürzungsmöglichkeiten	Erweiterungsmöglichkeiten	Alternativen
Aufgabe 1	Die Aufgabe kann notfalls auf den ersten Teil beschränkt werden. → 1. Lokalisieren Sie die Stadt Johannesburg.		
Aufgabe 2		Es bietet sich an, die Aufgabe durch Einbeziehung von M9 (Atlaskarte 152.3 Fourways [Johannesburg] – Fragmentierung) zu erweitern. → 2. Erläutern Sie die fragmentierte Struktur Johannesburgs unter besonderer Berücksichtigung des Beispiels Fourways.	
Aufgabe 3		Mithilfe von M10 lassen sich die Warnhinweise des Auswärtigen Amtes (M8) ergänzen.	Speziell für Leistungskurse bietet sich für die dritte Aufgabe die Einbeziehung des Modells lokaler Fragmentierung (M11) sowie der beiden Stadtmodelle M12 und M13 an. → 3. Diskutieren Sie auf der Basis der Modelle zur südafrikanischen Stadt sowie des Corridors of Freedom-Konzeptes die Entwicklungschancen Johannesburgs bis 2040.

Erwartungshorizont mit Punkteverteilung

Bitte beachten Sie: Die Punkteverteilung stellt nur einen Vorschlag dar, der je nach Bundesland und Kurssituation angepasst werden muss. Die Punkte beziehen sich zudem nur auf inhaltliche Aspekte, nicht auf die Darstellungsleistung der Schüler.

Aufgabe 1 Anforderungsbereich: I/II Materialien: M1, M2, M3, M4, M5, M6	maximale Punktzahl	erreichte Punktzahl
Geographische Lage Johannesburg ist mit 4,4 Mio. Einwohnern die größte Stadt in Südafrika. (M1, M6) Lage: 28° O/26° S. (M2) Johannesburg liegt nicht an der Küste, sondern im nordöstlichen Landesinneren auf ca. 1700 m Höhe. (M2) Die Stadt ist Zentrum eines Ballungsraumes, nur ca. 50 km von der Hauptstadt Pretoria entfernt. (M1)	5	
Verkehrslage Johannesburg ist als Zentrum eines Ballungsraumes mit der Funktion eines Finanz- und Dienstleistungszentrums eingebunden in ein dichtes Netz von Autobahnen und Eisenbahnen, die die Stadt unter anderem mit der Hauptstadt Pretoria sowie der in Mosambik gelegenen Hafenstadt Maputo verbinden. (M1, M2) Der internationale O. R. Tambo-Airport liegt östlich des Stadtgebietes. (M2)	5	
Gründung und frühe Entwicklung Die Gründung der Stadt erfolgte aufgrund von Goldfunden 1886. Es kam zu einem rapiden Zustrom von Goldsuchern bzw. Minenarbeitern (M6) mit sprunghaftem Stadtwachstum (M4). Schon 1893 wurde eine Rassenschranke mit Diskriminierung schwarzer Arbeitnehmer eingeführt. (M5) Nach Entstehung der Südafrikanischen Union wurde die Rassenpolitik zunehmend strikter, mit der Ansiedlung der schwarzen Bevölkerung in Townships. (M5) Die Bevölkerung in den Townships wuchs bis Mitte der 1940er-Jahre auf eine halbe Million Bewohner an. (M5)	5	
Weitere Entwicklung Mit Beginn der staatlichen Apartheidpolitik erfolgte seit 1950 (M3) eine strikte Trennung von Wohngebieten der Schwarzafrikaner und der Weißen. Johannesburg wurde zur Stadt der Weißen. (M5) Unterdrückung und Elend in den Townships bei weiter wachsender Bevölkerung führten 1976 zu Aufständen in Soweto mit vielen Toten. (M5)	4	
Entwicklung seit 1990 Nach dem Ende der Apartheidpolitik 1990 anhaltendes Bevölkerungswachstum. Seitdem hat sich die Bevölkerungszahl von 2 Mio. auf mehr als 4,4 Mio. verdoppelt. (M4) 1995 wurden Townships nach Johannesburg eingemeindet; offiziell gab es nun keine Trennung der Wohngebiete mehr. (M5) Mit der Fußballweltmeisterschaft 2012 gelangte Johannesburg in den Blickpunkt der Weltöffentlichkeit. Es wurden Pläne zur nachhaltigen Stadterneuerung entwickelt. (M7)	5	
	24	

Aufgabe 2	maximale	erreichte
Anforderungsbereich: II/III Materialien: M2, M5, M6	**Punktzahl**	**Punktzahl**
Fläche Die Stadt Johannesburg umfasst eine sehr große Fläche von 1645 km², bei einer Bevölkerungsdichte von ca. 2700 Einw./km². (M6) Im Süden und im Norden finden sich einige unbebaute Flächen, während der besiedelte Stadtbereich sich im Osten weit über die Stadtgrenzen hinaus nach Ekurhuleni (East Rand) erstreckt. (M2) Die W-O-Erstreckung beträgt ca. 60 km, die N-S-Erstreckung ca. 35 km. (M2)	6	
Bevölkerungsgruppen Der Bevölkerungsanteil der Schwarzen liegt mit 76 % niedriger als im gesamten Land, dagegen der Anteil der Weißen höher. Auch der Anteil der Asiaten liegt etwas höher, der Anteil der Coloureds ist entsprechend niedriger als im ganzen Land. (M6)	5	
Räumliche Struktur Das Stadtgebiet wird durch einen Industriegürtel in einen nördlichen und einen südlichen Teil gegliedert. (M2) Der Industriegürtel ist bedingt durch eine Vielzahl von Goldminen und Abraumhalden, wobei die in der Karte verzeichneten Minen im Stadtgebiet Johannesburgs mittlerweile alle geschlossen sind. (M2) Der Industriegürtel wird begleitet von zwei Eisenbahnlinien und einer Autobahn. (M2)	6	
Nördlicher Teil Der (größere) nördliche Teil wird ganz überwiegend von Weißen bewohnt. Die Wohngebiete werden vereinzelt von Grünflächen unterbrochen und weisen insgesamt fünf Golfplätze auf (M2), die zum Teil mit Gated Communities verbunden sind, z. B. Dainfern (M2, M6). Die Siedlungen der Schwarzafrikaner finden sich im nördlichen Teil lediglich im äußeren Stadtgebiet. Hinzu kommen einige informelle Siedlungen. (M2) Die eigentliche Downtown liegt ebenfalls nördlich des Industriegürtels. (M2)	8	
Südlicher Teil Der südlich des Industriegürtels gelegene Teil Johannesburgs wird größtenteils von Wohngebieten der schwarzen Bevölkerung, teilweise auch der asiatischen Bevölkerungsgruppen und der Coloureds eingenommen. (M2) Viele dieser Stadtteile sind ehemalige Townships (M2), die 1995 ins Stadtgebiet integriert wurden (M6). Hier ist eine ganze Reihe von informellen Siedlungen zu finden, die teilweise sehr marginal liegen. (M2) Grünflächen und Freizeiteinrichtungen sind hier praktisch nicht vorhanden. (M2)	8	
Segregation und Marginalisierung Viele Stadtteile der Schwarzafrikaner sowie die informellen Siedlungen liegen deutlich im peripheren Stadtgebiet, sind also echte Marginalsiedlungen. (M2) Die ehemalige Township Soweto (M5) beherbergt alleine mindestens ein Viertel der gesamten Stadtbevölkerung, geschätzt noch deutlich mehr (M6). Soweto ist dabei zu fast 100 % von Schwarzafrikanern bewohnt. (M6) Dagegen ist der im nördlichen Teil gelegene Stadtbezirk Sandton zwar noch mehrheitlich von Weißen bewohnt, der Anteil der Schwarzafrikaner liegt aber bei ungefähr einem Drittel. (M6) Hier hat sich die ethnische Struktur deutlich verändert. Vergleicht man die Fläche, die von Siedlungen der Weißen dominiert wird, mit dem Anteil der Weißen an der Bevölkerung Johannesburgs, so wird deutlich, dass die von ihnen bewohnten Stadtteile einen unverhältnismäßig hohen Anteil an der Siedlungsfläche beanspruchen. (M2, M6)	10	
Fazit Johannesburg ist aufgrund seiner historischen Entwicklung – speziell der Apartheidpolitik – stark zersiedelt und fragmentiert. Die durch den Bergbau vorgegebene Struktur der Stadt bleibt auch nach dem Ende der Apartheidpolitik dominant. Eine Bevölkerungsvermischung findet nur teilweise statt.	5	
	48	

Aufgabe 3 Anforderungsbereich: II/III Materialien: M4, M5, M6, M7, M8	maximale Punktzahl	erreichte Punktzahl
Problem Fragmentierung Extreme Fragmentierung Johannesburgs durch die Entwicklung unter der Apartheidpolitik einerseits und die sozioökonomische Segregation in der Post-Apartheidzeit. (M5, M6) Hinzu kommen das starke Bevölkerungswachstum seit 1990 (M4) und das Flächenwachstum durch die Eingemeindung der Townships 1995 (M5). Diese enormen Disparitäten in der Stadt zu überwinden, stellt eine gewaltige Herausforderung an die Stadtplanung dar.	7	
Problem Kriminalität Leben in Johannesburg ist sehr gefährlich. Die sehr große Gefahr, Opfer von Gewaltverbrechen zu werden, hat maßgeblich zur Fragmentierung und Segregation beigetragen Das Auswärtige Amt (Stand 2016) warnt davor, sich nach Einbruch der Dunkelheit in der Innenstadt Johannesburgs aufzuhalten. (M8) Ebenso wird vor der Benutzung von Zügen, aber auch vor Gewalttaten im Straßenverkehr („smash-and-grab") gewarnt. (M8) Zudem werden Fahrzeugentführungen als Gefahr genannt. (M8) Dieses Problem müsste als Erstes gelöst werden, um ein neues Miteinander in der Stadt zu begründen.	7	
Corridors of Freedom-Konzept Im Jahr 2013 wurde ein Leitbild für die Stadtentwicklung Johannesburgs bis 2040 vorgestellt. (M7) Das Konzept trägt der Tatsache der Fragmentierung in der Stadt Rechnung und möchte die Fragmente wieder zusammenfügen (re-stitching) um eine lebenswerte Zukunft für Johannesburg zu schaffen (M7). Es basiert auf großen Verkehrskorridoren, die sich durch die Stadt ziehen und die weit verstreuten Fragmente der Stadt miteinander verbinden sollen. (M7) Dabei sollen es weniger Autobahnen als Strecken des öffentlichen Nahverkehrs oder auch des Fahrrads werden. (M7) Durch eine gezielte Verdichtung der Lücken mit Wohnbebauung, Arbeitsplätzen, Bildungs- und Freizeiteinrichtungen soll das Verkehrsaufkommen vermindert werden und die Attraktivität des städtischen Lebens erhöht werden. (M7) Weitere Ziele sind die Erhöhung der Sicherheit und das Zusammenleben aller Rassen und Gesellschaftsschichten. (M7)	9	
Fazit Angesichts des überaus großen Problems der Gewaltkriminalität in Johannesburg erscheint es fast unmöglich, die Ziele des Corridors of freedom-Konzeptes zu erreichen. Es erfordert einen großen Aufwand seitens der Stadtverwaltung und eine grundsätzliche Bereitschaft der Bevölkerung, hier eine nachhaltige Veränderung zu bewirken. Vor allem müssten die sozioökonomischen Disparitäten in der Bevölkerung überwunden werden. Sollte dieses gelingen, würde Johannesburg eine hohe Lebensqualität aufweisen und dem heutigen Leitbild einer nachhaltigen Stadt entsprechen.	5	
	28	

Name: ....

Datum: ....

Kurs/Klasse: ....

Zeit: ....

Johannesburg – aktuelle Stadtentwicklung in Südafrika

Aufgabe 1
Lokalisieren Sie Johannesburg und stellen Sie seine Entwicklung von der Gründung bis heute dar.

Aufgabe 2
Erläutern Sie die Johannesburg kennzeichnenden räumlichen, sozioökonomischen und ethnischen Disparitäten.

Aufgabe 3
Beurteilen Sie die Realisierungschancen für den Plan der Stadt Johannesburg, mit dem Corridors of Freedom-Konzept die Fragmentierung der Stadt zu überwinden.

M1 Diercke Weltatlas

156/157 Afrika südlicher Teil – Physische Karte
160/161 Afrika südlicher Teil – Wirtschaft

M2 Diercke Weltatlas

152.4 Johannesburg (Gauteng) – Bevölkerungsgruppen

M3 Apartheidpolitik

Mit Apartheid (= Trennung) wird die Politik der Rassentrennung in Südafrika bis 1991 bezeichnet. Seit den 1950er-Jahren wurden von den weißen Regierungen Gesetze erlassen und Maßnahmen getroffen, welche die weiße Bevölkerung privilegierten und der Unterdrückung und Ausbeutung der nicht weißen Bevölkerungsmehrheit dienten. Ein Kernelement der Apartheidpolitik bildete die Einrichtung von separaten Wohngebieten für die nicht weiße Bevölkerung in den Städten. Die Stadtgebiete der schwarzen Bevölkerung werden Townships genannt und liegen am Rande der Städte. Später wurden die Townships zu Zentren des Widerstands gegen die Apartheid.

M4 Bevölkerungsentwicklung Johannesburg 1886–2021

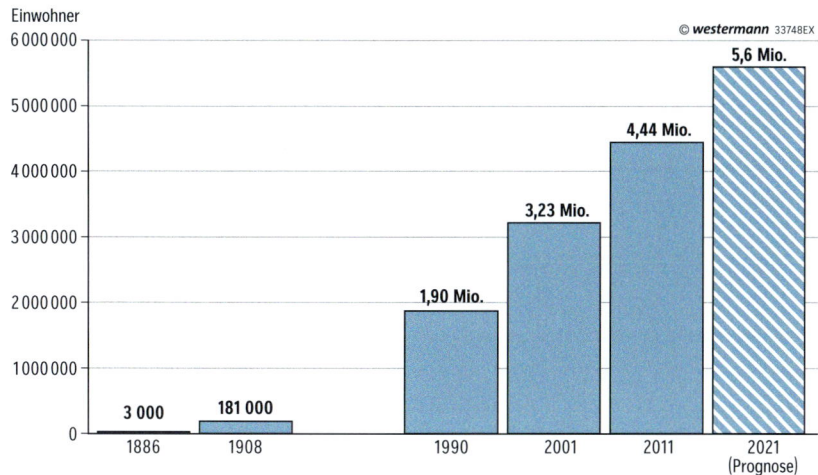

M5   Daten zur Geschichte Johannesburgs

1886	Entdeckung der weltweit größten Goldvorkommen am Witwatersrand. Gründung von Johannesburg.
1893	Einführung einer Rassenschranke, sodass farbige Minenarbeiter nur noch manuelle Tätigkeiten verrichten dürfen. Es gibt bereits mehr als 70 000 Arbeiter in den Minen.
1902	Nach dem Sieg der Briten im Burenkrieg erfolgt eine Industrialisierung des Bergbaus nach britischem Vorbild.
1904	Ausbruch der Beulenpest in einigen Randbezirken, was die Behörden zum Anlass nehmen, mehrere indische und afrikanische Siedlungen niederzubrennen.
1910	Entstehung der Südafrikanischen Union. In den folgenden Jahren wird eine strikte Rassenpolitik installiert. Der Zuzug von Schwarzen nach Johannesburg wird verboten. Für die schwarze Bevölkerung werden außerhalb Barackensiedlungen – sogenannte Townships – eingerichtet.
ab 1930	Entstehung des Bezirks Orlando mit ca. 80 000 schwarzen Einwohnern. Keimzelle der späteren Township Soweto.
1945	Anwachsen der schwarzen Bevölkerung in den Townships auf ca. 400 000.
ab 1950	Im Zuge der Apartheidpolitik wird Johannesburg zu einer *whites-only area* erklärt. Alle Andersfarbigen müssen das Stadtzentrum verlassen.
1976	Ausbruch von schweren Unruhen in der Township Soweto. Ausrufung des Ausnahmezustands bei insgesamt 550 Toten, meist Jugendlichen.
1990	Abschaffung der Apartheid mit den diskriminierenden Apartheidgesetzen.
1995	Integration der von Schwarzen bewohnten Townships in die Stadt Johannesburg. Die weiße Bevölkerung zieht in den suburbanen Raum.
2010	Fußball-Weltmeisterschaft mit zwei Spielorten in Johannesburg. Austragungsort des Finales.
2013	Vorstellung des nachhaltigen Stadtentwicklungskonzepts „Corridors of Freedom" (s. M7)

M6   Daten zu Bevölkerungsgruppen (Stand 2011)

	Johannesburg gesamt	ausgewählte Stadtteile Johannesburgs			Südafrika gesamt
		Sandton	Dainfern*	Soweto	
Fläche	1645 km²	143 km²	4,1 km²	200 km²	1,22 Mio. km²
Bevölkerungsdichte	2696 Einw./km²	1550 Einw./km²	1616 Einw./km²	6357 Einw./km²	45 Einw./km²
Einwohnerzahl davon:	4,44 Mio.	222 400	6601	1,27 Mio. (geschätzt 3,5 Mio.)	51,8 Mio.
– Schwarzafrikaner	76,4 %	34,7 %	25,8 %	98,5 %	79,2 %
– Weiße	12,3 %	49,8 %	61,0 %	0,1 %	8,9 %
– Asiaten	4,9 %	11,1 %	7,7 %	0,1 %	2,5 %
– Coloureds (= Mischlinge aus Weißen und Schwarzafrikanern)	5,6 %	2,5 %	1,7 %	1,0 %	8,9 %
Arbeitslosigkeit	25 % (Jugendarbeitslosigkeit: 32 %)	k. A.	k. A.	k. A.	25,1 % (Jugendarbeitslosigkeit: 52,6 %)

* Dainfern ist eine Gated Community im Bezirk Sandton, die mit einem Golfplatz ausgestattet ist.

M7   „Unsere Stadt wieder zusammenfügen" – das Corridors of Freedom-Konzept

Das Konzept basiert auf gut geplanten Verkehrsleitlinien – den Corridors of Freedom –, die die weit verstreuten Einzelteile der Stadt näher zueinander bringen sollen. Angestrebt wird eine verdichtete Stadt der kurzen Wege, in denen Wohnen, Arbeit, Bildung und Freizeit ohne großen Zeit- und Verkehrsaufwand miteinander verbunden sind.
Dazu gehören:

- sichere Nachbarschaften, die auf Fahrrad- und Fußgängerbedürfnisse mit attraktiven Straßenverhältnissen ausgerichtet sind
- sichere Straßen mit Verkehrsberuhigung, Geschwindigkeitskontrollen und öffentlichen Verkehrsmitteln
- die Entwicklung von gemischten Wohnvierteln, in denen Reich und Arm, Schwarz und Weiß miteinander leben können.

Am Ende des Prozesses, im Jahr 2040, soll Johannesburg zu einer Modellstadt werden, in der alle Bewohner gleichen Zugang und Anteil an der Stadt haben sollen, und in der jeder, unabhängig von Rasse und Geschlecht, sein wahres Potenzial erreichen kann.

westermann

Corridors of Freedom

Re-stitching our City to create a new future

Joburg
a world class African city

M8 **Sicherheitshinweise des Auswärtigen Amtes zu Reisen nach Südafrika (Stand 20.02.2016)**

Südafrika verzeichnet im Vergleich zu Deutschland hohe Kriminalitätsraten, vor allem in den Großstädten und deren Randgebieten. Dies schließt auch Straftaten unter Anwendung von körperlicher Gewalt ein. [...]

Die Innenstädte von Johannesburg, Pretoria, Durban, Port Elisabeth und Kapstadt und anderer großer Städte sollten nach Geschäftsschluss und insbesondere nach Einbruch der Dunkelheit gemieden werden; an Sonn- und Feiertagen sollte man sich nur in Gruppen in den Innenstädten aufhalten. Auch ist tagsüber erhöhte Vorsicht angeraten.

Bei Besuchen in Townships ist erhöhte Aufmerksamkeit und Vorsicht angeraten. [...] Abgeraten wird vom Benutzen der Vorortzüge in Johannesburg, Pretoria, Durban und in Kapstadt. [...]

In dichtem Verkehr und an roten Ampeln kommt es vor allem in großen Städten häufig zu sogenannten Blitzeinbruch-(„smash-and-grab")Überfällen, bei denen selbst im Verkehr Autotüren geöffnet oder Scheiben eingeschlagen werden, um offen herumliegende Wertgegenstände aus dem Auto zu entwenden. Hin und wieder kommt es vor allem nach Einbruch der Dunkelheit an weniger befahrenen Straßenkreuzungen zu Fahrzeugentführungen. Es wird dringend empfohlen, bei einem eventuellen Überfall auf Gegenwehr zu verzichten.

Quellen

M3: eigener Text nach: Steinbrink, M./Frehe, K.: Township-Tourismus: To go or No Go? Image, (Un-)Sicherheit und Städtetourismus in Südafrika. In: Praxis Geographie, H. 12/2008, S. 40

M4: zusammengestellt nach: https://en.wikipedia.org/wiki/Johannesburg#Demographics; http://www.statssa.gov.za/?page_id=993&id=city-of-johannesburg-municipality

M5: zusammengestellt nach: http://www.goruma.de/Staedte/J/Johannesburg/geschichte.html; http://www.suedafrika.net/reisefuehrer/reiseziel-suedafrika-nordost/johannesburg/stadtgeschichte.html; https://de.wikipedia.org/wiki/Johannesburg

M6: zusammengestellt nach: http://census2011.adrianfrith.com

M7: eigener Text nach: http://www.corridorsoffreedom.co.za/attachments/article/1/corridors%20of%20freedom_s.pdf; http://www.joburg.org.za/index.php?option=com_content&id=8623:corridors-of-freedom&Itemid=114; Abbildungen: City of Johannesburg (aus: Corridors of Freedom)

M8: http://www.auswaertiges-amt.de/DE/Laenderinformationen/00-SiHi/SuedafrikaSicherheit.html

westermann

Zusatzmaterialien

M9   **Diercke Weltatlas**

152.3 Fourways (Johannesburg) – Fragmentierung

M10   **Zahl der Morde in Johannesburg nach Polizeistationen (2009)**

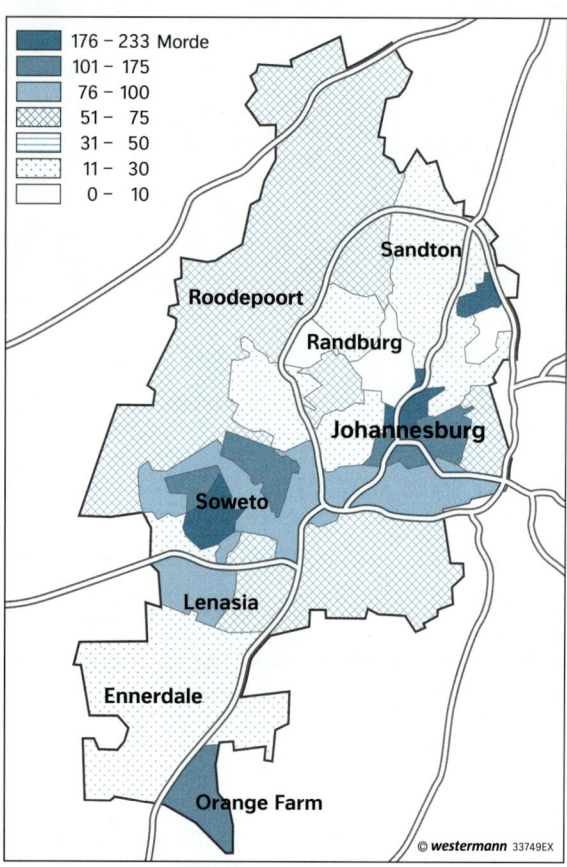

Quelle: https://upload.wikimedia.org/wikipedia/en/9/9b/Johannesburg_crime_murder.jpg

M11   **Modell lokaler Fragmentierung nach Scholz (2004)**

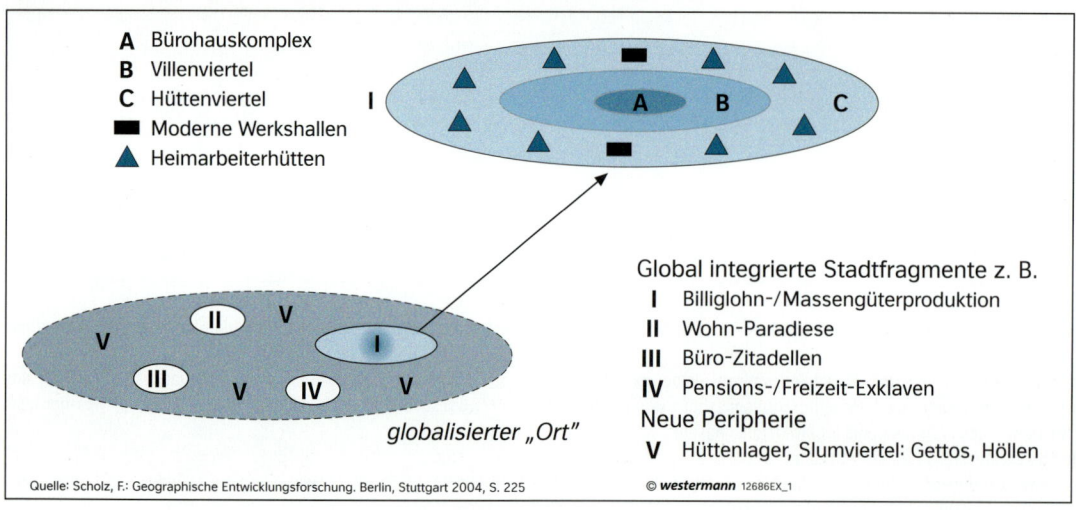

Quelle: Scholz, F.: Geographische Entwicklungsforschung. Berlin, Stuttgart 2004, S. 225

westermann

M12 Modell der Apartheidstadt

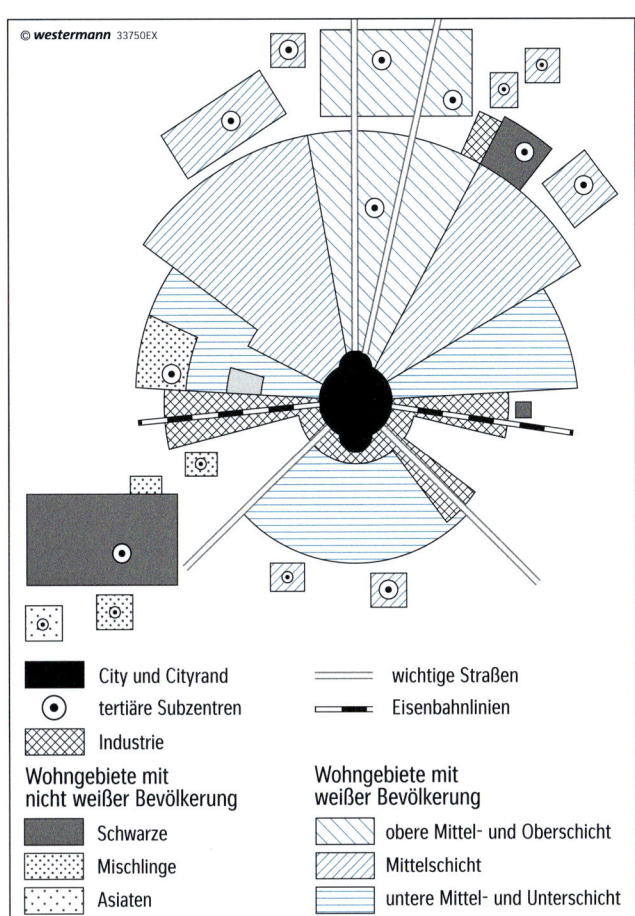

Quelle: http://www.spektrum.de/lexika/images/geogr/suedafr1_w.jpg

M13 Modell der Postapartheidstadt

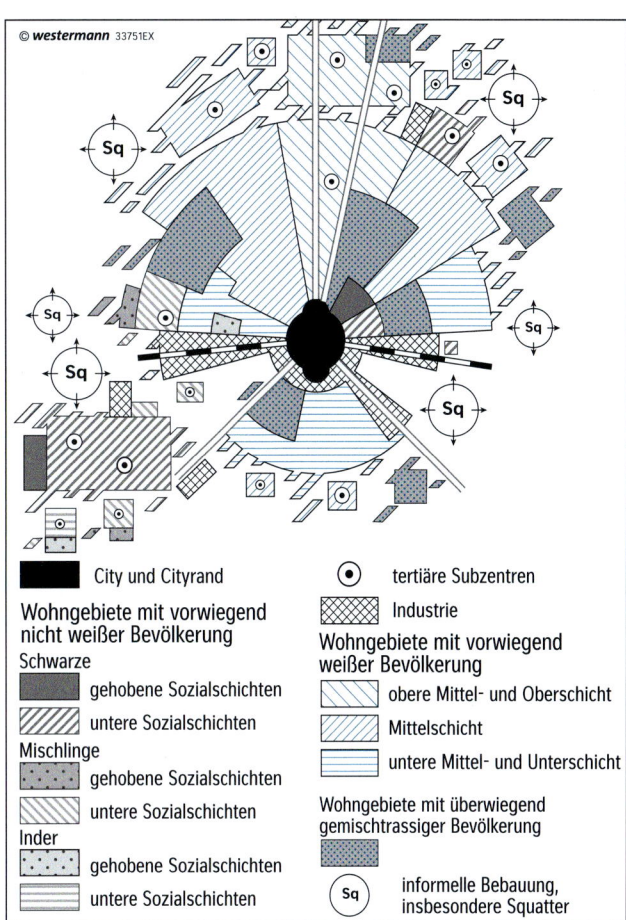

Quelle: http://www.spektrum.de/lexika/images/geogr/suedafr2_w.jpg

westermann

3 Entwicklungsländer

Klausuren

Analyse unterschiedlicher Entwicklungs- stände – Fallbeispiel: Chile

Karten im Diercke Weltatlas

- 230/231 Südamerika – Physische Karte
- 232/233 Südamerika – Wirtschaft
- 234.1 Südamerika – Temperaturen im Januar
- 234.2 Südamerika – Temperaturen im Juli
- 234.3 Südamerika – Niederschläge im Jahr

Unterrichtliche Voraussetzungen

Inhaltlich

Die Klausur kann im Anschluss an eine Reihe über Räume unterschiedlicher Entwicklungsstände geschrieben werden. Darin haben die Schüler folgende Themenbereiche behandelt:

- Ursachen und Folgen globaler und regionaler Disparitäten (mit besonderem Schwerpunkt auf sozioökonomische Aspekte)
- Klassifizierungsansätze von Staaten
- Erklärungsansätze für unterschiedliche Entwicklungsstände
- Maßnahmen und Methoden zum Abbau globaler und regionaler Disparitäten.

Die Schüler haben zudem gelernt, Auswirkungen globaler und regionaler Disparitäten auf den Raum zu bewerten und Raumbeispiele im Hinblick auf zukünftige Entwicklungspotenziale einzuordnen.

Fachbegriffe

allgemein:
- Disparitäten (global/regional)
- Entwicklungs-/Schwellen-/Industrieland

in den Materialien:
- BNE (M4)
- HDI (M4)
- BIP (M4, M5)
- Aquakultur (M7)
- Reserven (M8)

Kürzungs- und Erweiterungsmöglichkeiten (geplante Bearbeitungszeit: 90 min)

	Kürzungsmöglichkeiten	Erweiterungsmöglichkeiten
Aufgabe 1	Anstatt einer Analyse des gesamten naturräumlichen Potenzials können sich die Schüler auf die Bodenschätze konzentrieren. → 1. Lokalisieren Sie Chile und beschreiben Sie das Potenzial an Bodenschätzen.	Zusätzlich zu den physisch-geographischen können die Schüler anhand von M1 und M2 die anthropogeographischen Gegebenheiten beschreiben. → 1. Lokalisieren Sie Chile und beschreiben Sie die physisch-geographischen und anthropogeographischen Gegebenheiten.
Aufgabe 2	Auf die Analyse der Entwicklung der Wirtschaft kann verzichtet werden. → 2. Analysieren Sie den derzeitigen Entwicklungsstand Chiles.	Das Zusatzmaterial M12 liefert weitere Hintergründe zur Erklärung der Wirtschaftsentwicklung.
Aufgabe 3		Die Aufgabenstellung kann unter Einbezug von M12 erweitert werden: → 3. … Berücksichtigen Sie insbesondere M12 und entwickeln Sie auf Grundlage dieses Materials zwei Zukunftsszenarien: a) Die derzeitige chilenische Regierung wird wiedergewählt. b) Eine neugewählte chilenische Regierung schafft das im Jahr 2000 geänderte Steuerrecht wieder ab.

Erwartungshorizont mit Punkteverteilung

Bitte beachten Sie: Die Punkteverteilung stellt nur einen Vorschlag dar, der je nach Bundesland und Kurssituation angepasst werden muss. Die Punkte beziehen sich zudem nur auf inhaltliche Aspekte, nicht auf die Darstellungsleistung der Schüler.

Aufgabe 1 Anforderungsbereich: I Materialien: M1, M2, M3	maximale Punktzahl	erreichte Punktzahl
Lokalisierung Chiles – Westen/Südwesten Südamerikas – Hauptstadt: Santiago de Chile – Nachbarstaaten: Peru (Norden), Bolivien (Nordosten), Argentinien (Osten); westlich: Pazifik – Lage im Gradnetz: 18–55° S/68–76° W	5	
Topographie – lagebedingt generell Landhöhen ab mindestens 100 m, kaum Flachland (Plattengrenze Nazca-Platte/südamerikanische Platte) – aber deutliche Zweiteilung: im Norden Hochgebirge (Anteil an den Anden im Norden und den Kordilleren im Osten) mit Landhöhen von bis zu 6960 m (Aconcagua [nördlich von Santiago]) – im Süden eher mittelgebirgig mit Ausnahme eines kleinen Hochgebirges ganz im Süden (z. B. San Valentin, 4068 m)	5	
Gewässer – Küstenlinie Pazifik im gesamten Westen – im südlichen Teil zahlreiche Inselgruppen und mehrere größere Seen (z. B. General Carrera-See) – vereinzelt durchziehen größere, in den o. g. Hochgebirgen entspringende Flüsse (z. B. Atuel), die in den Pazifik münden, das Land	5	
Klima – Klimazonen zweigeteilt: Norden: Subtropen, Süden: Mittelbreiten – daraus resultierend im Norden (nördlich von Santiago) im Jahresmittel 0–250 mm Niederschlag, im Süden (südlich von Santiago) 500–1000 mm, z. T. bis zu 3000 mm Niederschlag; im Bereich von Santiago Winterregengebiet, südlich von Santiago Regen zu allen Jahreszeiten – vergleichbares räumliches Temperaturmuster: Norden im Durchschnitt im Januar ca. 15–20 °C, Süden 10–15 °C; im Juli im Norden 10–15 °C, im Süden und zentral 5–10 °C	5	
Vegetation resultiert aus Klima und Topographie; im Norden/Westen: Wüste (Atacama im Norden) und Halbwüste, im Süden gemäßigter Regenwald, im Bereich der Hochgebirge Hochgebirgstrockensteppe/-halbwüste (Norden) und Eis- und Gletscherregionen (Süden)	5	
Bodenschätze – zahlreiche Kupfervorkommen im Norden und im Zentrum des Landes, z. B. Collahuasi, El Teniente bei Santiago, Mantos Blancos, Caldera – vermehrte Goldvorkommen im Norden und im Zentrum des Landes, z. B. Chuquicamata, Escondida – vereinzelte Vorkommen von Silber (Norden, zentral), Steinkohle (Westen), Eisenerz (Norden, zentral), Holz (Süden)	5	
	30	

Aufgabe 2 Anforderungsbereich: II Materialien: M4, M5, M6, M7, M8, M9, M10, M11	maximale Punktzahl	erreichte Punktzahl
Analyse der wirtschaftlichen Entwicklung Chiles – das BIP/Kopf Chiles hat sich seit 1975 positiv entwickelt; allerdings leichter Rückgang seit 2013 (M5) – von 2003 bis 2013 stieg das BIP/Kopf schneller als im weltweiten Vergleich (M5) – positive Handelsbilanz (M6) – Hauptexportgüter sind Rohstoffe, importiert werden hauptsächlich Erdöl und Fertigwaren (M6) – als größtes Kupferförderland (M8) profitiert Chile von den steigenden Kupferpreisen (M11) durch steigende Steuereinnahmen (M10)	15	
Analyse des Entwicklungsstandes Chiles – in der Wirtschaftsstruktur sind die geringe Bedeutung des primären Sektors und der große Anteil des tertiären Sektors auffällig (M4) – große Abhängigkeit vom Weltmarkt aufgrund der wirtschaftlichen Ausrichtung auf den Rohstoffexport (M6, M7, M9) – BNE/Kopf von 14910 US-\$ und Arbeitslosenquote von 6,6 % sowie HDI von 0,83 (im weltweiten Vergleich auf Platz 42) (M4)	15	

Aufgabe 2 Anforderungsbereich: II Materialien: M4, M5, M6, M7, M8, M9, M10, M11	maximale Punktzahl	erreichte Punktzahl
Einordnung des Entwicklungsstandes Chiles – Die hohen Einnahmen aus dem Rohstoffexport (M8, M9) täuschen etwas über die monostuktu- relle Ausrichtung der Wirtschaft und die regionalen Disparitäten hinweg. – Chile ist als Schwellenland bzw. nahezu als Industrieland zu bezeichnen.	10	
	40	

Aufgabe 3 Anforderungsbereich: III Materialien: M4, M5, M6, M7, M8, M9, M10, M11	maximale Punktzahl	erreichte Punktzahl
Aspekte, die für eine positive Entwicklung sprechen – stark gestiegenes BNE/BIP pro Kopf (M4, M5) – stark sinkende Arbeitslosenquote (M4) – im oberen Drittel der weltweiten HDI-Rangliste (M4) – steigende Steuereinnahmen aus dem Kupfergeschäft (M8, M9, M10) – zweites Standbein: Nahrungsmittelexporte (insbesondere Fischerei) (M6)	10	

Aspekte, die für eine negative Entwicklung sprechen
– leichter Einbruch des BIP seit 2013 (M5)
– massive Abhängigkeit von Rohstoffexporten, insbesondere Kupfer (M7, M8, M9, M10)
– wirtschaftliche Monostruktur (M6, M7)
– 2012 mehr Importe als Exporte/negative Handelsbilanz, 2014 wieder positiv, aber Umfang weiter
  rückläufig (M6)
– Abhängigkeit von Importen insbesondere im Sektor der verarbeitenden Industrie (Kfz-Teile,
  Maschinen, Energierohstoffe) (M6)
– starke Abhängigkeit von der globalen Entwicklung des Kupferpreises (vgl. Einbruch 2009 durch
  Weltfinanzkrise, kontinuierlicher Rückgang seit 2012) (M11)
– Staatskonzern (Kupfergeschäft)/staatliche Steuerung der Wirtschaft (M10)
	10	

Fundierte eigene Meinung/aussagekräftiges Fazit Beispiel: Um die zukünftige Entwicklung des Landes positiv zu beeinflussen, ist dringend eine wirtschaftliche Diversifizierung erforderlich – hierdurch kommt es zur Reduzierung der bestehen- den Abhängigkeiten.	10	
	30	

Name: ....

Datum: ....

Kurs/Klasse: ....

Zeit: ....

Analyse unterschiedlicher Entwicklungsstände – Fallbeispiel: Chile

Aufgabe 1

Lokalisieren Sie Chile und beschreiben Sie das naturräumliche Potenzial Chiles.

Aufgabe 2

Analysieren Sie die wirtschaftliche Entwicklung und den derzeitigen Entwicklungsstand Chiles.

Aufgabe 3

Beurteilen Sie die zukünftigen Entwicklungsmöglichkeiten des Landes.

M1 Diercke Weltatlas

230/231 Südamerika – Physische Karte

M2 Diercke Weltatlas

232/233 Südamerika – Wirtschaft

M3 Diercke Weltatlas

234.1 Südamerika – Temperaturen im Januar
234.2 Südamerika – Temperaturen im Juli
234.3 Südamerika – Niederschläge im Jahr

M4 Wirtschaftsdaten Chiles

Anteile des BIP an den Sektoren (I / II / III) (2014)	3,3 % / 35,1 % / 61,5 %
BNE/Kopf (2000 / 2014)	4983 / 14910 US-$
Arbeitslosenquote (2000 / 2014)	9,0 % / 6,6 %
HDI (Rang) (2014)	0,83 (Rang 42)

M5 BIP/Kopf Chiles im Vergleich zum weltweiten BIP/Kopf 1975–2015

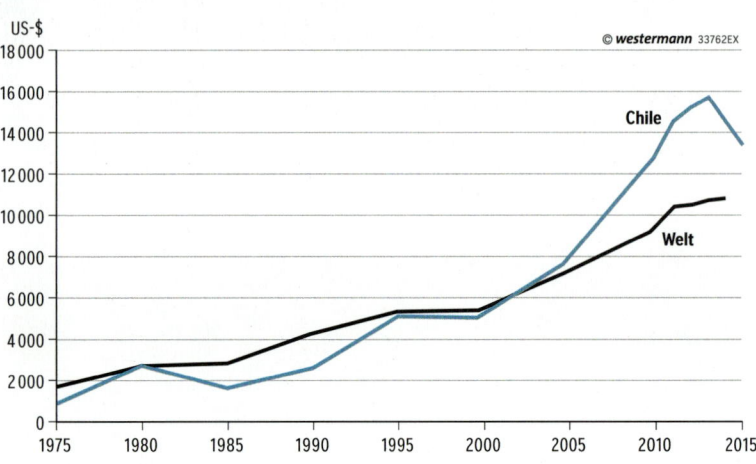

westermann

M6 **Außenhandel Chiles**

	2010	2011	2012	2014
Import (in Mrd. US-$)	59,4	74,9	79,5	72,3
Export (in Mrd. US-$)	70,9	81,4	78,3	76,6

Hauptimportgüter (2014): Erdöl/Erdölerzeugnisse (17,2 %), Straßenfahrzeuge (10,8 %), Maschinen, Apparate und Geräte (4,8 %), Geräte für die Nachrichtentechnik (4,7 %), Bekleidung und Bekleidungszubehör (4,1 %)

Hauptexportgüter (2014): NE-Metalle* (28,6 %), Metallurgische Erze (26,5 %), Gemüse und Früchte (8,6 %), Fische (6,9 %), Papierhalbstoffe (3,8 %)

* NE-Metalle = Nichteisenmetalle

M7 **Chiles Wirtschaft**

Die chilenische Kupferproduktion hat derzeit einen Anteil von 34 % an der Weltproduktion. Weitere bedeutende Rohstoffe sind Molybdän, Rhenium, Gold und Lithium. Obwohl die Regierung sich bemüht, die Wirtschaft zu diversifizieren, hat der Bergbau noch immer eine überragende Bedeutung für den Export. [...] Ein wichtiger Wirtschaftszweig ist weiterhin die Forst-, Land- und Fischwirtschaft. Chile verfügt über eine der größten Fischfang-Flotten Lateinamerikas. Darüber hinaus spielt die Aquakultur, v. a. die Lachszucht in Massentierhaltung, eine bedeutende Rolle.

M8 **Rangliste der Förderländer für Kupfer und ihre Reserven (2013)**

	Förderung (Mio. t)	Reserven (Mio. t)
Chile	5,623	160
VR China	1,299	30
Peru	1,235	63
USA	1,110	35

M9 **Kupferproduktion und -export in Chile 1960–2012**

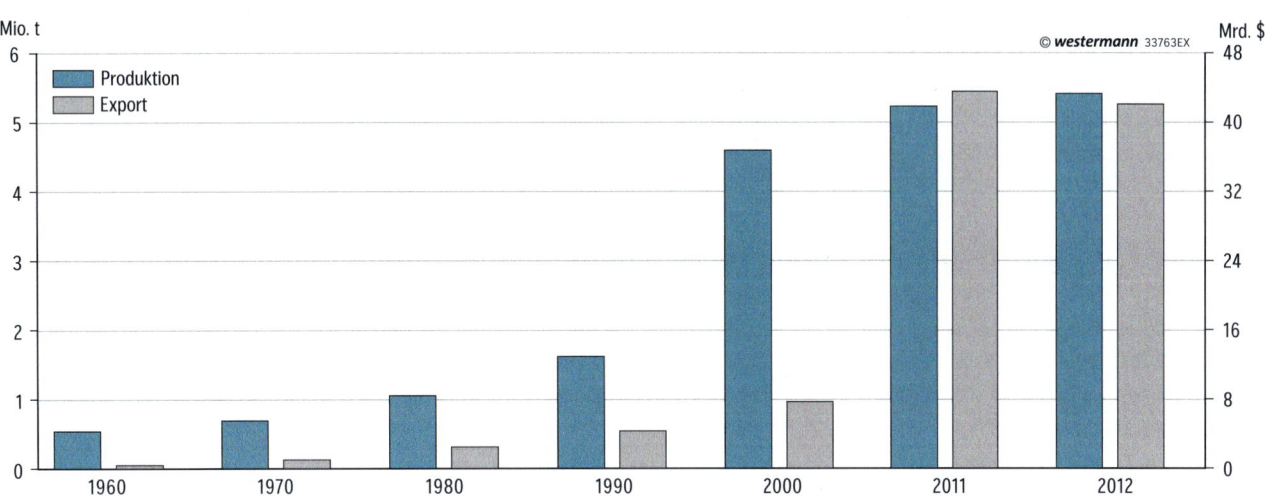

westermann

M10   Steuereinnahmen aus dem Kupfergeschäft

in % der Gesamteinnahmen

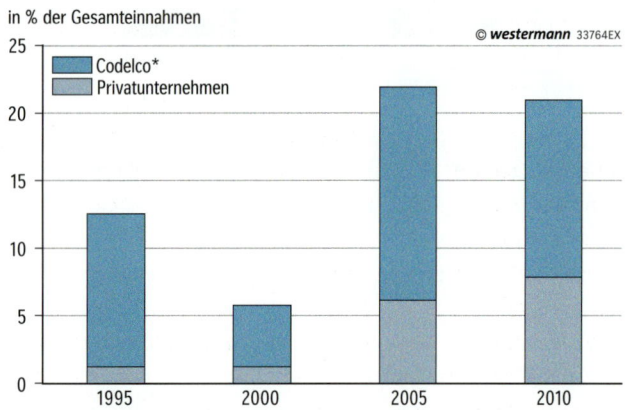

© westermann 33764EX

Legende: Codelco*, Privatunternehmen

*Codelco = weltweit größter Kupferproduzent; privatrechtlich organisiertes Staats-
unternehmen, das sich vollständig im Besitz des chilenischen Staates befinde

M11   Entwicklung des Kupferpreises 1989–2016

US–$/t

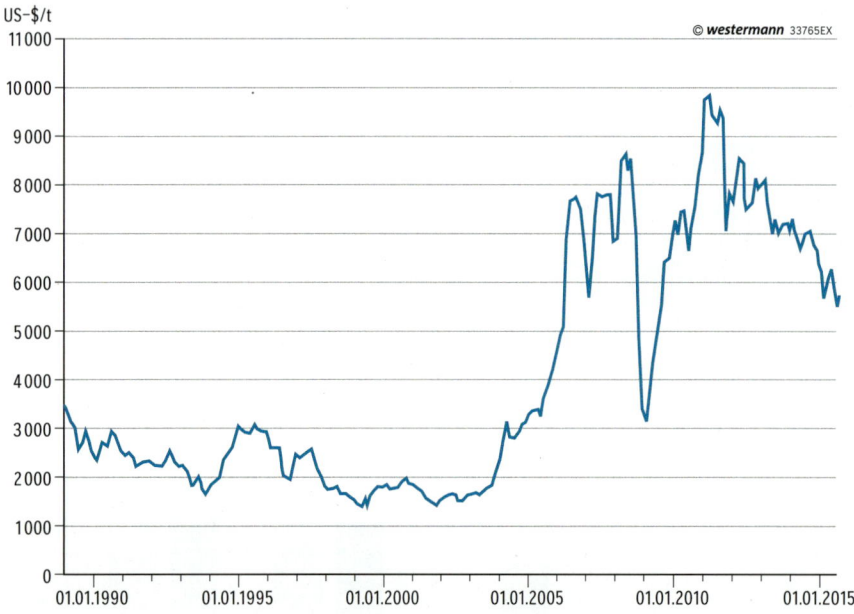

© westermann 33765EX

Quellen

M4: Anteile des BIP: Weltbank nach http://wko.at/statistik/laenderprofile/lp-chile.pdf; BNE pro Einwohner 2000, Arbeitslosenquote 2000: Fischer Weltalmanach 2015; BNE pro Einwohner 2014: Weltbank nach http://de.actualitix.com/land/chl/statistiken-wirtschaft-chile.php; Arbeitslosenquote 2015: IWF nach http://de.actualitix.com/land/chl/statistiken-wirtschaft-chile.php; HDI: http://hdr.undp.org/en/composite/HDI

M5: Fischer Weltalmanach 2015; Welt ab 2011: http://de.statista.com/statistik/daten/studie/159806/umfrage/bip-bruttoinlandsprodukt-pro-kopf-weltweit/; Chile ab 2011: http://de.statista.com/statistik/daten/studie/322593/umfrage/bruttoinlandsprodukt-bip-pro-kopf-in-chile/

M6: Import/Export 2010–2012: Fischer Weltalmanach 2015; Import/Export 2014: Weltbank nach http://de.actualitix.com/land/chl/statistiken-handel-chile.php; Hauptimport-/exportgüter: UNCTAD nach http://wko.at/statistik/laenderprofile/lp-chile.pdf

M7: Straßner, Veit: Chile – Das Wirtschaftssystem und seine Sektoren. In: Das Länder-Informations-Portal (https://www.liportal.de/chile/wirtschaft-entwicklung/)

M8: Fischer Weltalmanach 2015

M9: http://images.nzz.ch/eos/v2/image/view/620/-/text/inset/38da9420/1.18220457/1389642486/kupfer-original.jpg

M10: http://images.nzz.ch/eos/v2/image/view/620/-/text/inset/38da9420/1.18220457/1389642486/kupfer-original.jpg

M11: http://www.fondsprofessionell.de/upload/attach/1440490964.jpg

westermann

Zusatzmaterial

M12 Chile – An island of stability in South America

The Chilean economy is particularly vulnerable to shocks caused by drops in copper prices abroad. After all, 49 percent of the country's exports are related to the copper industry, and mining activities account for about 14 percent of Chile's gross domestic product. But Chile has weathered the drop in copper prices — which have plunged by 35 percent since their peak in 2011 — thanks to government policies enacted in the recent past. [...]

Despite Chile's vulnerability to boom-and-bust cycles, a key factor in its recent stability is its commitment to fiscal responsibility. The Chilean government's resistance to potentially destabilizing moves — particularly those prioritizing major increases in public spending — is enforced by Chilean law. This has not always been the case. As in other Latin American countries, Chile's governments in the 1960s encouraged fiscal deficits, and the efforts to finance those deficits led to high inflation. Chile's economic stability was secured by a fiscal rule instituted in 2000, and later enshrined in law, mandating that the government must attempt each year to secure a structural surplus equal to 1 percent of the gross domestic product. [...]

Vocabulary
vulnerable: verwundbar
shock: Schock
copper: Kupfer
gross domestic product: Bruttoinlandsprodukt
weather: Krise überstehen
plunge: stürzen
enact: verfügen, erlassen
boom-and-bust cycle: Auf- und Abschwungphasen
fiscal: auf Steuern bezogen
prioritize: den Vorrang geben
enshrine: verankern
surplus: Überschuss

Quelle: o. V. vom 28.04.2016 (https://www.stratfor.com/analysis/chile-island-stability-south-america)

Bildung und Armut im subsaharischen Afrika

Karten im Diercke Weltatlas

274.1 Entwicklungsstand   274.2 Wirtschaft – Erde   275.4 Bildung   275.5 Gesundheit

Unterrichtliche Voraussetzungen

Inhaltlich

Diese Klausur legt den Fokus auf die als Indikatoren für den Entwicklungsstand eines Landes geltenden Bereiche Bildung, Armut und Fertilität. Deshalb sollten sich die Schüler im Unterricht bereits mit der Kategorisierung von Staaten der Erde als Industrie-, Schwellen- oder Entwicklungsland auseinandergesetzt, in diesem Zusammenhang zahlreiche Indikatoren kennengelernt und ein Verständnis für deren Wechselwirkungen entwickelt haben. Des Weiteren sollten die Schüler die Hintergründe der Entstehung der Millenniums-Entwicklungsziele kennen. Ein vertieftes Wissen bezüglich der entwicklungspolitischen Strategien vor 1992 ist nicht notwendig.

Auf methodischer Ebene sollten die Schüler mit der Auswertung von Netzdiagrammen bzw. bei Entscheidung für die Erweiterungsaufgabe mit deren Erstellung vertraut sein.

Fachbegriffe

allgemein:
- Industrie-/Entwicklungs-/Schwellenland
- HDI

in den Materialien:
- Fertilität (M3, M5)
- BNE (M5)
- KKP (M5)
- Millenniums-Entwicklungsziele (M7)

Literatur

Der neue Fischer Weltalmanach 2016. Zahlen, Daten, Fakten. Frankfurt a. M. 2015.

Deutsche Stiftung Weltbevölkerung: Datenreport 2015. Soziale und demografische Daten weltweit. August 2015.

Diercke Handbuch. Braunschweig 2015.

Internet

http://www.berlin-institut.org/online-handbuchdemografie/entwicklungspolitik/bildung.html
Online-Handbuch Demografie des Berlin-Instituts für Bevölkerung und Entwicklung, Thema: Bildung

http://www.bmz.de/de/themen/bildung/hintergrund/bildungssituation/
Website des Bundesministeriums für wirtschaftliche Zusammenarbeit, Thema: Bildung

https://www.cia.gov/library/publications/the-world-factbook/geos/
Website der Central Intelligence Agency, ausführliche Daten zu nahezu allen Staaten der Erde

http://www.deutschlandradiokultur.de/erfinder-martin-aufmuth-die-ein-dollar-brille-fuer.2165.de.html?dram:article_id=307557
Wortlaut des Interviews mit dem Erfinder der Ein-Dollar-Brille, das im „Deutschlandradio Kultur" am 02.01.2015 ausgestrahlt wurde

http://www.eindollarbrille.de/
Website des Vereins „Ein-Dollar-Brille", auf der sowohl die Entstehung des Unternehmens als auch alle aktuellen Projekte ausführlich dargestellt werden

http://www.galileo.tv/videos/erfindungen-fuer-eine-bessere-lebensqualitaet/
Website der Sendung „Galileo", Aufzeichnung eines Fernsehbeitrags zum Ein-Dollar-Brillen-Projekt

http://www.un-kampagne.de/index.php?id=90
Website der UN-Millenniumskampagne in Deutschland

https://www.unesco.de/bildung/weltbildungsbericht/weltbildungsbericht-2008.html
Kommentare zum Weltbildungsbericht 2008 auf der Website der UNESCO

Kürzungs- und Erweiterungsmöglichkeiten, Alternativen (geplante Bearbeitungszeit: 90 min)

	Kürzungsmöglichkeiten	Erweiterungsmöglichkeiten	Alternativen
Aufgabe 2		Hier könnten die Schüler zunächst selbst auf der Basis der Daten aus dem Zusatzmaterial M8 das Netzdiagramm erstellen bzw. vervollständigen (Vorlage s. M9). → 2a) Erstellen Sie [bzw. vervollständigen Sie] das Netzdiagramm zu den Strukturdaten ausgewählter subsaharischer Staaten. → Aufgabe 2 wird zu 2b)	
Aufgabe 3	Soll die Zuordnung zu den Millenniums-Entwicklungszielen und damit auch M7 entfallen, so kann die Aufgabe folgendermaßen lauten: → 3. Erstellen Sie ein Fließdiagramm, das den Weg des Ein-Dollar-Brillen-Projekts von der Idee bis zum Nutzer zeigt.		Soll die Zuordnung zu den Millenniums-Entwicklungszielen und damit auch M7 entfallen, so kann die Aufgabe folgendermaßen lauten: → 3. Erörtern Sie Vor- und Nachteile des Ein-Dollar-Brille-Projekts.

Erwartungshorizont mit Punkteverteilung

Bitte beachten Sie: Die Punkteverteilung stellt nur einen Vorschlag dar, der je nach Bundesland und Kurssituation angepasst werden muss. Die Punkte beziehen sich zudem nur auf inhaltliche Aspekte, nicht auf die Darstellungsleistung der Schüler.

Aufgabe 1 Anforderungsbereich: I/II Materialien: M1 [274.1, 274.2, 275.4, 275.5], M2, M3, M4	maximale Punktzahl	erreichte Punktzahl
Armut – Bildung Armut gilt als Hindernis für eine fundierte Bildung, da sie dafür verantwortlich ist, dass – Schulgeld, Unterrichtsmaterial, Schuluniform und Transportkosten nicht bezahlt werden können, sodass nicht alle Kinder einer Familie eine [weiterführende] Schule besuchen können (M4)	2	
– Kinder arbeiten gehen müssen, um das Familieneinkommen zu sichern (M4)	2	
– eventuell qualitativ hochwertigere Bildung an Privatschulen nicht finanzierbar ist	2	
– traditionelle Rollenbilder zu tief verhaftet sind und vor allem für Mädchen keinen höheren Bildungsweg vorsehen (M3)	2	
– in Staaten mit den höchsten Anteilen der Bevölkerung, die unter der Armutsgrenze lebt, die Anzahl der Schulbesuchsjahre am geringsten und der Anteil der Analphabeten am höchsten ist (M1 [274.2, 275.4])	2	
– in sehr vielen Staaten mit besonders niedrigem BNE/Kopf und ausgeprägter Armut Frauen überdurchschnittlich stark benachteiligt werden (M1 [274.1, 274.2]).	2	
Bildung – Fertilität Die Dauer des Schulbesuchs bzw. der Bildungsgrad beeinflussen die Fertilität, da Frauen mit höherer Schulbildung – bis zu 50 % weniger Kinder bekommen als Frauen ohne Schulbildung, in Honduras sogar bis zu 60 % weniger Kinder (M2)	2	
– ab einem Schulbesuch von sieben Jahren etwa 20 % weniger Kinder bekommen (M3)	2	
– seltener ungewollt schwanger werden (M3)	2	
– Familienplanung betreiben bzw. einen besseren Zugang zu Methoden der Familienplanung haben (M3)	2	
– gesündere Kinder haben (M3), deren Überlebenschancen im Säuglingsalter steigen (M1 [275.3, 275.4])	2	
– ihren eigenen Kindern eine gute Bildung ermöglichen wollen, was diese zu Kostenfaktoren macht (M3).	2	
Armut – Fertilität Auch zwischen Armut und Fertilität bestehen Zusammenhänge, da Familien unter der Armutsgrenze – Kinder benötigen, die zum Familieneinkommen beitragen (M4)	2	

Aufgabe 1 Anforderungsbereich: I/II Materialien: M1 [274.1, 274.2, 275.4, 275.5], M2, M3, M4	maximale Punktzahl	erreichte Punktzahl
– Kinder als Altersvorsorge betrachten (M4)	2	
– oft noch Rollenbildern verhaftet sind, die einer Frau keine Alternativen zur ausschließlichen Hausfrauen- und Mutterrolle einräumen. (M3)	2	
	30	

Aufgabe 2 Anforderungsbereich: II Materialien: M1 [274.1, 275.4, 275.5], M5	maximale Punktzahl	erreichte Punktzahl
Malawi Malawi weist das niedrigste BNE/Kopf nach KKP auf, ein extrem hoher Anteil der Bevölkerung arbeitet im primären Sektor und die Fertilität ist mit durchschnittlich fünf Kindern pro Frau sehr hoch. (M5) Vermutlich können schon allein aus Gründen der Armut zahlreiche Kinder die Schule nur wenige Jahre (M1 [275.4]: „unter 5 Jahren") oder auch gar nicht besuchen. Dies hat eine Analphabetenquote von 18,7–33 % (M1 [275.4]) zur Folge. Angesichts dessen, dass 44 % der Bevölkerung unter 15 Jahre alt sind (M5), gibt es möglicherweise sehr große Grundschulklassen, was einer fundierten Bildung entgegenwirken und sicherlich auch Auswirkungen auf das ökonomische Potenzial des Landes haben kann. Unterernährung (20–33 % der Gesamtbevölkerung; M1 [275.5]) und schlechte medizinische Versorgung (über 1000 Einwohner/Arzt; M1 [275.5]) können sich zusätzlich negativ auf das Leistungspotenzial der Schüler auswirken.	10	
Äthiopien Mit einem BNE/Kopf nach KKP von 1500 US-$ liegt Äthiopien zwar deutlich über dem Wert von Malawi, jedoch in gänzlicher Ferne von den 12 700 US-$, die M5 für Südafrika ausweist. Der Anteil der im primären Sektor Beschäftigten liegt mit 85 % (M5) nur unwesentlich unter dem Wert von Malawi. Eine Fertilität von 4,1 (M5) sowie der hohe Anteil der unter 15-Jährigen (41 %; M5) sprechen für eine im Großen und Ganzen ähnliche Ausgangssituation, was die Bildungschancen für Kinder betrifft. Gleiche Werte für die durchschnittlichen Schulbesuchsjahre (M1 [275.4]) und die medizinische Versorgung (M1 [275.5]) unterstützen diese Einschätzung. Allerdings ist die Analphabetenquote (über 33 %; M1 [275.4]) in Äthiopien noch größer als in Malawi, was für eine höhere Ineffizienz der Grundschulbildung, vielleicht aber auch für eine größere Benachteiligung von Mädchen und Frauen in Äthiopien sprechen könnte. Dafür würde der hier deutlich geringere Anteil der verheirateten Frauen, die Familienplanung anwenden, sprechen (Äthiopien 42 %, Malawi 59 %; M5).	10	
Südafrika Südafrika unterscheidet sich mit Ausnahme des Anteils verheirateter Frauen, die Familienplanung anwenden (60 %; M5), grundlegend von den beiden zuvor betrachteten Staaten. Das BNE/Kopf nach KKP liegt mit 12 700 US-$ (M5) im Bereich eines Schwellenlandes. Der Anteil der Bevölkerung unter 15 Jahren ist mit 30 % (M5) deutlich geringer als in Malawi und Äthiopien, ebenso die Fertilität mit 2,6 (M5). Südafrika scheint mehr in seinen Bildungssektor zu investieren; dafür spricht die wesentlich niedrigere Analphabetenquote von 5–10 % (M1 [275.4]). Auch die durchschnittliche Zahl der Schulbesuchsjahre liegt in Südafrika mit 5–7,4 Jahren (M1 [275.4]) über dem Durchschnittswert von Malawi und Äthiopien.	10	
Fazit Südafrika bietet Kindern weitaus bessere Bildungschancen als Malawi und Äthiopien und steht im Vergleich zu allen anderen subsaharischen Staaten mit am besten da, während Malawi und Äthiopien am unteren Ende der Skala stehen. Ordnet man die drei Staaten nach dem HDI, der zu einem wesentlichen Teil von dem Indikator Bildung mitbestimmt wird, so liegt Südafrika im Bereich eines Schwellenlandes, Malawi und Äthiopien werden dagegen als Entwicklungsländer ausgewiesen (M1 [274.1]), in welchen es um die Bildungschancen von Kindern wesentlich schlechter bestellt ist.	5	
	35	

Aufgabe 3 Anforderungsbereich: III Materialien: M6, M7	maximale Punktzahl	erreichte Punktzahl

Anmerkungen:
– Die Millenniumsziele müssen nicht zwingend nacheinander abgearbeitet werden, sinnvolle
  Bündelungen sind zulässig. Es sollte jedoch kein Millenniumsziel unberücksichtigt bleiben.
– Bei „Bewerten" handelt es sich um einen Operator, der auf den „eigenen Wertmaßstäben" und
  einer „persönlichen Stellungnahme" aufbaut. Von daher können die nachfolgenden Lösungsvor-
  schläge nur Hinweise sein, Vorkenntnisse des Schülers und Stimmigkeit der Ausführungen sollten
  im Vordergrund stehen.		

MEZ 1: Bekämpfung extremer Armut und Hunger Richtig sehen zu können stellt vor allem in Entwicklungsländern einen entscheidenden Vorteil z. B. im Hinblick darauf dar, einen Job oder einen Beruf erfolgreich auszuüben. Ein regelmäßiges Einkommen zu haben wirkt extremer Armut und Hunger entgegen. Also leistet die Ein-Dollar-Brille auf indirektem Wege einen Beitrag zur Erfüllung des MEZ 1.	4	
MEZ 2: Primarschulbildung für alle Jungen und Mädchen Hieße dieses MEZ „möglichst erfolgreiches Absolvieren der Primarschulbildung", so würde die Ein- Dollar-Brille diesem Ziel am stärksten entsprechen. Gemeint ist aber eher, allen Jungen und Mädchen eine Primarschulbildung zu ermöglichen, und dies hängt vorrangig von anderen Faktoren ab als dem Besitz einer Brille.	4	
MEZ 3: Gleichstellung der Geschlechter, Förderung der Frauen Für Mädchen und Frauen, die in vielen Entwicklungsländern gegenüber Jungen und Männern immer noch stark benachteiligt sind, stellt die Ein-Dollar-Brille mit Sicherheit eine Chance zur Verbesserung ihres sozialen und ökonomischen Status dar. Nicht nur Männer, sondern auch viele Frauen lassen sich zur Ein-Dollar-Brillen-Optikerin ausbilden und erhalten damit eine Chance, ökonomisch eigenständiger zu werden. Wenn auch kulturelle, traditionelle und religiöse Strukturen hier eine große Rolle spielen, so kann eine volle Sehkraft dank Brille doch entscheidende Vorteile in Bezug auf eine zunehmende Unabhängigkeit von Frauen spielen.	4	
MEZ 4: Senkung der Kindersterblichkeit MEZ 5: Verbesserung der Gesundheitsversorgung von Müttern MEZ 6: Bekämpfung von HIV/Aids, Malaria und anderen schweren Krankheiten Eine optimierte Sehfähigkeit versetzt Mädchen und Frauen nicht nur in die Lage, in höherem Maße von einer (Grund-)Schulbildung zu profitieren, sondern befähigt sie infolge eines verbesserten Zugangs zu entsprechenden Informationen zudem, für ihre eigene und die Gesundheit ihrer Kinder Sorge zu tragen. Demzufolge leistet die Ein-Dollar-Brille auch zu den MEZ 4–6 einen indirekten Beitrag.	5	
MEZ 7: Ökologische Nachhaltigkeit Als „ökologisch nachhaltig" am Ein-Dollar-Brillen-Projekt ist zu bewerten, dass die Biegemaschine rein mechanisch und ohne Strom betrieben wird. Generell ist es recht mühsam und wenig zielfüh- rend, das Projekt auf seine ökologische Nachhaltigkeit hin zu überprüfen: Aspekte wie die radelnden Optiker (die aber sicherlich dem Mangel einer motorisierten Mobilität geschuldet sind) sprechen für eine ökologische Nachhaltigkeit, Billig-Plastikgläser aus China dagegen.	4	
MEZ 8: Aufbau einer globalen Partnerschaft für Entwicklung Dass das Projekt „Ein-Dollar-Brille" einen wertvollen Beitrag zu diesem MEZ liefert, kann man sofort unterschreiben. Menschen aus Deutschland, Europa sowie Staaten aus aller Welt, die sich hier gemeinsam mit Menschen vor Ort, die sich beispielsweise als Ein-Dollar-Brille-Optiker ausbilden lassen, für eine gemeinsame Vision engagieren, sind der Beweis.	4	
Fazit Individuelle Lösung. Insgesamt sollte die Bewertung des Schülers auf eine Zustimmung hinaus- laufen, auch wenn sich das eine oder andere Gegenargument finden lässt (z. B. bisher in nur zehn Staaten wirksam).	10	
	35	

Name: .... **Datum:** ....

Kurs/Klasse: .... **Zeit:** ....

Bildung und Armut im subsaharischen Afrika

Aufgabe 1
Erläutern Sie Zusammenhänge zwischen Bildung, Fertilität und Armut.

Aufgabe 2
Vergleichen Sie anhand von M5 sowie einer geeigneten Atlaskarte die subsaharischen Staaten Malawi, Äthiopien und Südafrika im Hinblick auf die Bildungschancen von Kindern.

Aufgabe 3
Überprüfen Sie folgende Aussage:
„Das Ein-Dollar-Brillen-Projekt leistet wertvolle Beiträge zu allen Millenniums-Entwicklungszielen und stellt damit eine nachhaltige Lösung für die Fehlsichtigkeit von 150 Millionen Menschen, die unter der Armutsgrenze leben, dar."

M1   Diercke Weltatlas

274.1 Entwicklungsstand
274.2 Wirtschaft – Erde
275.4 Bildung
275.5 Gesundheit

M2   Art der Schulbildung und spätere durchschnittliche eigene Kinderzahl von Frauen in ausgewählten Staaten der Erde

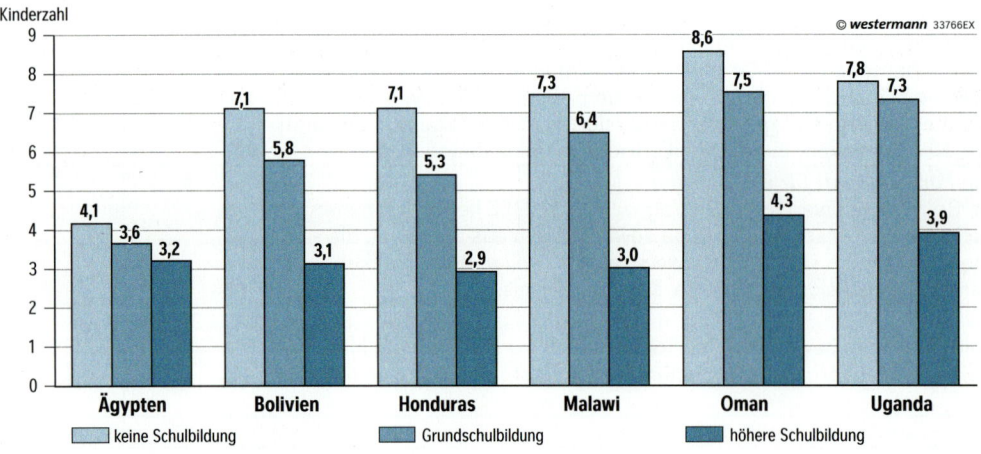

© westermann 33766EX

keine Schulbildung   Grundschulbildung   höhere Schulbildung

M3   Bildung und Fertilität

Eine Studie des Internationalen Instituts für angewandte Systemanalyse (IIASA) kam 2011 zu dem Ergebnis, dass die Bildung von Frauen gegenüber anderen Faktoren die „alles entscheidende Rolle" in Bezug auf deren Fertilität spiele. In Äthiopien bekommen Frauen ohne jegliche Schulbildung im Durchschnitt mehr als sechs Kinder, wenn sie dagegen bis zum Alter von 15 Jahren eine Schule besucht haben, sinkt die Kinderzahl auf etwa zwei. Das Berlin-Institut für Bevölkerung und Entwicklung formulierte schon 2008, dass in vielen der ärmsten Länder der Erde die Schwelle zu einem deutlichen Rückgang der Fertilität bei sieben Jahren Schulbesuch liege: Ab diesem Bildungsniveau sinke die Kinderzahl pro Frau um 20 % oder mehr gegenüber Frauen mit keiner oder unter fünfjähriger Schulbildung. Frauen mit höherer Schulbildung haben generell weniger und gesündere Kinder, können meist besser für ihre eigene und die Gesundheit ihrer Kinder sorgen. Außerdem würden Frauen mit einer Grundbildung seltener ungewollt schwanger als Frauen ohne Schulbildung. Laut IIASA hilft eine höhere Bildung des Weiteren, das Wirtschaftswachstum anzukurbeln und den Zugang zu Methoden der Familienplanung zu verbessern. Demgegenüber gibt das Berlin-Institut für Bevölkerung und Entwicklung zu bedenken, dass auch die sozialen und wirtschaftlichen Bedingungen von Frauen stimmen müssen, um Frauen Alternativen zur ausschließlichen Mutterrolle zu bieten und Männer davon zu überzeugen, dass gebildete Frauen und kleinere Familien für alle von Vorteil sind.

M4 Zur Situation des staatlichen Bildungswesens in Entwicklungsländern

Zwar besteht in 95 % der Staaten der Erde Schulpflicht, doch scheitert deren Verwirklichung in vielen Ländern am Faktor Geld. In den meisten Entwicklungsländern sind die Budgets der Staatshaushalte für das Bildungswesen zu gering, sodass Schulgeld erhoben werden muss. Viele Menschen können jedoch die Kosten für Schulgebühren, Unterrichtsmaterialien, Schuluniformen und für den Transport zur oft weit entfernten Schule nicht aufbringen. In der Folge bleiben ihre Kinder der Schule fern oder müssen sie vorzeitig abbrechen – nicht zuletzt, weil ihre Familien darauf angewiesen sind, dass ihre Kinder zum Familieneinkommen beitragen. Weitere Hinderungsgründe für den Schulbesuch können traditionelle Rollenbilder (Mädchen müssen im Haushalt mitarbeiten), fehlende Unterrichtsangebote in der Muttersprache, Krisen und Konflikte oder auch Entwicklungsstörungen infolge von Mangelernährung sein.

Angesichts der allseits präsenten Klagen über viel zu geringe Bildungschancen für Kinder aus armen Familien bleibt die Seite der Realität der staatlichen Bildungsangebote in Entwicklungsländern in der Regel unbeachtet. So stellt der Weltbildungsbericht 2013/14 hier erhebliche Mängel fest. Offensichtlich ist die Qualität des Unterrichts in staatlichen Grundschulen vielerorts schlecht, viele Lehrkräfte sind schlecht ausgebildet und unterbezahlt, haben keine oder nur veraltete Lehrbücher zur Verfügung und müssen in zwei oder drei Schichten am Tag in Klassen mit bis zu 50 Schülerinnen und Schülern unterrichten. Die Lehrpläne sind häufig fachlich überladen, haben keine klaren Ziele und entsprechen oft nicht den Lernbedürfnissen der Grundschüler. So fehlen vielen Kindern nach Abschluss der Grundschule Basiskenntnisse im Lesen, Schreiben und Rechnen. Dennoch ist es als positiv zu betrachten, dass die Einschulungsraten und Absolventenquoten der Primarschule weltweit steigen. Weiterführende, an gesellschaftlichen, volkswirtschaftlichen oder den Bedürfnissen der Jugendlichen ausgerichtete staatliche Bildungs- und Ausbildungsangebote fehlen in Entwicklungsländern jedoch häufig noch, ein System der beruflichen Bildung ist in vielen Staaten nur in Ansätzen vorhanden, auch Hochschulen und Universitäten leiden an materiell und finanziell schlechter Ausstattung.

M5 Strukturdaten ausgewählter subsaharischer Staaten (2014)

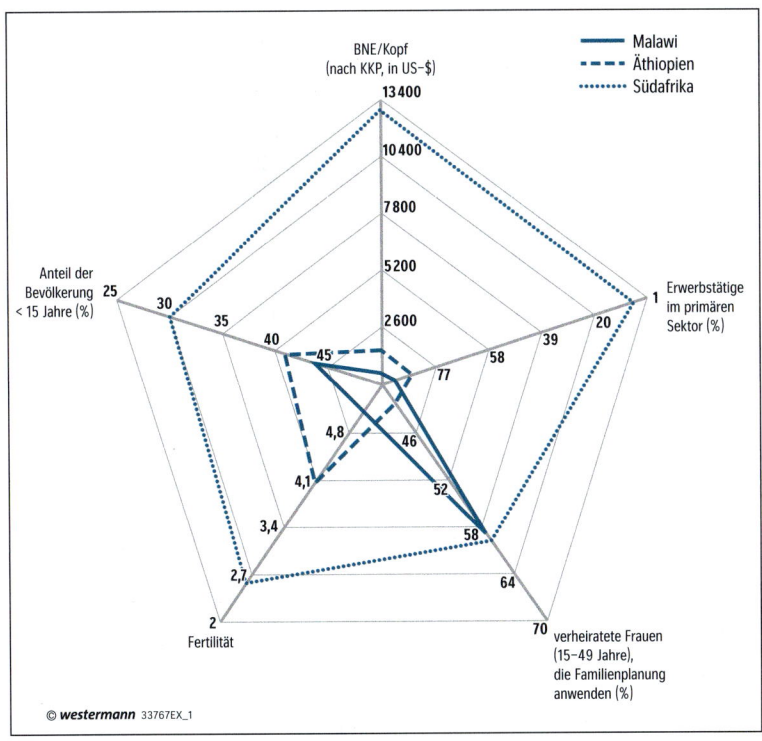

© *westermann* 33767EX_1

westermann

M6 Die Ein-Dollar-Brille

Im Juni 2009 inspirierte Paul Polaks Buch „Out of Poverty" einen Realschullehrer für Physik- und Mathematik, Martin Aufmuth aus Erlangen, dazu, eine Brille für all diejenigen zu entwickeln, die sich infolge ihrer Armut weder eine Sehschärfenuntersuchung noch eine Brille leisten können. Laut einer Studie der WHO gibt es weltweit gut 150 Millionen Menschen, deren Fehlsichtigkeit unbehandelt bleibt. Unermüdlich sammelte Martin Aufmuth Informationen über unzerbrechliche Materialien und probierte einfachste Methoden der Brillenbügelherstellung aus. Er entwickelte eine kleine, transportable, mechanische Biegemaschine, die völlig ohne Strom auskommt. Die Brille besteht aus einem gebogenen, bruchsicheren Federstahldraht mit vorgeschliffenen, lange kratzfesten Gläsern aus Polycarbonat, die sich ohne Werkzeug und je nach Sehstärke in den Rahmen einklicken lassen. Diese Plastikgläser werden in China hergestellt, es sind 25 verschiedene Stärken von -6,0 bis + 6,0 Dioptrien erhältlich. Das Standard-Brillenmodell kann durch zwei farbige Glasperlen vielfältig variiert werden. Die gesamten Materialkosten liegen bei rund einem US-Dollar, verkauft wird sie für zwei bis drei ortsübliche Tageslöhne und ist damit auch für sehr arme Menschen bezahlbar. Kinder stehen der Brille allerdings anfangs häufig sehr skeptisch gegenüber, da sie solche Sehhilfen überhaupt nicht kennen.

Aufmuth bildete 2012 in Uganda erste Afrikaner und Afrikanerinnen in einem knapp zweiwöchigen Lehrgang an der würfelförmigen, 30 cm mal 30 cm großen Biegemaschine aus und verbesserte diese gleichzeitig. Inzwischen dauert die komplette Herstellung einer Brille nur noch etwa 15 Minuten, ein Mitarbeiter kann also über 600 Brillen im Monat herstellen. Die selbstständigen „Ein-Dollar-Brillen-Optiker" fahren mit dem Fahrrad von Dorf zu Dorf, testen die Fehlsichtigen vor Ort mithilfe einer einfachen Sehtafel und fertigen im Anschluss eine individuell angepasste Brille. Gleichzeitig bilden diese Ein-Dollar-Brillen-Optiker weitere Mitarbeiter aus.

Im Jahre 2015 sind Mitarbeiter des von Martin Aufmuth gegründeten Vereins „EinDollarBrille e. V." in zehn Staaten tätig, in Äthiopien, Bangladesch, Benin, Bolivien, Brasilien, Burkina Faso, Malawi, Nicaragua, Ruanda und Uganda. Martin Aufmuth hat im Herbst 2014 seine Stelle als Realschullehrer aufgegeben und widmet sich jetzt in Kooperation mit einer immer länger werdenden Liste von Sponsoren und Projektpartnern aus aller Welt seiner Vision, 150 Millionen Menschen mit der Ein-Dollar-Brille auszustatten. Dazu sucht Martin Aufmuth noch weitere ehrenamtliche Helfer in Deutschland.

M7 Die Millenniums-Entwicklungsziele (MEZ) der Vereinten Nationen (2000)

Ziel 1   Bekämpfung extremer Armut und Hunger
Ziel 2   Primarschulbildung für alle Jungen und Mädchen
Ziel 3   Gleichstellung der Geschlechter, Förderung der Frauen
Ziel 4   Senkung der Kindersterblichkeit
Ziel 5   Verbesserung der Gesundheitsversorgung von Müttern
Ziel 6   Bekämpfung von HIV/Aids, Malaria und anderen schweren Krankheiten
Ziel 7   Ökologische Nachhaltigkeit
Ziel 8   Aufbau einer globalen Partnerschaft für Entwicklung

Quellen

M2: http://www.eduhi.at/dl/kinder_bildung.pdf
M3: eigener Text nach: http://science.orf.at/stories/1691083/; Online-Handbuch Demografie des Berlin-Instituts für Bevölkerung und Entwicklung: Bildung (von Catherina Hinz) (http://www.berlin-institut.org/online-handbuchdemografie/entwicklungspolitik/bildung.html)
M4: eigener Text nach: http://www.bmz.de/de/themen/bildung/hintergrund/bildungssituation/; https://bilwu.unesco.de/bildung/weltbildungsbericht/weltbildungs bericht-2008.html
M5: https://www.cia.gov/library/publications/the-world-factbook/geos/; Deutsche Stiftung Weltbevölkerung: Datenreport 2015. Soziale und demografische Daten weltweit. August 2015; Der neue Fischer Weltalmanach 2016. Zahlen, Daten, Fakten. Frankfurt a. M. 2015
M6: eigener Text nach: http://www.eindollarbrille.de/ueber-uns/kurze-entwicklungsgeschichte.html; http://www.galileo.tv/videos/erfindungen-fuer-eine-bessere-lebensqualitaet/; http://www.eindollarbrille.de/aktuelles/tech-award.html; http://www.deutschlandradiokultur.de/erfinder-martin-aufmuth-die-ein-dollar-brille-fuer.2165.de.html?dram:article_id=307557; Foto: EinDollarBrille e. V., Erlangen (Martin Aufmuth)
M7: http://www.un-kampagne.de/index.php?id=90

westermann

Zusatzmaterialien

M8 **Strukturdaten ausgewählter subsaharischer Staaten (2014)**

	BNE/Kopf (KKP in US-$)	Erwerbstätige im primären Sektor (%)	verheiratete Frauen (15–49 Jahre), die Familienplanung anwenden (%)	Fertilität	Anteil der Bevölkerung unter 15 Jahren (%)
Äthiopien	1 500	85	42	4,1	41
Malawi	780	90	59	5,0	44
Südafrika	12 700	5	60	2,6	30

Quelle: https://www.cia.gov/library/publications/the-world-factbook/geos/; Deutsche Stiftung Weltbevölkerung: Datenreport 2015. Soziale und demografische Daten weltweit. August 2015; Der neue Fischer Weltalmanach 2016. Zahlen, Daten, Fakten. Frankfurt a. M. 2015

M9 **Vorlage für ein Netzdiagramm**

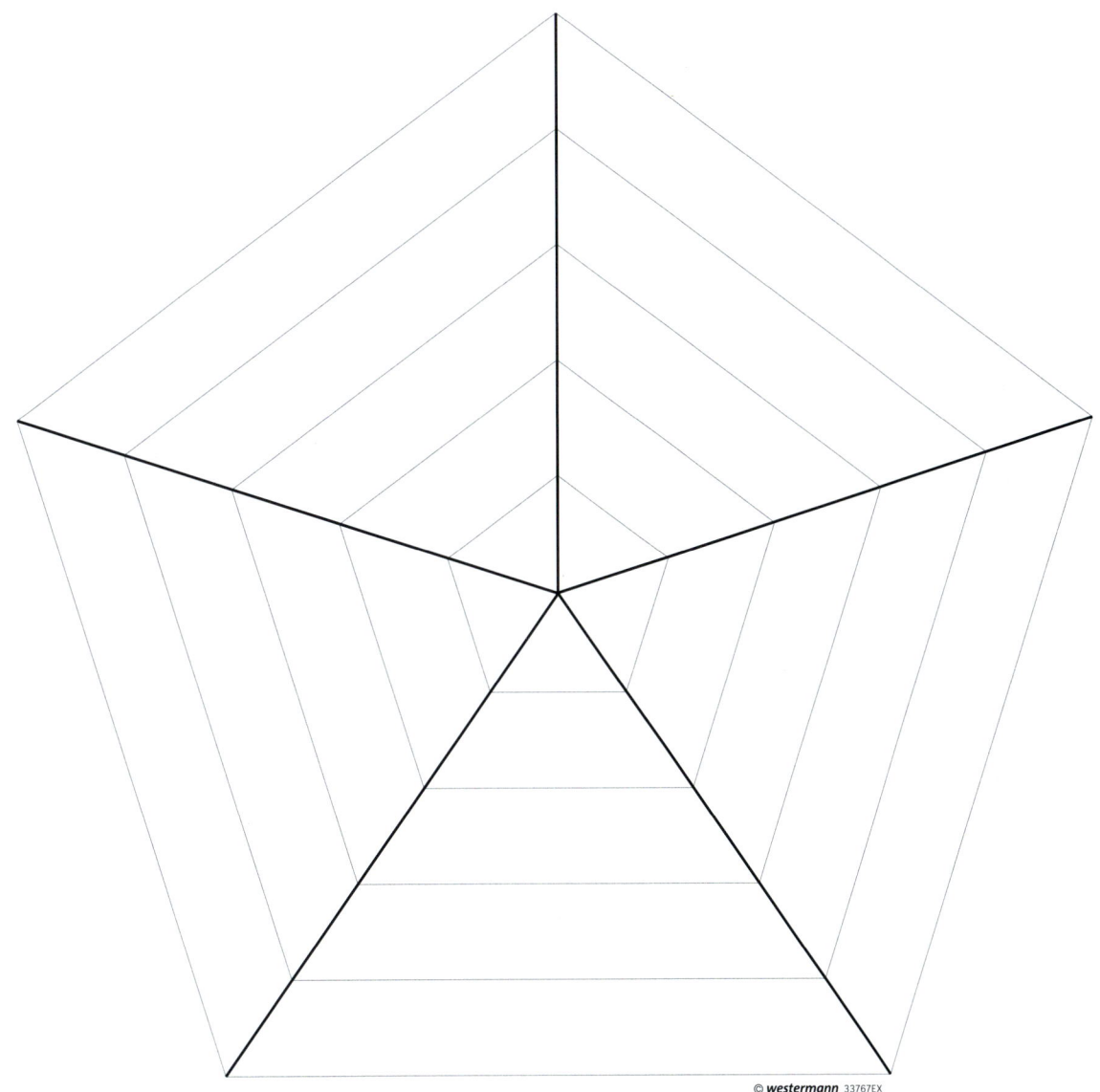

© *westermann* 33767EX

westermann

Tourismus in Nepal

Karten im Diercke Weltatlas

183.5 Himalaya –
Tourismus am Mount
Everest

Unterrichtliche Voraussetzungen

Zur Bearbeitung der Klausur wird die Behandlung folgender Themen und Aspekte im Unterricht vorausgesetzt: wirtschaftliche Bedeutung des Tourismus, Unterschiede zwischen sanftem und Massentourismus, Entwicklungszusammenarbeit, Entwicklungsstand, Nachhaltigkeit. Hilfreich ist zudem, wenn bereits das Himalayagebirge sowie die aus der Kollision der Kontinente resultierende Erdbebengefahr und deren Ursachen (Plattentektonik) behandelt wurde, ebenso die Bodendegradation durch unangepasste Landnutzung.

Fachbegriffe

allgemein:
- Entwicklungsland
- Entwicklungszusammenarbeit
- Nachhaltigkeit
- sanfter Tourismus
- Bodendegradation

in den Materialien:
- hochalpine Matten (M1)
- immergrüner Bergnebelwald (M1)
- Trekkingweg, -pfad (M1)
- Basislager/Basecamp (M1, M2)
- Lodge (M1, M7) (wird im Material erklärt)
- Nationalpark (M1, M7)
- Murenabgang (M2)
- Pauschalurlaub/-tourismus (M2)
- Jetstream (M2) (wird im Material erklärt)
- Sherpa (M2, M5) (wird in M2 erklärt)
- Expeditions-/Bergsteigertourismus (M3) (wird im Material erklärt)
- Trekkingtourismus (M3) (wird im Material erklärt)
- Monsun (M3, M9)
- Massentourismus (M5)
- Weltnaturerbe (M7)
- ökologisches Gleichgewicht (M7, M9)
- Binnenwirtschaft, Außenwirtschaft (M8)
- Finanztransfer (M8)
- ausländische Direktinvestitionen (M8)
- Handelsbilanzdefizit (M8)
- Bruttoinlandsprodukt (BIP) (M8)
- HDI (M8)
- Subsistenzwirtschaft (M8, M9)
- Eislawine (M9)
- Tektonik (M9)
- Bergsturz (M9)
- Erosion (M9)

Literatur

Guckes, J./Hofmann, M.: Entwicklung des Tourismus in Nepal – Beispiel Annapurna Base Camp Treck über Ghandruk. Institut für Geographie der Justus-Liebig-Universität Gießen, 2006 (http://geb.uni-giessen.de/geb/volltexte/2007/4677/pdf/GuckesTourismus_Werkstatt_12-137-154.pdf)

Gurubacharya, B.: Touristen bleiben in Nepal auch zur Hauptsaison aus. In: NWZ online vom 18.10.2015. (http://www.nwzonline.de/reisen/touristen-bleiben-in-nepal-auch-zur-hauptsaison-aus_a_30,1,2917711390.html)

Kreitling, H.: Neue Not und alter Kot am Mount Everest. In: Die Welt vom 15.03.2015. (http://www.welt.de/vermischtes/article138426437/Neue-Not-und-alter-Kot-am-Mount-Everest.html)

Nüsser, M.: Umwelt und Entwicklung im Himalaya: Forschungsgeschichte und aktuelle Themen. In: Geographische Rundschau, H. 4/2012, S. 4–9.

o. V.: Erstmals seit 40 Jahren bezwingt kein Bergsteiger den Everest. In: RP online vom 11.10.2015. (http://www.rp-online.de/panorama/ausland/mount-everest-erstmals-seit-1974-im-jahr-2015-kein-bergsteiger-oben-aid-1.5461734)

o. V.: Erste Everest-Besteigung nach zwei Katastrophenjahren steht bevor. In: NZZ vom 10.05.2016. (http://www.nzz.ch/panorama/bergsteigen-erste-everest-besteigung-nach-zwei-katastrophenjahren-steht-bevor-ld.81643)

Porschen, C.: Mount Everest verkommt zur Müllkippe. In: RP online vom 22.08.2012. (http://www.rp-online.de/leben/reisen/news/mount-everest-verkommt-zur-muellkippe-aid-1.2936350)

Prantl, D.: Hinauf in der Herde. In: Süddeutsche Zeitung vom 30.04.2014. (http://www.sueddeutsche.de/reise/tourismus-extrem-am-mount-everest-hinauf-in-der-herde-1.1945456)

Prantl, D.: Gefährliches Höhenfieber. In: Süddeutsche Zeitung vom 10.11.2015. (http://www.sueddeutsche.de/reise/mount-everest-gefaehrliches-hoehenfieber-1.2718451)

Raab, K.: Arbeitskampf am Mount Everest. In: Die Zeit vom 30.04.2014. (http://www.zeit.de/reisen/2014-04/sherpas-everest-streik-geschichte)

Studienkreis für Tourismus und Entwicklung e. V. (Hrsg.): Nepal verstehen. SympathieMagazin, 2012.

Sickert, T.: EverestNoFilter: Auf zum Mount Everest – mit Snapchat. In: Spiegel online vom 10.05.2016. (http://www.spiegel.de/netzwelt/web/everestnofilter-mit-snapchat-auf-den-mount-everest-a-1092033.html)

Titz, A.: Naturgefahren als Entwicklungshemmnis. In: Praxis Geographie, H. 9/2012, S. 34–38.

Uprety, H./Uprety, A./Reuber, P.: Nepals Erdbeben und die Folgen. In: Geographische Rundschau, H. 2/2016, S. 52–57.

Vollmuth, H.: Online in der Todeszone. In: Süddeutsche Zeitung vom 25.04.2015. (http://www.sueddeutsche.de/reise/everest-video-von-bergsteiger-kobusch-online-in-der-todeszone-1.2718453)

Internet

http://www.planet-wissen.de/natur/gebirge/himalaja/pwieumweltproblemeimhimalaja100.html
kurzer Artikel zu den Umweltproblemen im Himalaja

http://www.scinexx.de/dossier-detail-254-6.html
Raubbau im Bergwald – Abholzungssünden in Nepal und Tibet

https://www.destatis.de/DE/ZahlenFakten/LaenderRegionen/Internationales/Land/Asien/Nepal.html
Daten zu Nepal vom Statistischen Bundesamt

https://dzi.org/history-and-mission/
dZi Foundation setzt sich für eine nachhaltige Entwicklung Nepals ein

Kürzungs- und Erweiterungsmöglichkeiten (geplante Bearbeitungszeit: 90 min)

	Kürzungsmöglichkeiten	Erweiterungsmöglichkeiten
Aufgabe 1	Wenn die Schüler die Aufgabe nur auf der Basis von M1, M2 und M3 lösen, ist die Antwort weniger umfangreich.	
Aufgabe 3		Für einen Leistungskurs kann Aufgabe 3 erweitert werden: → 3. Entwickeln Sie nachhaltige und erfolgversprechende Perspektiven der Entwicklungszusammenarbeit (im Tourismus und in anderen Wirtschaftsszweigen) in Nepal unter Berücksichtigung der Bodendegradation und Landnutzung. (M10)

Erwartungshorizont mit Punkteverteilung

Bitte beachten Sie: Die Punkteverteilung stellt nur einen Vorschlag dar, der je nach Bundesland und Kurssituation angepasst werden muss. Die Punkte beziehen sich zudem nur auf inhaltliche Aspekte, nicht auf die Darstellungsleistung der Schüler.

Aufgabe 1 Anforderungsbereich: I Materialien: M1, M2, M3, M4, M5, M6, M7, M8, M9	maximale Punktzahl	erreichte Punktzahl
Touristische Infrastruktur – Trekkingtouristen und Expeditionstouristen mit Ziel Basecamps und andere 8000er reisen in dieses Gebiet. (M1) – (daneben Kulturtouristen im Kathmadutal) (M3) – Logesiedlungen (Siedlungen mit vielen Unterkünften für Trekkingtouristen) (M1, M5) – Menschen leben vom Tourismus. (M1, M3, M5, M6) – Handelsorte Namche Bazar und Lukla als Versorgungsorte (M1) – Vom Flughafen Lukla ist man in 30 Minuten am internationalen Flughafen in Kathmandu. (M1) – Trekkingpfade, v. a. Mount Everest Trek (M1) – Basecamps für Bergbesteigungen der 8000er (M1) – Die Touristensiedlungen und die Trekkingwege starten im immergrünen Bergnebelwald und ziehen sich bis hoch in die Schnee- und Gletscherregionen. (M1)	10	
Entwicklung des Tourismus – Neben den Trekkingtouristen sind es vor allem Expeditionstouristen/Bergsteiger, die in Form vom Pauschalreisen ins Everestgebiet kommen. (M2, M3, M4, M8) – Tourismus stieg bis 2014 rapide an (von unter 200 000 internationalen Tourismusankünften 1980 bis ca. 800 000 im Jahr 2014). (M4, M6) – Besteigungen nahmen rapide zu (2013: 681 Besteigungen), aber auch die Todeszahlen am Mount Everest (2013: 8 Todesopfer). (M4) – 2014 und 2015 Einbruch bei den Besteigungen. 2014: Lawine verschüttete 16 Sherpas, restliche Sherpas streikten daraufhin; 2015 starkes Erdbeben (nicht nur Bergsteiger stornierten, sondern auch Trekkingtouristen) (M2, M3, M5) – aufkeimender Tourismus in der Saison 2016 (M2)	6	

Aufgabe 1 Anforderungsbereich: I Materialien: M1, M2, M3, M4, M5, M6, M7, M8, M9	maximale Punktzahl	erreichte Punktzahl
– Tourismus ist inzwischen zur wichtigsten Einnahmequelle rund um den Everest geworden. (M8) – Seit den 1980er-Jahren Zunahme des Abenteuertourismus, v. a. Zahl der Bergsteiger ist enorm gestiegen. (M5, M6, M7) – Veränderung des Verhältnisses der Einheimischen zu den Touristen; inzwischen sind Touristen Auftraggeber und nicht mehr „Herren". (M5) – Motive der Touristen haben sich verändert: von den entbehrungsreichen ersten Eroberungen zum Pauschaltourismus. (M5, M7) – Nicht nur Sherpas leben als Träger oder Organisatoren vom Trekking- und Expeditionstourismus, sondern alle Bevölkerungsgruppen in Nepal. (M5, M6, M7, M8) – Politische Probleme, Handelsembargo und schleppender Wiederaufbau behindern Tourismusbranche. (M9) – Treibstoff ist knapp, Taxis teuer, selbst Restaurants sind ohne Gas und kochen mit Feuerholz. (M9)	6	
Probleme durch den Tourismus – Touristen verursachen Müll- und Hygieneprobleme, vor allem am Mt. Everest und dessen Basecamps selbst (Sanitärproblem ebensowenig gelöst wie Müllproblem, Müll kann nur unter Lebensgefahr ins Tal transportiert werden). (M7) – Ökologisches Gleichgewicht wird gestört. (M7) – Abenteuerlustige Touristen kommen aber auch durch Unwissenheit und Unvermögen ums Leben (selbst die Leichen verbleiben oft am Berg). (M7)	4	
Touristensaison – Hauptzeiten: Frühjahr (März/April) und Herbst (Oktober/November) (M3) – Gründe: Klima: Monsun im Sommer und Kälte im Winter behindern Bergtourismus, im Winter zu kalt für die Expeditionen, im Sommer Gefahr durch Murengänge durch die Starkniederschläge des Monsuns (M3)	4	
	30	

Aufgabe 2 Anforderungsbereich: II/III Materialien: M1, M2, M4, M5, M7, M8, M9	maximale Punktzahl	erreichte Punktzahl
Vorteile – Alternative zum durch Subsistenz geprägten Agrarsektor (M8) – Alternative zur schrumpfenden Industrie (v. a. Textil- und Teppichindustrie) (M8) – Dienstleistungssektor, v. a. Tourismus, einzige Wachstumsbranche (M5, M8) – Ferienwohnungen, Lodges und Kleinstläden sind weitere Einnahmequellen der Einheimischen (M1, M8) – viele arbeiten als Träger oder „Porterguides" für einheimische oder internationale Tourismusunternehmen (M5, M8) – daneben leben auch viele Kunsthandwerker vom Tourismus; Wachstums- und Einnahmequelle für nepalesische Wirtschaft (vom Flugbetrieb bis zum informellen Sektor, z. B. Garküchen oder Träger). (M5, M8) – durch Tourismus Deviseneinnahmen (M8) – touristische Zentren wie Lukla oder Namche Bazar entstehen (M1) – entlang der Trekkingwege und -pfade können sich Lodgesiedlungen entwickeln (M1) – informeller Sektor kann sich dort entwickeln (Garküchen, Lodges etc.) (M5, M8) – kulturelle Besonderheiten, wie z. B. buddhistische Klostersiedlungen, bleiben erhalten und gewinnen an Wertschätzung auch durch Touristen (M5, M8) – Infrastruktur in ganz Nepal könnte vom Tourismus profitieren – im Moment v. a. die Flughäfen (wie Lukla) (M1, M8) – ehemalige reine Agrarsiedlungen konnten sich zu Touristenzentren entwickeln (Namche Bazar) – Nationalparks (Sagarmatha-Nationalpark und Makalu-Barun-Nationalpark) sind entstanden (M1, M8) – inzwischen wird auch die Umweltproblematik erkannt und schafft z. T. Arbeitsplätze (M7) – wirtschaftliche Entwicklung peripherer Hochgebirgsräume durch Trekkingtouristen, z. B. Mount Everest Trek (M1, M5, M8) – touristische Nachfrage nach Kunsthandwerk kann zum Erhalt der Kultur beitragen	20	

Aufgabe 2 Anforderungsbereich: II/III Materialien: M1, M2, M4, M5, M7, M8, M9	**maximale Punktzahl**	**erreichte Punktzahl**

Nachteile
 – Bürgerkrieg, Blockade und Naturkatastrophen (durch Klimawandel verstärkte Starkniederschläge, Überschwemmungen, Lawinen und Erdbeben) gefährden den Tourismus als oftmals einzige Einnahmequelle. (M9)
 – Viele Kleinbetriebe und Läden sind direkt vom Tourismus abhängig. Bleiben Touristen wie in der Saison 2015 aus, fehlen diese Einnahmen in allen Bereichen. (M5, M8, M9)
 – hohe Investitionen in touristische Infrastruktur notwendig (Flughafen Lukla, evtl. Straßenbau, Unterkünfte, Hotels, Telekommunikationszentren z. B. in Namche Bazar) (M1, M8, M9)
 – Verschärfung räumlicher Disparitäten (jenseits der Trekkingrouten), Konzentration auf Mount Everest Gebiet (M1, M5, M8)
 – Infrastrukturprobleme z. T. nicht lösbar (tiefe Schluchten, enge Täler etc.) (M1)
 – Verschärfung ethnischer Konflikte (Sherpas verdienen für nepalesische Verhältnisse viel Geld) (M9)
 – soziokulturelle Beeinflussung gesellschaftlicher Werteordnungen (Neid, Unmut) (M8, M9)
 – extrem riskante Arbeitsbedingungen für alle, die die Expeditionswege vorbereiten (Pistenbauer) (M2, M5)
 – Gefährdung der Touristen durch:
  – Erdbeben (tektonisches Risikogebiet) (M9)
  – Häufung von Lawinen und Erdrutschen infolge des Klimawandels (M4, M9)
  – Jetstreams und einhergehende Starkwinde (M9)
  – Extremtemperaturen (kälter als -25 °C) (M2, M9)
  – Lawinen (M2, M9)
  – Wetterwechsel (M2)
  – Stau an den Passagen (M2)
 – ökologische Probleme durch Müll, Fäkalien, ausgetretene Pfade usw. (M7)
 – Anstieg der Anzahl der Touristen führt zu vermehrtem Verbrauch an Ressourcen (u. a. Brenn- und Bauholz) (M9)
 – weitere Rodungen führen zu verstärkter Erosion, das führt zur Bodendegradation (M9)
 – touristische Nachfrage nach Kunsthandwerk kann zum Ausverkauf der Kultur beitragen
	25	

	45	

Aufgabe 3 Anforderungsbereich: III Materialien: M1, M2, M3, M4, M5, M6, M7, M8, M9	**maximale Punktzahl**	**erreichte Punktzahl**
Ausschlaggebend ist hier die Nachhaltigkeit. Soziale, wirtschaftliche und ökologische Aspekte müssen daher berücksichtig werden. Individuelle Vorschläge, dabei sind Ideen sinnvoll, die den sanften Tourismus und Alternativen zum Massentourismus im Everestgebiet beinhalten, z. B. weg vom Pauschaltourismus, hin zu nachhaltigen Konzepten, die umweltverträglich, sozialverträglich und ressourcenschonend sind. Neben dem Tourismus sollten auch die anderen Wirtschaftszweige gefördert werden, so die Wasserkraft, Industrie im Chitwan und im Kathmandutal, wobei ökologische Aspekte nicht vergessen werden dürfen. Hierbei sind v. a. Kleinprojekte anstatt prestigeträchtiger Großprojekte sinnvoll. Ökologisch müssen das Müllproblem gelöst und die Entwaldung gestoppt werden. Projekte, die sich mit Aufforstungsmaßnahmen und Recycling beschäftigen, sind sinnvoll. Nepal bedarf der politischen Stabilisierung, d. h., die Konflikte vor allem im Süden des Landes müssen gelöst werden, sodass Rohstoffe aus Indien auch wieder ins Land kommen. Gerade da Nepal durch viele Naturrisiken und politische Instabilität (bedingt u. a. auch durch Korruption) sehr verletzlich ist, sollten hier Bestrebungen gestartet werden.	25	

Name: ....   **Datum:** ....

Kurs/Klasse: ....   **Zeit:** ....

Tourismus in Nepal

Aufgabe 1
Beschreiben Sie die Merkmale des Tourismus am und um den Mount Everest.

Aufgabe 2
Erörtern Sie die Vor- und Nachteile des Tourismus am Mount Everest für Nepal.

Aufgabe 3
Entwickeln Sie nachhaltige und erfolgversprechende Perspektiven der Entwicklungszusammenarbeit (im Tourismus und in anderen Wirtschaftszweigen) in Nepal.

M1 **Diercke Weltatlas**

183.5 Himalaya – Tourismus am Mount Everest
weitere Atlaskarten nach Wahl

M2 **Einbruch beim Pauschaltourismus auf dem Dach der Welt**

[...] Wer den Everest besteigen möchte, bucht den Trip wie einen Pauschalurlaub. Es gibt rund hundert Expeditionsagenturen in Nepal, die den Berg im Programm haben. Auch Firmen aus den USA und Neuseeland organisieren Besteigungen. Die Alpinisten bezahlen je nach Angebot zwischen 30 000 und 90 000 Dollar, 11 000 Dollar davon streicht die nepalesische Regierung für die Genehmigung ein.

Zuletzt kam das Geschäft mit dem Everest allerdings zum Erliegen [erst seit der Saison 2016 sind die Tourismuszahlen wieder gestiegen]. Im April 2014 ging auf der Südseite des Berges eine Lawine ab, 16 Sherpas* kamen ums Leben. Die anderen Sherpas traten in einen Arbeitsstreik, die Expeditionsfirmen mussten die Klettersaison absagen.

Im April 2015 erschütterte ein heftiges Erdbeben Nepal, fast 9000 Menschen starben, eine halbe Million Häuser wurden zerstört. Das Beben löste am Everest eine gewaltige Lawine aus, die sogar das Basislager unter sich begrub. 19 Bergsteiger wurden getötet, die Saison fiel wieder aus. Auch viele Wanderer stornierten ihre Trips im Himalajagebirge.

Die Regierung rechnet beim Tourismus mit einem Umsatzrückgang um 50 Prozent. Einige Bergsteiger wollen den Everest künftig lieber über die Nordroute bezwingen, von der chinesischen Seite aus. Für Nepal geht es jetzt um eine seiner wichtigsten Einnahmequellen.

Dawa Steven Sherpa, 31, ist der Chef von Asian Trekking, einer der größten Wander- und Expeditionsagenturen in Kathmandu. „Nepal besteht größtenteils aus tiefen Schluchten und unwegsamem Gelände", sagt er, „dort Infrastruktur oder Industrie aufzubauen ist fast unmöglich. Deswegen ist der Tourismus unser wichtigster Wirtschaftszweig."

Dawa Steven organisiert jedes Frühjahr zwei Expeditionen am Everest. Nach den Lawinen hätten manche Sherpas Druck von ihren Familien und Ehefrauen bekommen, erzählt er. „Einige haben sich neue Jobs gesucht, die weniger riskant sind." Dagegen lassen sich seine Kunden, die westlichen Bergsteiger, von den Unglücken nicht abschrecken. „Bei ihnen ist der Everest so populär wie immer", sagt Dawa Steven. 30 Plätze bietet er für die Saison 2016 an, 17 Anmeldungen hat er schon. [...]

Der Everest im Herbst gilt als großes Wagnis. Der Jetstream, ein bandartiges Starkwindfeld, hängt dann über dem Himalajagebirge. Er bringt kräftige, kalte Winde. Profialpinisten halten sich für Besteigungen ohne Flaschensauerstoff an die 25/25-Regel: Es darf am Gipfel nicht mehr als 25 Stundenkilometer Wind haben und nicht weniger als minus 25 Grad Celsius kalt sein. Im Herbst können allerdings Windgeschwindigkeiten von bis zu 160 Stundenkilometern auftreten. [...]

[Am 4. Mai 2016 bestiegen zum ersten Mal seit zwei Jahren wieder Menschen den Gipfel des Mount Everest.]

* Als „Sherpa" wurde ursprünglich nur eine ethnische Minderheit von 150 000 bis 180 000 Menschen in Nepal bezeichnet. Mittlerweile hat sich der Begriff allgemein für Hochgebirgsträger im Himalaya durchgesetzt, obwohl dies in keiner Weise korrekt ist. Diese bestehen neben Sherpas nämlich auch aus anderen Ethnien.

M3 **Touristenankünfte in Nepal im Jahresverlauf (Beispiel: 2013)**

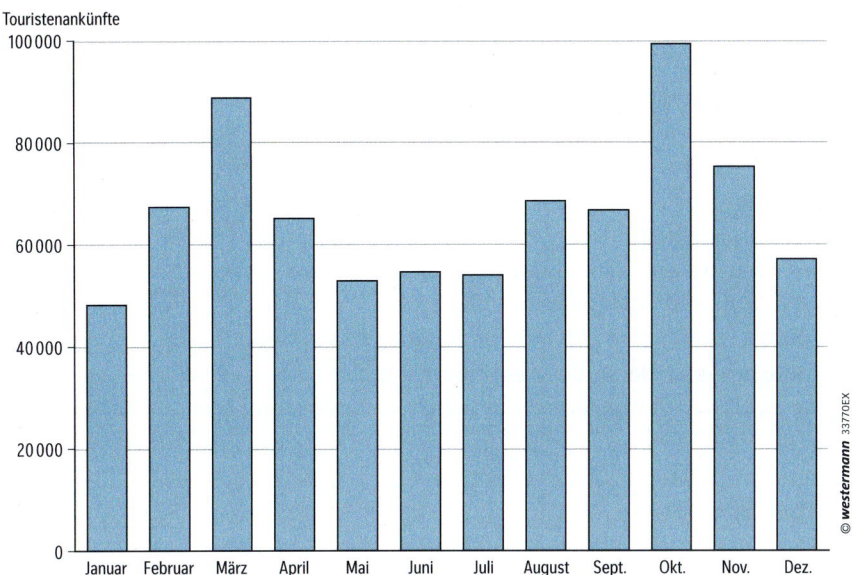

Während es im Januar in den höheren Lagen winterlich kalt ist, beherrscht im Sommer der Monsun mit seinen starken Regenfällen das Land. Folgen der extremen Kälte bzw. des Regens sind häufige Lawinen und Murenabgänge, die ein erhöhtes Sicherheitsrisiko für die Touristen darstellen. Das Frühjahr ist aufgrund der geringen Niederschläge eine beliebte Reisezeit, trotz meist trüber Sichtverhältnisse. Spätsommer und Herbst sind eine begehrte Reisezeit für Trekking[1]- und Expeditions-/Bergsteigertourismus[2], da dann die meisten Pässe und Hochlagen schneefrei sind.

[1] Mehrtägige, leichte bis sportlich anspruchsvolle Wanderungen in den mittleren Lagen des Himalaja mit oder ohne begleitende Träger, individuell oder in Gruppen.
[2] Geführte und komplett organisierte Besteigungen der sehr hohen Berge unter extremen Bedingungen.

M4 **Gipfelbesteigungen Mount Everest 1953–2015**

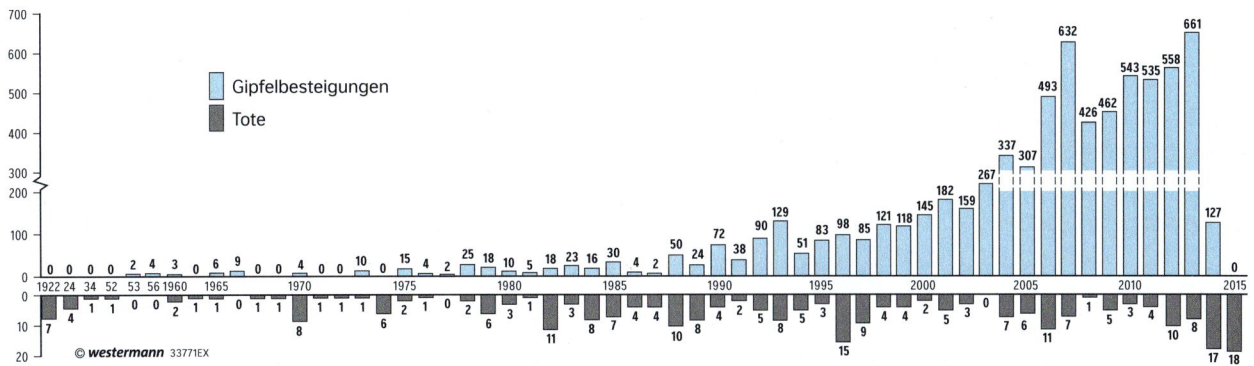

M5 **Bedeutung der Sherpas für den Mount Everest Tourismus**

Den Sherpas kommt bei den touristischen Touren auf die Achttausender im Himalaya eine Schlüsselrolle zu: Sie verdienen für nepalesische Verhältnisse dabei viel Geld, allerdings bekommen sie nur einen Bruchteil dessen, was jeder ausländische Expeditionsteilnehmer zahlen muss [...] Etwa 11 000 Dollar kosten die Genehmigungen, die Nepals Regierung erteilt, für dieses Frühjahr an etwa 350 Bergsteiger. „Das meiste Geld verdient die Regierung", klagt Tashi Tenzing [ein Enkel des Everest-Erstbesteigers Tenzing Norgay] am Telefon in Kathmandu. Das größte Risiko allerdings tragen die Sherpas. Am 18. April, am Tag des tödlichen Unglücks, bereiteten 16 von ihnen einen Weg nach oben vor. Den Weg zu bauen dauert viel länger als ihn zu überqueren, Reinhold Messner sprach im Bayerischen Rundfunk dieser Tage [im April 2014] von einer Woche Arbeit für einen Weg, den man in zehn Minuten zurücklegen kann. Die Gefahr, von einer Lawine begraben zu werden, ist für die Pistenbauer dadurch viel größer. [...]

westermann

Die Arbeitskämpfe der Sherpas zeugen auch davon, wie sehr sich die Bedingungen, unter denen der Everest bestiegen wird, in den vergangenen knapp 100 Jahren geändert haben: Vor allem ist die Zahl der Bergsteiger enorm gestiegen. Als ein möglicher Beginn des Massentourismus lässt sich der Bau einer Start- und Landebahn 1964 im Sherpa-Gebiet Solu Khumbu am Fuß des Everests ausmachen. Eigentlich war sie gedacht, um Materialien für den Bau eines Krankenhauses heranzuschaffen, aber letztlich war sie ausschlaggebend dafür, dass sich die Zahl der ausländischen Besucher in der Region binnen zehn Jahren von 20 auf 3500 erhöhte.

Es entstanden Unterkünfte und Ferienwohnungen, der Tourismus wurde zum Wirtschaftsfaktor. In den achtziger Jahren setzte sich die Entwicklung mit der Zunahme von Abenteuerreisen fort. Und während sich die Branche professionalisierte, veränderte sich auch die Beziehung der Sherpas zu den Bergsteigern. Die wurden von Herren, die Sherpas wie Kulis behandelten, zu Auftraggebern. Die Sherpas sind heute selbst Akteure des Massentourismus. [Inzwischen arbeiten fast alle ethnischen Gruppen auch als Träger oder „Porterguides", also Träger und Führer.]

Und auch das Motiv der Expeditionen ist in vielen Fällen heute ein anderes als vor Jahrzehnten. Der 1924 im Himalaya gestorbene Bergsteiger George Mallory sagte einst, man versuche, den Mount Everest zu besteigen, „weil er da ist". Heute wollen nicht nur erfahrene Bergsteiger, sondern auch viele Abenteuerreisende auf den Gipfel, weil es geht. Es geht aber nur, weil Sherpas es ermöglichen.

M6 **Internationale Touristenankünfte in Nepal 1964–2014**

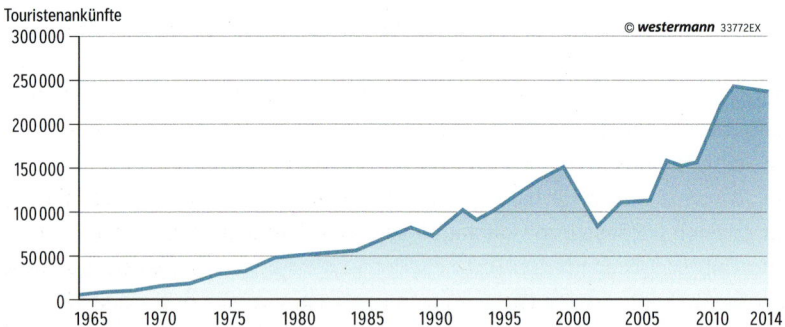

M7 **Tourismus im Everestgebiet und seine Folgen**

Müllberge am Everest auf 8000 Metern Höhe

Dem Reiz, den höchsten Berg der Welt zu bezwingen, erliegen inzwischen nicht mehr nur passionierte Bergsteiger. Der Mount Everest wird immer mehr zum Ausflugsziel für abenteuerlustige Touristen. Die hinterlassen auch viel Müll und bringen das ökologische Gleichgewicht durcheinander.

[...] Acht Tonnen Müll hat die Umweltorganisation EcoHimal nach eigenen Angaben seit 2011 bereits vom Berg heruntergeholt – ebenfalls auf eigene Gefahr. Der gefährlichste Teil der Clean Up-Aktion ist der Abstieg mit den schweren Müllpaketen auf dem Rücken. Hier riskieren die Helfer ihr Leben und gehen an ihre Belastungsgrenzen.

Kurt Luger von EcoHimal sieht im Berg- und Wandertourismus eine Wachstumsbranche. „Derzeit (2012) kommen etwa 35 000 Touristen in das Gebiet und doppelt so viele Helfer, also rund 100 000 Personen. Diese Zahlen beunruhigen mich nicht, aber die Qualität der Lodges (Unterbringungen) und der Sanitäreinrichtungen muss noch besser werden."

Im wachsenden Tourismus erkennt Luger auch eine Chance: Wenn er geplant und ökologisch einwandfrei betrieben würde, könne er die Landschaft sogar schützen. Denn die Everest Region ist seit 1976 Nationalpark und seit 1979 Weltnaturerbe. „Außerdem ist der Tourismus die hauptsächliche Einnahmequelle für die Einheimischen. Dort oben – über 3600 Meter – wächst nichts mehr, nur der Tourismus."

M8 Wirtschaft Nepals

Binnenwirtschaft

Der zehnjährige Bürgerkrieg hat die wirtschaftliche Entwicklung Nepals deutlich beeinträchtigt. Mit dem 2006 eingeleiteten Friedensprozess haben sich die politischen Rahmenbedingungen für die Wirtschaft bislang nur wenig verbessert. Das gesamtwirtschaftliche Wachstum bewegte sich in den letzten Jahren real zwischen 2 und 4 %. Es lag damit deutlich unter den Wachstumsraten der zwei großen Nachbarn Indien und China, deren wirtschaftliche Dynamik Nepal bislang nicht für sich nutzbar machen konnte.

Mit einem jährlichen Pro-Kopf-Einkommen von 730 US-Dollar (2013) ist Nepal das zweitärmste Land Südasiens und zählt weiterhin zu den 20 ärmsten Ländern der Welt. Ein Viertel der Bevölkerung lebt unterhalb der nationalen Armutsgrenze. [HDI: 0.548, Rang 145 (Stand 2014)]. [...]

Nepal ist noch immer ein weitgehend von der Subsistenzwirtschaft geprägter Agrarstaat. Die Landwirtschaft beschäftigt mehr als die Hälfte der Erwerbstätigen und trägt mehr als ein Drittel zum Bruttoinlandsprodukt (BIP) bei. Der Anteil des verarbeitenden Sektors am BIP hingegen ist aufgrund der schwierigen Rahmenbedingungen für Industriebetriebe in den letzten Jahren kontinuierlich zurückgegangen und liegt nun bei etwa 15,5 % (2013).

Das größte Entwicklungspotenzial des Landes ist die bisher weitgehend ungenutzte Wasserkraft. Auch der [bis zum Erdbeben 2015] bereits florierende Tourismus birgt noch großes Wachstumspotenzial, ebenso wie hochwertige (Kunst-) Handwerksprodukte und die Industriestandorte nahe der indischen Grenze.

Etwa 90 % aller Unternehmen des Landes sind Kleinbetriebe, die einen wichtigen Beitrag zur Beschäftigung leisten, aber nur 4 % zum BIP beitragen. Die geschätzten sechs Millionen im Ausland lebenden Nepalesen tragen mit ihren Finanztransfers in die Heimat mit über 25 % zum BIP bei. Diese Mittel führen jedoch kaum zu Investitionen, sondern fließen unmittelbar in den lokalen Konsum. Die Inflation ist zuletzt leicht gesunken und liegt aktuell bei etwa 8,5 %.

Ausländische Direktinvestitionen machen nur einen sehr geringen Anteil am gesamten Staatshaushalt aus. Ein Drittel des Budgets wird von der Gebergemeinschaft im Rahmen der Entwicklungszusammenarbeit finanziert.

Außenwirtschaft

Die außenwirtschaftliche Situation Nepals ist geprägt von einem steigenden Handelsbilanzdefizit (in 2014 ca. 4,75 Mrd. Euro). Es wird durch Überschüsse bei Dienstleistungen (insbesondere Tourismus) und Finanztransfers (Gastarbeiter- und Rentenüberweisungen) nicht mehr kompensiert.

M9 Ungunstfaktoren

Text 1: Probleme der Landwirtschaft

Nepal ist ein von Subsistenzwirtschaft geprägter Agrarstaat. Obwohl sich nur ein geringer Teil Nepals für die landwirtschaftliche Nutzung eignet und eine große Abhängigkeit vom Monsun besteht, arbeitet die Hälfte aller Erwerbstätigen in diesem Wirtschaftszweig. Durch die verstärkte landwirtschaftliche Nutzung auch ungeeigneter Böden kommt es vielerorts zu Erosionsschäden, die das Risiko von Erdrutschen und Flutkatastrophen erhöhen.

Text 2: Auswirkungen des Klimawandels

Nach einer 2010 veröffentlichten Studie gehört Nepal zu den Ländern in Asien, die besonders von den Folgen des Klimawandels betroffen sein werden – etwa in Form von sich häufenden Unwettern, Dürren und Überschwemmungen. Deutschlands bekanntester Höhenbergsteiger Ralf Dujmovits prophezeit [im November 2015]: „Es werden weiterhin [am Mount Everest] große Unfälle passieren. Und es wird eher noch mehr Tote geben." Als Grund sieht er keineswegs Ausnahmeerscheinungen wie das Erdbeben im Frühjahr 2015, sondern einen Anstieg von Eislawinen, bedingt durch die globale Erwärmung. „Als ich 1989 erstmals am Everest war, ist einmal pro Saison eine Lawine in den Eisbruch gedonnert. Inzwischen passiert das fast täglich."

westermann

Text 3: Erdbebengefährdung

Aufgrund der geologischen Gesamtlage gelten viele Teile Nepals bereits lange als tektonische Risikogebiete: Wie aus der Geschichte der letzten Jahrhunderte hervorgeht, ist im Umfeld des Kathmandu-Tals alle 70 bis 100 Jahre ein schweres Erdbeben zu erwarten.

[...] Die [Erbeben-]Katastrophe verschärfte diese bereits bestehenden gesellschaftlichen Bedingungen: So gehörten beispielsweise 95 % der komplett zerstörten traditionellen Häuser Menschen aus ärmeren, meist ländlich verorteten Teilen der Bevölkerung. [...]

Text 4: Bergstürze

Oft sind neben einer natürlichen Erosion der Hänge auch geologische Auslöser wie tektonische Störungen im Gestein für solche Bergstürze verantwortlich [...]. Durch die Abholzung des Waldes ist der natürliche Schutzmantel für die Steilhänge löcherig geworden oder ganz verschwunden. Deshalb können Wind, Wasser und Sonne zusätzliche Angriffsflächen finden, Risse ins Gestein sprengen und Klüfte verbreitern. Die Folge: verheerende Bergstürze.

Text 5: Gefährdung der Wälder

Innerhalb weniger Jahrzehnte wurde dabei nahezu die Hälfte des Waldbestandes in Nepal vernichtet. Entscheidend zum Raubbau beigetragen haben jedoch auch die vielen Hunderttausend Touristen, die seit der Öffnung der Grenzen in den 1950er- und 1960er-Jahren in das Land strömten.

Zur Bewirtung der Fremden und für angenehm temperierte Unterkünfte in den Touristen- und Bergsteiger-Camps verbrauchten die Nepalesen nach Angaben der Umweltschutzgruppe Greenpeace fünf- bis sechsmal so viel Energie – und damit in erster Linie Brennholz – wie für sich selbst. Kein Wunder, dass heute gerade mal noch ein Drittel des ehemaligen Waldes übrig geblieben ist. Dennoch deckt das Land auch heute noch rund 80 Prozent seines Energiebedarfs durch Holz.

Text 6: Politische Probleme 2015/2016

[Zu dem] schleppenden Wiederaufbau nach dem Erdbeben kommen [immer wiederkehrende] politische Probleme: [Ein Beispiel ist die Handelsblockade: Seit August 2015] blockieren Gruppen von der Ethnie der Madhesi im Süden des Landes Schnellstraßen, um gegen die gerade in Kraft getretene Verfassung zu protestieren. Auch ein Grenzübergang zu Indien ist dicht, über den sonst der Großteil des Treibstoffs und andere Vorräte ins Land kommen. Indien, das enge Beziehungen zu den Madhesis unterhält, wehrt sich gegen den Vorwurf Nepals, es habe eine Blockade verhängt.

Durch die Benzinknappheit entstand ein Schwarzmarkt, an den Tankstellen bilden sich lange Schlangen. Die meisten Busverbindungen wurden eingestellt. Finden Fahrten statt, so sind die Busse so überfüllt, dass Passagiere aufs Dach ausweichen müssen. [...] Gleichzeitig stiegen die Taxipreise auf ein Vielfaches. [...] Doch nicht nur der Verkehr ist betroffen. Viele Restaurants in Thamel schlossen aus Mangel an Kochgas ihre Pforten.

[Noch zum Jahreswechsel 2016 wurde in Kathmandu in Restaurants aber auch in den Privathaushalten hauptsächlich auf Holzfeuer gekocht, wie es sonst auf dem Land üblich ist. Internationale Flüge aus Nepal heraus mussten in Indien ungeplant zwischenlanden, um aufzutanken, da es in Nepal kein Kerosin gab.]

Quellen

M2: Eberle, Lukas: Harakiri vor Publikum. In: Der Spiegel vom 12.09.2015 (http://www.spiegel.de/spiegel/print/d-138603670.html)

M3: Diagramm: Nepal Tourism Statistics 2014. Kathmandu 2015, S. 12 f. (http://www.tourism.gov.np/images/download/Nepal_Tourism_Statistics_2014_Integrated.pdf); Text: eigener Text

M4: http://www.sueddeutsche.de/reise/mount-everest-gefaehrliches-hoehenfieber-1.2718451

M5: Raab, Klaus: Arbeitskampf am Mount Everest. In: Die Zeit vom 30.04.2014 (http://www.zeit.de/reisen/2014-04/sherpas-everest-streik-geschichte)

M6: Nepal Tourism Statistics 2014. Kathmandu 2015, S. 9 f. (http://www.tourism.gov.np/images/download/Nepal_Tourism_Statistics_2014_Integrated.pdf)

M7: Text: Kreitling, Holger: Neue Not und alter Kot am Mount Everest. In: Die Welt vom 15.03.2015. (http://www.welt.de/vermischtes/article138426437/Neue-Not-und-alter-Kot-am-Mount-Everest.html); Foto: AFP Agence France-Presse, Berlin (Namgyal Sherpa)

M8: Auswärtiges Amt, Stand: März 2015 (http://www.auswaertiges-amt.de/DE/Aussenpolitik/Laender/Laenderinfos/Nepal/Wirtschaft_node.html)

M9: Text 1: http://www.bmz.de/de/laender_regionen/asien/nepal/zusammenarbeit/index.html; Text 2, 1. Abschnitt: http://www.bmz.de/de/laender_regionen/asien/nepal/zusammenarbeit/index.html; Text 2, 2. Abschnitt: Prantl, Dominik: Gefährliches Höhenfieber. In: Süddeutsche Zeitung vom 10.11.2015 (http://www.sueddeutsche.de/reise/mount-everest-gefaehrliches-hoehenfieber-1.2718451); Text 3: Uprety, Hannah/Uprety, Amir/Reuber, Paul: Nepals Erdbeben und die Folgen. In: Geographische Rundschau, H. 2/2016, S. 53; Text 4: http://www.scinexx.de/dossier-detail-254-6.html; Text 5: http://www.scinexx.de/dossier-detail-254-6.html; Text 6: Gurubacharya, Binaj: Touristen bleiben in Nepal auch zur Hauptsaison aus. In: NWZ online vom 18.10.2015 (http://www.nwzonline.de/reisen/touristen-bleiben-in-nepal-auch-zur-hauptsaison-aus_a_30,1,2917711390.html)

Zusatzmaterial

M10 **Physisch-geographische und anthropogeographische Ursachen der Bodenerosion in Nepal**

- Bevölkerungswachstum
- Zunahme Nutztierhaltung
- Abholzung für Feuerholz
- Zunahme Touristen und Trekker
- frühere und stärkere Schneeschmelze
- instabile Böden
- schwere Regenfälle (Monsun)
- Steilhänge
- instabile, alte, kaputte Terrassen

Land grabbing in Kambodscha

Karten im Diercke Weltatlas

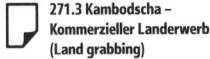 271.3 Kambodscha –
Kommerzieller Landerwerb
(Land grabbing)

Unterrichtliche Voraussetzungen

Inhaltlich

Die Bearbeitung der Klausur setzt voraus, dass sich die Schüler im Unterricht bereits mit Problemfeldern von Räumen unterschiedlichen Entwicklungsstandes auseinandergesetzt haben und charakteristische Indikatoren des Entwicklungsstandes kennen. Die Schüler sollten imstande sein, mögliche Folgen eines Nutzungskonflikts zwischen traditioneller landwirtschaftlicher Nutzung in den Tropen (Produktion von Mischkulturen zur Eigenversorgung bzw. zur Belieferung lokaler Märkte durch ansässige Kleinbauern) und exportorientierter, monostruktureller Nutzung großer Flächen durch meist ausländische Unternehmen (Plantagenwirtschaft) formulieren zu können.
Bei Aufgabe 2 ist es von Vorteil, wenn die Schüler Grundkenntnisse über Verwendungsformen von pflanzlichen Erzeugnissen wie Kautschuk in der weiterverarbeitenden Industrie besitzen. Die Bedeutung des Begriffs „Land grabbing" sollte den Schülern bekannt sein. Ansonsten bietet sich das Zusatzmaterial M4 an. Im Hinblick auf fachspezifische Methoden sollten die Schüler mit dem Erstellen eines Wirkungsgefüges vertraut sein (s. Aufgabe 3). Ist dies nicht der Fall, kann die Aufgabenalternative zum Einsatz kommen.

Fachbegriffe

allgemein:
- Land grabbing
- Mischkultur, Monokultur
- Food Crops, Cash Crops

in den Materialien:
- (Land-)Nutzungskonzessionen (M1, M3)
- Plantage (M1, M3)
- Zellstoffindustrie (M2)
- Cassava/Maniok (M2)
- Nichtregierungsorganisation (NGO) (M3)
- Bodendegradation (M3)

Literatur

Bugalski, N.: Gegen Landraub und Vertreibung. Ein Menschenrechtsansatz zur Entwicklung des Landsektors in Kambodscha. Heinrich Böll Stiftung Demokratie, Bd. 30. September 2012. (https://www.boell.de/sites/default/files/Gegen_Landraub_und_Vertreibung_V01_kommentierbar_%281%29.pdf)

Der neue Fischer Weltalmanach 2016. Zahlen, Daten, Fakten. Frankfurt a. M. 2015, S. 97 (Deutschland) und S. 241 (Kambodscha).

Diercke Handbuch. Erläuterungen zur Karte „Kambodscha – Kommerzieller Landerwerb (Land grabbing)" (271.3). Braunschweig 2015, S. 445 f.

Internet

http://www.fian.de/fileadmin/user_upload/dokumente/shop/landwirtschaft/2014_casedossier_Cambodia_dt_screen_final.pdf
Website der NGO FIAN (FoodFirst Informations- und Aktions-Netzwerk)

http://www.planet-wissen.de/kultur/asien/kambodscha/pwiedierotenkhmer100.html
Bericht über die Herrschaft der Roten Kmehr in Kambodscha

http://www.licadho-cambodia.org/land_concessions/
Website der kambodschanischen NGO Licadho

http://www.waldportal.org/tropen/news.tropen2013/news.tropen.20130505/index.html
Website des ersten deutschsprachigen Internet-Portals zu allen Wäldern der Erde

http://www.laenderdaten.de/indizes/hdi.aspx
Website der Lexas Information Network, Rang- und Werte-Skalierung des HDI zu annähernd 190 Staaten der Erde

https://www.cia.gov/library/publications/the-world-factbook/geos/cb.html
Website der Central Intelligence Agency, ausführliche Daten zu nahezu allen Staaten der Erde

Film

Landgrabbing – eine Reise nach Kambodscha. Filmbeitrag von Lars Bauer und Jens Berger in Kooperation mit der Welthungerhilfe vom 11. Februar 2015.
(http://www.nachdenkseiten.de/?p=24977)

Kürzungs- und Erweiterungsmöglichkeiten, Alternativen (geplante Bearbeitungszeit: 90 min)

	Kürzungsmöglichkeiten	Erweiterungsmöglichkeiten	Alternativen
Aufgabe 3	Das Wirkungsgefüge kann sich auf die ökonomischen und sozialen Auswirkungen beschränken. → 3. Erstellen Sie ein Wirkungsgefüge zu den ökonomischen und sozialen Aspekten des Land grabbings in Kambodscha.		Sollen die Schüler kein Wirkungsgefüge erstellen, so kann alternativ folgende Aufgabe gestellt werden: → 3. Erörtern Sie [jeweils drei] ökonomische, soziale und ökologische Auswirkungen des Land grabbings für Kambodscha.
Aufgabe 4		Falls Kambodscha als Entwicklungsland in den Fokus gerückt werden soll, bietet sich folgende Zusatzaufgabe an: → 4. Charakterisieren Sie den Entwicklungsstand Kambodschas. (M5) Falls das Modell der globalen Fragmentierung von F. Scholz im Unterricht bereits behandelt worden ist, bietet sich folgende Zusatzaufgabe an: → 4. Erläutern Sie den Status Kambodschas nach dem Modell der globalen Fragmentierung von F. Scholz. (M6)	

Erwartungshorizont mit Punkteverteilung

Bitte beachten Sie: Die Punkteverteilung stellt nur einen Vorschlag dar, der je nach Bundesland und Kurssituation angepasst werden muss. Die Punkte beziehen sich zudem nur auf inhaltliche Aspekte, nicht auf die Darstellungsleistung der Schüler.

Aufgabe 1 Anforderungsbereich: I Materialien: M1	maximale Punktzahl	erreichte Punktzahl
Gesamtsituation – Seit 1990 kontinuierliche Ausweitung der in Form von Pachtland genutzten Flächen im gesamten Staatsgebiet.	3	
– Dabei werden drei Kategorien der Nutzung unterschieden: Plantagen für Exportgüter (Cash Crops), Bergbauprojekte und Wasserkraftnutzung.	3	
– Das stärkste Wachstum der Pachtlandflächen für die landwirtschaftliche Nutzung ist für den Zeitraum 2005 bis 2014 zu verzeichnen.	3	
– Vor allem von 2010 bis 2014 sind die Pachtlandflächen in Räume vorgedrungen, die als Naturschutzgebiete deklariert sind.	4	
Nutzung des Pachtlandes für landwirtschaftliche Zwecke – Mit Ausnahme des Nordwestens und des Südostens sind die für landwirtschaftliche Zwecke genutzten Pachtlandflächen über das gesamte in der Karte abgebildete Staatsgebiet verteilt, mit einer Konzentration im Bereich östlich des Mekongs.	3	
– Die größten zusammenhängenden Gebiete stellen zum einen die Eukalyptusplantagen in den Provinzen Kampong Chhnang und Pursat, zum anderen die Tropenholzplantage im Nordosten des Landes (Provinz Stung Treng) dar.	3	
Nutzung des Pachtlandes für Bergbauprojekte Die Nutzungskonzessionen für Bergbauprojekte konzentrieren sich in den nördlichen Provinzen Oddar Meanchey und Preah Vihear sowie in der vom Mekong durchflossenen Provinz Kratie.	3	
Pachtland zur Wasserkraftnutzung Es gibt nur einzelne Projekte zur Wasserkraftnutzung auf Pachtland, zum einen südwestlich des Kardamomdschungels in der Provinz Koh Kong, zum anderen an einem Zufluss zum Mekong in der nordöstlichen Provinz Stung Treng.	3	
	25	

Aufgabe 2 Anforderungsbereich: II Materialien: M2	**maximale Punktzahl**	**erreichte Punktzahl**
Berechnung der Prozentanteile – Kautschuk 45,4 % – Zuckerrohr 5,8 % – Holz für Zellstoffindustrie 4,7 % – Cassava (Maniok) 3,3 % – Ölpalmen 3,2 % – andere landwirtschaftliche Produkte 37,6 %	6	
Nahezu die Hälfte (45,4 %) der in Form von Nutzungskonzessionen für landwirtschaftliche Zwecke bewirtschafteten Fläche Kambodschas dient dem Anbau von Kautschuk.	4	
Die offensichtlich hohen Absatzchancen für Kautschuk lassen sich mit dessen vorrangiger Verwendung in der (Automobil-)Industrie erklären.	4	
„Andere landwirtschaftliche Produkte" nehmen 37,6 % der Konzessionsfläche ein; Eukalyptus (Pharmaindustrie) und Bauholz (Möbelindustrie) werden hier besonders genannt.	4	
Auf den verbleibenden 17 % des Pachtlandes nimmt der Zuckerrohranbau (Nahrungsmittelindustrie) mit 5,8 % der Gesamtfläche den größten Anteil ein, gefolgt von Holz für die Zellstoffindustrie (4,7 %).	3	
[Im Gegensatz zu anderen Staaten] scheint die Palmölproduktion in Kambodscha von geringerer Bedeutung zu sein, da sie nur 3,2 % der Pachtland-Gesamtfläche ausmacht. [Dies ist vermutlich v. a. klimatisch bedingt: Die Ölpalme gedeiht am besten in der Vegetationszone der tropischen Regenwälder, von welcher Kambodscha lediglich in den südlichsten Landesteilen tangiert wird.]	3	
3,3 % des Pachtlandes werden für den Anbau von Cassava (Maniok) genutzt, [das vor allem im asiatischen Raum als Nahrungs- und Futtermittel verwendet wird].	1	
	25	

Aufgabe 3 Anforderungsbereich: II/III Materialien: M3	**maximale Punktzahl**	**erreichte Punktzahl**
ökonomische Auswirkungen	16	
soziale Auswirkungen	24	
ökologische Auswirkungen	10	
	50	

Hinweis: Das abgebildete Wirkungsgefüge stellt eine mögliche Lösung dar. Die Aufteilung der Aspekte auf die drei Bereiche Ökonomie, Ökologie und Soziales dient lediglich der Orientierung und kann je nach Schülerergebnis unterschiedlich ausfallen.

Name: .... Datum: ....

Kurs/Klasse: .... Zeit: ....

Land grabbing in Kambodscha

Aufgabe 1
Beschreiben Sie anhand von M1 die räumliche Ausdehnung des Pachtlandes in Kambodscha seit 1990 unter Berücksichtigung der jeweils dominierenden Nutzungsform.

Aufgabe 2
Berechnen und analysieren Sie die Anteile der einzelnen landwirtschaftlichen Exportgüter auf Pachtland.

Aufgabe 3
Erstellen Sie ein Wirkungsgefüge zu den ökonomischen, ökologischen und sozialen Aspekten des Land grabbings in Kambodscha.

Hilfsmittel: Taschenrechner

M1 Diercke Weltatlas

271.3 Kambodscha – Kommerzieller Landerwerb (Land grabbing)

M2 Nutzung des agrarwirtschaftlich genutzten Pachtlandes

Anbauprodukt	Fläche (ha)	Anteil am agrarwirtschaftlich genutzten Pachtland (%)
Kautschuk	963 096	
Zuckerrohr	122 350	
Holz für Zellstoffindustrie	100 707	
Cassava (Maniok)	69 541	
Ölpalmen	67 811	
andere landwirtschaftliche Produkte (z. B. Eukalyptus, Bauholz, unbekannte Nutzung, nicht agro-industrielle Nutzung)	797 312	
	2 120 817	100

M3 Land grabbing in Kambodscha

1979 beendeten die Vietnamesen die Schreckensherrschaft der kambodschanischen Guerilla-Gruppe „Rote Khmer", die 1,7 Millionen ihrer Landsleute das Leben gekostet hatte. Nach dem Rückzug der vietnamesischen Besatzungsmacht kam es 1993 zu ersten freien Wahlen, in deren Folge sich Kambodscha für ausländische Investoren öffnete, die vor allem am Erwerb von Landnutzungskonzessionen interessiert waren. Weil die Roten Khmer einen radikal-kommunistischen Bauernstaat hatten aufbauen wollen und deshalb jeglicher Privatbesitz und freier Handel abgeschafft worden waren, gab es zu diesem Zeitpunkt keinerlei Dokumente mehr, mit denen die kambodschanischen Bauern hätten beweisen können, dass das Land, auf dem sie lebten und das sie bestellten, ihnen selbst gehörte. Im Jahre 2001 verabschiedete die Regierung ein Bodenreformgesetz, das den Erwerb von sogenannten Bodentiteln rein rechtlich ermöglichte, was für die Bevölkerung aber häufig wegen überhöhter Gebühren für die Besitzurkunden nicht realisierbar war.
Weitere Gesetze Kambodschas, in denen festgeschrieben ist, dass vor der Vergabe von Landnutzungskonzessionen ein Einigungsprozess mit allen Beteiligten stattfinden und anschließend eine entsprechende Ersatzfläche zur Verfügung gestellt bzw. eine faire Ausgleichszahlung erfolgen muss, werden in der Regel missachtet, das Korruptionsgeschäft blüht.

westermann

Laut der kambodschanischen Nichtregierungsorganisation (NGO) *Licadho* waren in Kambodscha zwischen Januar 2000 und März 2014 mehr als 500 000 Menschen von Landkonflikten betroffen. Zahlreiche dieser Konflikte führten zu Zwangsvertreibungen.

Heute gehört Kambodscha zu den am stärksten von Land grabbing betroffenen Ländern: Mittlerweile hat die kambodschanische Regierung weit über 50 % der landwirtschaftlich nutzbaren Fläche des Landes sowohl an ausländische Investoren als auch an private heimische Unternehmen für großflächige agro-industrielle Projekte verpachtet. Nach eigenen Aussagen möchte die Regierung die Einnahmen aus dem Konzessionsgeschäft vor allem in die schlecht ausgebaute Infrastruktur des Staates investieren. Ein im Jahr 2015 von *Licadho* befragter stellvertretender Gouverneur konnte allerdings kein konkretes Infrastrukturprojekt benennen, das auf diese Weise ins Leben gerufen worden wäre.

Viele von ihrem Land vertriebene Kambodschaner wollen wegen der niedrigen Löhne und der hohen Abhängigkeit von den Plantagenbesitzern nicht auf den neu angelegten Plantagen arbeiten und versuchen stattdessen – sofern ihnen etwas Land zur Verfügung steht – selber noch ein wenig Landwirtschaft für den regionalen Markt zu betreiben. Seit Beginn der Vergabe von Landnutzungskonzessionen in Kambodscha hat sich die Armut unter den Kleinbauern deutlich verschärft. Inzwischen greift die kambodschanische Regierung bei der Vergabe von Landnutzungskonzessionen zunehmend auch auf bislang ungenutzte tropische Feucht- und Monsunwälder zurück, die dann zugunsten flächenextensiver Plantagen oder für Bergbauprojekte gerodet werden. Insgesamt hat Kambodscha in den vergangenen 40 Jahren rund ein Viertel seiner Waldfläche verloren.

Kautschuk-Plantagen werfen etwa 25 Jahre Gewinn ab, anschließend sind die Böden infolge der agro-industriell betriebenen Monokulturen derart degradiert, dass sie für mehrere Generationen landwirtschaftlich nicht mehr nutzbar sind.

Quellen

M2: http://www.licadho-cambodia.org/land_concessions/
M3: eigener Text nach http://www.nachdenkseiten.de/?p=24977 (Landgrabbing – eine Reise nach Kambodscha. Filmbeitrag von Lars Bauer und Jens Berger in Kooperation mit der Welthungerhilfe vom 11. Februar 2015); http://www.licadho-cambodia.org/land_concessions/; http://www.planet-wissen.de/kultur/asien/kambodscha/pwiedierotenkhmer100.html; http://www.fian.de/fileadmin/user_upload/dokumente/shop/landwirtschaft/2014_casedossier_Cambodia_dt_screen_final.pdf; http://www.waldportal.org/tropen/news.tropen2013/news.tropen.20130505/index.html; Bugalski, N.: Gegen Landraub und Vertreibung. Ein Menschenrechtsansatz zur Entwicklung des Landsektors in Kambodscha. Heinrich Böll Stiftung Demokratie, Bd. 30. September 2012 (https://www.boell.de/sites/default/files/Gegen_Landraub_und_Vertreibung_V01_kommentierbar_%281%29.pdf)

Zusatzmaterialien

M4 Definition „Land grabbing"

Der Begriff „Land grabbing" hat weltweit seit dem Jahr 2008 eine steile Karriere gemacht. „Landnahme", „Landraub", „Landgrabscherei"? Eine präzise deutsche Übersetzung fehlt bisher. Gemeint sind großflächige Käufe oder Pachtverträge hauptsächlich von privaten, aber auch staatlichen Investoren und Agrarunternehmen, die Agrarflächen kaufen oder langfristig pachten, um sie in eigener Regie zur Herstellung von Agrarrohstoffen zu nutzen. Dabei bewegen sich die internationalen Investoren ebenso wie die staatlichen, halbstaatlichen oder privaten Verkäufer oft in Grauzonen des Rechts und in einem Niemandsland zwischen traditionellen Landrechten und modernen Eigentumsverhältnissen.

Die Informationen, die die „Land Matrix", ein unabhängiges Landbeobachtungsprojekt staatlicher und nicht staatlicher Entwicklungsorganisationen, seit 2009 weltweit zusammenträgt, zeigen die Dimensionen und die Gewalt von Land grabbing. Die größten Landnahmen konzentrieren sich auf Länder, deren Rechtsverhältnisse besonders unsicher und deren Regierungen schwach sind.

Quelle: http://www.weltagrarbericht.de/themen-des-weltagrarberichts/landgrabbing.html

M5 Ausgewählte Strukturdaten von Kambodscha und Deutschland (2015)

	Kambodscha	Deutschland
Fläche	181 035 km²	357 340 km²
Einwohner	15 408 000	80 890 000
BNE/Kopf (2014)	1010 US-$	47 640 US-$
BIP nach Wirtschaftssektoren (2014) – primärer Sektor – sekundärer Sektor – tertiärer Sektor	30 % 27 % 43 %	0,8 % 30,6 % 68,6 %
Beschäftigte nach Wirtschaftssektoren (2014) – primärer Sektor – sekundärer Sektor – tertiärer Sektor	51 % 19 % 30 %	1,5 % 24,6 % 73,9 %
Import	10,9 Mrd. US-$	1024 Mrd. US-$
Export	7,7 Mrd. US-$	1267 Mrd. US-$
Anteil der Bevölkerung unter der Armutsgrenze	17,7 % (2012)	15,5 % (2010)
Kinderarbeiter (5–14 Jahre)	39 %	k. A.
Bevölkerungswachstum	1,6 %	-0,17 %
Verstädterungsgrad	20,7 %	75,3 %
Durchschnittsalter der Mütter bei der ersten Geburt	22,8 Jahre	29,2 Jahre
Müttersterblichkeit	0,16 %	0,006 %
Kindersterblichkeit	5 %	0,34 %
Lebenserwartung	64,1 Jahre Männer: 61,9 Jahre Frauen: 66,7 Jahre	80,5 Jahre Männer: 78,2 Jahre Frauen: 83 Jahre
Durchschnittsalter	24,5 Jahre	46,5 Jahre
Einwohner/Arzt (2012)	5880	257
Krankenhausbetten/1000 Einwohner	0,7	8,2
Alphabetisierung (Menschen ab 15 Jahren)	77,2 % Männer: 84,5 % Frauen: 70,5 %	99 %
HDI (Wert, Weltrang)	0,555 (143)	0,916 (6)

Quelle: Der neue Fischer Weltalmanach 2016. Zahlen, Daten, Fakten. Frankfurt a. M. 2015, S. 97 (Deutschland) und S. 241 (Kambodscha); https://www.cia.gov/library/publications/the-world-factbook/geos/cb.html; http://www.laenderdaten.de/indizes/hdi.aspx

M6 Diercke Weltatlas

270/271.1 Globale Fragmentierung (nach Scholz, 2012)

westermann

4 Wirtschaftsräume in Deutschland

Klausuren

Hafenstadt Duisburg

Karten im Diercke Weltatlas

⬜ 40.2 Rheinisch-
Westfälisches
Industriegebiet 2015

⬜ 64.4 Deutschland –
Schiffsverkehr

⬜ 65.5 Duisburg –
Binnenhafen

Unterrichtliche Voraussetzungen

Inhaltlich

Grundlegende Voraussetzung für diese Klausur ist die unterrichtliche Bearbeitung der Standortfaktoren und Entwicklung von Wirtschaftsräumen von der Industrialisierung bis zur Globalisierung. Den Schülern sind dadurch die Steigerung des Transportaufkommens und die besondere Bedeutung einer leistungsfähigen Verkehrsinfrastruktur für die Standorte und Regionen vertraut. Die Entwicklung leistungsfähiger Transportsysteme sowohl für den Massengutverkehr als auch für den Stückgutverkehr ist im Unterricht besprochen worden. Die Nutzung und schnelle Ausbreitung moderner Logistiksysteme wie des Kombinierten Verkehrs, besonders des Containerverkehrs, für den Warenumschlag ist den Schülern bekannt. Die Schüler wissen, dass intermodale Transportketten die verschiedenen Verkehrsträger wie Eisenbahn, Lkw, Binnenschiff und Seeschiff verknüpfen und dazu leistungsfähige Umschlagszentren für den Wechsel zwischen den verschiedenen Verkehrsträgern benötigen, idealerweise trimodale Umschlagszentren (Straße, Schiene, Wasserweg). Auch die Auswirkungen der leistungsfähigeren Massenguttransporte auf das Standortgefüge der Grundstoffindustrie wie Roheisen- und Stahlerzeugung sind erarbeitet worden, besonders der Trend zur „nassen" Hütte, und dadurch der Strukturwandel in den traditionellen Schwerindustrierevieren.

Fachbegriffe

allgemein:
- Globalisierung
- Hinterland-Hub
- Industriebrache
- intermodale Transportketten
- Kohlekrise
- Stahlkrise
- Strukturwandel
- Verkehrskorridor
- Welthandelsströme
- Massengut

in den Materialien:
- Stückgut (M1)
- Containerbrücke (M1)
- Öl-/Flüssiggut-Terminal (M1)
- Kaianlage (M1)
- Walzwerk, Gießerei (M1)
- Binnenhafen (M1, M2)
- Eisen- und Stahlerzeugung (M1, M3)
- Roll on/Roll off (M1, M5)
- Logistik (M1, M3, M5)
- Spedition (M3)
- Leichter (M4)
- Schlepp-/Schubschiffverband (M4)
- Containerterminal (M5)
- Freihafen (M5) (wird im Material erklärt)
- Hüttenwerk (M5)
- Kombinierter Verkehr (KV) (M5)
- Seehafen (M5)
- trimodal (M5)
- Umschlag (M6a, M6b)
- Werkshäfen (M6a, M6b)
- sozialversicherungspflichtig Beschäftigte (M8)
- produzierendes Gewerbe (M8)
- verarbeitendes Gewerbe (M8)

Literatur

Boldt, K.-W./Gelhar, M.: Das Ruhrgebiet. Landschaft, Industrie, Kultur. Darmstadt 2008.

Boldt, K.-W./Gelhar, M.: Duisburg: Von der Stadt Montan zum Drehkreuz des Westens. In: Geographische Rundschau, H. 2/2010, S. 26–33.

Burkhard, W.: Kurzgefaßte Geschichte der Region Duisburg – Wesel – Kleve unter besonderer Berücksichtigung ihrer wirtschaftlichen Entwicklungen seit der vorgeschichtlichen Zeit bis zur Gegenwart. Kleve 1994.

Dege, W./Dege, W.: Das Ruhrgebiet. Berlin 1983.

Fritsche, C./Keuck, T.: 300 Jahre Duisburger Hafen – Weltweit vernetzt, regional verankert. Köln 2016.

Gläßer, E. u. a.: Nordrhein-Westfalen. Perthes Länderprofile. Gotha 1997.

Goch, S.: Eine Region im Kampf mit dem Strukturwandel. Bewältigung von Strukturwandel und Strukturpolitik im Ruhrgebiet. Schriftenreihe des Instituts für Stadtgeschichte, Beiträge, Bd. 10. Essen 2002.

Jablonowski, V.: Güterverkehrszentrum Duisburg. Struktur- und Funktionswandel des Duisburger Hafens. Duisburger Geographische Arbeiten, Bd. 11. Dortmund 1993.

Juchelka, R./Schulte-Derne, F.: Binnenhäfen im Wandel – Logistikdrehscheibe, Kreativspeicher und Erlebnisgastronomie:

Zwei Beispiele aus dem Ruhrgebiet. In: Geographie und Schule, H. 174, 2008, S. 23–30.

Keil, A./Wetterau, B.: Metropole Ruhr. Landeskundliche Betrachtung des neuen Ruhrgebiets. Essen 2013.

Ministerium für Bauen, Wohnen, Stadtentwicklung und Verkehr des Landes Nordrhein-Westfalen (Hrsg.): Wasserstraßen-, Hafen- und Logistikkonzept des Landes Nordrhein-Westfalen. Düsseldorf 2016.

Nuhn, H./Hesse, M.: Verkehrsgeographie. Grundriss Allgemeine Geographie. Paderborn 2006.

Prossek. A. u. a.: Atlas der Metropole Ruhr. Vielfalt und Wandel des Ruhrgebiets im Kartenbild. Köln 2009.

Wohlfahrt, L.: Duisburg – eine Stadt zwischen Anspruch und Wirklichkeit. In: Paal, M. (Hrsg.): Stadtzukünfte in Deutschland. Strategien zwischen Boom und Krise. Forschungsbeiträge zur Stadt- und Regionalgeographie, Bd. 4. Münster 2010, S. 189–205.

Butzin B. u. a. (Hrsg.): Auf dem Weg zur Metropole Ruhr? Strukturwandel im Ruhrgebiet. Zeitschrift für Wirtschaftsgeographie, H. 3–4/2006.

Internet

http://www.binnenschiff.de
Verband der Binnenschifffahrt
http://www.duisburg.de
Stadt Duisburg
http://www.duisport.de
Duisburger Hafen AG, Eigentumsgesellschaft des Duisburger Hafens
http://www.ihk-niederrhein.de
Niederrheinische Industrie- und Handelskammer zu Duisburg
http://www.it.nrw.de
Information und Technik Nordrhein-Westfalen, Geschäftsbereich Statisitk
http://www.metropoleruhr.de
Internetseite der Metropole Ruhr und des Regionalverbandes Ruhr
http://www.ruhrgebiet-regionalkunde.de
Regionalkundliches Informationssystem des Regionalverbandes Ruhr zum Ruhrgebiet

Kürzungs- und Erweiterungsmöglichkeiten (geplante Bearbeitungszeit: 135 min)

	Kürzungsmöglichkeiten	Erweiterungsmöglichkeiten
Aufgabe 1		Ergänzung der Informationsgrundlage für die Schüler durch Hinzufügung der Atlaskarte 122.1 Niederlande, Belgien, Luxemburg – Physische Karte
Aufgabe 2	Reduzierung des Materialumfangs ist in den folgenden Materialien möglich: – M6b: Verzicht auf die Umschlagszahlen der Jahre 1980 und 2000 – M8: Beschränkung der Daten auf die vier Jahre 1976, 1995, 2005 und 2015. Ein vollständiger Verzicht auf M9 ist möglich. Die Problematik der bedeutenden Arbeitslosigkeit in Duisburg als Folge der Strukturkrise wird bereits dazu durch die Materialien M7 und M8 nahegelegt.	Ergänzende und vertiefende Informationen zum öffentlichen Hafen Duisburg liefern folgende Zusatzmaterialien: – M10a → dichtes Netz von KV-Verkehrsverbindungen des Duisburger Hafens, der dadurch als Hinterland-Hub der Rheinmündungshäfen fungiert – M10b → Die dargestellte Veränderung des Umschlags vom Massengut- zum Stückguthafen verdeutlicht den Wandel in der Hafenfunktion. Die Stellung Duisburgs als „Stadt Montan" kann einen zusätzlichen Sachaspekt bilden, der die Darstellung der Standorte von Roheisen- und Stahlproduktion im Ruhrgebiet aus M3 mit folgenden Zusatzmaterialien aufgreift und vertieft: – M11a → regional differenzierte Entwicklung der Roheisenerzeugung innerhalb des Ruhrgebiets – M11b → Standorte der Hochofenwerke im Ruhrgebiet im Wandel der Zeit – M11c → Rohstahlproduktion und Beschäftigung in der Eisenschaffenden Industrie in Duisburg 1966–2014
Aufgabe 3		Erweiterung und Vertiefung der Sach- und Beurteilungsaspekte bietet die zusätzliche Berücksichtigung der Entwicklung des Innenhafens in Duisburg durch folgende Zusatzmaterialien: – M12a → Entwicklung des Innenhafens vom Mittelalter bis heute (Naturereignis, „Brotkorb des Ruhrgebietes", Verfall, Revitalisierung) – M12b → Stadtentwicklung durch Waterfront-Development am Rande des Duisburger Hauptgeschäftszentrums.

Erwartungshorizont mit Punkteverteilung

Bitte beachten Sie: Die Punkteverteilung stellt nur einen Vorschlag dar, der je nach Bundesland und Kurssituation angepasst werden muss. Die Punkte beziehen sich zudem nur auf inhaltliche Aspekte, nicht auf die Darstellungsleistung der Schüler.

Aufgabe 1 Anforderungsbereich: I/II Materialien: M1, M2, M3, M4	maximale Punktzahl	erreichte Punktzahl
Großräumige Lage Duisburgs Großstadt im deutschen Bundesland Nordrhein-Westfalen; im Niederrheinischen Tiefland an der Mündung der Ruhr in den Rhein; im westlichen Teil des Ruhrgebietes, am Schnittpunkt mit der Rheinschiene (M3, Atlaskarte 22/23)	2	
Verkehrsanbindung Dadurch Duisburg Schnittpunkt bedeutender Verkehrskorridore: – Süd-Nordwest-Achse: Frankfurt – Köln – Düsseldorf – Duisburg – Arnheim – Rotterdam – West-Ost-Achse: Antwerpen – Duisburg – Dortmund – Hannover – Berlin. – Fernbahnlinien und Autobahnen folgen diesen Korridoren. (Atlaskarte 26/27)	2	
Die recht konstante Wasserführung des Rheins sorgt ganzjährig für eine gute Befahrbarkeit des Stroms durch Binnenschiffe, [denn Schmelzwasser von Firn- und Gletscherflächen der Schweizer Alpen bewirken auch im Sommer einen ausreichenden Wasserstand.] (M4)	2	
Dies erlaubt von Duisburg aus einen direkten Rhein-See-Verkehr mit Küstenmotorschiffen nach Skandinavien oder zu den Britischen Inseln. (M4)	2	
Der Rhein ist der Binnenschifffahrtsweg Mitteleuropas, der am stärksten befahren wird. Über ihn werden die süddeutschen Wirtschaftszentren an Rhein, Neckar und Main erreicht sowie das Saarland und Lothringen an Saar und Mosel. (M2)	2	
Über den Niederrhein bestehen gute Verbindungen zu den großen Rheinmündungshäfen Amsterdam, Rotterdam und Antwerpen, die sehr gut in den interkontinentalen Schiffsverkehr eingebunden sind. (M2, Atlaskarte 122.1)	2	
Duisburg liegt zugleich im Zentrum des deutschen Kanalnetzes: Über den Rhein-Herne-Kanal wird der Wirtschaftsraum des Ruhrgebietes erschlossen und die Verbindung über den Dortmund-Ems-Kanal und den Mittellandkanal nach Nord- und Ostdeutschland hergestellt. (M2)	2	
Der zwischen Düsseldorf und Duisburg gelegene internationale Flughafen Düsseldorf ergänzt das Verkehrsangebot Duisburgs. (M3)	1	
Kleinräumige Lage Die historische Altstadt Duisburgs liegt nicht wie etwa in Köln oder Düsseldorf direkt am Rhein und auch nicht an der Ruhr, sondern fast einen Kilometer südlich des Ruhrlaufes und gut zwei Kilometer östlich des Rheins. Der heutige Duisburger Stadtteil Ruhrort liegt direkt an der Mündung der Ruhr in den Rhein. (M1)	3	
Fazit Das am Niederrhein und im größten deutschen Verdichtungsraum gelegene Duisburg weist eine außergewöhnlich gute Verkehrslage auf.	2	
	20	

Aufgabe 2 Anforderungsbereich: I/II Materialien: M1, M2, M4, M5, M6a, M6b	maximale Punktzahl	erreichte Punktzahl
Die „Hafen Duisburg AG" betreibt die öffentlichen Häfen der Stadt: – Ruhrorter Häfen – Duisburger Häfen: Hochfeld/Neuenkamp, Innenhafen – Logport I und Logport II – Südhafen. Außerdem haben die Steinkohlenbergwerke und die Hüttenwerke private Werkshäfen errichtet für ihren Werksumschlag (südlich und nördlich außerhalb des Kartenblattes). (M1, M6a)	2	
Die Hafenbecken des öffentlichen Hafens in Ruhrort und Duisburg sind überwiegend in der zweiten Hälfte des 19. Jahrhunderts und zu Anfang des 20. Jahrhunderts entstanden im Zusammenhang mit dem Wachstum von Bergbau und Industrie des Ruhrgebietes. (M1, M5)	2	
Den Namen und Signaturen in der Karte nach stand dabei der Massengutumschlag im Vordergrund. (M1)	1	
Umschlagsentwicklung: Der Gesamtumschlag aller Duisburger Häfen (der öffentlichen und der Werkshäfen) steigt in den 1950er-Jahren schnell wieder an und übertrifft zu Anfang der 1960er-Jahre die Umschlagsmenge der Vorkriegszeit (Zeit des „Wirtschaftswunders"). (M6a) Die Güterstruktur wird 1961 deutlich vom Umschlag der Massengüter, v. a. Eisenerz und Steinkohle geprägt. (M6b)	2	
In den Folgejahren steigt der Umschlag bei deutlichen Schwankungen weiter an und erreicht 1979 das Maximum mit gut 60 Mio. t. Die Schwankungen werden verursacht durch konjunkturelle Nachfrageänderungen der wichtigen Industriezweige in Duisburg bzw. dem Ruhrgebiet. In den folgenden Jahren sinkt der Umschlag wieder auf 41 Mio. t (1993). In den letzten zehn Jahren stagniert er bei gut 50 Mio. t. (M6a)	2	
Die Güterstruktur weist von 1961 bis 2015 deutliche Veränderungen auf: Beträgt der Anteil des Güterempfangs am Gesamtumschlag 1961 57 %, so steigt er bis 2015 auf 79 %. (M6b) Steinkohle ist 1961 (über 7 Mio. t) und auch noch 1980 ein bedeutendes Versandgut. Der Kohleimport erfolgt damals nur in geringem Umfang. Das hat sich im Zuge der Stilllegung des Steinkohlenbergbaus im Ruhrgebiet umgekehrt: Bis 2015 fast völliger Wegfall des Kohleversands, stattdessen Anstieg des früher unbedeutenden Kohleimports auf über 11 Mio. t, deshalb nun spezielle Importkohle-Terminals am Rhein. Eisenerz stellt nach wie vor das größte Umschlagsvolumen. (M6b)	4	
Seit Anfang der 1990er-Jahre wächst besonders der Containerumschlag stark an: von 92 000 TEU im Jahr 1995 auf rund 530 000 TEU 2015. Damit gewinnt der Umschlag hochwertigen Stückguts eine zunehmend größere Bedeutung. (M6a)	2	
Aufgrund der Veränderungen beim Güterumschlag und den Logistiksystemen erfolgen Anpassungsmaßnahmen in den öffentlichen Häfen an die neuen Anforderungen. (M5)	2	
1984 Inbetriebnahme des ersten Containerterminals und der ersten Roll on/Roll off-Anlage im Ruhrorter Hafen. (M5)	1	
1990 erhält der Hafen Duisburg den Status eines Seehafens. Dies verstärkt den Verkehr mit Küstenmotorschiffen in Duisburg. Auf nicht mehr benötigter, verfüllter Hafenbeckenfläche entsteht ein Freihafengelände. (M5)	2	
1998 beginnt die Entwicklung des linksrheinischen Logistikzentrums Logport I. Es unterstreicht besonders den Strukturwandel in Stadt und Region. Denn hier ist 100 Jahre vorher das Hüttenwerk Rheinhausen errichtet worden, das 1966 12 000 Beschäftigte hatte. Bei der Schließung des Werkes 1993 gab es noch 2500 Beschäftigte. (M5)	3	
Nun sind auf der großflächigen Industriebrache im Anschluss an den ausgebauten früheren Werkshafen des Hüttenwerks Rheinhausen trimodale Logistikzentren entstanden und rund 50 Logistikbetriebe angesiedelt. 2015 sind auf diesem Gelände ca. 4000 Arbeitskräfte beschäftigt, mehr als bei der Schließung des Hütten- und Stahlwerks 1993. (M5)	2	
Ab 2006 wird dasselbe Konzept auch in Logport II auf der gegenüberliegenden Rheinseite angewendet, dem Gelände einer ehemaligen Metallhütte. U. a. sammelt hier ein Logistikzentrum von AUDI Fahrzeugteile aus europäischer Zulieferung und verschickt jährlich 1,8 Millionen Packstücke an AUDI-Fertigungsstätten in anderen Kontinenten. (M5)	2	
Ähnliche Funktionen nimmt seit 2014 ein Logistikzentrum von VW im Logistikpark Kaßlerfeld wahr. (M5)	2	
Der öffentliche Hafen Duisburg (Duisport) weist heute auf 1350 Hektar Gesamtfläche 21 Hafenbecken, neun Containerterminals und zwei Roll on/Roll off-Anlagen auf. Hier werden jährlich ca. 20 000 Schiffe und 20 000 Güterzüge abgefertigt. 360 Züge des Kombinierten Verkehrs verbinden Duisburg jede Woche mit 80 nationalen und internationalen Zielorten. (M5)	2	
Der Duisburger Hafen ist mit Abstand der größte Binnenhafen Deutschlands. Er verstärkt seine Kompetenzen im Kombinierten Verkehr, wird zum bedeutenden Hinterland-Hub der großen Rheinmündungshäfen. (M2, M4, M5)	4	
	35	

Aufgabe 3 Anforderungsbereich: I/II/III Materialien: M1, M3, M4, M5, M6a, M6b, M7, M8, M9	maximale Punktzahl	erreichte Punktzahl
Stadtentwicklung: Bis 1961 (Zeit des Wiederaufbaus) ist die Einwohnerzahl Duisburgs auf über 660 000 gestiegen. Seit den 1960er-Jahren erfolgte aber ein massiver Rückgang: Duisburgs Einwohnerzahl schrumpfte bis 2010 auf 490 000 Einwohner, ein Verlust von 26 %. Allein 65 000 entfallen auf das Jahrzehnt von 1970 bis 1980. (M7) → starke Abwanderung aus Duisburg	3	
Gründe für die Abwanderung: Abbau einer erheblichen Zahl von Arbeitsplätzen; in den zehn Jahren von 1976 bis 1985 Rückgang der Zahl sozialversicherungspflichtig Beschäftigter um 40 000 (-17,5 %); in den folgenden zehn Jahren erneut ein Rückgang, diesmal um 27 000 (-14 %) (M8)	3	
Dieser Abbau betrifft im Wesentlichen das produzierende Gewerbe: In diesem reduziert sich die Zahl der Beschäftigten um 38 000 von 1976 bis 1985, in den folgenden zehn Jahren noch einmal um 33 000. (M8)	2	
Betroffen sind vor allem der Steinkohlenbergbau und in absoluten Zahlen noch stärker das verarbeitende Gewerbe. Es sind die Auswirkungen der Kohle- und Stahlkrise, die bis zur vollständigen Schließung ganzer Großbetriebe führen, wie z. B. des Hütten- und Stahlwerkes Rheinhausen. (M5, M8)	4	
Dabei findet in der Stahlkrise innerhalb des Ruhrgebiets eine Konzentration der Roheisenerzeugung auf den Raum Duisburg statt: Ausschließlich in Duisburg arbeiten heute noch drei Hüttenwerke. (M3)	2	
Denn aufgrund der Belieferungsmöglichkeiten durch die Schubschifffahrt auf dem Rhein ist hier die Produktion erheblich kostengünstiger als im übrigen Ruhrgebiet. In Duisburg haben die Hüttenwerke fast so gute Standortbedingungen wie direkt an der Küste („nasse" Hütten). (M4)	3	
Auch der Bereich „Handel, Verkehr, Gastgewerbe" verliert über 10 000 Beschäftigte bis 2015. Nur der Bereich „Sonstige Dienste" kann die Beschäftigtenzahl steigern, allerdings in viel geringerem Umfang als der Abbau im produzierenden Gewerbe erfolgt. Erst ab 2005 findet wieder ein Aufbau der Gesamtbeschäftigung statt (+14 000), getragen durch die sonstigen Dienstleistungen. (M8)	2	
Folgen des Arbeitsplatzabbaus sind Abwanderung und Arbeitslosigkeit. Noch 1970 ist die Arbeitslosigkeit in Duisburg eine Randerscheinung, herrscht trotz der bereits zehn Jahre anhaltenden Kohlekrise Vollbeschäftigung. Die im Steinkohlenbergbau entlassenen Arbeitskräfte finden in dieser Zeit noch Arbeit in anderen Branchen oder wandern in andere Regionen ab, denn die Einwohnerzahl sinkt im Jahrzehnt bis 1970 bereits um 40 000. (M7, M9)	3	
Die grundlegende Veränderung erfolgt im Rahmen der Stahlkrise seit Mitte der 1970er-Jahre: Die Arbeitslosenzahl steigt nun von 3000 (1973) auf 34 000 (1984), die Arbeitslosenquote von 2 % auf über 16 %. Dieses hohe Niveau der Arbeitslosigkeit ist – bei zwischenzeitlichen Schwankungen – bis heute nicht deutlich reduziert worden. (M9)	3	
Auch die Duisburger Häfen sind vom Strukturwandel betroffen: Betrug der Gesamtumschlag aller Häfen 1974 über 63 Mio. t, sind es zwanzig Jahre später fast 20 Mio. t weniger, ein Minus von 30 % (M6a); vor allem der Steinkohlenversand wird unbedeutend (M6b).	2	
Doch für den öffentlichen Hafen Duisburg ergeben sich im Rahmen der verstärkten Globalisierung neue Chancen im Stückgutverkehr, v. a. im Containerumschlag. In den 20 Jahren ab 1995 steigt dieser um 480 % an. (M6a)	3	
Die Industriebrachen bieten große Freiflächen und Flächen für Hallen, die von Logistikunternehmen benötigt werden. (M1, M5)	2	
Der neue Boom im Logistikbereich stellt dringend benötigte Arbeitsplätze bereit, auch für bisherige „blue collar worker".	2	
Somit erhält Duisburg durch die neu erschlossenen Logistikareale die Chance, ein bedeutendes logistisches Zentrum für Stückgut im europäischen Markt zu etablieren.	2	
Es zeichnet sich ab 2005 eine langsame Verbesserung der Struktur in Duisburg ab, ein Weg aus der Strukturkrise der Stadt. (M8)	2	
Duisburg bzw. sein Hafen nutzen in sinnvoller Weise die Gunst der hervorragenden Verkehrslage zur Stabilisierung der Wirtschaftsstruktur und zur Strukturverbesserung der früheren „Stadt Montan", setzen wieder auf ihre traditionelle Stärke.	4	
Zugleich erhält der ökologisch sinnvolle Kombinierte Verkehr durch die modernen Umschlageinrichtungen neue Impulse, der umweltfreundliche Schiffstransport wird gefördert.	3	
	45	

Name: .... Datum: ....

Kurs/Klasse: .... Zeit: ....

Hafenstadt Duisburg

Aufgabe 1
Stellen Sie die Lage Duisburgs und seine Verkehrsanbindung differenziert dar.

Aufgabe 2
Erläutern Sie die Entwicklung und Struktur der Duisburger Häfen.

Aufgabe 3
Beurteilen Sie die Entwicklung der neuen Logistikareale Logport I, Logport II und Kaßlerfeld vor dem Hintergrund von Stadt- und Hafenentwicklung.

M1 **Diercke Weltatlas**

65.5 Duisburg – Binnenhafen

M2 **Diercke Weltatlas**

64.4 Deutschland – Schiffsverkehr

M3 **Diercke Weltatlas**

40.2 Rheinisch-Westfälisches Industriegebiet 2015

weitere Atlaskarten nach Wahl

M4 **Schifffahrtsweg Rhein**

Der wichtigste Schifffahrtsweg der Region ist der Rhein. Die Tiefe des Flusses und seine vergleichsweise konstante Wasserführung erlauben auf dem Niederrhein einen direkten Rhein-See-Verkehr mit Küstenmotorschiffen, die eine Ladekapazität bis 6000 t bzw. ca. 500 20-Fuß-Standardcontainer haben, z. B. von Duisburg nach Skandinavien oder zu den Britischen Inseln.
Nach dem Zweiten Weltkrieg wurden auf dem Rhein die früher vorherrschenden Schleppverbände abgelöst durch selbstfahrende Gütermotorschiffe. Inzwischen werden auf dem Niederrhein in großem Maße Schubschiffverbände eingesetzt, bestehend aus einem Schubschiff und bis zu sechs vor dem Schubschiff zusammengekoppelten, unbemannten Leichtern, in denen zusammen bis zu 16000 t Güter (Erze, Kohle ...) befördert werden können.
Die Kanäle des Ruhrgebiets können befahren werden durch Gütermotorschiffe wie das „Europaschiff", das eine Tragfähigkeit von 1350 t aufweist. Kanäle sind teilweise inzwischen auch ausgebaut worden für Schubverbände, die aus einem Schubschiff und zwei hintereinander gekoppelten Leichtern bestehen und etwa 5000 t transportieren können.

M5 Entwicklung des öffentlichen Duisburger Hafens (Duisport)

ab 1872	Die Hafenbecken des öffentlichen Hafens im Bereich von Duisburg und Ruhrort entstehen in der zweiten Hälfte des 19. und Anfang des 20. Jahrhunderts.
1984	Ein erstes Containerterminal und eine Roll on/Roll off-Anlage werden in Duisburg in einem Teilbereich des Ruhrorter Hafens eingerichtet.
1990	Der Hafen Duisburg erhält den Status eines Seehafens. Auf verfüllten Flächen des Nordhafens in Ruhrort wird ein Freihafen eröffnet mit den gleichen Zollbestimmungen wie in den großen deutschen Seehäfen. Somit können Güter aus aller Welt nach Duisburg transportiert werden, hier zollfrei gelagert, veredelt und weiter transportiert werden.

1998	Die Duisburger Hafengesellschaft (Duisport) beginnt mit der Entwicklung und Vermarktung des linksrheinischen, 265 ha großen, früheren Krupp-Hüttengeländes: Logport I.
	1896 war hier das „Hüttenwerk Rheinhausen" des Essener Krupp-Konzerns mit einem werkseigenen Rheinhafen gegründet worden. In den folgenden Jahren wurde es um Stahl- und Walzwerk zu einem „integrierten Eisen- und Stahlwerk" erweitert. 1966: 12098 Beschäftigte.
	1993 Schließung des Werkes mit zuletzt rund 2500 Beschäftigten.
	Ziele von Duisport: – Schaffung eines trimodalen Logistikzentrums
	                   – Ansiedlung international bedeutender Logistikdienstleister.
	Maßnahmen: – Ausbau des früheren Werkshafens
	              – Errichtung mehrerer Containerterminals sowie Terminals für den Kombinierten Verkehr.
	Auf dem vollständig vermarkteten Logistikareal von Logport I sind bis 2015 Niederlassungen von rund 50 Unternehmen entstanden. 2015 werden hier etwa 4000 Arbeitskräfte beschäftigt.

2006	Erschließungsbeginn des Geländes einer ehemaligen Metallhütte bei Wanheim gegenüber von Logport I durch Duisport: Logport II mit 35 ha. Hier besteht seit 2013 ein großes Logistikzentrum von AUDI. Das Unternehmen verschickt von hier Fahrzeugkomponenten europäischer Zulieferer im Umfang von jährlich ca. 800000 m³ per Container zu den Fertigungsbetrieben in China, Indien und Mexiko.
2014	Volkswagen errichtet ein Logistikzentrum im Logistikpark Kaßlerfeld der Duisport. Rund 4000 verschiedene Fahrzeugteile werden von hier an die Produktionsstätten in China, Malaysia, Indien, Südafrika, Nord- und Südamerika verschickt, im Jahr bis zu 1,8 Millionen Packstücke.
2016	Der öffentliche Hafen Duisburg (Duisport) heute: – Hafenanlagen in Ruhrort, Hochfeld, Rheinhausen, Wanheim – Gesamtfläche: 1350 ha Grundfläche – 21 Hafenbecken, 9 Containerterminals, davon mehrere trimodal, 2 Roll on/Roll off-Anlagen – Abfertigung von ca. 20000 Schiffen und 20000 Zügen pro Jahr – 360 Zugverbindungen im Kombinierten Verkehr pro Woche zu 80 nationalen und internationalen Zielen – rund 300 logistikorientierte Unternehmen sind in den öffentlichen Häfen ansässig – in Duisburg hängen insgesamt rund 22000 Arbeitsplätze vom Hafen Duisburg ab, davon sind ca. 1100 im Unternehmen Duisburger Hafen beschäftigt

M6 Umschlag der Duisburger Häfen

M6a Umschlag der Häfen in Duisburg[1] 1938–2015

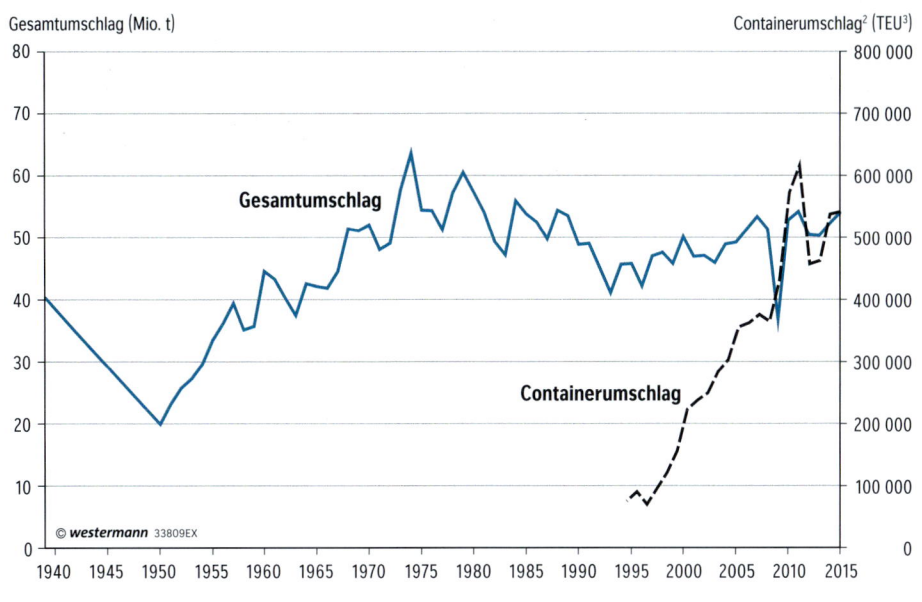

[1] Erfasst worden sind hierbei alle Häfen im Stadtgebiet Duisburg (Gebietstand nach der Kommunalreform 1975), sowohl die öffentlichen Häfen (Hafen Duisburg AG, heute: Duisport) als auch die Werkshäfen (der Steinkohlenzechen und der Hochofenwerke).
[2] Berücksichtigt sind hierbei nur die Container, die beim Empfang oder Versand mit dem Binnenschiff transportiert wurden.
[3] TEU: Twenty-Foot-Equivalent-Unit (20-Fuß-Containerlängeneinheit; Container mit einer Länge von 20 Fuß [6,10 m], mit einer Breite von 8 Fuß [2,44 m] und einer Höhe von 8 Fuß und 6 Inches [2,60 m])

westermann

M6b   **Güterstruktur der Duisburger Häfen[1] 1961–2015 (in 1000 t)**

	1961	1980	2000	2015
Empfangene Güter	24 608	39 805	39 283	42 858
davon: – Eisenerz	13 842	29 493	23 256	22 565
– Steinkohle	298	467	3 659	11 303
– Mineralöl	1 783	3 346	2 698	1 659
Versandte Güter	18 711	17 564	10 865	11 140
davon: – Steinkohle	7 110	6 126	2 079	169
– Sand, Kies, Steine …	3 705	3 836	2 156	1 743
– Eisen- und Stahlwaren	1 609	2 869	1 210	2 733
Umschlag gesamt	43 319	57 369	50 148	53 998

[1] Erfasst worden sind hierbei alle Häfen im Stadtgebiet Duisburg (Gebietstand nach der Kommunalreform 1975), sowohl die öffentlichen Häfen (Hafen Duisburg AG, heute: Duisport) als auch die Werkshäfen (der Steinkohlenzechen und der Hochofenwerke).

M7   **Stadt Duisburg[1]: Einwohner 1950–2015**

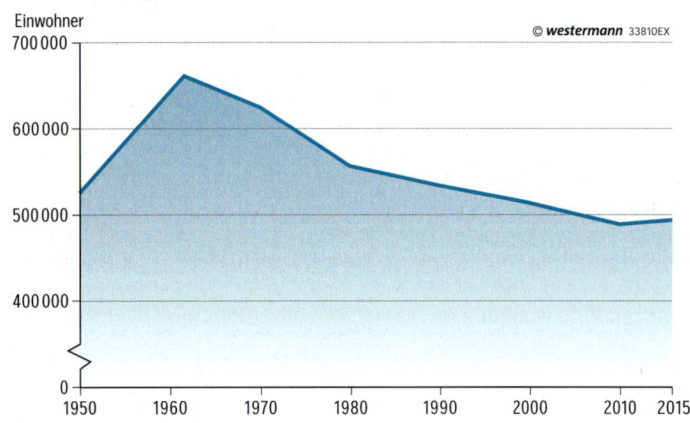

[1] Gebietsstand nach der Kommunalreform 1975

M8   **Duisburg: Sozialversicherungspflichtig Beschäftigte nach Wirtschaftsbereichen 1976–2015**

Jahr	Beschäftigte insgesamt	davon in:					
		Land- und Forstwirtschaft	produzierendes Gewerbe	davon in:		Handel, Verkehr, Gastgewerbe	sonstige Dienstleistungen
				Bergbau, Energie-, Wasserversorgung	verarbeitendes Gewerbe		
1976	231 991	583	141 599	18 283	107 581	52 206	33 250
1980	222 167	818	133 079	22 098	97 558	49 596	38 674
1985	191 442	663	103 657	13 082	79 278	44 562	42 560
1990	185 422	697	92 643	9 328	72 404	45 755	46 327
1995	164 483	660	70 011	7 564	52 005	41 624	52 188
2000	158 461	637	59 135	6 765	42 077	39 889	58 711
2005	150 010	599	50 368	4 977	37 787	38 271	60 768
2010	155 094	90	46 965	2 965	36 523	39 590	68 446
2015	164 055	149	46 703	2 816	36 442	39 902	77 301

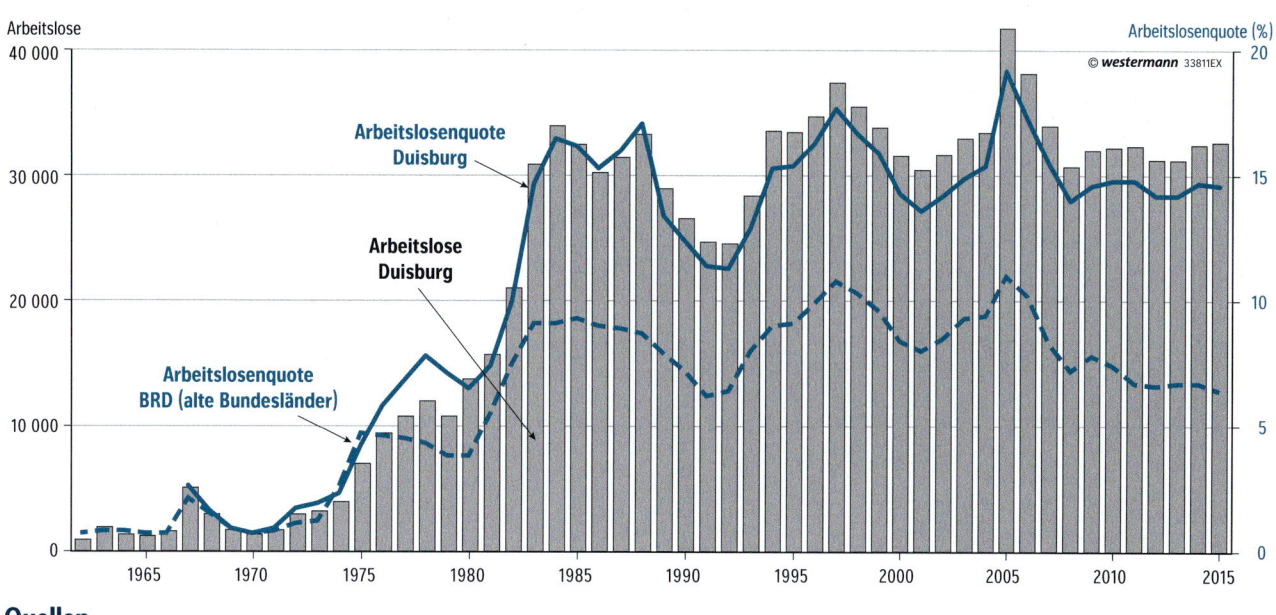

M9 **Duisburg: Arbeitslose und Arbeitslosenquote 1962–2015 im Vergleich**

Quellen

M4: eigener Text nach verschiedenen Quellen

M5: eigener Text nach folgenden Quellen: Boldt, K.-W./Gelhar, M.: Duisburg: Von der Stadt Montan zum Drehkreuz des Westens. In: Geographische Rundschau, H. 2/2010, S. 30 ff.; Juchelka, R./Schulte-Derne, F.: Binnenhäfen im Wandel – Logistikdrehscheibe, Kreativspeicher und Erlebnisgastronomie. Zwei Beispiele aus dem Ruhrgebiet. In: Geographie und Schule, H. 174, 2008, S. 24 ff.; http://www.duisport.de: Zahlen, Daten, Fakten der Duisburger Hafen AG; verschiedene andere Informationen der Duisport AG

M6a: eigene Zusammenstellung und Berechnung nach: Landesamt für Datenverarbeitung und Statistik Nordrhein-Westfalen/Information und Technik Nordrhein-Westfalen, Geschäftsbereich Statistik (Hrsg.): Statistisches Jahrbuch Nordrhein-Westfalen, verschiedene Jahrgänge; Landesamt für Datenverarbeitung und Statistik Nordrhein-Westfalen/Information und Technik Nordrhein-Westfalen, Geschäftsbereich Statistik (Hrsg.): Statistische Berichte H II 1 – j: Binnenschifffahrt in Nordrhein-Westfalen, verschiedene Ausgaben

M6b: eigene Zusammenstellung und Berechnungen nach: Achilles, F. W.: Hafenstandorte und Hafenfunktionen im Rhein-Ruhr-Gebiet. Bochumer Geographische Arbeiten, H. 2. Paderborn 1967, S. 86; Landesamt für Datenverarbeitung und Statistik Nordrhein-Westfalen/Information und Technik Nordrhein-Westfalen, Geschäftsbereich Statistik (Hrsg.): Statistisches Jahrbuch Nordrhein-Westfalen, verschiedene Jahrgänge; Landesamt für Datenverarbeitung und Statistik Nordrhein-Westfalen/Information und Technik Nordrhein-Westfalen, Geschäftsbereich Statistik (Hrsg.): Statistische Berichte H II 1 – j: Binnenschifffahrt in Nordrhein-Westfalen 2014. Düsseldorf 2016. S. 29 f., 40; Angaben des Landesamtes für Datenverarbeitung und Statistik Nordrhein-Westfalen/Information und Technik Nordrhein-Westfalen, Geschäftsbereich Statistik

M7: eigene Zusammenstellung nach: Landesamt für Datenverarbeitung und Statistik Nordrhein-Westfalen (Hrsg.): Bevölkerung am 13.9.1950, 6.6.1961, 27.5.1970 und 25.5.1987. Sonderreihe zur Volkszählung in Nordrhein-Westfalen, Bd. 2.1. Düsseldorf 1989, S. 6 f.; Statistisches Jahrbuch Deutscher Gemeinden, verschiedene Jahrgänge; http://www.it.nrw.de: Regionaldatenbank Nordrhein-Westfalen, Tabelle 173-01-4; http://www.duisburg.de: Stadt Duisburg, Stabsstelle für Wahlen, Europaangelegenheiten und Informationslogistik: trendinfo 01/2016, S. 3

M8: eigene Zusammenstellung und Berechnung nach: Landesamt für Datenverarbeitung und Statistik Nordrhein-Westfalen/Information und Technik Nordrhein-Westfalen, Geschäftsbereich Statistik (Hrsg.): Statistisches Jahrbuch Nordrhein-Westfalen, verschiedene Jahrgänge; http://www.destatis.de: Regionaldatenbank Deutschland; http://www.statistik.arbeitsagentur.de

M9: eigene Zusammenstellung nach: http://www.statistik.arbeitsagentur.de: Amtliche Nachrichten der Bundesanstalt für Arbeit: Arbeitsstatistik – Jahreszahlen (ANBA); Angaben des Statistik-Service West der Bundesanstalt für Arbeit; Landesamt für Datenverarbeitung und Statistik Nordrhein-Westfalen/Information und Technik Nordrhein-Westfalen, Geschäftsbereich Statistik (Hrsg.): Statistisches Jahrbuch Nordrhein-Westfalen, Jahrgänge 1966 und 1968; http://www.destatis.de: Zahlen und Fakten

westermann

Zusatzmaterialien

M10   Öffentlicher Hafen Duisburg

M10a   Wichtige Zielstationen des Kombinierten Verkehrs 2015

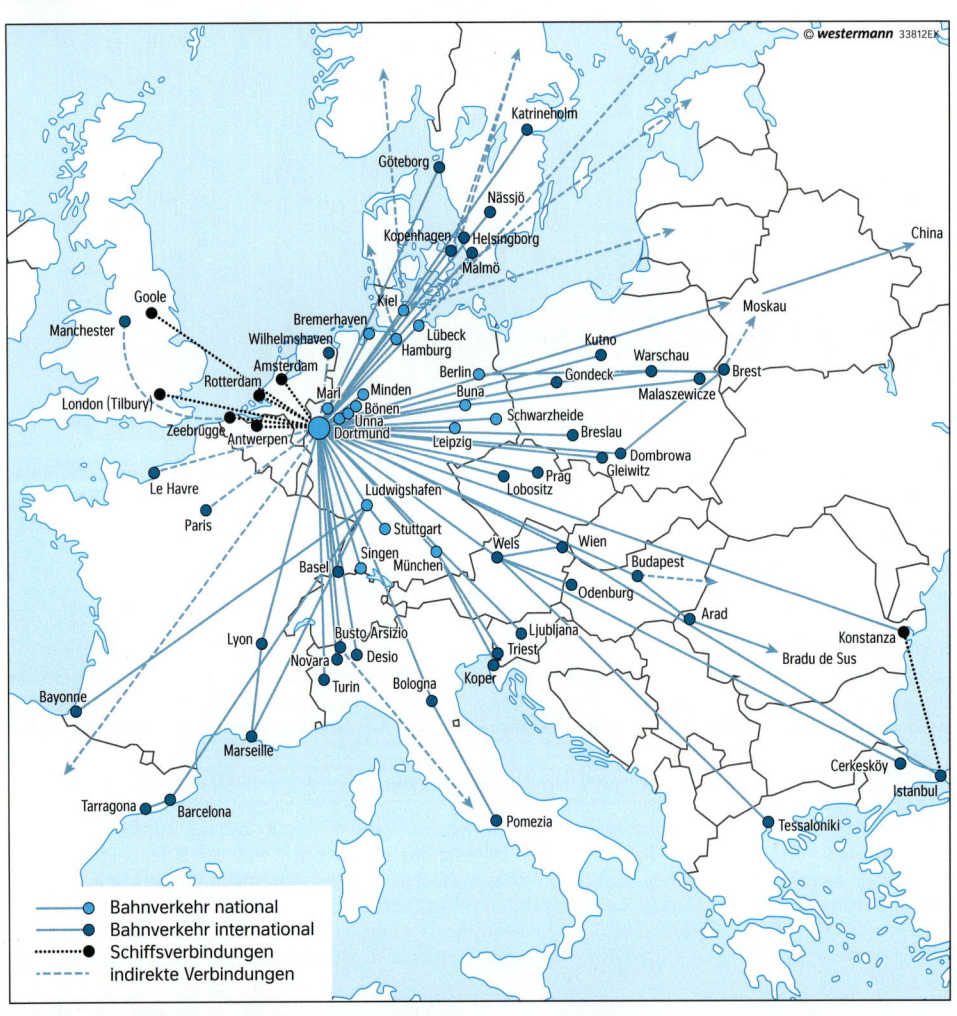

Quelle: http://www.duisport.de: Duisport AG (Hrsg.): Duisport Magazin Nr. 4, 2015, S. 34

M10b   Öffentlicher Hafen Duisburg: Güterumschlag im Schiffs- und Bahnverkehr nach Gütergruppen 1998–2015 (in Mio. t)

Gütergruppen	1998	2008	2015
Massengut	19,4	13,3	14,4
davon: – Steinkohle	6,3	6,2	5,1
– Mineralöl	3,5	4,6	
– Baustoffe, Steine, Erden	1,7	1,0	9,3
– Erze, Schrott	7,9	1,5	
Stückgut	7,4	15,0	20,2
davon: – Eisen, Stahl, NE-Metalle	4,9	5,2	3,4
– Container	2,5	9,8	16,8
Schiffs- und Bahnverkehr insgesamt	26,8	28,3	34,6

Quelle: eigene Zusammenstellung nach: Geschäftsberichte der Duisport-Gruppe 1999, 2008, 2015

westermann

M11 Verteilung der Roheisenproduktion im Ruhrgebiet

M11a Roheisenerzeugung im Ruhrgebiet 1920–2015

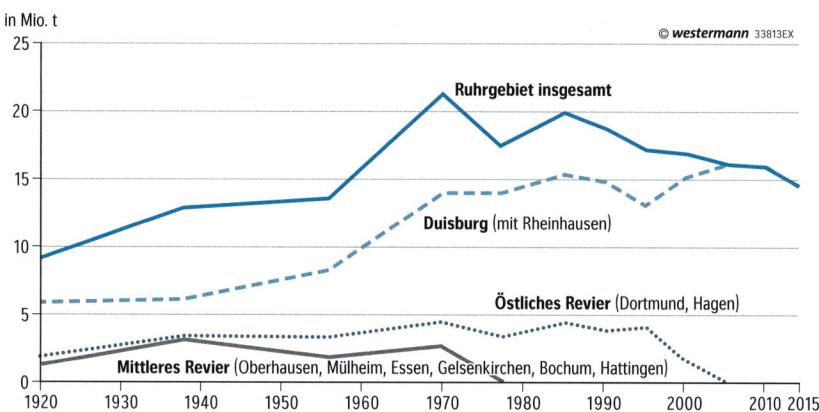

Quelle: eigene Zusammenstellung nach: Siedlungsverband Ruhrkohlenbezirk (Hrsg.): Gebietsentwicklungsplan 1966. Schriftenreihe Siedlungsverband Ruhrkohlenbezirk Nr. 5, Köln 1970, S. 41; Steinberg, H. G.: Das Ruhrgebiet im 19. und 20. Jahrhundert. Ein Verdichtungsraum im Wandel. Siedlung und Landschaft in Westfalen, Bd. 16, Münster 1985, S. 24; Voppel, G.: Nordrhein-Westfalen. Wissenschaftliche Länderkunden Band 8/VI, Darmstadt 1993, S. 100; http://www.ihk-niederrhein.de: Niederrheinische Industrie- und Handelskammer zu Duisburg (Hrsg.): Der Niederrhein in Zahlen 2015; Auskunft der Niederrheinischen Industrie- und Handelskammer zu Duisburg

M11b Standorte der Hochofenwerke im Ruhrgebiet

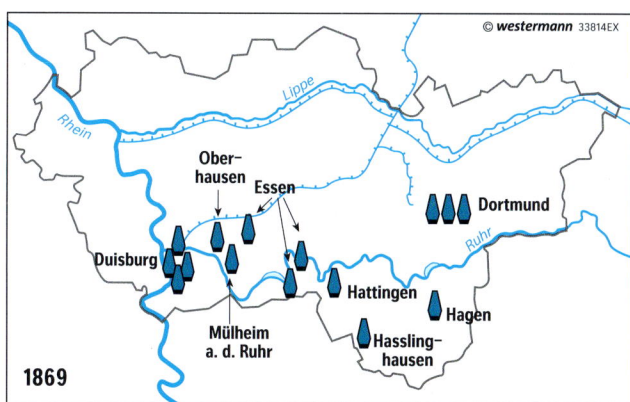

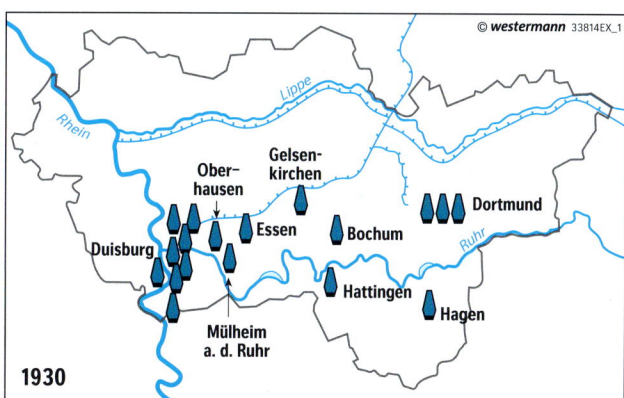

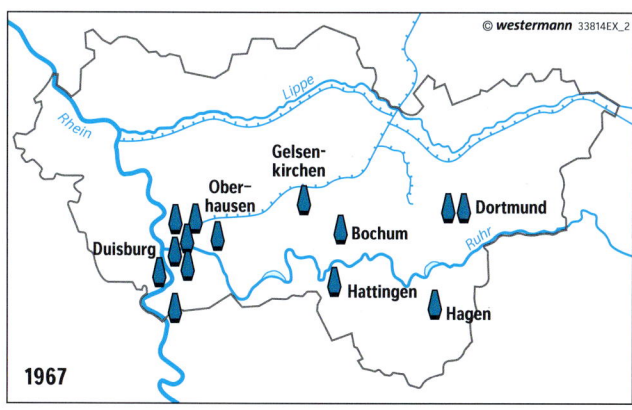

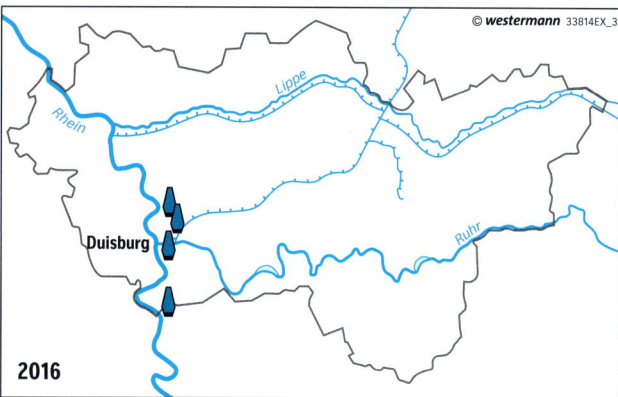

Quelle: Keil, A./Wetterau, B.: Metropole Ruhr. Landeskundliche Betrachtung des neuen Ruhrgebiets. Essen 2013, S. 38

westermann

M11c Duisburg: Produktion und Beschäftigung in der Eisenschaffenden Industrie 1950–2015

Jahr	Beschäftigte insgesamt	davon: Beschäftigte in der Eisenschaffenden Industrie	Rohstahlproduktion (in 1000 t)
1950	210 410	k. A.	k. A.
1955	261 713	k. A.	k. A.
1960	313 480	k. A.	k. A.
1966	286 122	64 127	11 228
1975	246 949	64 729	15 893
1980	239 037	55 379	17 202
1985	220 814	44 844	15 965
1990	k. A.	39 627	15 100
1995	210 600	23 420	13 711
2000	222 500	20 716	15 668
2005	217 300	19 743	17 230
2010	219 000	17 933	17 000
2015	225 400[1]	21 022	15 100

[1] für 2014

Quelle: eigene Zusammenstellung und Berechnungen nach: www.duisburg.de: Jahreseckdaten; Auskunft der Stadtverwaltung Duisburg, Stabsstelle für Wahlen, Europaangelegenheiten und Informationslogistik vom 29.07.2016; Scholten, W.: Rheinhausen. Industrie- und Bergbaustadt am linken Niederrhein. Marburger Geographische Schriften, H. 38, Marburg 1969, S. 29; Auskunft der Niederrheinischen Industrie- und Handelskammer zu Duisburg; www.regionalstatistik.de: Regionaldatenbank Deutschland (29.07.2016)

M12 Innenhafen Duisburg

M12a Der Bereich des Innenhafens vom Mittelalter bis heute

Duisburger betrieben schon im Mittelalter Schifffahrt auf dem Rhein. Nach einem großen Hochwasser 1275 verlegte der Rhein sein Flussbett, das vorher ungefähr im Bereich des heutigen Innenhafens direkt nördlich vor der Altstadt verlief, nach Westen. Duisburg verlor so den Anschluss an den Strom und damit die Grundlage für die Schifffahrt. Die vorher linksrheinisch gelegene Gemeinde Ruhrort lag seitdem am rechten Rheinufer im Bereich des ehemaligen Mündungsdeltas der Ruhr.

Im 19. Jahrhundert erhielt Duisburg durch Außen- und Innenhafen wieder Anschluss an den Rhein. Kohle, Holz und besonders Getreide wurden hier umgeschlagen. Zahlreiche Mühlenbetriebe machten den Innenhafen zum „Brotkorb des Ruhrgebiets", dem größten Getreideumschlagplatz der Region.

Um 1970 entsprachen der Innenhafen und die Mühlen- und Speichergebäude nicht mehr den Anforderungen und die Betriebe wurden stillgelegt.

Ein Masterplan des renommierten Londoner Architekten Norman Foster von 1994 sah vor allem eine neue Nutzung der alten Speicher- und Mühlengebäude vor. Die unter Denkmalschutz stehenden alten Gebäude und einige markante Neubauten bilden heute ein neues, um den Innenhafen gruppiertes Viertel für Arbeit und Wohnen. Das Museum für moderne Kunst in der Küppersmühle und das Kultur- und Stadthistorische Museum sowie gastronomische Betriebe locken in der Freizeit. Die Marina im Innenhafen bietet 127 Dauerliegeplätze.

Quelle: eigener Text nach folgenden Quellen: Juchelka, R./Schulte-Derne, F.: Binnenhäfen im Wandel – Logistikdrehscheibe, Kreativspeicher und Erlebnisgastronomie. Zwei Beispiele aus dem Ruhrgebiet. In: Geographie und Schule, H. 174, 2008, S. 26; Wagner, E.: Duisburg Ruhrort – der größte Binnenhafen Europas. In: Landesvermessungsamt Nordrhein-Westfalen (Hrsg.): Topographischer Atlas Nordrhein Westfalen. Bad Godesberg 1968, S. 28; http://www.innenhafen-portal.de: Der Innenhafen Duisburg – von damals bis heute, Teil 1 – Geschichtliche Entwicklung; http://www.duisburg.de: Der Innenhafen Duisburg, Speicherzeile

M12b Flächennutzung im Innenhafen Duisburg (Stand 2011)

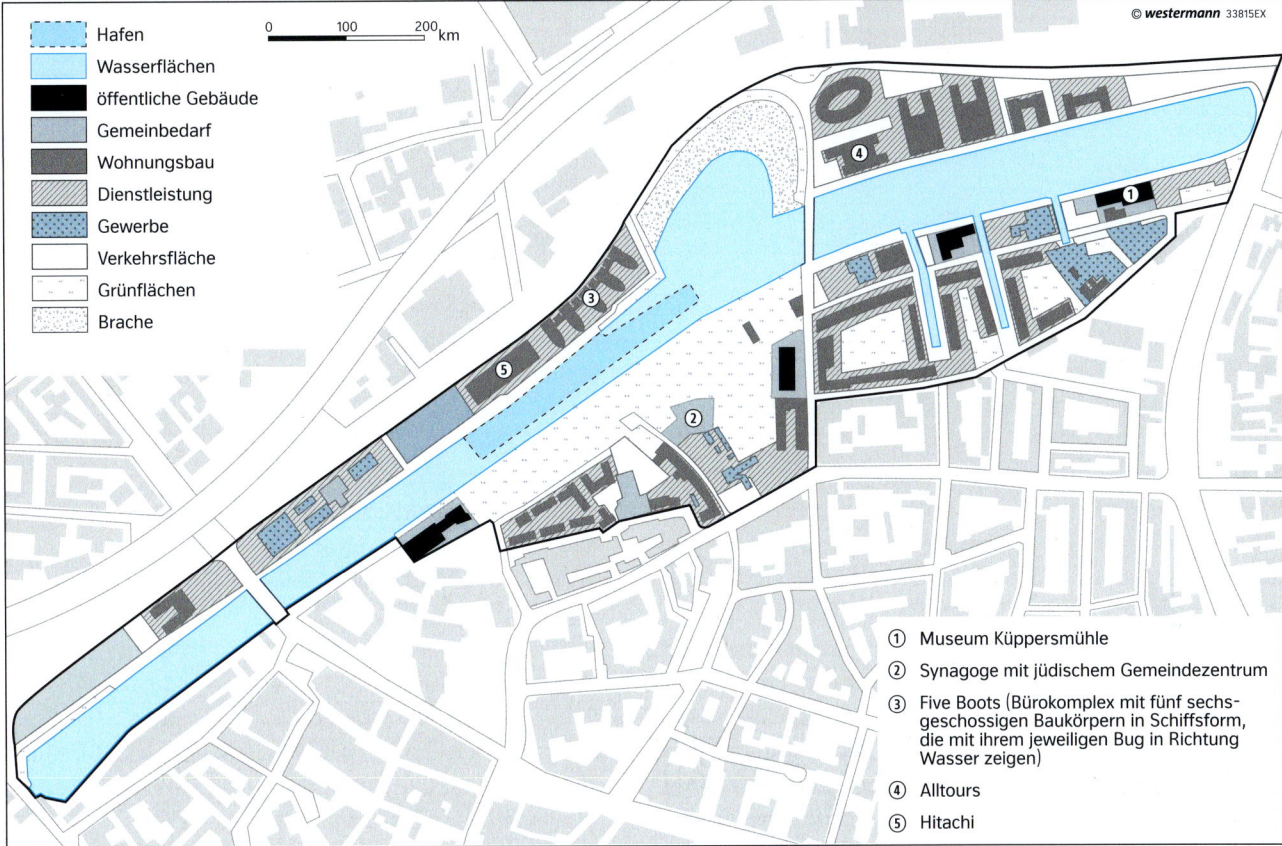

© **westermann** 33815EX

Legende:
- Hafen
- Wasserflächen
- öffentliche Gebäude
- Gemeinbedarf
- Wohnungsbau
- Dienstleistung
- Gewerbe
- Verkehrsfläche
- Grünflächen
- Brache

0   100   200 km

① Museum Küppersmühle
② Synagoge mit jüdischem Gemeindezentrum
③ Five Boots (Bürokomplex mit fünf sechs-
geschossigen Baukörpern in Schiffsform,
die mit ihrem jeweiligen Bug in Richtung
Wasser zeigen)
④ Alltours
⑤ Hitachi

Quelle: Keil, A./Wetterau, B.: Metropole Ruhr. Landeskundliche Betrachtung des neuen Ruhrgebiets. Essen 2013, S. 57

westermann

Flughafen Frankfurt am Main

Karten im Diercke Weltatlas

44.1 Rhein-Main – Wirtschaft

45.3 Frankfurt am Main – Flughafen

64.3 Deutschland – Luftverkehr

104.1 Europa – Verkehr

Unterrichtliche Voraussetzungen

Inhaltlich

Die vorliegende Klausur ist geeignet zum Abschluss einer Unterrichtsreihe zu wirtschafts- und verkehrsgeographischen Entwicklungen im Zeitalter der Globalisierung. Dabei haben die Schüler die große Bedeutung einer leistungsfähigen Verkehrsinfrastruktur für die Entwicklung von Regionen und Staaten sowie für die Bewältigung der wachsenden globalen Personen- und Warenströme kennengelernt. Ihnen ist die bedeutende Stellung von Verkehrsknoten (Gateways) wie Häfen, Großflughäfen oder ICE-Bahnhöfen bekannt, ebenso wie die Funktion moderner Hub-and-Spoke-Systeme im Rahmen logistischer Prozesse, die Transportkosten reduzieren, indem Verkehrsströme über weite Strecken gebündelt werden. Die Schüler haben erfahren, dass eine gut entwickelte Intermodalität, die intensive Verknüpfung verschiedener Verkehrsträger in Transportketten, die Herausbildung und Stellung derartiger Knotenpunkte fördert. Aus dem Unterricht ist auch geläufig, dass der daraus resultierende Standortfaktor der guten Erreichbarkeit solche Standorte auch zu idealen Standorten für manche überregional agierende Dienstleistungsunternehmen macht, damit auch zu Konkurrenzstandorten für die City des eigenen Oberzentrums. Die Schüler wissen, dass Orte mit diesen Standortfaktoren Entwicklungspole bilden mit einem bedeutenden Beschäftigungspotenzial nicht nur im Verkehrs- und Logistikbereich. Thematisiert worden sind aber auch die Kehrseiten derartiger Entwicklungen an Knotenpunkten wie Flächenverbrauch, Luft- und Lärmbelastung.

Fachbegriffe

allgemein:
- Globalisierung
- Hub-and-Spoke-System
- Knotenpunkt
- Gateway
- Standortfaktor
- Zentralität
- Erreichbarkeit
- Intermodalität
- Metropole
- Umland

in den Materialien:
- Cargo City (M1)
- Hochbahn (M1)
- Luftfrachtspedition (M1)
- Transport- und Kurierdienst (M1)
- Fluglärmbelastung (M1, M8a)
- Dauerschallpegel in Dezibel (dBA) (M1, M8b)
- Terminal (M1, M4a)
- Logistik (M2)
- Einpendlerort (M2)
- Flugbewegungen (M4a, M4b)
- Nachtflugverbot (M4a, M8a)
- Wirtschaftsprüfungsgesellschaft (M5)
- Drehkreuz (Hub) (M6)

Literatur

Bördlein, R./Schickhoff, I.: Der Rhein-Main-Raum. In: Kulke, E. (Hrsg.): Wirtschaftsgeographie Deutschlands. Perthes Geographie-Kolleg. Gotha 1998, S. 465–495.

Braun, B./Schlaack, J.: Großflughäfen als Impulsgeber der Stadt- und Wirtschaftsentwicklung. In: Geographische Rundschau, H. 1/2014, S. 4–11.

Bundesinstitut für Bau-, Stadt- und Raumforschung im Bundesamt für Bauwesen und Raumordnung (Hrsg.): Neue Perspektiven für Flughafen und Stadt. Informationen zur Raumentwicklung, H. 1/2011.

Feldhoff, T.: Neue Entwicklungstendenzen im Weltluftverkehr. Hub Airports, Strategic Alliances, Low-Cost Carriers. In: Geographische Rundschau, H. 5/2007, S. 28–35.

Freund, B.: Hessen. Perthes Länderprofile. Gotha 2002.

Gather, M./Kagermeier, A./Lanzendorf, M: Geographische Mobilitäts- und Verkehrsforschung. Studienbücher der Geographie. Berlin 2008.

Gemeinnützige Umwelthaus GmbH (Hrsg.): Lärmwirkungsstudie NORAH (noise-related annoyance, cognition and health): Verkehrslärmwirkungen im Flughafenumfeld. 7 Bände. Kelsterbach 2015.

Nuhn, H./Hesse, M.: Verkehrsgeographie. Grundriss Allgemeine Geographie. Paderborn 2006.

Peter, M./Bertschmann, D. u. a.: Regional- und volkswirtschaftliche Bedeutung des Flughafens Frankfurt. Zürich, Basel 2013, aktualisiert 2014.

Internet

http://www.frankfurt.de
  Stadt Frankfurt

http://www.frankfurt-airport.de
  Flughafen Frankfurt a. M.

http://www.fraport.de
  Flughafengesellschaft Frankfurt

http://www.hessen.de
  Landesportal Hessen

http://www.wirtschaft.hessen.de
  Hessisches Ministerium für Wirtschaft, Energie, Verkehr
  und Landesentwicklung

http://www.region-frankfurt.de
  Regionalverband FrankfurtRheinMain

http://www.frankfurt-main.ihk.de
  Industrie- und Handelskammer Frankfurt a. M.

http://adv.aero
  Flughafenverband der deutschen Flughäfen (Statistiken)

http://www.aci.aero
  Airports Council International (Statistiken)

http://www.flughafen-bi.de
  Bündnis der Bürgerinitiativen – Kein Flughafenausbau – Für
  ein Nachtflugverbot von 22–6 Uhr

Kürzungs- und Erweiterungsmöglichkeiten (geplante Bearbeitungszeit: 135 min)

	Kürzungsmöglichkeiten	Erweiterungsmöglichkeiten
Aufgabe 1	Reduzierung des Aufgabenumfangs durch Verzicht auf die räumliche Einordnung in die Wirtschaftsregion Rhein-Main → M2 entfällt; dann müssen die Schüler zur räumlichen Einordnung eine Übersichtskarte nutzen, z. B. Diercke Weltatlas, 22/23 oder 26/27	Verbesserung der Aussagen zur überregionalen Verkehrslage des Airports durch Berücksichtigung der Zusatzmaterialien M13 und M14
Aufgabe 2	M4a: Verzicht auf die Entwicklungsschritte von 1945 bis 1994, Beschränkung auf die Zeit ab 2000 (Ausbauphase) In M5 kann die Tabelle zur Entwicklung der Beschäftigung am Flughafen entfallen. Es bleibt dann nur der Beschäftigungsstand 2014 (in M1) und der kurze Text zur Standortverlagerung von KPMG als M5. M7 kann entfallen. Dadurch Verzicht auf die quantitativen Informationen zum Verkehrsangebot; es bleiben die Hinweise auf Verkehrsanschlüsse und -linien in M1 und M2.	Das Zusatzmaterial M12 ergänzt die Aussagen zur Intermodalität (M7) durch differenzierte Informationen zur Verkehrsmittelnutzung der Passagiere bei der Anreise zum Flughafen. Das Zusatzmaterial M15 stellt Grundinformationen zum Hub-and-Spoke-System bereit, falls dieses Prinzip aus dem Unterricht noch nicht bekannt ist.
Aufgabe 3		Zur Verbesserung der Argumentation können die Zusatzmaterialien M9, M10, M11 und M12 eingesetzt werden.

Erwartungshorizont mit Punkteverteilung

Bitte beachten Sie: Die Punkteverteilung stellt nur einen Vorschlag dar, der je nach Bundesland und Kurssituation angepasst werden muss. Die Punkte beziehen sich zudem nur auf inhaltliche Aspekte, nicht auf die Darstellungsleistung der Schüler.

Aufgabe 1 Anforderungsbereich: I/II Materialien: M1, M2	maximale Punktzahl	erreichte Punktzahl
Großräumige Lage des Flughafens Frankfurt Der Flughafen Frankfurt liegt in Südwestdeutschland, am Nordende des Oberrheingrabens. Dieser ist hier umgeben von Mittelgebirgen: Taunus im Norden, Spessart im Osten, Odenwald im Südosten, Pfälzer Bergland im Südwesten. Frankfurt liegt am Main, der bei Mainz in den Rhein mündet. (M2)	2	
Vor der den Oberrheingraben nach Norden hin abschließenden Mittelgebirgsschwelle bildet der Gunstraum der Oberrheinebene eine sehr wichtige Verkehrsachse in Nord-Süd-Richtung, gequert durch eine Nordwest-Südost-Achse. Hier ist ein Verdichtungsraum entstanden mit mehreren Großstädten: Frankfurt, Offenbach, Darmstadt, Mainz, Wiesbaden. (M2, Atlaskarte 22/23)	2	

Aufgabe 1 Anforderungsbereich: I/II Materialien: M1, M2	maximale Punktzahl	erreichte Punktzahl
Durch den Naturraum vorgegebene Verkehrsgunst der Region bildete die Grundlage für die Herausbildung eines bedeutenden Verkehrsknotens. Fernverbindungen im Schienen- und Straßenverkehr sowie Binnenschifffahrt auf Rhein und Main: Wichtige Verkehrslinien verbinden in Richtung Süden (→ Basel), Osten (→ Nürnberg), Nordosten (→ Leipzig), Norden (→ Kassel), Nordwesten (→ Köln). (Atlaskarte 26/27) Durch diese fast sternförmigen Verkehrsverbindungen besitzt Frankfurt eine sehr zentrale Lage im westlichen Mitteleuropa. (M6)	4	
Kleinräumige Lage des Flughafens Frankfurt Der Flughafen liegt südwestlich der Stadt, ca. 10 Kilometer entfernt. (M2) Das Flughafenareal befindet sich inmitten größerer Waldgebiete → Hinweis auf ärmliche Böden auf sandig-kiesigen Flussterrassen. Die Seen südöstlich und westlich des Flughafens sind dementsprechend Baggerseen. Der Flughafen wurde auf gerodeten Forstflächen errichtet. (M1)	2	
Das flache Gelände ist ideal für die Anlage eines Flugplatzes. Trotz der Waldflächen sind die Entfernungen vom Flughafen zu benachbarten Wohnsiedlungen im Norden am Main (Kelsterbach, Okriftel, Eddersheim), im Süden Walldorf, im Südosten Langen und im Osten Zeppelinheim gering. (M1)	2	
Flughafen der südwestdeutschen Metropole Frankfurt, die heute vor allem ein Dienstleistungszentrum hohen Ranges ist (eines der weltweit führenden Finanzzentren, hochrangiger Messestandort usw.). (M2)	2	
Erreichbarkeit des Flughafens Anschluss an regionale Schnellstraßen, durch die direkte Autobahnauffahrt nahe am Frankfurter Kreuz hervorragender Anschluss an das überregionale Fernstraßennetz; weiterer Autobahnanschluss an die A 5 für die Cargo City Süd und das geplante Terminal 3 (M1)	2	
durch den S-Bahnhof im Terminal 1 Anschluss an das S-Bahn-Netz der Region Rhein-Main (M1, M2)	2	
durch den Fernbahnhof vor dem Terminal 1 an der ICE-Strecke Köln – Frankfurt direkter Anschluss an das mitteleuropäische Fernbahnnetz (M1, M2)	2	
	20	

Aufgabe 2 Anforderungsbereich: I/II/III Materialien: M1, M2, M3, M4a, M4b, M5, M6, M7	maximale Punktzahl	erreichte Punktzahl
Der Flughafen Frankfurt ist eine sehr großflächige Infrastruktureinrichtung, die sich über ca. 6300 m in der West-Ost-Richtung und ca. 5000 m in der Nord-Süd-Richtung erstreckt, westlich der A 5 und (im Wesentlichen) südlich der A 3. (M1)	2	
Die Einrichtungen und damit die Flächeninanspruchnahme haben sich der Nachfrage entsprechend allmählich entwickelt. Der Ausbau begann mit der Nutzung als US-Air Base 1945; schon 1949 wurden aufgrund des Bedarfs während der Berliner Luftbrücke zwei parallele Start- und Landebahnen geschaffen. Die überregionale Bedeutung des Flughafens führte schon 1959 durch Verlängerung einer Start- und Landebahn zum Ausbau für Düsenflugzeuge, als erster Flughafen in Deutschland. (M4a)	2	
Die Passagierzahlen ebenso wie die Flugbewegungen stiegen in dieser Zeit schnell an: von 1960 bis 1970 z. B. die Anzahl der Flugbewegungen um 130 %, die Passagierzahl noch viel stärker um 330 %. (M4b)	2	
Deshalb kam es zum Bau des Terminals 1 mit langen Flugsteigen ins Vorfeld, die eine große Zahl von Flugzeugabstellpositionen mit einem direkten Übergang vom Terminalgebäude bieten. Durch den angeschlossenen Bahnhof war die schnelle Erreichbarkeit für eine große Zahl von Fluggästen gegeben, bald auch im S-Bahn-Netz des Rhein-Main-Gebietes. (M1, M2, M4a) Das weiterhin starke Wachstum des Flugverkehrs – 1990 schon fast 30 Millionen Passagiere – erforderte nur rund 20 Jahre später ein zweites Passagierterminal. Diese beiden Terminals erstrecken sich über rund 2300 m Länge. (M1, M4a, M4b) Sie beherbergen Check-In-Schalter, Einrichtungen für die Sicherheitskontrollen, Gepäckverteilung, Einkaufsmöglichkeiten, Gastronomie und Dienstleistungen, z. B. Reisebüros, Autovermietung.	2	
Wegen der absehbaren Stagnation der Passagierzahlen in Frankfurt wurde im Jahr 2000 ein weiterer Ausbau des Flughafens beschlossen: vor allem die dritte Landebahn außerhalb des bis dahin geschlossenen Areals (Landebahn Nordwest, 2011 in Betrieb genommen) und ein drittes Terminal im Süden des Flughafenareals (Baubeginn 2015). (M4a, M4b)	2	

Aufgabe 2 Anforderungsbereich: I/II/III Materialien: M1, M2, M3, M4a, M4b, M5, M6, M7	maximale Punktzahl	erreichte Punktzahl
104 Fluglinien steuern im Jahr 2015 von Frankfurt fast 300 Zielorte an. 61 Millionen Passagiere nutzten 2015 den Airport, ein Zuwachs um 15 % gegenüber 2010, also vor der Inbetriebnahme der dritten Landebahn. Im Durchschnitt verzeichnete der Flughafen 2015 täglich fast 1300 Flugbewegungen. (M4a, M4b) Frankfurt ist der am stärksten international ausgerichtete Flughafen in Deutschland: 11 Millionen Passagiere starteten 2012 zu Kontinentalflügen, über 14 Millionen in andere europäische Staaten. Der vergleichsweise unbedeutende Inlandsflugverkehr dürfte vor allem eine Zubringerfunktion für die Fern- und Mittelstreckenflüge haben. Der verschwindend geringe Anteil der Billigfluggesellschaften weist Frankfurt als einen traditionellen, gewachsenen Airport mit bedeutendem Anteil an Geschäftsreisenden aus. (M3)	3	
Den Passagieren steht ein breites Angebot an Verkehrsanschlüssen zur Verfügung: Der Flughafenfernbahnhof wird von 174 Fernzügen täglich angefahren; rund 5 Millionen Fahrgäste im Jahr nutzen dieses Angebot. Durch die schnellen ICE-Verbindungen konnten zudem frühere Zubringerflüge über kurze Distanzen entfallen. (M1, M7)	2	
Vom Regionalbahnhof verkehren täglich 223 S-Bahnen und Regionalzüge; 240 Busabfahrten pro Tag im ÖPNV ergänzen das Angebot in der Region, rund 35 Fernbusabfahrten in überregionalen Distanzen. (M1, M2, M7)	2	
Die direkte Autobahnauffahrt nahe am Frankfurter Autobahnkreuz, die anderen Schnellstraßenverbindungen sowie 28000 Parkplätze am Flughafen bieten auch eine sehr gute Erreichbarkeit im Individualverkehr. Der Flughafen verfügt mit dieser Vielfalt von Verkehrsanschlüssen, vor allem auch im schienengebundenen Nah- und Fernverkehr, über eine sehr gute Intermodalität, besitzt eine sehr hohe Verkehrszentralität. (M2, M7)	2	
Um die steigende Zahl von Passagieren transportieren zu können, musste die Zahl der Starts und Landungen vergrößert werden. Allerdings zeigt der geringere Anstieg der Flugbewegungen, dass zunehmend größere Maschinen eingesetzt wurden. So kamen 1970 durchschnittlich 48 Passagiere auf eine Flugbewegung, 1990 schon 91,3 und 2015 130. (M4b)	3	
Wie die Passagierzahl ist auch das Frachtaufkommen gestiegen. Frankfurt hat wie die anderen Drehkreuze ein bedeutendes Frachtaufkommen, auch wenn dies zuletzt nach 2010 rückläufig war. Allein von 2000 bis 2010 war zuvor das Frachtaufkommen in Frankfurt um ein Drittel gewachsen. (M4b, M6)	2	
Die Bodeneinrichtungen für die Frachtabfertigung sind auf recht großen Flächen in der Cargo City Nord und der Cargo City Süd konzentriert, auf denen große Hallen von Luftfrachtspeditionen stehen. Luftfrachtspeditionen sowie Transport- und Kurierdienste weisen auch Standorte in den Gewerbegebieten der benachbarten Gemeinden auf. (M1)	2	
Der Flughafen weist somit einen inneren Ring von Dienstleistungsunternehmen verschiedener Art, neben Unternehmen zur Abwicklung der Luftfracht Betriebe für die Flugzeugwartung und -versorgung, auf dem Flughafengelände auf und einen äußeren Ring außerhalb des Flughafenareals in den angrenzenden Gemeinden, die dadurch von Flughafenfunktionen geprägt werden. (M1)	4	
Mit dem Zuwachs beim Flugverkehr und dem Ausbau des Flughafens ist auch die Zahl der Arbeitsplätze im Flughafenbereich gestiegen: von 19000 im Jahr 1971 auf über 80000 im Jahr 2014, in zuletzt über 580 verschiedenen Unternehmen, neben Fluggesellschaften und Flughafenbetreiber auch Boutiquen oder Eisdielen im Terminal. (M1, M5)	2	
Die Zunahme der Beschäftigung erfolgte im Zeitraum eines Beschäftigungsabbaus in Industriebetrieben durch Rationalisierungsmaßnahmen oder Produktionsverlagerungen. Der Flughafen Frankfurt ist also ein dynamischer Entwicklungspol im Verdichtungsraum Rhein-Main, ist zur größten lokalen Arbeitsstelle Deutschlands geworden. (M1)	4	
Serviceeinrichtungen wie Flugsicherung, Wartungshallen oder ein Tanklager mit Pipeline vom Kerosinhafen am Main ergänzen die Einrichtungen. (M1)	2	
Mehrere Großhotels bieten nahe an den Terminals Übernachtungsmöglichkeiten für Passagiere, aufgrund der guten Erreichbarkeit auch Tagungsräumlichkeiten. (M1)	2	
Der Standortfaktor der schnellen Erreichbarkeit hat zur Ansiedlung von Unternehmen geführt, die nicht direkt zur Luftfahrtbranche gehören, aber Standorte direkt vor dem Terminal 1 oder im nahe gelegenen Gateway Gardens beziehen. Besonders internationale Finanzdienstleister, wie z. B. KPMG, schätzen die gut entwickelte Intermodalität am Airport, wo ihre Beschäftigten in wenigen Minuten am Terminalschalter sind, aber ebenso schnell Hochgeschwindigkeitszüge erreichen oder den Regionalverkehr zum Finanzzentrum Frankfurt. (M1, M4a, M7)	4	
Auch einige Europa- oder Deutschlandzentralen ausländischer Unternehmen bevorzugen deshalb Standorte in den Umlandgemeinden des Airports. (M1)	2	
Mit diesem Trend wird der außerhalb des Oberzentrums Frankfurt errichtete Flughafen auch zu einem Konkurrenzstandort für die City der Dienstleistungs- und Finanzmetropole.	4	
	50	

Aufgabe 3 Anforderungsbereiche: I/II/III Materialien: M1, M3, M4a, M4b, M5, M6, M7, M8a, M8b	maximale Punktzahl	erreichte Punktzahl
Der Flughafen Frankfurt stellt für Mitteleuropa eine wichtige Verkehrsinfrastruktur dar, da er ein dichtes Netz vieler europäischer und interkontinentaler Verbindungen bereitstellt. Er weist mit den hohen Verkehrsfrequenzen beim Luftverkehr für Passagiere wie Fracht ebenso wie beim Schienenfern- und -regionalverkehr sowie dem Straßenverkehr eine sehr gut entwickelte Intermodalität auf. Die an- und abreisenden Passagiere sind daher nicht auf den motorisierten Individualverkehr angewiesen, eine sehr positive Entwicklung. Durch diese guten Verkehrsverbindungen ist der Flughafen ein Ort höchster Verkehrszentralität geworden. (M1, M3, M7)	3	
Im Jahr 2015 stellt der Flughafen eine sehr großflächige Verkehrseinrichtung dar, zentral gelegen im Verdichtungsraum Rhein-Main. Für die jüngste Erweiterung wurde nach Norden die vorherige Arealgrenze deutlich übersprungen: Die Flächenbeanspruchung durch den Flughafen ist also groß und expansiv. (M1, M4a)	2	
Doch im ersten Jahrzehnt des 21. Jahrhunderts wuchs der Frachtumschlag zwar um ein Drittel, doch der Passagierverkehr stagnierte bei einem Zuwachs von 0,7 % pro Jahr. (M4b) Damit ergab sich das Problem, dass der Airport zurückfallen könnte gegenüber den konkurrierenden westeuropäischen Drehkreuzen in London, Paris, Amsterdam, München. (M6) Dadurch könnte die Entwicklung der Beschäftigung stagnieren oder gar rückläufig sein, der Jobmotor Airport wäre in Gefahr. Dienstleitungsunternehmen mit einer starken Nutzung von Flugverbindungen könnten abwandern, die Wirtschaftskraft der Region schwächeln. (M5)	4	
Deshalb wurde beschlossen, die Kapazitäten des Flughafens zu erweitern. (M4a) Zentrale Punkte: – Bau einer dritten Landebahn, außerhalb des vorherigen Flughafenareals, nördlich von Fernbahnlinie und Autobahn A 3, denn die angestammte Betriebsfläche ist zu klein geworden. (M1, M4a) – Bau eines dritten Passagierterminals; nicht mehr im Anschluss an die Terminals 1 und 2, sondern im Süden des Flughafengeländes vor der Cargo City Süd; dafür wird eine Verlängerung der schon zwischen den Terminals 1 und 2 verkehrenden Hochbahn bis zum neuen Terminal nötig. (M1, M4a)	2	
Sowohl im Norden wie im Süden wird nach der Fertigstellung dieser Baumaßnahmen ca. 2022 dichte Bebauung das zentrale Flugfeld begrenzen; die Ausbaumöglichkeiten sind dann wohl ausgeschöpft. (M1)	2	
Der Ausbau des Flughafens soll die Grundlage für eine weitere Steigerung des Verkehrsaufkommens am Flughafen bilden: mehr Passagiere, mehr Frachtumschlag, damit aber auch mehr Starts und Landungen.	2	
Diese angestrebte Entwicklung steigert aber auch die Belastungen durch den Flugbetrieb: Luftbelastung und vor allem Lärmbelastung. 2011 hatte die Durchsetzung eines Nachtflugverbots (23–6 Uhr) zu Verbesserungen geführt: 2015 sind 60 % weniger Bewohner als 2010 von Fluglärm mit einem Dauerschallpegel von mindestens 60 Dezibel betroffen, doch sind dies immer noch über 10 000 Personen. Auch ist der Fluglärm jetzt aufgrund der neuen Landebahn flächenhaft noch weiter verbreitet z. B. in Frankfurt, Darmstadt, Kelsterbach. (M8a, M8b)	3	
Fast 1300 Flugbewegungen pro Tag bedeuten bei der Betriebszeit von 18 Stunden (5 bis 23 Uhr), dass durchschnittlich fast 1,2 Flugbewegungen in jeder Minute stattfinden, eine fast ununterbrochene Quelle von Fluglärm. (M4a)	2	
Dabei führt Fluglärm, vor allem in der Nacht, zu Störungen und Gefährdungen der menschlichen Gesundheit, wobei verschiedene Studien zum Teil zu unterschiedlichen Ergebnissen kommen, welche Erkrankungen vor allem aufgrund von Fluglärm verstärkt auftreten; Bluthochdruck, Depressionen, Müdigkeitsgefühl sind festgestellt worden, aber auch deutlich reduzierte schulische Leistungen von Kindern. (M8a)	2	
Aus ökonomischer Perspektive erscheint der Ausbau des Flughafens plausibel zur Erhaltung seiner positiven Einflüsse auf Wirtschaftskraft und Arbeitsmarkt in der Region. Für diese Einflüsse werden allerdings gesundheitliche Risiken bei der vom Fluglärm betroffenen Wohnbevölkerung in Kauf genommen.	4	
Es stellt sich deshalb schon die Frage, ob der Flugverkehr nicht doch in den Nachtrandstunden zumindest stärker eingeschränkt werden könnte zum Schutz der Gesundheit der betroffenen Wohnbevölkerung. Vielleicht können auch andere Veränderungen zur Reduzierung des Fluglärms beitragen, zum Beispiel eine Flugerlaubnis in den Nachtrandstunden nur für leise Flugzeuge oder weitere Optimierungen der Flugrouten.	4	
	30	

Name: .... **Datum:** ....

Kurs/Klasse: .... **Zeit:** ....

Flughafen Frankfurt am Main

Aufgabe 1
Stellen Sie die Lage des Flughafens Frankfurt dar.

Aufgabe 2
Erläutern Sie die Entwicklungen im Bereich des Flughafens Frankfurt.

Aufgabe 3
Nehmen Sie differenziert Stellung zu Situation und Ausbau des Flughafens Frankfurt.

M1 **Diercke Weltatlas**

45.3 Frankfurt am Main – Flughafen

M2 **Diercke Weltatlas**

44.1 Rhein-Main – Wirtschaft

M3 **Diercke Weltatlas**

64.3 Deutschland – Luftverkehr

weitere Atlaskarten nach Wahl

M4 **Entwicklung des Flughafens Frankfurt**

M4a **Chronik des Airports**

1945	Ausbau des Flughafens „Rhein-Main" zur US-Air Base
1949	paralleles Start- und Landebahnsystem (2 Bahnen) fertiggestellt (Berliner Luftbrücke)
1959	Nordbahn auf 3600 Meter verlängert → erster deutscher Flughafen für Düsenflugverkehr
1972	Terminal 1 mit angeschlossenem Tiefbahnhof eröffnet (ab 1980 S-Bahn-Verkehr)
1994	Terminal 2 eröffnet und durch die Hochbahn „Sky Line" mit Terminal 1 verbunden
2000	erneuter Ausbau des Flughafens beschlossen
2002	ICE-Fernbahnhof vor Terminal 1 an ICE-Neubaustrecke Frankfurt – Köln angeschlossen
2011	Landebahn Nordwest in Betrieb genommen; Nachtflugverbot durch Gerichtsurteil
2015	Sommerflugplan 2015: Passagier-Linienverkehr Fracht-Linienverkehr Fluggesellschaften 104 24 Ziele 297 82 fast 1300 Flugbewegungen (Starts, Landungen) pro Tag (2014)
2015	Baubeginn für Terminal 3, Inbetriebnahme geplant für 2022

westermann

M4b Verkehrsentwicklung am Flughafen Frankfurt 1950–2015

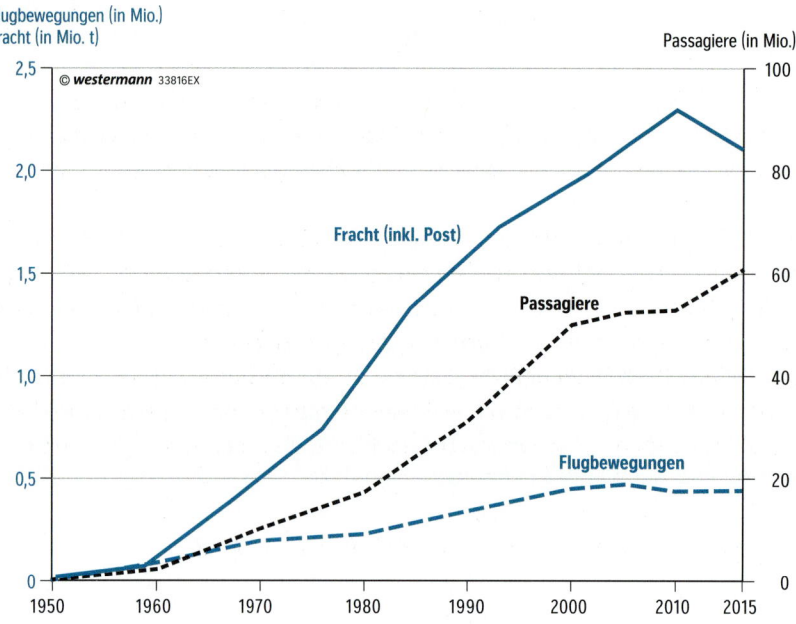

Flugbewegungen (in Mio.)
Fracht (in Mio. t)

Passagiere (in Mio.)

M5 Arbeitsplätze am Flughafen Frankfurt 1971–2014

Jahr	Arbeitsplätze	Betriebe
1971	19 000	330
1980	31 800	k. A.
1990	53 300	k. A.
2000	62 500	465
2010	71 000	k. A.
2014	80 400	580

Die internationale Wirtschaftsprüfungsgesellschaft KPMG hat ihre Europazentrale von London an den Flughafen Frankfurt verlegt (Bürogebäude „The Squaire" über dem ICE-Fernbahnhof, vor dem Terminal 1). Alternativen bei der Standortsuche waren nicht andere europäische Metropolen wie Paris oder Berlin, sondern die Standorte „Flughafen Amsterdam" oder „Flughafen Frankfurt".

M6 Diercke Weltatlas

104.1 Europa – Verkehr

M7 Verkehrsanschlüsse des Flughafens Frankfurt 2015

Fernbahnhof	174 Hochgeschwindigkeitszüge und andere Fernzüge pro Tag verbinden den Flughafen mit den wichtigsten Städten Deutschlands; 5 Mio. Fahrgäste im Jahr
Regionalbahnhof	223 S-Bahnen und Regionalzüge täglich (in 15 Minuten in die Frankfurter City); 294 000 Fahrgäste pro Monat
Busbahnhof	240 Bus-Abfahrten pro Tag im öffentlichen Nah- und Regionalverkehr; ca. 35 Abfahrten von Fernlinienbussen täglich
Straße	Anbindung an Deutschlands verkehrsreichstes Autobahnkreuz (A 5/A 3); 28 500 Fahrzeugstellplätze insgesamt

westermann

M8 Fluglärm

M8a Auf der Verliererseite

Fast die gesamte Rhein-Main-Region hat von dem 2011 verfügten Nachtflugverbot zwischen 23 und 5 Uhr profitiert, denn viele Bewohner können jetzt nachts ungestörter schlafen. Doch in einigen Städten wie Frankfurt, Kelsterbach und Darmstadt hat der Lärm in den Nachtrandstunden (22–23 und 5–6 Uhr) nach der Eröffnung der neuen Landebahn zum Teil deutlich zugenommen.

Nach Untersuchungen an der Universitätsklinik Mainz kann nächtlicher Fluglärm schon bei gesunden Menschen zu Gefäßschäden, vermehrten Stresshormonen und verminderter Schlafqualität führen – mit erheblichen Auswirkungen auf das Herz-Kreislaufsystem: Er kann danach Bluthochdruck, Herzinfarkte und auch Schlaganfälle auslösen. Fluglärm stellt demnach eine Gesundheitsgefährdung dar, wird von Ärzten als Körperverletzung bezeichnet.

Nach der über vier Jahre erarbeiteten Studie „NORAH" ist hingegen die Gefahr, an Bluthochdruck zu erkranken, für Anwohner des Flughafens kaum erhöht. Bei den vom Fluglärm betroffenen Bewohnern treten nach dieser Studie aber häufiger Depressionen und Müdigkeit auf. Starker Fluglärm mindert zudem deutlich die schulischen Leistungen von Kindern.

M8b Einwohner in den vom Fluglärm* des Flughafens Frankfurt betroffenen Gebieten 2010–2015

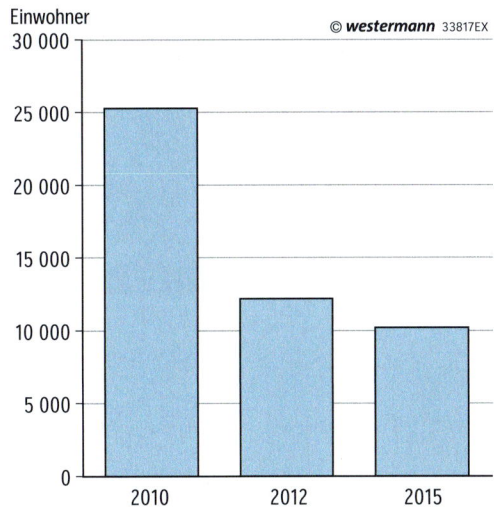

© westermann 33817EX

* Gebiet mit einem 24-Stunden-Dauerschallpegel von ≥60 dBA. Dabei werden die während der Nachtzeit auftretenden Schallereignisse mit einem Zuschlag von 10 dB berücksichtigt.

Quellen

M4a: eigene Zusammenstellung nach: Freund, B.: Hessen. Perthes Länderprofile. Gotha 2002, S. 95; Fraport AG (Hrsg.): Zahlen, Daten, Fakten 2015. Frankfurt 2015, S. 4 f., 13

M4b: eigene Zusammenstellung nach: Fraport – Markt- und Trendforschung (Hrsg.): Frankfurt Airport. Luftverkehrsstatistik 2014. Frankfurt 2015, S. 16 f.; Unterlagen der FRAPORT AG; ADV-Jahresstatistik (http://adv.aero)

M5: eigene Zusammenstellung nach: Ernst, E.: Der Interkontinentalflughafen Frankfurt am Main. In: Hessisches Landesvermessungsamt (Hrsg.): Hessen in Karte und Luftbild. Topographischer Atlas. Berlin 1973, S. 19; Fraport (Hrsg.): Zahlen, Daten, Fakten 2015. Frankfurt 2015, S. 32; Freund, B.: Hessen. Perthes Länderprofile. Gotha 2002, S. 97; http://www.fraport.de

M7: http://www.fraport.de: Intermodalität

M8a: eigener Text nach verschiedenen Quellen

M8b: Fraport (Hrsg.): GRI-Bericht 2014. Frankfurt 2015, S. 17; Fraport (Hrsg.): GRI-Bericht 2015. Frankfurt 2016, S. 16

westermann

Zusatzmaterialien

M9 Prognose für den Flughafen Frankfurt am Main

Der Flugverkehr wächst weltweit seit Jahren deutlich und die Nachfrage soll auch in Zukunft sowohl beim Passagierverkehr als auch beim Frachtverkehr weiter ansteigen. Die Kapazitäten der Landebahnen in Frankfurt kamen schon gegen Ende der 1990er-Jahre an ihre Grenzen. Der Flughafen brauchte für die Zukunft neue Kapazitäten, denn für 2020 wurden rund 700 000 Flugbewegungen und 88 Millionen Passagiere prognostiziert. Deshalb wurde im Jahr 2000 der Flughafenausbau beschlossen und dieser 2007 genehmigt. Er sieht vor allem eine weitere (dritte) Landebahn und ein drittes Passagierterminal vor. Dadurch sollen die Wettbewerbsfähigkeit des Flughafens Frankfurt gestärkt und zusätzliche Arbeitsplätze geschaffen werden.

Quelle: eigener Text nach verschiedenen Quellen

M10 Regionalwirtschaftliche Bedeutung des Flughafens Frankfurt

	Beschäftigte (in 1000)		Wertschöpfung (in Mrd. Euro)	
	2000	2012	2000	2012
a) Arbeitsstätte Flughafen Frankfurt	62,5	78,0	5,65	6,63
b) Zulieferer	38,1	38,3	1,98	2,51
Summe (a + b)	100,6	116,3	7,63	9,14
c) Induzierter Effekt*	194,5	155,5	10,11	10,19
Gesamtsumme (a + b + c)	295,1	271,8	17,74	19,33

* Induzierter Effekt: Beschäftigung und Wertschöpfung durch die Konsumausgaben von den Einkommen unter a und b
Quelle: Peter, M./Bertschmann, D. u. a.: Regional- und volkswirtschaftliche Bedeutung des Flughafens Frankfurt. Zürich/Basel 2013, aktualisiert 2014, S. 9, 18

M11 Verkehrsentwicklung an ausgewählten europäischen Flughäfen 1970–2015

M11a Passagiere (in Mio.)

Flughafen	1970	1980	1990	2000	2010	2015
London (Heathrow)	15,6	27,5	42,7	64,6	65,9	75,0
Paris (Charles de Gaulle)	11,3[1]	10,1	22,1	48,2	58,2	65,8
Frankfurt	9,4	16,8	28,2	49,4	53,0	61,0
Amsterdam	5,2	9,4	11,6	39,6	45,2	58,3
Madrid	4,0	9,7	16,7	32,9	49,8	46,8
München	3,6	5,7	11,0	23,1	34,7	41,0
Istanbul	1,7	3,1[2]	6,2	15,8	32,2	61,8

[1] Paris-Orly 1971   [2] 1979
Quelle: eigene Zusammenstellung nach: ADV-Jahresstatistik, verschiedene Jahrgänge; Fraport, Markt- und Trendforschung (Hrsg.): Frankfurt Airport – Luftverkehrsstatistik 2014. Frankfurt 2015,. S. 79 f.; Auskünfte der Fraport AG vom 27.10.2015 und 29.03.2016

M11b Fracht (in 1000 t)

Flughafen	1970	1980	1990	2000	2010	2015
London (Heathrow)	335,0	468,6	697,8	1 402,1	1 551,4	1 592
Paris (Charles de Gaulle)	k. A.	402,3	617,9	1 610,5	2 399,1	1 861
Frankfurt	326,0	594,7	1 115,2	1 709,9	2 275,0	2 115
Amsterdam	172,3	318,1	604,5	1 267,4	1 538,1	1 655
Madrid	56,2	144,1	221,0	338,0	401,0	402
München	32,1	30,5	56,8	243,9	301,7	356
Istanbul	27,7	23,5*	79,4	234,0	466,6	771

* 1979
Quelle: eigene Zusammenstellung nach: ADV-Jahresstatistik, verschiedene Jahrgänge; Fraport, Markt- und Trendforschung (Hrsg.): Frankfurt Airport – Luftverkehrsstatistik 2014. Frankfurt 2015,. S. 79 f.; Auskünfte der Fraport AG vom 27.10.2015 und 29.03.2016

westermann

M12   Verkehrsmittel für die Anreise zum Flughafen Frankfurt 1991–2015

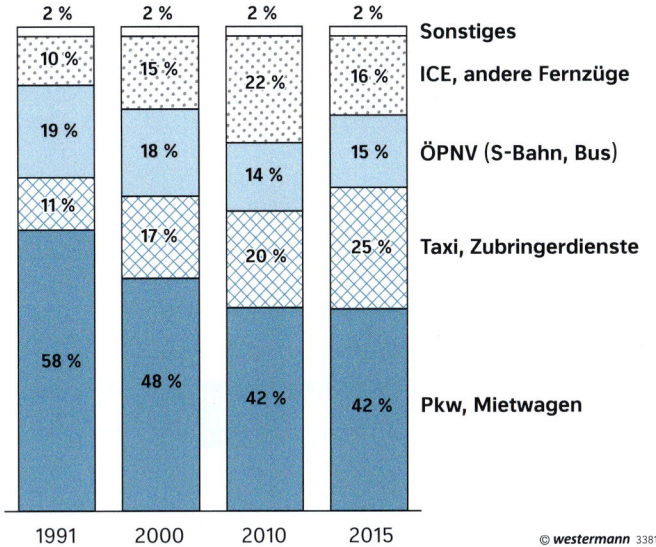

Quelle: eigene Zusammenstellung nach: Fraport (Hrsg.): Zahlen, Daten, Fakten 2015. Frankfurt 2015, S. 33; Auskünfte der Fraport AG, Markt- und Trendforschung, vom 15.07.2013 und 29.03.2016

M13   Diercke Weltatlas

64.1 Deutschland – Straßenverkehr

M14   Diercke Weltatlas

64.2 Deutschland – Schienenverkehr

M15   Hub-and-Spoke-System

Der Flughafen Frankfurt hat sich zu einem Drehkreuz (Hub) des Luftverkehrs entwickelt. Er sammelt regionalen, europäischen Verkehr. Vom Hub Frankfurt kann dieser Verkehr gebündelt in großen Langstreckenmaschinen zu fernen Zielknoten z. B. in Nordamerika oder Asien transportiert werden. Von dort aus wird der Verkehr wieder mit kleineren Maschinen zu den regionalen Destinationen weiterverteilt. Die Hubs dienen also als Gateways für ihr Hinterland. Im Idealfall sternförmig in alle Richtungen wie die Speichen eines Rades (Spokes) erschließen die Zubringerflüge dieses Hinterland.

Quelle: eigener Text nach: Gather, M./Kagermeier, A./Lanzendorf, M.: Geographische Mobilitäts- und Verkehrsforschung. Studienbücher der Geographie. Berlin, Stuttgart 2008, S. 104

Strukturwandel durch europäische Milchpolitik? – Fallbeispiel: Grünlandwirtschaft im Allgäu

Karten im Diercke Weltatlas

 **59.8 Allgäu – Grünland-wirtschaft**

Unterrichtliche Voraussetzungen

Inhaltlich

Die Schüler sollten bereits über Grundkenntnisse bezüglich des Strukturwandels in der deutschen Landwirtschaft verfügen. Die systemischen Zusammenhänge zwischen den Bedingungsfaktoren der Landwirtschaft (Klima, Boden, Relief, Absatzmarkt) sollten ihnen bekannt sein. Außerdem sollte ihnen bewusst sein, dass auch die Politik Einfluss auf die Landwirtschaft nehmen kann.

Fachbegriffe

allgemein:
– Milchwirtschaft
– Grünlandwirtschaft
– Molkerei

in den Materialien:
– Almwirtschaft (M1)
– Alpe/Alpbetrieb (M1)
– Beschlag (M1)
– „blaues"/„grünes" Allgäu (M2)
– Betriebsgrößenstruktur (M6)
– Milchquote (M9)
– Regulierung/Deregulierung (M9)

Literatur

Doeleke, K.: Ruiniert der Milchpreis die Bauern? In: Hannoversche Allgemeine vom 21.08.2015. (http://www.haz.de/Nachrichten/Wirtschaft/Niedersachsen/Meyer-Der-Milchpreis-bedroht-die-Existenz-der-Landwirte)

Nier, S./Bäurle, H./Tamásy, C.: Die deutsche Milchviehhaltung im Strukturwandel. Vechta 2013.

Wittmann, K.: Dramatischer Milchpreis-Einbruch: verzweifelte Bauern im Allgäu. Radioreportage in Antenne Bayern vom 01.09.2015. (http://www.antenne.de/nachrichten/bayern-reporter/dramatischer-milchpreis-einbruch-verzweifelte-bauern-im-allgaeu)

Internet

https://www.statistik.bayern.de/statistikkommunal/09763.pdf
Bayerisches Landesamt für Statistik, Statistik kommunal 2014

Erweiterungsmöglichkeiten (geplante Bearbeitungszeit: 90 min)

	Erweiterungsmöglichkeiten
Aufgabe 2	M12 kann als Ergänzung gegeben werden, wenn der Einfluss des Verbraucherverhaltens vertiefend behandelt werden soll.
Aufgabe 3	M11 kann als Ergänzung eingesetzt werden, um den schwankenden und sinkenden Milchpreis während der Regulierung zu untersuchen.

Erwartungshorizont mit Punkteverteilung

Bitte beachten Sie: Die Punkteverteilung stellt nur einen Vorschlag dar, der je nach Bundesland und Kurssituation angepasst werden muss. Die Punkte beziehen sich zudem nur auf inhaltliche Aspekte, nicht auf die Darstellungsleistung der Schüler.

Aufgabe 1 Anforderungsbereich: I/II Materialien: M1, M3	**maximale Punktzahl**	**erreichte Punktzahl**
Lage des Allgäus (M1 [59.8, z. B. 19.2]) – Süden Deutschlands – Alpenvorland und deutsche Alpen – Bundesland Bayern und Baden-Württemberg	5	
Naturgeographische Voraussetzungen (M1 [59.8, 24/25], M3) – gemäßigte Zone – mittlere Jahrestemperatur nach Süden hin abnehmend (vergleichsweise niedrig) – Jahresniederschlagsmenge nach Süden hin zunehmend (1000–2400 mm) – hügeliges Alpenvorland – Hochgebirge Alpen – Eignung des Raumes für Grünlandwirtschaft, weniger für Ackerbau	8	
	13	

Aufgabe 2 Anforderungsbereich: I/II Materialien: M1, M2, M3, M4, M5a, M5b, M6, M7, M8, M10	**maximale Punktzahl**	**erreichte Punktzahl**
Beschreibung der Entwicklung – Milchwirtschaft seit Mitte des 19. Jahrhunderts im Allgäu (M2) – Spezialisierung auf Käseherstellung (M2) – früher Käseherstellung auch auf den Sennalpen, dann Verlagerung ins Tal (M2) – seit 2000 Anstieg der Zahl des Jungviehs auf den Alpen bei gleichbleibend niedriger Zahl der Milchkühe (M1) – seit 1960 Aufgabe der Kleinmolkereien zugunsten von wenigen milchindustriellen Großbetrieben (M1, M2) – Käserei Kempten heute einer der größter Arbeitgeber der Stadt Kempten (M1, M7) – hoher Anteil der Rinderhalter im Vergleich zu anderen Nutztieren, jedoch Rückgang der Zahl der Rinderhalter zwischen 1999 und 2010 (M5a) – Zahl der Rinder pro Tierhalter zwischen 1999 und 2007 rückläufig, jedoch starker Anstieg zwischen 2007 und 2010 (M5b) – Rückgang der Zahl der landwirtschaftlichen Betriebe insgesamt seit 1999 (M6) – Rückgang der kleinen und mittleren landwirtschaftlichen Betriebe zugunsten der Betriebe >50 ha (M6) – Pro-Kopf-Verbrauch von Käse in Deutschland bis 2000 deutlich gestiegen, seitdem nur leichter Anstieg (M8)	26	
Erklärung der Entwicklung – aufgrund des Klimas (M3) hoher Anteil von Dauergrünland an der landwirtschaftlich genutzten Fläche, jedoch leichter Rückgang seit 2003 (M4) – deutliche Zunahme des Anteils der Wiesen und Weiden seit 2007, Hinweis auf Futterumstellung (statt Silage-Futter frisches Gras, Nutzung einer Marktnische) (M4, M10) – Rückgang der Zahl der Tierhalter und Anstieg der Zahl der Rinder pro Tierhalter seit 2007 weist auf größere Betriebe hin (M5a, M5b) – Spezialisierung intensiviert, geringe Zahl an anderen Tierhaltern (für Milchwirtschaft nicht relevant) (M5b) – Spezialisierung der Alpen auf Jungvieh oder Aufgabe der Alpen (M1) – Trend zur Vergrößerung der Betriebe an der Entwicklung der Betriebsgrößenstruktur und im Rückgang der Zahl der Betriebe erkennbar (M6) – Schlussfolgerung: Aufgabe der Kleinbetriebe, insbesondere der Alpbetriebe (M1) – Unterstützung der Spezialisierung auf Käseherstellung durch Anstieg des Pro-Kopf-Verbrauchs, jedoch scheint seit 2010 eine Marktsättigung eingetreten zu sein (M8)	26	
	52	

Aufgabe 3 Anforderungsbereich: II/III Materialien: M9, M10	**maximale Punktzahl**	**erreichte Punktzahl**
Darstellung der veränderten europäischen Milchpolitik (M9, M10) – Regulierung und Deregulierung – Ziel der europäischen Milchpolitik: Liberalisierung des Marktes – in Zukunft Wegfall von Ausgleichszahlungen und -maßnahmen (Intervention, Exportsubvention, Aufkauf) für die Landwirte bei Milchpreisverfall	7	
Positive Auswirkungen der Deregulierung (M9, M10) – Steigerung der Milchproduktion durch Deregulierung möglich – Vermarktung größerer Milchmengen möglich – Vergrößerung der Betriebe möglich (Erhöhung der Zahl des Milchviehs)	12	
Negative Auswirkungen der Deregulierung (M9, M10) – großes Angebot (Überproduktion) bei gleichbleibender Nachfrage wird zu Preisverfall führen – seit 2015 Milchproduktion unrentabel für viele Betriebe aufgrund der niedrigen Preise am Absatzmarkt, Verschärfung der Situation – Verdrängung der kleineren Betriebe zugunsten der Großbetriebe, Veränderung der Betriebsgrößenstruktur	12	
Fazit Formulierung eines Fazits auf Basis der möglichen positiven und negativen Auswirkungen	4	
	35	

Name: ....   Datum: ....

Kurs/Klasse: ....   Zeit: ....

Strukturwandel durch europäische Milchpolitik? – Fallbeispiel: Grünlandwirtschaft im Allgäu

Aufgabe 1
Lokalisieren Sie das Allgäu und kennzeichnen Sie die naturgeographischen Voraussetzungen für eine landwirtschaftliche Nutzung.

Aufgabe 2
Erläutern Sie die Entwicklung der Milchwirtschaft im Allgäu.

Aufgabe 3
Erörtern Sie mögliche Auswirkungen der veränderten europäischen Milchpolitik für das Allgäu.

M1 Diercke Weltatlas

59.8 Allgäu – Grünlandwirtschaft

weitere Atlaskarten nach Wahl

M2 Geschichte der Allgäuer Landwirtschaft

Ursprünglich wurde auch im Allgäu Ackerbau betrieben. Der Anbau von Flachs spielte zur damaligen Zeit eine gewisse Rolle und prägte den Begriff vom „blauen" Allgäu. Erst mit der Einführung der Käsesorten „Emmentaler" aus der Schweiz durch Johann Althaus sowie „Limburger" und „Romadur" aus Belgien durch Carl Hirnbein erlangte die Milchwirtschaft gegen Mitte des [19. Jahrhunderts] zunehmende Bedeutung und führte schließlich zum jetzigen „grünen" Allgäu.
Die Milchverarbeitung wurde vielfach ins Tal verlagert. Aus den traditionellen Sennalpen [Alpe mit Käserei] wurden dadurch zunehmend reine Milchlieferungs- oder Jungviehalpen. Inzwischen sind weniger als ein Prozent der bayerischen Almen Senn- oder Kuhalpen, während mehr als 40 Prozent reine Galtalpen [ohne Käserei] für die Aufzucht von Jungvieh sind. [...]
Die vielen kleinen Molkereien, die um 1960 noch in fast jedem Dorf oder Weiler existierten, sind im Zuge dieser Entwicklung fast ausnahmslos verschwunden. Die heutige Struktur wird durch wenige milchindustrielle Großbetriebe bestimmt, die die Milchabholung organisieren und auch aus anderen Regionen Milch „importieren".

M3 Klima im Allgäu

	mittlere Jahrestemperatur	Jahresniederschlagsmenge
nördliches Allgäu	6,6 °C	1000–1800 mm
südliches Allgäu	5,8 °C	1700–2400 mm

M4 Bodennutzung Kreis Kempten (Allgäu)

	1999	2003	2007	2010
landwirtschaftlich genutzte Fläche	3625 ha	3733 ha	3634 ha	3568 ha
davon: Dauergrünland	3601 ha	3713 ha	k. A.	3550 ha
davon: Wiesen und Weiden	2773 ha	2875 ha	2683 ha	3526 ha

Anmerkung: keine aktuelleren Zahlen verfügbar

westermann

M5 Tierhalter und Tierarten im Allgäu

M5a Tierhalter nach Tierarten

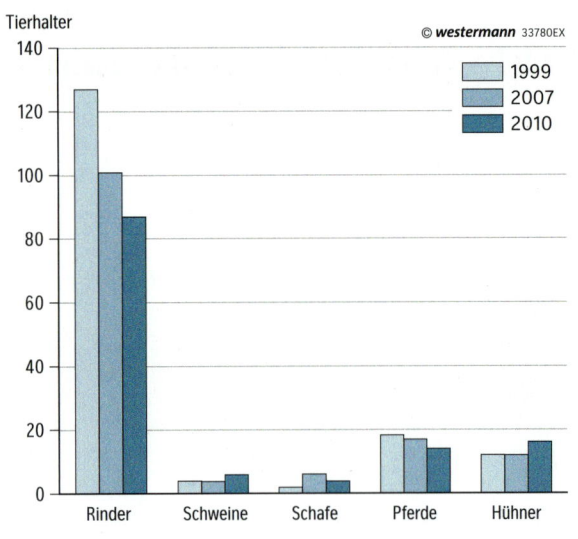

M5b Tiere nach Tierarten

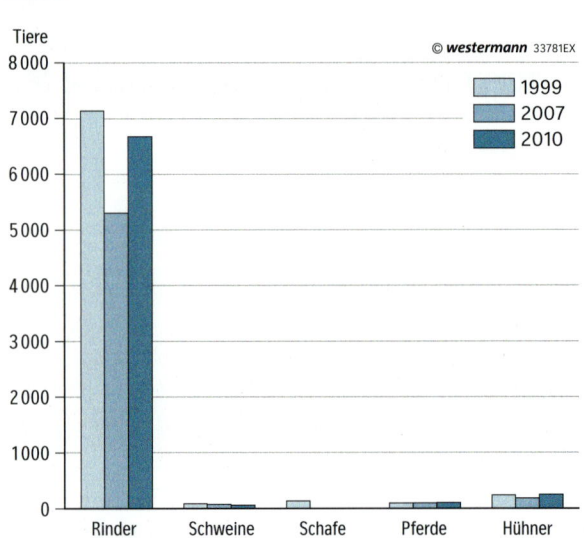

M6 Betriebsgrößenstruktur landwirtschaftlicher Betriebe in Kempten (Allgäu)

	1999	2003	2005	2007	2010
landwirtschaftliche Betriebe gesamt, davon	144	132	127	123	104
< 5 ha	14	12	17	17	9
5–10 ha	10	13	15	12	10
10–20 ha	50	39	32	30	26
20–50 ha	66	62	57	57	48
>50 ha	4	6	6	7	11

Anmerkung: keine aktuelleren Zahlen verfügbar

M7 Käserei Kempten

Im Herzen des Allgäus ist Edelweiss, einer der führenden Käsehersteller Deutschlands, zu Hause. Das Traditionsunternehmen mit Sitz in Kempten hat dort auch sein Produktionswerk – es zählt zu den modernsten Käsewerken Europas. Heute gehört Edelweiss mit rund 500 Mitarbeitern nicht nur zu den größten Arbeitgebern der 64 000 Einwohner-Stadt Kempten, sondern auch zu den größten Anbietern von Käsespezialitäten in ganz Deutschland.

M8 Pro-Kopf-Verbrauch von Käse in Deutschland 1980–2014

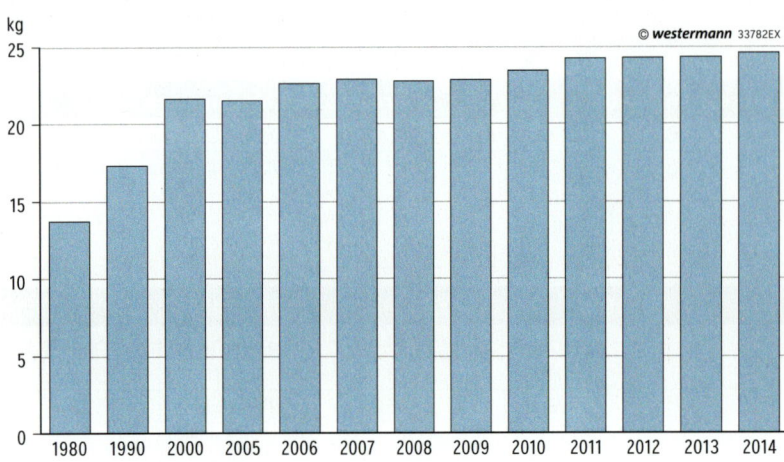

westermann

COPY

Strukturwandel durch europäische Milchpolitik? – Fallbeispiel: Grünlandwirtschaft im Allgäu   Diercke – Klausuren 3   **177**

M9 Europäische Milchpolitik (Regulierung und Deregulierung)

1984	Einführung der Milchquote (Regulierung)
	Begrenzung der Milcherzeugung, Zuteilung von Milchkontingenten an einzelne Mitgliedsstaaten der EU; national: Aufteilung des Kontingentes auf die einzelnen Milchbauern
ab 2000	Festlegung einer Obergrenze für den Interventionspreis (Mindestpreis für Butter und Milchpulver bei Abnahmegarantie), d. h., die Milchproduzenten erhalten den Differenzbetrag zwischen dem geringeren Marktpreis und dem Mindestpreis
bis 2007	Überproduktionsvermeidung durch Herabsenken des Interventionspreises
2007	Einstellung der Exportsubventionen
2009	großer Milchpreisverfall
	Aufkauf von Milchprodukten zur Sicherung des Milchmarktes durch die EU
31.03.2015	Wegfall der Milchquote (Deregulierung)
	erwartete Auswirkungen: zunehmende Liberalisierungs- und Internationalisierungsprozesse in der Milchwirtschaft

M10 Radioreportage in Antenne Bayern vom 01.09.2015

Schon seit dem 24. August sind Landwirte im Rahmen einer Sternfahrt quer durch Deutschland unterwegs. Sie wollen laut BDM (Bundesverband Deutscher Milchviehhalter) mit Nachdruck auf die „katastrophale Situation der Milchviehhalter" hinweisen.

Die ist in der Tat schlecht, seit der Preis für den Liter Milch deutlich unter 30 Cent gesunken ist. Das Milchland Nr. 1 in Deutschland ist das Allgäu. Hier leben besonders viele Landwirte von der Milchproduktion. Viele von ihnen sehen die Preisschlacht im Handel als Hauptursache für den Preisverfall. [...]

50 Kilometer südlich, in einem Ortsteil von Betzigau, betreibt der Bauer Franz Fleschhut einen Milchviehbetrieb mit 40 Kühen und zusätzlichem Jungvieh. Er ist der stellvertretende Kreisobmann des Oberallgäuer Bauernverbandes. Und er sieht weit mehr als die [...] kritisierte Überproduktion, diesen „ruinösen Preiskampf im Handel" als Grund für die Misere. „Denn auch wenn einige sehr viel Milch produzieren, bislang geht die Milch noch immer weg." Freilich weiß auch er, dass das den Markt nicht gerade entlastet. Gut 28 Cent bekommt er zurzeit für den Liter Milch, 40 Cent bräuchte er, um auch nur ansatzweise wirtschaftlich arbeiten zu können.

„Die Großen der Branche liefern sich bekanntlich einen Preiskampf, wie ich ihn selten erlebt habe, und das auf dem Rücken der Bauern", klagt Fleschhut. „Dabei sind wir eigentlich Partner von Aldi, Lidl, Rewe, Edeka und Co. Aber im Moment verhalten die sich nicht wie Partner, die quetschen uns regelrecht aus." [...]

Eine kleine Nische gebe es noch für die Bauern, die nicht mit gepresstem Silage-Futter ihre Kühe füttern, sondern mit frischem Gras. Da sei nämlich der Anteil der Omega-3-Fettsäuren hoch und damit gelte diese Milch als besonders gesund. Viele Verbraucher wüssten das zu schätzen und so könnte etwas mehr Konzentration auf Milch von frei grasenden Kühen, laut Fleschhut, durchaus den Bauern helfen.

Quellen

M2: 1. Abschnitt: http://www.aelf-ke.bayern.de/region/064847/index.php?layer=print&; 2./3. Abschnitt: Erläuterungen zur Atlaskarte 59.8 unter http://www.diercke.de/content/allg%C3%A4u-gr%C3%BCnlandwirtschaft-978-3-14-100800-5-59-8-1
M3: http://www.aelf-ke.bayern.de/region/064847/index.php?layer=print&
M4: Bayerisches Landesamt für Statistik, Statistik kommunal 2014, S. 12 (https://www.statistik.bayern.de/statistikkommunal/09763.pdf#page=13&zoom=auto,-107,574)
M5, M6: Bayerisches Landesamt für Statistik, Statistik kommunal 2014, S.13 (https://www.statistik.bayern.de/statistikkommunal/09763.pdf#page=13&zoom=auto,-107,574)
M7: http://www.edelweiss-gmbh.com
M8: Statista 2016 (http://de.statista.com/statistik/daten/studie/12620/umfrage/pro-kopf-verbrauch-von-kaese-seit-1999)
M9: verändert nach: Nier, S./Bäurle, H./Tamásy, C.: Die deutsche Milchviehhaltung im Strukturwandel. Vechta 2013; Milchindustrieverband 04.08.2015 (http://www.milchindustrie.de/themen/agrarpolitik/absicherung-des-milchpreises-durch-intervention)
M10: Wittmann, Klaus: Dramatischer Milchpreis-Einbruch: verzweifelte Bauern im Allgäu. Radioreportage in Antenne Bayern vom 01.09.2015. (http://www.antenne.de/nachrichten/bayernreporter/dramatischer-milchpreis-einbruch-verzweifelte-bauern-im-allgaeu)

Zusatzmaterialien

M11 Milchpreisentwicklung in Bayern

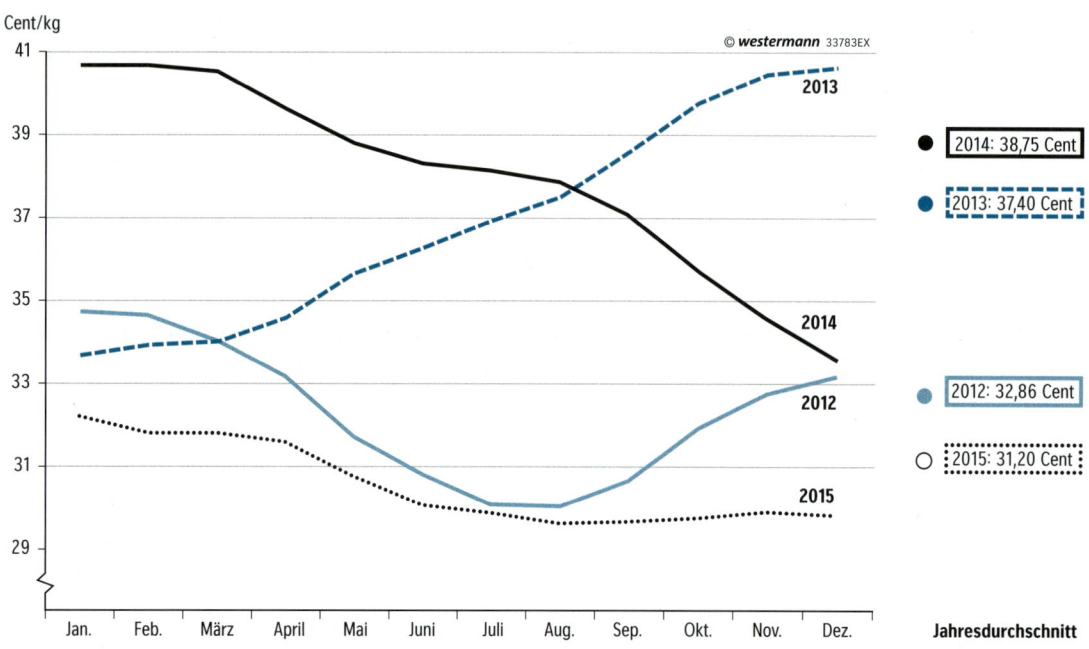

Quelle: Bayerische Landesanstalt für Landwirtschaft, Milchmarkt – Monatsstatistiken (http://www.lfl.bayern.de/iem/milchwirtschaft/026234/)

M12 Pro-Kopf-Verbrauch von Milchprodukten in Deutschland 2011–2014 (kg/Kopf)

	2011	2012	2013	2014	Veränderung 2011–2014
Konsummilch	54,8	54,8	55,4	57,6	+4 %
Buttermilcherzeugnisse	1,5	1,5	1,3	1,1	-13,2 %
Fermentierte Milchprodukte, Milchmischerzeugnisse und -getränke	30,9	29,9	29,7	30,0	+0,8 %
Sahneerzeugnisse	5,8	5,6	5,5	5,7	+3,3 %
Käse	24,3	24,3	24,3	24,6	+1,1 %
Butter	6,3	6,3	6,1	6,1	+0,9 %

Quelle: http://www.milchwirtschaft.de/aktuelles-und-termine/aktuelles/2015/04/17-Milchprodukteverbrauch.php

Umweltgefährdung durch Tourismus in den Bayerischen Alpen

Karten im Diercke Weltatlas

24/25 Deutschland
südlicher Teil –
Physische Karte

50.1 Metropolregion
München – Wirtschaft/
Naherholungsraum

54.1 Deutschland – Klima-
regionen

60.3 Bayerische Alpen –
Umweltgefährdung

62.1 Deutschland –
Tourismus

63.4 Werdenfelser Land –
Tourismus in den Alpen

Unterrichtliche Voraussetzungen

Inhaltlich

Den Schülern sind die Folgen des Klimawandels und die damit verbundene Problematik von Nutzungskonflikten bereits bekannt. Sie kennen die Zusammenhänge zwischen anthropogenen Eingriffen in die Landschaft zur Intensivierung des Tourismus, besonders des Massenskisports, und die damit verbundene Gefährdung alpiner Ökosysteme. Die Schutzfunktion des Bergwaldes und die Problematik von Nutzungskonflikten sollten bereits im Unterricht behandelt worden sein.

Den Schülern ist bewusst, dass der Begriff „Verortung" neben der reinen Lokalisierung eines Ortes, Landes oder einer Region ggf. auch die Ermittlung weiterer Daten umfasst.

Fachbegriffe

allgemein:
- Bergsturz
- Renaturierung
- Trogtal
- Vegetationszeit

in den Materialien:
- Alm (M1, M7)
- Geschiebefracht (M2)
- Mure/Murenabgang (M2)
- Firnschnee (M8) (wird im Material erklärt)
- Geocaching (M10)
- Klamm (M10)

Literatur

Bätzing, W.: Die Alpen. Geschichte und Zukunft einer europäischen Kulturlandschaft. München 2015.

Bätzing, W.: Zwischen Funpark, Wildnis und Skiresort – Wie sieht die Zukunft des Alpentourismus aus? In: Berge erleben – Umwelt begreifen. Tagungsbericht der Naturschutztagung des Deutschen Alpenvereins in Fulda 2012, S. 20–24.

Diercke Handbuch. Erläuterungen zur Karte „Bayerische Alpen – Umweltgefährdung" (60.3). Braunschweig 2015, S. 78 f.

Gesellschaft für ökologische Forschung und Bund Naturschutz in Bayern (Hrsg): Der gekaufte Winter – Studie über künstliche Beschneiung. (http://www.vzsb.de/media/docs/Der_gekaufte_Winter_-_8.12.2015.pdf)

Mayer, M./Steiger, R.: Skitourismus in den Bayerischen Alpen – Entwicklung und Zukunftsperspektiven. In: Job, H./Mayer, M. (Hrsg.): Tourismus und Regionalentwicklung. In: Bayern Arbeitsberichte der ARL 9, Hannover 2013, S. 164–212.

Pröbstl, U.: Skisport und Vegetation. Die Auswirkungen des Skisports auf die Vegetation der Piste. DSV-Umweltreihe Band 2. Weilheim 1990.

Steiger, R.: Auswirkungen des Klimawandels auf Skigebiete im bayerischen Alpenraum. Studie im Auftrag des Deutschen Alpenvereins. Innsbruck 2013.

Internet

http://schnee-von-morgen.br.de/story.html#stage-2
interaktives Recherchetool des BR für die Tourismus- und Klimadaten im bayerischen Alpenraum

http://www.alpenverein.de
Homepage des Alpenvereins

http://www.gapa.de
Homepage des Markts Garmisch-Partenkirchen

Erweiterungsmöglichkeiten, Alternativen (geplante Bearbeitungszeit: 90 min)

	Erweiterungsmöglichkeiten	Alternativen
Aufgabe 2	Zur Vertiefung einzelner Auswirkungen des Wintertourismus können die Zusatzmaterialien M12, M13, und M14 eingesetzt werden.	Man könnte die Schüler auch ein Wirkungsschema erstellen lassen. → 2. Erstellen Sie ein Wirkungsschema, das die Auswirkungen des Sommer- und Wintertourismus auf das Ökosystem Werdenfelser Land verdeutlicht.
Aufgabe 3	M11 kann zusätzlich verwendet werden um darzustellen, welche Ansprüche die Urlauber an die touristische Infrastruktur stellen.	

Erwartungshorizont mit Punkteverteilung

Bitte beachten Sie: Die Punkteverteilung stellt nur einen Vorschlag dar, der je nach Bundesland und Kurssituation angepasst werden muss. Die Punkte beziehen sich zudem nur auf inhaltliche Aspekte, nicht auf die Darstellungsleistung der Schüler.

Aufgabe 1 Anforderungsbereich: I Materialien: M1, M2, M3 [24/25, 50.1, 54.1, 62.1], M10	maximale Punktzahl	erreichte Punktzahl
Lagebeschreibung des Werdenfelser Lands mit seinem Hauptort Garmisch-Partenkirchen – in Südbayern, (dem oberbayerischen Teil der) Bayerischen Alpen, südlich von München – nördlich der österreichischen Grenze – durchflossen von Isar (im Osten) und Loisach – in relativer Nachbarschaft zu Gebieten mit hohem Freizeit- und Naherholungsbedarf	6	
Gründe für die hohen Besucherzahlen – Naturausstattung: reizvolle Hochgebirgslandschaft des Wettersteingebirges mit Zugspitze (2962 m) als Deutschlands höchstem Berg lockt Wanderer ebenso wie Bergsteiger; Eibsee, Barmsee, Walchensee, Rießersee; unterschiedliche Talformen (sanfte Trogtäler, steile, schroffe Täler, Klamm); abwechslungsreiche Flora und Fauna in verschiedenen Höhenstufen der Alpen – Die Alpen bieten Berg- und Klettertouren unterschiedlichen Schwierigkeitsgrades ebenso wie zahlreiche Möglichkeiten für leichte Wanderungen auf Almen und in Regionen mit geringer Reliefenergie. – Reizklima, Thermen und Heilquellen bieten Möglichkeiten für Kuraufenthalte. – Möglichkeit des Sommerskilaufs auf dem Zugspitzgletscher	8	
– Nähe zur Landeshauptstadt München (ca. 80 km) begünstigt Tagestourismus.	2	
– Erreichbarkeit: gut ausgebaute Verkehrsinfrastruktur: Nähe zur Bundesautobahn A 95 und A 12/ E 60 Inntalautobahn; Bundesstraßen B 2, B 23; Bahnverbindungen, auch ICE; Flughäfen München (120 km) und Innsbruck (60 km); [Anschluss an Fernlinienbus]	4	
– Touristische Infrastruktur: Heilklimatischer Kurort, Berg- und Seilbahnen, zahlreiche Freizeit- und Sporteinrichtungen für Winter- und Sommertourismus, differenziertes Angebot an gut ausgebauten Gastronomie- und Beherbergungsbetrieben aller Kategorien, Ski- und Berghütten, attraktive, teils weltberühmte Ausflugsziele in der näheren und weiteren Umgebung (z. B. Schloss Linderhof, Kloster Ettal, Schloss Neuschwanstein)	5	
	25	

Aufgabe 2 Anforderungsbereich: II Materialien: M1, M2, M4, M6, M7, M8, M10	maximale Punktzahl	erreichte Punktzahl
Funktionen des Bergwaldes – Verhinderung von Bodenerosion: gesunder Wald festigt den Boden durch sein Wurzelwerk und schützt vor direkt auftreffendem Regen – Verringerung der Abflussmenge: Niederschlag fließt nicht sofort oberflächlich ab, sondern versickert langsam; Regen verdunstet auf Blättern bzw. Nadeln oder wird von den Bäumen über die Wurzeln aufgenommen – Abflussregulierung: Gesunder Waldboden nimmt Niederschlag und Tauwasser wie ein Schwamm auf und gibt sie nur langsam wieder ab. Nach starken Niederschlägen speichert der Wald bzw. Boden 80–90 % des Regenwassers. Dagegen beträgt der direkte Abfluss von Niederschlag bei Almen/Wiesen etwa 30 %, bei Skiabfahrten sogar 80 %. Die das Klima ausgleichende Wirkung des Waldes und sein eigenes Mikroklima (Schatten) verzögern die Schneeschmelze bis in den Sommer hinein und bremsen somit auch den Abfluss. – Natürlicher Lawinenschutz: Gesunder Wald verhindert die Entstehung von Lawinen bzw. bremst oberhalb der Waldgrenze entstandene Lawinen ab und schützt die in den Tälern lebende Bevölkerung. – Trinkwasserspeicher: Zusammen mit den Schotterfeldern der Flusstäler bilden die Bergwaldregionen der Alpen einen unersetzlichen Trinkwasserspeicher.	10	
Die große Anzahl an Touristen, die zudem stetig wächst, hat weitreichende Auswirkungen auf das Ökosystem des Werdenfelser Landes. *Allgemeine Auswirkungen* – Umweltschädigung durch Zunahme der Verkehrsbelastung: Ausbau von Verkehrswegen und Zunahme der Abgase und Lärmbelastung durch Übernachtungsgäste und Tagesausflügler, die meist mit dem Auto anreisen	5	
speziell durch den Sommertourismus – extreme Zunahme von Wanderern und Mountainbikern → durch Gehen und Fahren abseits markierter Wege und Pisten Störung der Tierwelt und Zerstörung der Vegetation	5	
speziell durch den Wintertourismus – Rodung von Bergwald und Entfernen der Wurzelstöcke für Skipisten und Liftanlagen → mangelnder natürlicher Lawinenschutz → Lawinen gefährden die touristischen Infrastruktureinrichtungen (Wege, Skipisten, Liftanlagen) → Boden kaum noch vor Erosion geschützt → Regen fließt oberflächig, schneller und in größeren Mengen ab → ungeschützter Boden wird in kürzester Zeit abgetragen (Denudation) → reduzierte Speicherfähigkeit des Bergwaldes für Wasser → schnellerer Abfluss insbesondere während der Schneeschmelze und bei Starkregen (mit fast 1300 mm in Garmisch-Partenkirchen hoher Jahresniederschlag) → extreme (bei Bachgefälle über 30 %) bis große (bei Bachgefälle 10–29 %) Hochwassergefahr in den Seitentälern und mittlere (bei Bachgefälle 1–9 %) Hochwassergefahr im Loisachtal → erhöhte Gefahr durch Steinschlag, Hangabrutschungen und Murenabgänge, Bergstürze (insbesondere Verkehrswege in Tälern) → extrem erhöhte Geschiebefrachtanteile in Fließgewässern, vor allem in den Nebenflüssen der Loisach und Isar (z. B. Ferchenbach oder Partnach) → langfristig Gefahr der Überschotterung der Talböden von Loisach und Isar – Einsatz von Pistenraupen → Verdichtung des Schnees durch das Präparieren der Skipisten → erhöhte Abschmelzrate → mehr Schnee schmilzt in kürzerer Zeit → Vernässung, erhöhte Hochwassergefahr – Pistenpflege und Skikanten schädigen die Grasnarbe, besonders gegen Ende der Saison und bei geringer Schneehöhe – künstliche Beschneiung mit Schneekanonen zur Verlängerung der Saison → längere Schneebedeckung → verkürzte Vegetationszeit → eingeschränkte Regenerationszeit der Vegetation → durch die größere Dichte von Kunstschnee erhält die darunter liegende Vegetation weniger Sauerstoff → Vegetation stirbt teilweise ab (M6: Künstliche Beschneiung kann nicht mit Neuschnee verglichen werden. Kunstschnee hat von Anfang an eine Dichte, die etwa einer Altschneedecke, häufig sogar altem Firnschnee entspricht.) → da der Kunstschnee mehr Wasser als Naturschnee enthält, kommt es zu einem höheren Oberflächenabfluss → erhöhte Erosionsgefahr → enormer Wasser- und Energieverbrauch für künstliche Beschneiung der Pisten – Fahren abseits der Pisten → Jungpflanzen und Zwergstäucher „abrasiert" durch Skikanten → wachsen nicht mehr weiter	25	
	45	

Aufgabe 3 Anforderungsbereich: III Materialien: M1, M2, M4, M5, M9, M10	maximale Punktzahl	erreichte Punktzahl
Die durch den Klimawandel verursachte allgemeine Erwärmung wird sich insbesondere auf den Wintertourismus im Werdenfelser Land auswirken. Schon seit 1961 gibt es einen Trend zur Zunahme der durchschnittlichen Temperatur um 1,4 °C, verbunden mit einer Abnahme der durchschnittlichen Schneehöhe um 49 % und der Schneetage im Winterhalbjahr um 23 %. (M5) Zwar konnte durch Schneekanonen die Schneesicherheit bisher halbwegs gewährleistet werden, aber der Einsatz von Schneekanonen wird langfristig nur noch begrenzt möglich sein und nur in höheren Lagen Schneesicherheit bringen – und auch dort nur bedingt. (M9)	5	
Langfristig ist somit ein Umdenken erforderlich: Die Gemeinden der Bayerischen Alpen werden sich noch mehr als bisher auf Sommertourismus umstellen müssen. M10 zeigt ebenso wie M6, dass im Werdenfelser Land bereits jetzt der Sommertourismus eine bedeutende Rolle spielt. Diese Bedeutung kann weiter ausgebaut werden. Während in klassischen Urlaubszielen am Mittelmeer die Temperaturen im Sommer durch den Klimawandel teils ins Unerträgliche steigen werden, ist eine Temperaturzunahme in den Bayerischen Alpen für die Touristen eher positiv (Durchschnittstemperatur in Garmisch-Partenkirchen im Juli z. Zt. 15 °C; M4).	5	
Da die Bayerischen Alpen als Ziel für Sommertouristen mindestens so attraktiv wie für Wintertouristen sind, kann der Ausbau autofreier Fremdenverkehrsorte zur Reduzierung der Luftverschmutzung (Garmisch-Partenkirchen ist heilklimatischer Luftkurort) und der Begrenzung der Schädigung des Bergwaldes zum Erhalt der Attraktivität der Region beitragen.	3	
Eine intakte Landschaft und intakte Natur sind die unabdingbaren Grundlagen für nachhaltigen Tourismus in den Alpen. Entsprechend kann es nur Ziel der Beteiligten sein, Natur und Landschaft nicht weiter zu schädigen. Gerade in den Bayerischen Alpen ist der Fremdenverkehr nicht saisonal geprägt, sondern ganzjährig mit Schwerpunkt Sommertourismus. Gerade im Sommer aber werden die Erosionsschäden und die landschaftszerstörenden Infrastruktureinrichtungen deutlich sichtbar und von den Gästen als besonders störend empfunden.	4	
Ob die durch Abfahrtspisten und Aufstiegshilfen dem Wintertourismus gerodete Landschaft wieder aufgeforstet werden kann oder einer anderen (touristischen?) Nutzung zugeführt wird, bleibt abzuwarten. Dass der geschädigte Bergwald insgesamt renaturiert wird, ist wohl nicht zu erwarten. Vielmehr werden die Bewohner der Bayerischen Alpen Wege suchen, die auch eine Nutzung im Winter ohne ausreichend Schnee erlauben. Die Einrichtung von Nationalparks wie im Berchtesgadener Land oder Biosphärenreservaten wären ebenso wie sanfter Tourismus eine Option, um die Region Werdenfelser Land nicht noch mehr zu schädigen. Naturnaher und sanfter Tourismus, Schutz der Natur, Landschaftspflege, landes- und landschaftstypische Architektur und nachhaltige Raumplanung als Alternativen zu Kunstschneetourismus.	6	
persönliche Stellungnahme	7	
	30	

Name: ....   **Datum:** ....

Kurs/Klasse: ....   **Zeit:** ....

Umweltgefährdung durch Tourismus in den Bayerischen Alpen

Das Werdenfelser Land ist seit Jahrzehnten ein beliebtes Erholungsgebiet in den Bayerischen Alpen. Der Tourismus hat weitreichende wirtschaftliche, strukturelle und naturräumliche Veränderungen mit sich gebracht. Alleine der Markt Garmisch-Partenkirchen wirbt damit, dass jährlich 1,3 Millionen Übernachtungsgäste und 5 Millionen Tagesgäste ihre Freizeit dort verbringen. Bei einer Einwohnerzahl von 26 000 übertrifft die Gesamtzahl der Urlauber damit die Bevölkerung um ein Vielfaches. Dies trifft auch für den Landkreis Garmisch-Partenkirchen zu, der 2014 annähernd 900 000 Gäste und knapp 3 Millionen Übernachtungen verzeichnete. Infolge der enormen Zunahme des Tourismus sind im Werdenfelser Land ökologische Probleme inzwischen deutlich sichtbar geworden.

Aufgabe 1
Verorten Sie das Werdenfelser Land und stellen Sie Gründe für die hohen Besucherzahlen dar.

Aufgabe 2
Erläutern Sie die Auswirkungen des Tourismus auf das Ökosystem im Werdenfelser Land unter besonderer Berücksichtigung des Bergwaldes. Unterscheiden Sie zwischen Sommer- und Wintertourismus.

Aufgabe 3
Bewerten Sie die Perspektiven des Sommer- und Wintertourismus vor dem Hintergrund des Klimawandels und der Gefährdung des Ökosystems im Werdenfelser Land.

M1 **Diercke Weltatlas**

63.4 Werdenfelser Land – Tourismus in den Alpen

M2 **Diercke Weltatlas**

60.3 Bayerische Alpen – Umweltgefährdung

M3 **Diercke Weltatlas**

24/25 Deutschland südlicher Teil – Physische Karte
50.1 Metropolregion München – Wirtschaft/Naherholungsraum
54.1 Deutschland – Klimaregionen
62.1 Deutschland – Tourismus

westermann

M4 Klimadiagramm Garmisch-Partenkirchen

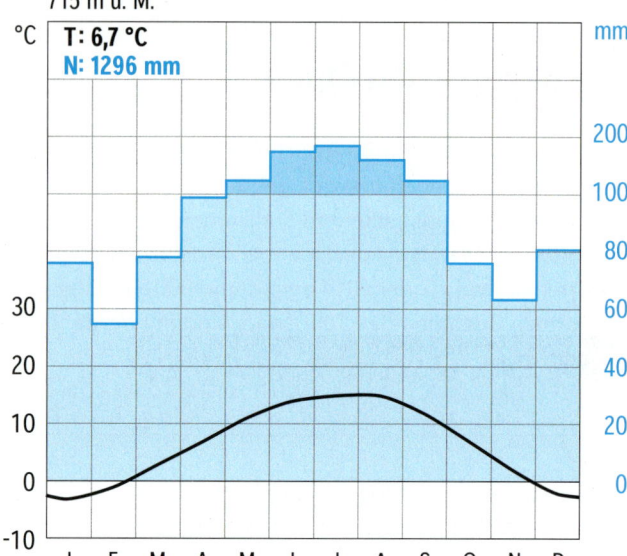

Garmisch-Partenkirchen (Deutschland)
715 m ü. M.

T: 6,7 °C
N: 1296 mm

M5 Klima- und Schneedaten im Winterhalbjahr in Garmisch-Partenkirchen 1970–2014

Jahr	durchschnittliche Temperatur in °C	durchschnittliche Schneehöhe in cm	Schneetage je Winterhalbjahr
1970	-9,6	14,5	108
1980	-10,0	40,0	128
1990	-9,4	9,6	113
2000	-8,6	5,6	64
2010	-10,1	7,4	94
2014	-2,7	7,6	74
Trend seit 1961	+1,4	-49 %	-23 %

M6 Entwicklung des Tourismus in Garmisch-Partenkirchen 1970–2014

	Winterhalbjahr			Gesamtjahr		
	Übernachtungen	Gästeankünfte	durchschnittliche Aufenthaltsdauer (Tage)	Übernachtungen	Gästeankünfte	durchschnittliche Aufenthaltsdauer (Tage)
1970	k. A.	k. A.	k. A.	1 363 408	226 406	6,0
1980	k. A.	k. A.	k. A.	1 398 316	258 149	5,4
1990	371 815	84 737	4,4	1 471 049	317 516	4,6
2000	353 608	92 895	3,8	1 329 067	312 823	4,2
2010	348 161	99 471	3,5	1 197 251	349 457	3,4
2014	371 906	129 589	2,9	1 369 463	411 784	3,0

westermann

M7 **Abfluss von Niederschlag und Bodenabtrag in Abhängigkeit von der Vegetationsdecke**

	Abfluss von Niederschlag (%)	Bodenabtrag (t/ha)
Mischwald	5	0,01
Fichtenreinbestand	6	0,13
Ackerflächen	21	2,10
Almen, Wiesen	30	0,18
Skiabfahrten	80	10,60

M8 **Schneedichte von Kunst- und Naturschnee (Dichte in kg/m³)**

	Naturschnee	Kunstschnee
Neuschnee im Mittel	50–100	
Pulverschnee trocken	30–60	
Altschnee im Mittel	350	unter 360
Nassschnee	300–600	300–600
nasser Firnschnee*	600–800	400–430
Lawinenschnee	500–800	
Gletscherschnee/-eis	700–900	

* Als Firnschnee wird Schnee in Hochgebirgslagen bezeichnet, der mindestens seit einem Jahr liegt. Firnschnee entsteht durch mehrfaches Auftauen und Wiedergefrieren. Nach und nach werden die Körner größer und die Luft verschwindet aus den Zwischenräumen. Dadurch entsteht milchiges, wasserundurchlässiges Firneis.

M9 **Anteil der schneesicheren Gebiete im bayerischen Alpenraum bei unterschiedlichen Erwärmungsszenarien**

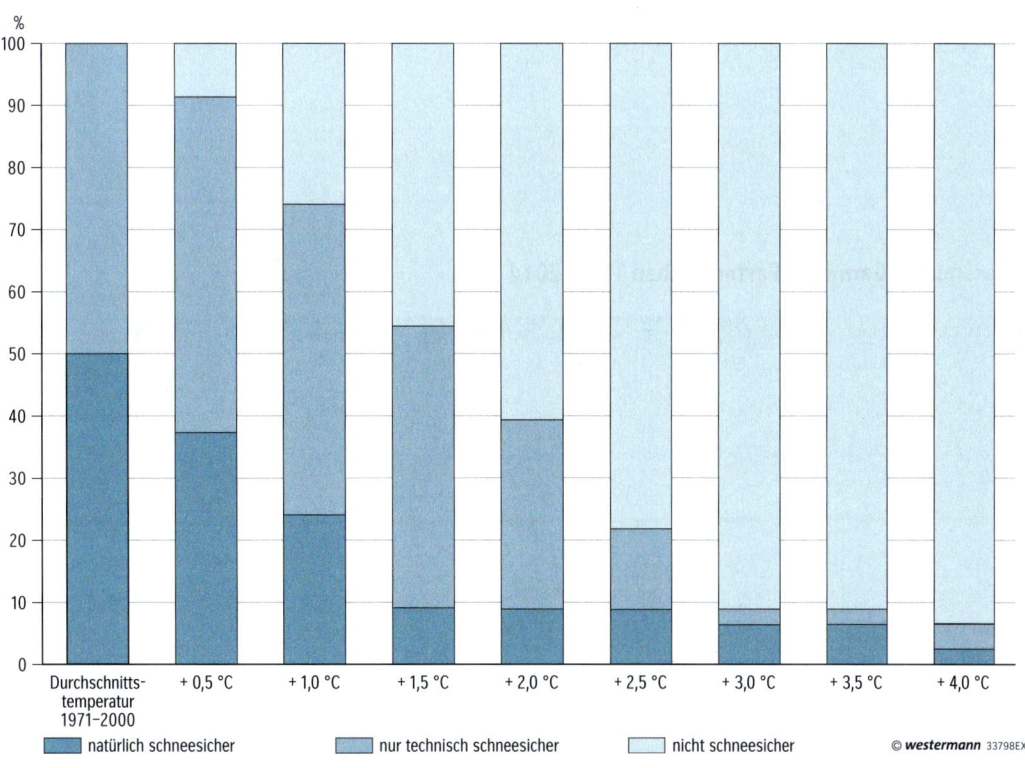

natürlich schneesicher   nur technisch schneesicher   nicht schneesicher   © *westermann* 33798EX

westermann

M10 Auszug aus dem Tourismusangebot im Werdenfelser Land

- Zugspitze (höchster Berg Deutschlands)
- Bergbahnen und Zugspitzbahn
- Sehenswürdigkeiten in Garmisch-Partenkirchen
- Partnachklamm
- Olympia Skisprungschanze und -stadion
- Michael-Ende-Kurpark
- historische Bobbahn
- Burgruine Werdenfels
- Albspitz-Wellenbad
- Spielbank Garmisch-Partenkirchen
- Kutschen- und Pferdeschlittenfahrten
- Ausflugsziele: Königshaus am Schachen, Königsschlösser (Linderhof, Schloss Neuschwanstein), AlpspiX (13 m lange Aussichtsplattform auf dem Osterfeldkopf mit Blick in 1000 m Tiefe des Höllentals), Oberammergau, Kloster Ettal

Sommer-Aktivitäten	Winter-Aktivitäten
Wandern, Bergsteigen	Ski und Snowboard
Kletterwald, Hochseilgarten	Langlaufen und Biathlon
Flying Fox* an der Olympiaschanze	Schneeschuhwandern
Paragliding	Skitouren
Walken, Joggen	Rodeln
Golf	Eissport
Wassersport	
Mountainbiken, Radfahren	
Segways	
Geocaching	
Sommerrodelbahn	
Erlebniswanderungen	

* Flying Fox ist eine Anlage, mit der eine oder mehrere Personen an einem Drahtseil hängend und mit hoher Geschwindigkeit vom Startpunkt zum Zielpunkt bergab fahren können. Der Höhenunterschied zwischen Startpunkt und Zielpunkt beträgt fast 75 Meter. Die Seillänge erreicht 270 Meter und es kann eine Höchstgeschwindigkeit von bis zu 70 km/h erzielt werden.

Quellen

M5: interaktives Recherchetool des BR für die Tourismus- und Klimadaten im bayerischen Alpenraum (http://www.schnee-von-morgen.br.de/#stage-2)

M6: interaktives Recherchetool des BR für die Tourismus- und Klimadaten im bayerischen Alpenraum (http://www.schnee-von-morgen.br.de/#stage-2); http://www.statistik.bayern/veröffentlichungen; Gesamtjahreszahlen: Auskunft des Fremdenverkehrsamtes Garmisch-Partenkirchen vom 10.05.2016; Aufenthaltsdauer: eigene Berechnungen

M7: Meurer, M.: Höhenstufung von Klima und Vegetation. In: Geographische Rundschau, H. 8/1984, S. 402

M8: Pröbstl, U.: Skisport und Vegetation. Die Auswirkungen des Skisports auf die Vegetation der Piste. DSV-Umweltreihe Band 2. Weilheim 1990, S. 88; https://www.dwd.de/DE/service/lexikon/Functions/glossar.html

M9: Steiger, R.: Auswirkungen des Klimawandels auf Skigebiete im bayerischen Alpenraum. Studie im Auftrag des Deutschen Alpenvereins. Innsbruck 2013, S. 16

M10: http://www.gapa.de

Zusatzmaterialien

M11 Hauptgründe, warum Befragte sich vorstellen können, in Garmisch-Partenkirchen Urlaub zu machen

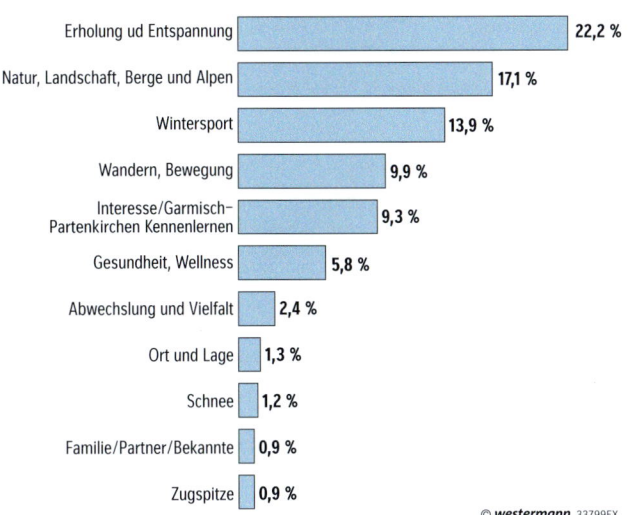

Erholung ud Entspannung	22,2 %
Natur, Landschaft, Berge und Alpen	17,1 %
Wintersport	13,9 %
Wandern, Bewegung	9,9 %
Interesse/Garmisch-Partenkirchen Kennenlernen	9,3 %
Gesundheit, Wellness	5,8 %
Abwechslung und Vielfalt	2,4 %
Ort und Lage	1,3 %
Schnee	1,2 %
Familie/Partner/Bekannte	0,9 %
Zugspitze	0,9 %

© *westermann* 33799EX

Quelle: Bausch, T.: Der Tourismusort Garmisch-Partenkirchen. Führen Wintergroß-veranstaltungen aus oder in die Krise? München 2009, S. 39

M12 Entwicklung der durchschnittlichen Kapazität von neu errichteten Seilbahnen und des Anteils von Expressanlagen* an neu errichteten Seilbahnen in den Bayerischen Alpen 1912–2012

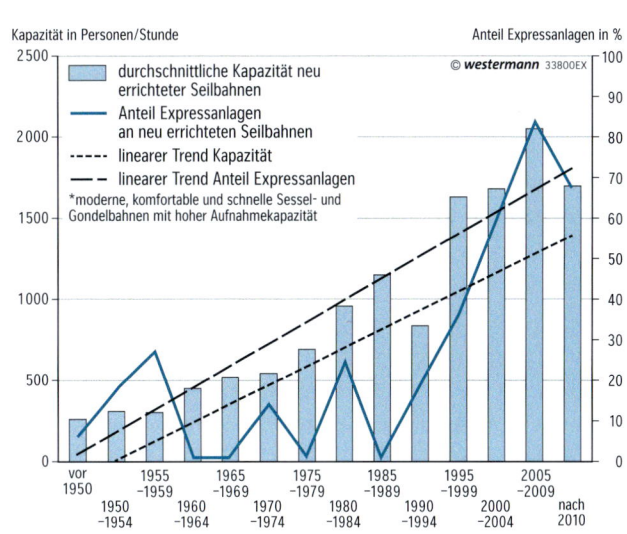

Kapazität in Personen/Stunde — Anteil Expressanlagen in %

☐ durchschnittliche Kapazität neu errichteter Seilbahnen
— Anteil Expressanlagen an neu errichteten Seilbahnen
---- linearer Trend Kapazität
— linearer Trend Anteil Expressanlagen
*moderne, komfortable und schnelle Sessel- und Gondelbahnen mit hoher Aufnahmekapazität

© *westermann* 33800EX

* moderne, komfortable und schnelle Sessel- und Gondelbahnen mit hoher Aufnahmekapazität

Quelle: Mayer, M./Steiger, R.: Skitourismus in den Bayerischen Alpen – Entwicklung und Zukunftsperspektiven. In: Job, H./Mayer, M. (Hrsg.): Tourismus und Regionalentwicklung. In: Bayern Arbeitsberichte der ARL 9, Hannover 2013, S. 184

M13 Energieverbrauch in Skigebieten

Die Bergbahnen sitzen in der Energiefalle, denn Beschneiungsanlagen, leistungsfähigere Aufstiegshilfen, Sitzheizungen, intensive Pistenpflege etc. verschlingen stetig mehr an immer teurer werdender Energie. [...] Der Ausbau der technischen Beschneiung ist dabei der größte Energietreiber.

Quelle: Küng, T.: Neues Energiemanagement am Berg. Vortrag TourismusForum, Mountain Power – Studie Skigebiete-Energiemanagement. In: Mountain Manager 3/2009, online-Ausgabe. Zitiert nach: Gesellschaft für ökologische Forschung und Bund Naturschutz in Bayern (Hrsg.): Der gekaufte Winter – Studie über künstliche Beschneiung, S. 24 (http://www.vzsb.de/media/docs/Der_gekaufte_Winter_-_8.12.2015.pdf)

M14 Pistenbearbeitung

Mit dröhnenden Motoren und gleißenden Scheinwerfern kriecht ein halbes Dutzend Pistenraupen durch die Abenddämmerung zur Mittelstation. [...] Jetzt beginnt der Arbeitstag der Männer in den bis zu 510 PS starken und bis zu 5,5 Meter breiten Giganten der Skipisten. Nacht für Nacht präparieren sie eine Schneefläche von rund 120 Hektar für die Wintersportler. Noch vor weniger als einem halben Jahrhundert hätte sich kaum jemand träumen lassen, dass Skifahrer und Snowboarder dereinst in Scharen über perfekt geglättete Hänge ins Tal flitzen würden, die eher wie weiße Autobahnen anmuten als wie von der Natur geformtes Gelände.

Quelle: Wissenschaft macht Pisten platt. In: NZZonline vom 08.02.2014. Zitiert nach: Gesellschaft für ökologische Forschung und Bund Naturschutz in Bayern (Hrsg): Der gekaufte Winter – Studie über künstliche Beschneiung, S. 16 (http://www.vzsb.de/media/docs/Der_gekaufte_Winter_-_8.12.2015.pdf)

westermann

Landwirtschaft in Deutschland – Gunst- und Ungunstgebiete

Karten im Diercke Weltatlas

- 19.2 Deutschland – Physische Karte
- 22/23 Deutschland mittlerer Teil – Physische Karte
- 24/25 Deutschland südlicher Teil – Physische Karte
- 30/31 Deutschland – Wirtschaft
- 47.4 Pfalz, Rhein-Neckar – Wirtschaft
- 52.1 Deutschland – Landschaften
- 55.2 Deutschland – Temperaturen im Jahr
- 55.3 Deutschland – Niederschläge im Jahr
- 56.1 Deutschland – Landwirtschaft
- 57.2 Deutschland – Böden

Unterrichtliche Voraussetzungen

Inhaltlich

Die Schüler sollten Kenntnisse zur Landschaftslehre, zu Klima und Böden sowie zur Landwirtschaft in Deutschland besitzen. Zudem sollten sie mit Raumanalysen vertraut sein.

Fachbegriffe

in den Materialien:
- Börde (M1, M2, M5, M12)
- Aueboden (M13)
- Braunerde (M13, M14)
- Parabraunerde (M13, M14)
- Podsol (M13, M14)
- Schwarzerde (M13, M14)

Literatur

Diercke Heimatteil Sachsen. Braunschweig 2011.

Gerber, W. u. a.: Diercke Geographie Gymnasium Sachsen Klasse 10. Braunschweig 2007.

Gerber, W. u. a.: Heimat und Welt Geographie für Sachsen Orientierungsstufe Klasse 5. Braunschweig 2011.

Siegmund, A.: Angewandte Klimageographie. Braunschweig 2006.

Kürzungsmöglichkeiten (geplante Bearbeitungszeit: 90 min)

	Kürzungsmöglichkeiten
Aufgabe 1b)	Aufgabe 1b) kann wegfallen.
Aufgabe 2	M8–M10 können entfallen.
	M6 und M7 können entfallen.
Aufgabe 4	Aufgabe 4 kann entfallen.

Erwartungshorizont mit Punkteverteilung

Bitte beachten Sie: Die Punkteverteilung stellt nur einen Vorschlag dar, der je nach Bundesland und Kurssituation angepasst werden muss. Die Punkte beziehen sich zudem nur auf inhaltliche Aspekte, nicht auf die Darstellungsleistung der Schüler.

Aufgabe 1a) Anforderungsbereich: I/II Materialien: M1, M2	maximale Punktzahl	erreichte Punktzahl
Mittleres Oberrheinisches Tiefland Das zu untersuchende Landwirtschaftsgebiet erstreckt sich zwischen Mannheim im Norden und Karlsruhe im Süden. Es ist Bestandteil des Oberrheinischen Tieflandes (Oberrheingraben, Oberrheinische Tiefebene). Durch das Gebiet fließt der Rhein, der Neckar mündet im Norden des Gebietes in den Rhein. Westlich der Ebene befinden sich Haardt und Pfälzer Wald, östlich der Kraichgau. Der linksrheinische Teil der Ebene, die Pfälzer Rheinebene, gehört zum Bundesland Rheinland-Pfalz, der rechtsrheinische Teil zu Baden-Württemberg. ungefähre Lage im Gradnetz: 8°10' bis 8°40' O, 49° bis 49°30' N	13	

Aufgabe 1a) Anforderungsbereich: I/II Materialien: M1, M2	**maximale Punktzahl**	**erreichte Punktzahl**
Magdeburger Börde Die Magdeburger Börde erstreckt sich zwischen dem Harz und Magdeburg im Bundesland Sachsen-Anhalt. Im Osten und Norden begrenzen die Elbe und der Mittellandkanal das Gebiet. ungefähre Lage im Gradnetz: 11°05' bis 11°50' O, 51°50' bis 52°10' N	9	
Erzgebirge Das Erzgebirge erstreckt sich im Süden des Bundeslandes Sachsen und im Nordwesten der Tschechischen Republik. Begrenzt wird es im Westen durch das Elstergebirge/Vogtland, im Osten durch die Elbtalniederung bei Dresden und das anschließende Elbsandsteingebirge. ungefähre Lage im Gradnetz: 12°30' bis 14°15' O, 50°20' bis 50°45' N	8	
	30	

Aufgabe 1b) Anforderungsbereich: I/II Materialien: M1, M2	**maximale Punktzahl**	**erreichte Punktzahl**
Das Mittlere Oberrheinische Tiefland und das Erzgebirge sind Landschaften im Deutschen Mittelgebirgsraum, die Magdeburger Börde dagegen befindet sich im Lössgürtel des Norddeutschen Tieflandes.	4	

Aufgabe 2 Anforderungsbereich: I/II Materialien: M2, M3, M4, M5, M6, M7, M8, M9, M10, M11, M12, M13, M14	**maximale Punktzahl**	**erreichte Punktzahl**
Mittleres Oberrheinisches Tiefland Reliefmerkmale: Das Gebiet ist ein Tiefland mit maximalen Höhen bis über 100 m. Es ist im Westen von Gebirgen bis ca. 600 m Höhe und im Osten von Hügelländern über 200 m Höhe eingeschlossen. Nach Norden und Süden ist der Tieflandabschnitt durch den Rheinverlauf offen. Der Raum ist Bestandteil des Oberrheingrabens, einer tektonischen Grabenbruchstruktur. Die Höhenunterschiede im Tiefland selbst sind minimal.	5	
Klimamerkmale: Die Jahresdurchschnittstemperatur erreicht in Karlsruhe 10,3 °C, die Jahresniederschlagssumme beträgt hier 770 mm. Diese Werte sind auch für das gesamte Untersuchungsgebiet repräsentativ.	2	
Bodenmerkmale: Links und rechts des Rheins dominieren Aueböden, die mit Braunerden durchsetzt sind. In den Außenbereichen des Mittleren Oberrheinischen Tieflandes sind Parabraunerden vorherrschend. Während Parabraunerden und Braunerden als gute bis sehr gute Ackerböden gelten, sind die Aueböden zwar auch fruchtbar, aber zu feucht.	5	
Magdeburger Börde Reliefmerkmale: Die Magdeburger Börde ist eine Tieflandlandschaft mit leicht hügeligen Strukturen. Die Höhen schwanken um 100 m.	3	
Klimamerkmale: Die folgenden Werte von Magdeburg sind für die gesamte Börde klimabestimmend: Jahresdurchschnittstemperatur 8,8 °C, Jahresniederschlagssumme 494 mm.	2	
Bodenmerkmale: Hier entwickelten sich auf mächtigen Lössdecken fast ausschließlich sehr fruchtbare Schwarzerdeböden, die sich für den Anbau hochwertiger Ackerpflanzen eignen.	3	
Erzgebirge Reliefmerkmale: Das Erzgebirge weist Mittelgebirgshöhen bis 1244 m (Keilberg) auf. Es hat eine flache Nordabdachung, fällt jedoch nach Süden hin sehr steil ab. Die Bruchschollenform ist eine Pultscholle, die im Süden stärker gehoben bzw. gekippt wurde als im Norden. Der Westteil des Gebirges ist höher als der Ostteil.	5	
Klimamerkmale: Wie in jedem Gebirge gilt auch im Erzgebirge, dass mit zunehmender Höhe die Temperaturen abnehmen, die Niederschlagswerte jedoch steigen. Somit gelten die folgenden Werte vom zweithöchsten Erzgebirgsberg, dem Fichtelberg mit 1215 m Höhe, nicht für den gesamten Gebirgsraum, sondern nur für die Kammlagen: Jahresdurchschnittstemperatur 3 °C, Jahresniederschlagssumme 1094 mm. Von den mittleren zu den unteren Lagen variieren die Jahresdurchschnittstemperaturwerte von 4 °C bis 7 °C und die Niederschlagswerte von 1000 mm bis 700 mm.	5	
Bodenmerkmale: Auch die Bodeneigenschaften verändern sich mit zunehmender Höhe im Erzgebirge. Die oberen Lagen werden von minderwertigen Podsolen, die mittleren und unteren Lagen von Braunerden und Parabraunerden dominiert.	3	
	33	

Aufgabe 3a) Anforderungsbereich: I Materialien: M3, M11, M12, M15	maximale Punktzahl	erreichte Punktzahl
Landwirtschaftliche Nutzung im Mittleren Oberrheinischen Tiefland Die Ebene wird vorrangig ackerbaulich genutzt. Es werden Wein (an den ostexponierten Hängen), Obst, Gemüse, Hopfen und Tabak angebaut. Wiesen und Weiden weisen auf Viehhaltung hin.	4	
Landwirtschaftliche Nutzung der Magdeburger Börde Es dominieren die Feldfrüchte Weizen und Zuckerrüben. Darüber hinaus wird Obst und Gemüse angebaut.	4	
Landwirtschaftliche Nutzung des Erzgebirges Im Erzgebirge ist die Viehhaltung auf Wiesen und Weiden vorherrschend. Nur in den unteren und mittleren Lagen kommt es zur ackerbaulichen Nutzung.	2	
	10	

Aufgabe 3b) Anforderungsbereich: II/III Materialien: M2, M3, M4, M5, M6, M7, M8, M9, M10, M11, M12, M13, M14, M15	maximale Punktzahl	erreichte Punktzahl
Klima-, Relief- und Bodenmerkmale prägen vorrangig die Nutzung der Landschaften. *Erzgebirge* Das Erzgebirge eignet sich aufgrund seines Gebirgsreliefs und des rauhen Klimas wenig für eine ackerbauliche Nutzung. In den unteren Lagen befinden sich Feldstrukturen an flacheren Talhängen und auf Hochflächen. Die Braunerden begünstigen hier den Ackerbau. In den oberen Lagen verhindern die niedrigen Temperaturen und unfruchtbaren Podsole eine ertragreiche Ackerbaunutzung. Hier bietet sich wie auch in mittleren Lagen auf den durch reichlich Niederschlag vorhandenen saftigen Wiesen Viehhaltung an.	6	
Magdeburger Börde Die Magdeburger Börde ist durch ihre Schwarzerdeböden auf Lössgestein und das flache Relief eines der ertragreichsten Ackerbaugebiete Deutschlands. Die Schwarzerde gestattet den Anbau von Weizen und Zuckerrüben. Günstige Temperaturen bewirken eine intensive Ackerbaunutzung. Aufgrund geringer Niederschlagswerte ist jedoch Bewässerung notwendig.	6	
Mittleres Oberrheinisches Tiefland Ein Klimagunstgebiet ist das Mittlere Oberrheinische Tiefland. Die relativ hohen Temperaturen, die durch die südliche und geschützte Lage im Oberrheingraben vorherrschen, sowie ausreichende Niederschläge (auch aufgrund von Staueffekten an den angrenzenden Gebirgen und Hügelländern) gestatten den Anbau der oben erwähnten Nutzpflanzen. Die Wärmegunst der linksrheinisch gelegenen Pfälzer Ebene, besonders auf den ostexponierten Hängen, lässt Wein gedeihen (Weinstraße). Die Bodenqualität ist jedoch nicht so hoch wie in der Magdeburger Börde, deshalb sind Weizen- und Zuckerrübenanbau hier nicht so verbreitet.	6	
	18	

Aufgabe 4 Anforderungsbereich: II Materialien: M15, M16	maximale Punktzahl	erreichte Punktzahl
Im Gegensatz zu anderen Mittelgebirgen gibt es im Erzgebirge sehr viele Offenlandstellen mit Grünland. Hier fehlt der Wald. Die Rodungsinseln stammen aus der Bergbautätigkeit, die vom 12. Jahrhundert bis 1990 andauerte. Für Bergbaueinrichtungen (v. a. Zinn- und Uranerzbergbau), Siedlungen und landwirtschaftliche Nutzflächen mussten in der Vergangenheit große Waldflächen geopfert werden, sodass heute das Erzgebirge keine durchgängige Bewaldung aufweist.	5	

Name: ....　　**Datum:** ....

Kurs/Klasse: ....　　**Zeit:** ....

Landwirtschaft in Deutschland – Gunst- und Ungunstgebiete

Das Oberrheinische Tiefland zwischen Mannheim und Karlsruhe (Mittleres Oberrheinisches Tiefland), die Magdeburger Börde und das Erzgebirge sind Räume mit unterschiedlicher landwirtschaftlicher Nutzung, die wiederum durch unterschiedliche Merkmale der Naturfaktoren Relief, Klima und Boden geprägt sind.

Aufgabe 1: Lagebeschreibung
a) Geben Sie ausführliche Lagebeschreibungen der Gebiete Oberrheinisches Tiefland zwischen Mannheim und Karlsruhe (Mittleres Oberrheinisches Tiefland), Magdeburger Börde und Erzgebirge.
b) Ordnen Sie die drei Gebiete Großlandschaften in Deutschland zu.

Aufgabe 2: Naturfaktoren
Analysieren Sie für die drei Gebiete Merkmale der Naturfaktoren Relief, Klima und Boden.

Aufgabe 3: Landwirtschaftliche Nutzung
a) Beschreiben Sie die landwirtschaftliche Nutzung in den drei Gebieten.
b) Begründen Sie die unterschiedliche landwirtschaftliche Nutzung in den drei Gebieten.

Aufgabe 4: Nutzungsbesonderheiten im Erzgebirge
Erklären Sie die für deutsche Mittelgebirge untypischen großen Offenlandflächen im Erzgebirge.

M1　**Diercke Weltatlas**

19.2 Deutschland – Physische Karte

M2　**Diercke Weltatlas**

52.1 Deutschland – Landschaften

M3　**Diercke Weltatlas**

47.4 Pfalz, Rhein-Neckar – Wirtschaft

M4　**Diercke Weltatlas**

24/25 Deutschland südlicher Teil – Physische Karte

M5　**Diercke Weltatlas**

22/23 Deutschland mittlerer Teil – Physische Karte

M6　**Diercke Weltatlas**

55.2 Deutschland – Temperaturen im Jahr

M7　**Diercke Weltatlas**

55.3 Deutschland – Niederschläge im Jahr

M8 Klimadiagramm Karlsruhe

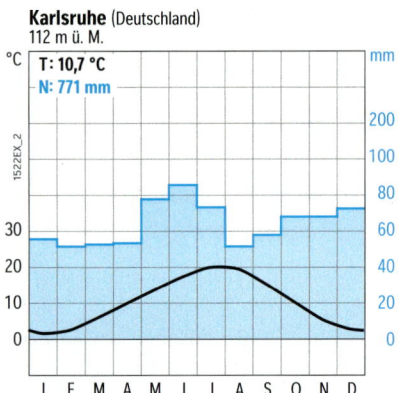

Karlsruhe (Deutschland)
112 m ü. M.
T: 10,7 °C
N: 771 mm

M9 Klimadiagramm Magdeburg

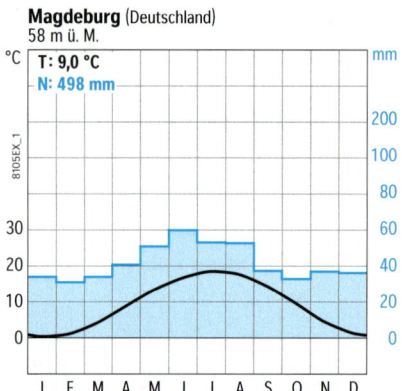

Magdeburg (Deutschland)
58 m ü. M.
T: 9,0 °C
N: 498 mm

M10 Klimadiagramm Fichtelberg/Erzgebirge

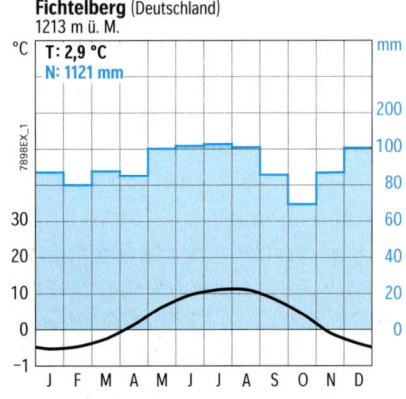

Fichtelberg (Deutschland)
1213 m ü. M.
T: 2,9 °C
N: 1121 mm

M11 Diercke Weltatlas

30/31 Deutschland – Wirtschaft

M12 Diercke Weltatlas

56.1 Deutschland – Landwirtschaft

M13 Diercke Weltatlas

57.2 Deutschland – Böden

M14 Bodentypen: Podsol, Braunerde, Parabraunerde, Schwarzerde

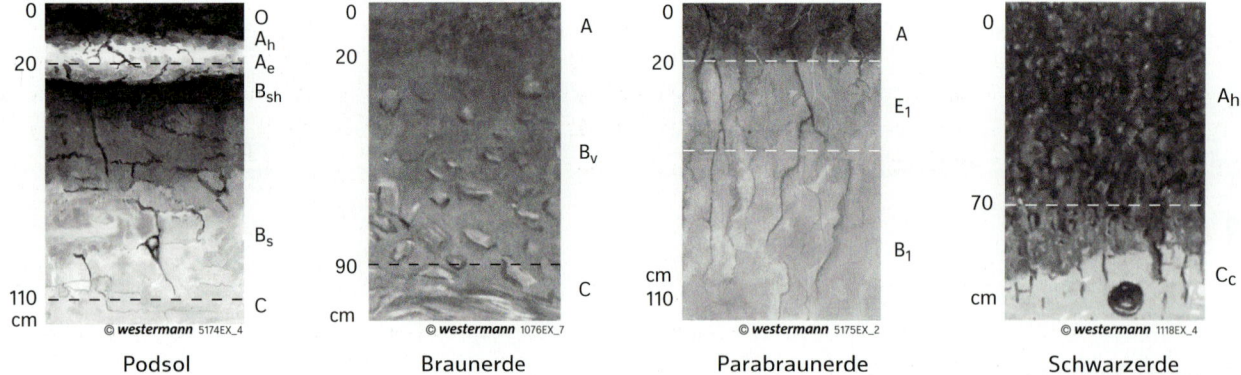

Podsol   Braunerde   Parabraunerde   Schwarzerde

Die auf verwittertem Lössgestein entstandenen Bodentypen **Schwarzerde** und **Parabraunerde** sind sehr gute Ackerböden. Schwarzerde hat den mächtigeren Humushorizont im Vergleich zur Parabraunerde, sie entstand in Gebieten mit geringeren Jahresniederschlagsummen bis ca. 500 mm. Dagegen bildeten sich Parabraunerdeböden in Gebieten mit mehr als 500 mm Jahresniederschlag.

Braunerde ist ein guter Ackerboden, der sich zum Beispiel auf Glazialsedimenten im Tiefland und auf Frostschuttdecken vorwiegend in mittleren und unteren Lagen von Mittelgebirgen bildet.

Podsol ist ein typischer Heideboden auf sandigen Sedimenten, er kommt aber auch in höheren Lagen von Mittelgebirgen vor, die sehr niederschlagsreich sind. Auffällig ist sein grauer Auswaschungshorizont. Für den Anbau von Nutzpflanzen wird er aufgrund seiner geringen Fruchtbarkeit nur selten genutzt.

westermann

M15 Landwirtschaft im Süden Sachsen

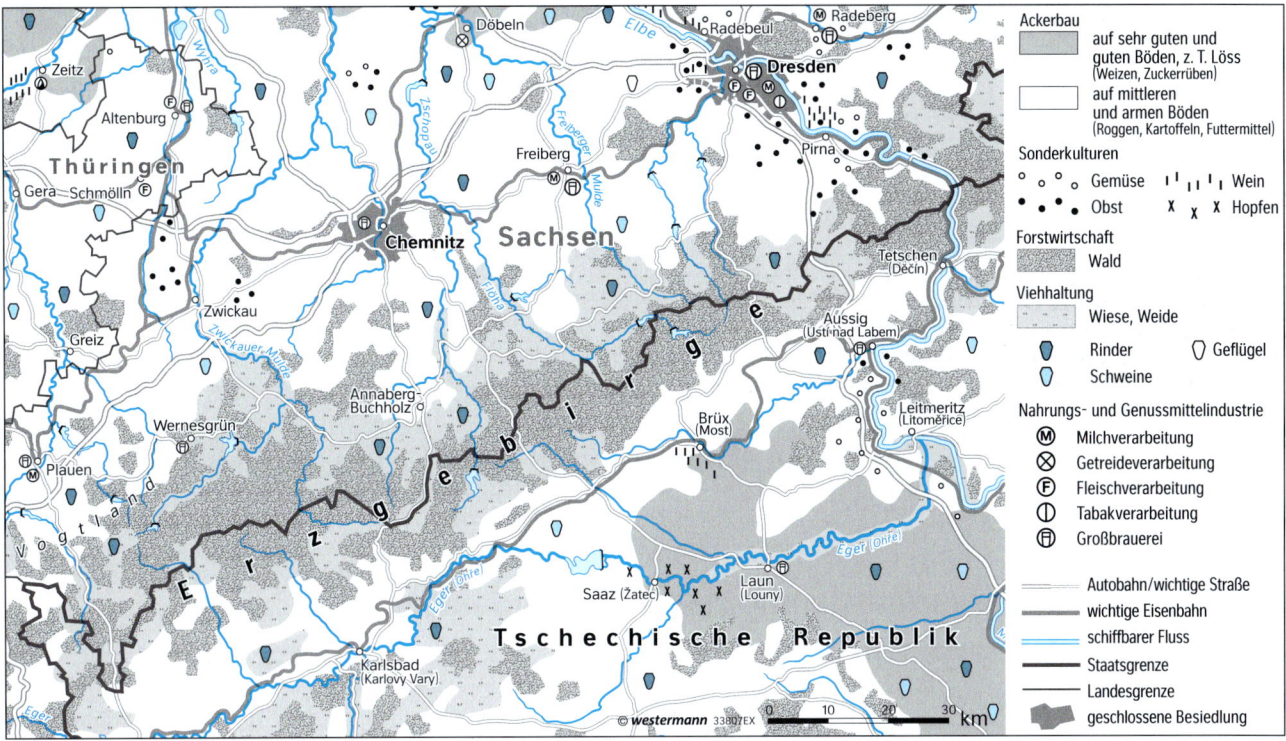

M16 Bergbau im Süden Sachsens

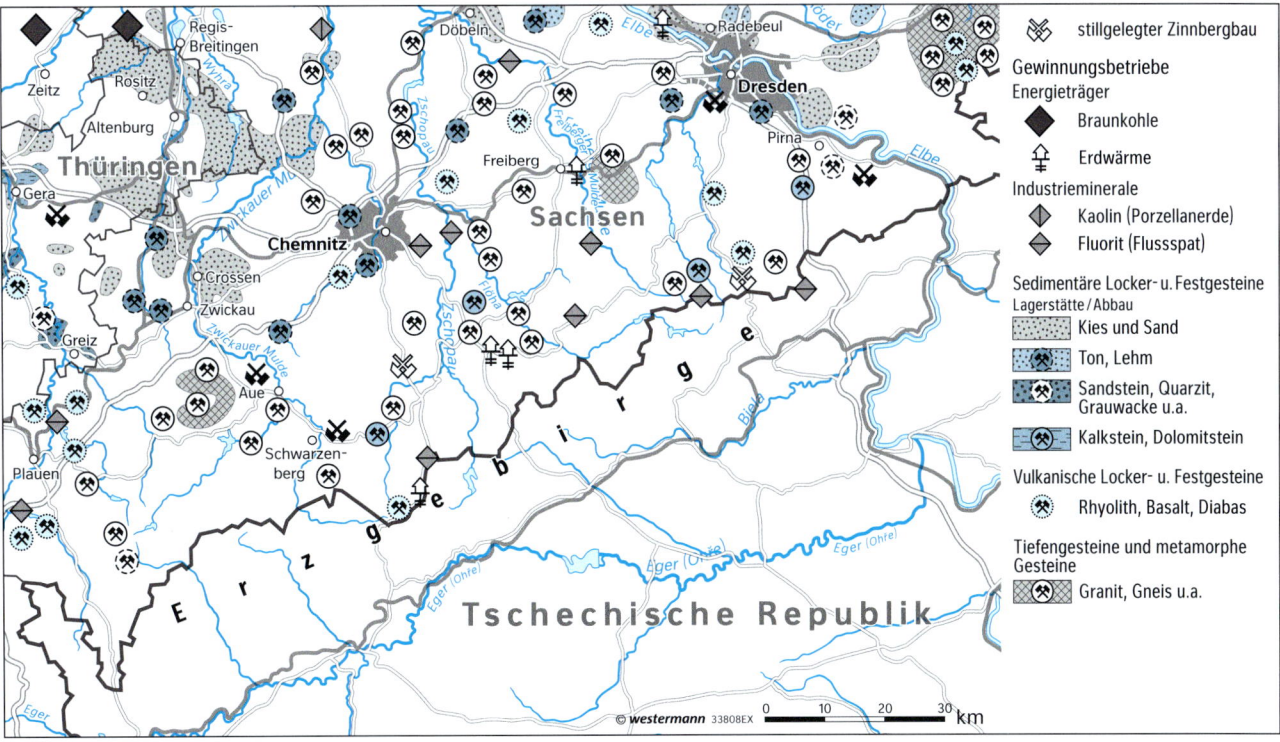

Quellen

M14: eigener Text; Bodenprofile aus: Gerber, W. u. a.: Diercke Geographie Gymnasium 10 Sachsen. Braunschweig 2007, S. 82/83

M15: Diercke Heimatteil Sachsen. Braunschweig 2011, Karte 11.5 (Ausschnitt)

M16: Diercke Heimatteil Sachsen. Braunschweig 2011, Karte 14.2 (Ausschnitt)

westermann

5 Europäische und Weltwirtschaftsregionen

Klausuren

Strukturwandel in Nord- und Mittelengland – ein Erfolgsmodell?

Karten im Diercke Weltatlas

 124.1 Britische Inseln –
Physische Karte

125.4 Nord- und Mittel-
england – Strukturwandel
1950/2015

Unterrichtliche Voraussetzungen

Inhaltlich

Im Unterricht sollte der Prozess des Strukturwandels bereits an einem Beispiel eines Altindustrieraumes (z. B. Ruhrgebiet) erarbeitet worden sein. Dabei sollte die Entwicklung auf Basis des Rohstoffvorkommens (Steinkohle) ebenso thematisiert worden sein wie der Niedergang der ursprünglich ansässigen Industrien (Bergbau, Stahl- bzw. allgemein Schwerindustrie) und die daraus resultierenden ökonomischen und sozialen Folgen für die Bevölkerung. Ebenfalls bedeutsam sind die Behandlung der Tertiärisierung bzw. der Orientierung hin zu den sogenannten „Neuen Industrien" und die Stärkung einer Region durch die Bildung von Clustern. Hilfreich wären auch Kenntnisse zur Globalisierung der Textilindustrie.

Fachbegriffe

allgemein:
- Strukturwandel
- Kohle- und Stahlkrise
- Deindustrialisierung/Reindustrialisierung
- Tertiärisierung
- Montanindustrie
- Forschungs- und Entwicklungseinrichtungen
- Schlüsselindustrien

in den Materialien:
- Verhüttung (M1)
- Bruttoinlandsprodukt (BIP) (M6a, M8)
- Bruttowertschöpfung (M8)
- Start-up-Unternehmen (M10)

Literatur

Cooke, P.: Lost worlds – Altindustriegebiete und ihre Zukunft: Das Beispiel Südwales. In: Zehner, K./Wood, G. (Hrsg.): Großbritannien. Geographien eines europäischen Nachbarn. Heidelberg 2010, S. 124–133.

Diercke Handbuch: Erläuterungen zur Karte „Nord- und Mittelengland – Strukturwandel 1950/2015" (125.4). Braunschweig 2015, S. 203.

Holdinghausen, H.: Steinkohle: Vom Anbeginn der Industrie. In: Heinrich-Böll-Stiftung e. V. (Hrsg.): Kohleatlas. Berlin 2015. (https://www.boell.de/de/2015/05/20/steinkohle-vom-anbeginn-der-industrie)

Manchester City Council (Hrsg.): Manchester's State of the City report 2015. (http://www.manchester.gov.uk/down loads/download/6359/state_of_the_city_2015_complete_document)

Prognos AG: Lehren aus dem Strukturwandel im Ruhrgebiet für die Regionalpolitik. Bremen, Berlin, Bochum 2015. (http://www.bmwi.de/BMWi/Redaktion/PDF/Publikationen/Studien/lehren-strukturwandel-ruhrgebiet-regionalpolitik,property=pdf,bereich=bmwi2012,sprache=de,rwb=true.pdf)

Scheuer, M./Zimmermann, G.: Deindustrialisierung: Eine neue „britische Krankheit"? In: Wirtschaftsdienst, Bd. 86, H. 4/2006, S. 245–251.

Wood, G.: Deindustrialisierung, neue Industrien und das Erstarken des Dienstleistungssektors. In: Institut für Zukunftsstudien und Technologiebewertung (Hrsg.): Erfolgreiche regionale Transformationsprozesse. Mögliche Zukünfte für die Region Ruhr. Kurzstudie im Auftrag der Brost-Stiftung. Essen 2014. (https://www.izt.de/fileadmin/publikationen/IZT_Text_1-2014_Regionale_Transformation.pdf)

Kürzungs- und Erweiterungsmöglichkeiten, Alternativen (geplante Bearbeitungszeit: 90 min)

	Kürzungsmöglichkeiten	Erweiterungsmöglichkeiten	Alternativen
Aufgabe 1	Der Wandel der Industrie kann sich auf die Beschreibung von zwei Beispielen beschränken: → 1. Beschreiben Sie den Wandel der Industrie in Nord- und Mittelengland am Beispiel des Steinkohlenbergbaus anhand der Karten in M1 und M2.	Durch eine offenere Formulierung kann eine umfassendere Bearbeitung sämtlicher auf der Karte M1 erwähnter Industrien gefordert werden. → 1. Beschreiben Sie den Wandel der Industrie in Nord- und Mittelengland.	
Aufgabe 2	M6b kann entfallen. Damit wird dann nur der allgemeine Trend für Großbritannien (M6a) angegeben. Wurde im Unterricht bereits die Globalisierung der Textilindustrie thematisiert, so kann bei Bedarf M10 entfallen.		Anstelle von M5 kann M12 eingesetzt werden.
Aufgabe 3	Durch Wegfall von M9 verringert sich der Bearbeitungsumfang, da damit die Bewertung der Zukunft der Textilindustrie entfällt.		

Erwartungshorizont mit Punkteverteilung

Bitte beachten Sie: Die Punkteverteilung stellt nur einen Vorschlag dar, der je nach Bundesland und Kurssituation angepasst werden muss. Die Punkte beziehen sich zudem nur auf inhaltliche Aspekte, nicht auf die Darstellungsleistung der Schüler.

Aufgabe 1 Anforderungsbereich: I/II Materialien: M1, M2, M3	maximale Punktzahl	erreichte Punktzahl
Geographische Lage – 52–54° N/1–3° W – England/Vereinigtes Königreich/Großbritannien – Westküste Großbritanniens mit Zugang zur Irischen See (M1 [124.1, 125.4])	3	
Infrastruktur – Der Kanal Manchester – Mersey ermöglicht Manchester Zugang zum Hafen Liverpool; weitere Kanäle verbinden die industriellen Zentren und schaffen Zugang zur Nordsee (bzw. Irischen See). (M1) – Ein dichtes Eisenbahnnetz erfasst alle Städte, diese erhalten so eine Anbindung an den Hafen von Liverpool. (M1) – Ein Autobahnnetz verbindet zusätzlich sämtliche Städte. (M1) – wichtige Flughäfen: Manchester, Birmingham (M1)	5	
1950 – Kohlereviere/Kohlefelder in Mittelengland mit zahlreichen Zechen (Untertagebaue mit 1–2 Mio. t) befinden sich westlich und östlich der Pennines, besonders ausgeprägt zwischen Leeds (Norden) und Nottingham (Süden). (M1, M2) – Manchester, Leeds und Bradford sind außerdem als Standorte der Textil-/Bekleidungsindustrie gekennzeichnet. (M1) – Eisen- und Stahlerzeugung sowie Buntmetall-/Aluminiumverhüttung sind in Manchester, Sheffield und Birmingham angesiedelt. (M1) – Chemische Industrie wird an vier Standorten (zwei in Liverpool, je einer in Manchester und Birmingham) verzeichnet. (M1)	9	

Aufgabe 1 Anforderungsbereich: I/II Materialien: M1, M2, M3	**maximale Punktzahl**	**erreichte Punktzahl**
2015 – Die Untertagebaue sind weitgehend verschwunden, nur noch vereinzelt in der Region östlich der Penninen vorhanden; stattdessen befindet sich ein Steinkohlentagebau mit geringerer Kapazität nördlich von Rotherham und südlich von Telford (M1); laut M2 sind weitere Schließungen Ende 2015 geplant. Ein Bergwerk südlich von Leeds, Eröffnung Ende 2015, befindet sich im Besitz der Belegschaft. (M2) – Die drastische Verringerung der Steinkohlenförderung resultiert in sinkenden Fördermengen (von ca. 230 Mio. t 1950 auf ca. 20 Mio. t im Jahr 2010) sowie Beschäftigtenzahlen (von ca. 700 000 Beschäftigten im Jahr 1950 auf wenige Tausend ab etwa Mitte der 1990er-Jahre), bei gleichzeitigem Anstieg der Steinkohlenimporte ab etwa 1970 auf ca. 50 Mio. t 2010. (M3) – Die Textilindustrie hat ebenfalls Standorte eingebüßt bzw. Standortverlagerungen hinnehmen müssen, besonders im Großraum nördlich von Manchester. (M1) – Zunahme der Standorte der chemischen Industrie/Kunststoffindustrie (hauptsächlich im Großraum Liverpool). (M1)	11	
	28	

Aufgabe 2 Anforderungsbereich: II Materialien: M1, M3, M4, M5, M6a, M6b, M7, M8, M9, M10	**maximale Punktzahl**	**erreichte Punktzahl**
Der Rückgang der Steinkohlenförderung wurde bedingt durch: – Die Konkurrenzsituation mit anderen Förderländern durch günstigere Importkohle; Importe setzten zwar bereits etwa 1970 ein, die Menge stieg jedoch erst ab den 1980er-Jahren beträchtlich an, die Einfuhr hat sich seitdem etwa verzehnfacht. (M3) – Die Konkurrenz durch (heimisches) Erdöl und Erdgas als Energieträger ab den 1970er-Jahren. (M4) Das Fördermaximum von Erdöl wurde allerdings etwa 1995 erreicht, seitdem sinkt die geförderte Menge. Seit 2000 nimmt die Menge des geförderten Erdgases ebenfalls wieder ab und beträgt nur noch ca. ein Viertel dieser Menge.	8	
Die Kohlekrise, verbunden mit sinkender industrieller Produktion führte zu: – einer drastischen Abnahme der Beschäftigtenzahlen im Steinkohlenbergbau (M3) – dem Verlust der Vormachtstellung der traditionellen Schlüsselindustrien (Stahlerzeugung, Textilproduktion)/der Industrie allgemein (M5, M7) – einem Rückgang der Beschäftigtenzahlen im sekundären Sektor: Der Prozess der Deindustrialisierung in Großbritannien lässt sich sowohl an den absoluten Zahlen als auch am prozentualen Anteil der gegenwärtigen Industriebeschäftigten ablesen; es gibt jedoch regionale Unterschiede (z. B. Stagnation auf etwa 14 % in der Region North East, einen leichten Anstieg in den East Midlands). (M5)	8	
Auslöser für den Bedeutungsverlust der Textilindustrie: vermehrte Einfuhr ausländischer Textilprodukte seit den 1980er-Jahren durch globalen Kostendruck und Verlagerung der Produktion nach Asien, mangelnde Konkurrenzfähigkeit der heimischen Produktion (M10) Folge: Konzentration an wenigen Standorten (M1), Arbeitsplatzverluste	5	
Reindustrialisierung als Folge: Zeigt sich z. B. in der Ansiedlung der chemischen Industrie (M1) und in dem geplanten Vorhaben, bis 2020 rund 20 000 neue Jobs in der Textilindustrie zu schaffen (M9, M10).	5	
Tertiärisierung als Folge: Dem allgemeinen Trend gehorchend findet eine Verlagerung der Arbeitsplätze in den tertiären Sektor (Dienstleistungen, Forschung und Entwicklung) statt; Forschung und Entwicklung sind z. B. an zahlreichen Universitätsstandorten der Region angesiedelt (M6a, M6b, M7, M10).	8	
Die Regionen Nord- und Mittelenglands sind im Vergleich zum Südosten/Osten wirtschaftlich schwächer, was sich sowohl in der Bruttowertschöpfung je Einwohner (East-/West-Midlands je knapp unter 20 000 Pfund, North East sogar nur rund 18 000 Pfund) und der Arbeitslosenquote als auch in den Anteilen an der Gesamtbruttowertschöpfung widerspiegelt. (M8)	6	
	40	

Aufgabe 3 Anforderungsbereich: II/III Materialien: M8, M9, M10, M11	maximale Punktzahl	erreichte Punktzahl
Ausgangslage: massiver Verlust von Arbeitsplätzen in Steinkohlenförderung und Schwerindustrie infolge der Kohle-/Stahlkrise erforderte ein Umdenken der britischen Wirtschaft, besonders in der stark betroffenen Region Nord-/Mittelengland. Folge: Verschlechterung der sozioökonomischen Situation der Bevölkerung in den Regionen.	5	
Der Strukturwandel erscheint zumindest teilweise erfolgreich (Verweis auf Arbeitslosenzahlen, Einkommen/BIP). (M8)	4	
Durch Forschung und Entwicklung in der Wachstumsbranche Luft- und Raumfahrt sowie damit verbundenen Dienstleistungen wie Reparaturen/Instandhaltung werden Arbeitsplätze geschaffen. Elektrotechnik/IT/Kommunikation versprechen Arbeitsplätze für qualifiziertes Personal, das an den Universitäten der Region ausgebildet wird. Auch die Kreativ- und Medienbranche hat sich als Standbein etabliert. (M11) Möglich ist die Bildung von entsprechenden Clustern.	8	
Eine weitere Möglichkeit, die Wirtschaftskraft wieder zu steigern, besteht in der Reindustrialisierung. So verspricht z. B. die Textilindustrie perspektivisch bis 2020 die Schaffung von 20 000 neuen Arbeitsplätzen (mit besonderem Schwerpunkt auf Gebiete Großbritanniens mit hoher Arbeitslosigkeit), Ausbildungsplätze und Investitionen. (M9, M10) Das Vorhaben ist jedoch kritisch zu sehen, da die langfristige Sicherstellung der Maßnahme vom Erfolg abhängt und der Konkurrenzdruck auf dem globalen Markt nicht zu unterschätzen ist.	8	
Bewertung der Kompensation für Arbeitsplatzverluste durch Tertiärisierung: – Zukunftsfähigkeit durch Strukturwandel ist gegeben, allerdings – ähnlich wie am Beispiel des Ruhrgebiets oder anderer Altindustrieräume erkennbar – eingeschränkt auf ältere Beschäftigte übertragbar, hier sind Investitionen notwendig. – Qualifizierungsmaßnahmen sind erforderlich/teilweise aufwendig. – Auch zu beachten: Es besteht eine zunehmende Abhängigkeit von Importprodukten bei weiterer Verlagerung von Arbeitsplätzen in den tertiären Sektor.	7	
	32	

Name: ....   Datum: ....

Kurs/Klasse: ....   Zeit: ....

Strukturwandel in Nord- und Mittelengland – ein Erfolgsmodell?

Aufgabe 1
a) Lokalisieren Sie die in M1 dargestellte Region Nord- und Mittelengland und beschreiben sie deren infrastrukturelle Erschließung.
b) Beschreiben Sie den Wandel der Industrie zwischen 1950 und 2015 an den Beispielen Steinkohlenbergbau, Textil-/Bekleidungsindustrie und Chemische Industrie.

Aufgabe 2
Erläutern Sie die Auslöser und Folgen des Strukturwandels in der Region Nord- und Mittelengland.

Aufgabe 3
Bewerten Sie, inwieweit durch die Reindustrialisierung und die Tertiärisierung die Arbeitsplatzverluste im primären und sekundären Sektor in der Region erfolgreich ausgeglichen werden.

M1 **Diercke Weltatlas**

125.4 Nord- und Mittelengland – Strukturwandel 1950/2015
weitere Karten nach Wahl

M2 **Lage und Entwicklung der Steinkohlenförderung in Großbritannien**

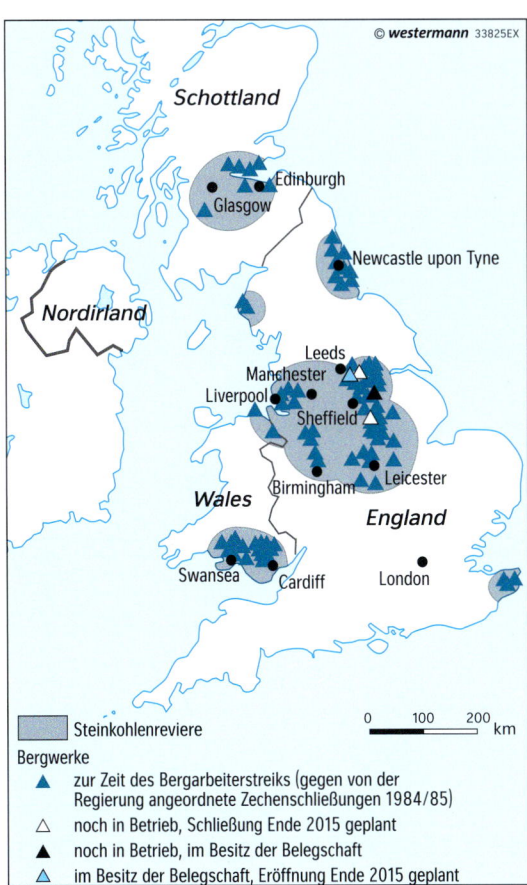

M3 **Steinkohlenförderung und -importe/Beschäftigtenzahlen im Steinkohlenbergbau 1950–2012**

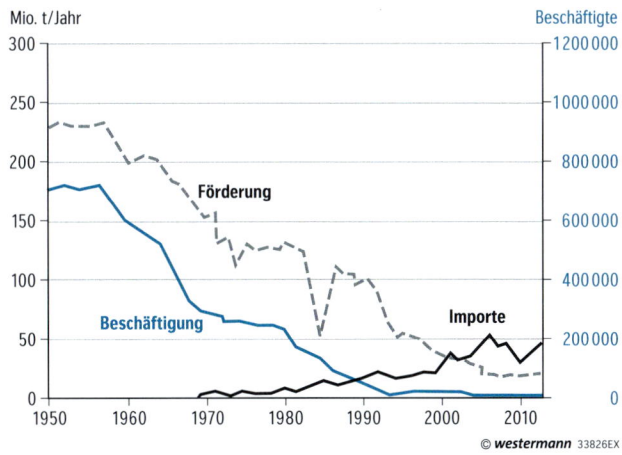

westermann

M4 Erdöl- und Erdgasproduktion in Großbritannien

	1970	1975	1980	1990	1995	2000	2005	2010	2012	2014
Erdöl (Mio. t)	0,156	1,6	80,5	91,6	129,9	126,2	84,7	63,0	44,6	39,7
Erdgas (Mrd. m³)	13,8	45,1	45,9	60,0	93,4	143,0	116,4	75,5	38,9	36,6

M5a Industriebeschäftigte in Großbritannien 1998–2014 – absolute Werte und Anteil der Industrie- an den Gesamtbeschäftigten nach Regionen

Region	1998 in 1000	%	2002 in 1000	%	2006 in 1000	%	2008 in 1000	%	2014 in 1000	%
East Midlands	481	24,1	434	21,0	366	17,2	359	16,7	306	17,9
Eastern	465	17,6	430	15,5	355	12,9	343	12,2	240	10,5
London	319	9,4	287	8,0	256	7,1	280	7,5	124	6,3
North East	233	21,7	194	17,6	167	14,5	163	14,1	135	14,1
North West	622	20,4	557	17,4	449	14,3	452	14,3	305	11,6
Scotland	375	16,1	336	13,9	264	10,6	267	10,5	221	10,1
South East	656	16,3	569	13,6	480	11,6	450	10,8	340	10,0
South West	378	16,2	366	14,7	307	12,3	296	11,6	245	11,7
Wales	250	20,4	206	15,8	187	14,2	173	12,9	149	13,4
West Midlands	639	25,8	563	22,5	436	17,6	398	16,1	340	15,7
Yorkshire and the Humber	477	20,8	444	18,7	363	15,0	356	14,5	278	14,1
Großbritannien	4893	18,2	4386	15,7	3728	12,9	3622	12,4	2788*	11,1

* Vereinigtes Königreich (Großbritannien + Nordirland)

M5b Die Regionen Großbritanniens

© westermann 33827EX

M6a **Anteile der Wirtschaftssektoren am Bruttoinlandsprodukt (BIP) Großbritanniens 2004–2014**

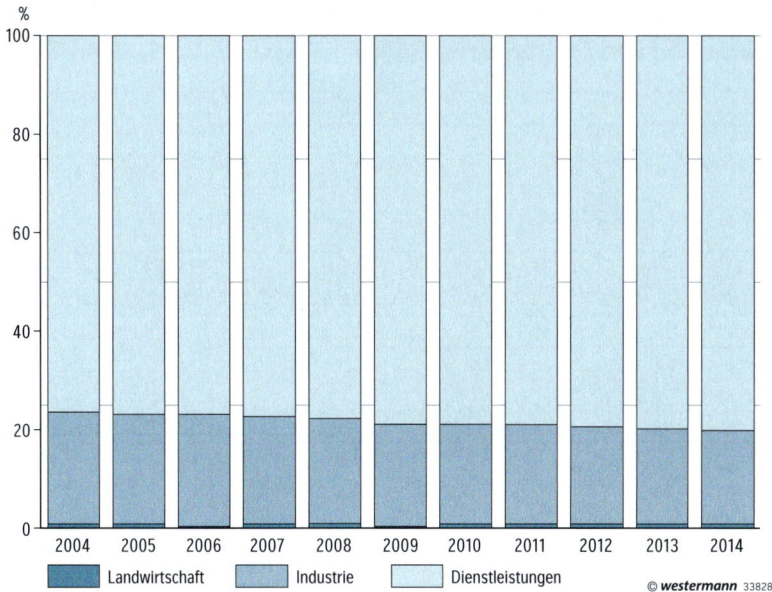

Landwirtschaft Industrie Dienstleistungen © *westermann* 33828EX

M6b **Anteile der Beschäftigten nach Wirtschaftssektoren und Regionen (Dezember 2015)**

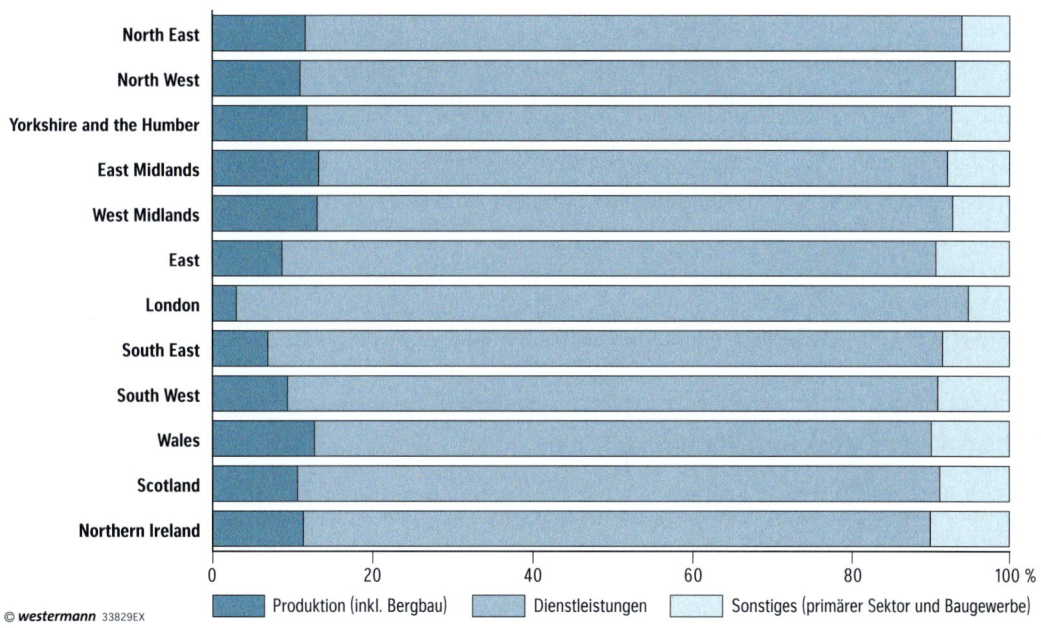

© *westermann* 33829EX

Produktion (inkl. Bergbau) Dienstleistungen Sonstiges (primärer Sektor und Baugewerbe)

M7 **Industriearbeitsplätze in Großbritannien**

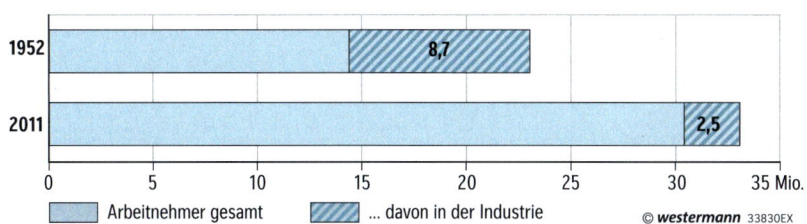

Arbeitnehmer gesamt … davon in der Industrie © *westermann* 33830EX

westermann

M8   Die Regionen Großbritanniens im Vergleich

Region	BWS*/Einwohner 2014 (£)	Arbeitslosenquote 3. Quartal 2015 (%)	Anteil an der Gesamtbrutto-wertschöpfung 2014 (%)
East Midlands	20 524	4,3	6,0
East	23 063	4,1	8,7
London	42 666	6,3	22,9
North East	18 216	8,7	3,0
North West	21 011	5,2	9,4
Scotland	23 102	5,6	7,8
South East	27 012	3,7	15,1
South West	22 324	3,9	7,6
Wales	17 573	5,9	3,4
West Midlands	20 086	5,5	7,2
Yorkshire and the Humber	19 863	6,2	6,7
UK**	24 616	5,2	(100) (inkl. Nordirland)

* BWS = Bruttowertschöpfung, ** UK = Vereinigtes Königreich (England, Schottland, Wales, Nordirland)

M9   Britische Textilindustrie will bis 2020 20 000 neue Jobs schaffen

Einem neuen Bericht zufolge könnte die britische 9-Milliarden-Pfund-schwere Textilindustrie bis 2020 rund 20 000 neue Arbeitsplätze schaffen. Laut dem Alliance-Bericht „Repatriation of UK Textiles Manufacture" wurden 2014 bereits 5000 neue Arbeitsplätze geschaffen. Das Wachstum der heimischen Herstellung in Großbritannien ist auf eine Abnahme der Beschaffung aus sogenannten Billiglohnländern zurückzuführen und eine Zunahme des Bedarfs nach in Großbritannien hergestellten Produkten.

Der am Dienstag veröffentlichte Bericht behauptet, die umfassendste Studie zu Nachfrage und Bedarf innerhalb der Branche in den letzten 20 Jahren zu sein und weist auf eine Reihe positiver Entwicklungen für das zukünftige Wachstum hin.

Steigende Kosten in Wettbewerbsländern machen Großbritannien als Beschaffungsland attraktiver. Zudem konzentrieren sich traditionelle Produktionsstandorte auf Gebiete mit hoher Arbeitslosigkeit.

„Der Bericht zeigt, welch positiven Effekt eine wiederauflebende britische Textilindustrie auf die Schaffung von Arbeitsplätzen, Fähigkeiten und Innovation vor unserer Haustür hat", kommentierte John Dixon, geschäftsführender Direktor für Verkaufsförderung bei Marks & Spencer. „Deshalb unterstützen wir den Alliance-Bericht und den Textile Growth Fund und investieren auch weiterhin in die Industrie durch Produkte wie unsere ‚Best of British'-Reihe und unser Ausbildungsprogramm im Textilbereich", fügte Dixon hinzu.

M10   New Balance – das Erfolgsgeheimnis der patriotischen Schuhe

[...] Die Gegend im Nordwesten Englands war einmal eines der Zentren der britischen Textilindustrie. Doch Anfang der 1980er-Jahre wanderte die Industrie nach Asien ab, Tausende Arbeitsplätze gingen in Folge dessen verloren.

New Balance dagegen kam – und blieb. Seit 1982 produziert der Sportartikelhersteller in Flimby. Die Fabrik ist einer von sechs Standorten weltweit. Das Unternehmen gehört einem Amerikaner, der sich entschied, trotz des Preisnachteils in Großbritannien fertigen zu lassen. [...] New Balance ist damit ein Beispiel dafür, wie die Textilindustrie in hochpreisigen Ländern wie dem Vereinigten Königreich überleben kann: mit Produkten am oberen Ende der Preisklasse und einem Eigentümer, dem das langfristige Ansehen der Firma wichtiger ist als kurzfristiger Gewinn. [...]

„Wir sehen endlich ein paar Zeichen, die in Richtung rebalancing zeigen", sagt Lee Hopley, Chefökonomin bei EEF, der Vereinigung des verarbeitenden Gewerbes in Großbritannien. Mit „rebalancing" ist in Großbritannien der Prozess der wirtschaftlichen Ausbalancierung gemeint, weg vom starken Fokus auf die Finanz- und Bankwirtschaft in London, hin zu mehr Produktion und Güterexport. „Die Hersteller sind deutlich optimistischer, ihre Bestellungen wachsen und die Exporte sind stark", erklärt Hopley. Bis 2020, so schätzt der Verband, benötigt das verarbeitende Gewerbe denn auch eine Million neue Arbeitskräfte. [...]

Trotz des Fokus auf „made in England" wird bei New Balance längst nicht alles in Flimby hergestellt. New Balance ist wie andere internationale Firmen an die globale Lieferkette angeschlossen: Während das Leder vor allem aus Europa, aus Polen, Portugal und Schottland, kommt, stammen die Sohlen und die Obermaterialien teilweise aus Asien, aus China und aus Vietnam. [...]

Die lokale Fertigung vor Ort macht für das Unternehmen ohnehin nur im oberen Preissegment Sinn, also bei Schuhen, die für 100 Pfund, rund 120 Euro, und mehr verkauft werden. [...] Trotz der wachsenden Nachfrage nach New Balance glaubt Andy Okolowicz nicht, dass sich an der Produktion in Flimby viel ändern wird. Während Massenhersteller wie Nike oder Adidas gezwungen sind, auf steigende Löhne in Ländern wie China zu reagieren, bleibt sein Unternehmen, wo es ist. [...]

„Diese Probleme haben wir nicht", kann Okolowicz sagen. Er glaubt deshalb, dass noch mehr britische Hersteller ihre Produktion zurück ins Heimatland verlegen werden. „Wir werden eine kontinuierliche Rückkehr sehen, zumindest in einigen Landesteilen", erwartet er. [...] Andy Okolowicz macht sich dennoch keine Illusionen. Er weiß, dass die britische Textilwirtschaft nie wieder so viele Mitarbeiter beschäftigen wird wie noch in den 1980ern [...], dafür sei der Kostendruck zu groß. [...]

M11 Forschung und Entwicklung in der Region – Schlüsselindustrien der Gegenwart

Luft- und Raumfahrtindustrie

Im Bereich der Luft- und Raumfahrt ist England anderen Ländern um Lichtjahre voraus. [...] BAE Systems startet seine Einsätze in Leicester, und in Leeds werden Luftfahrtmaschinen von der Rhodes Engineering Group hergestellt.

Mit mehr als 3000 in Großbritannien ansässigen internationalen Unternehmen sind wir im Bereich der Luftfahrttechnik ein wahrer Überflieger. [...] Auf dem Gebiet der Konstruktion, Reparatur und Moteninstandhaltung von Luftfahrtzeugen sind wir Experten. Das britische Unternehmen Rolls-Royce ist der weltweit zweitgrößte Motorenkonstrukteur und beherrscht 17 % des internationalen Markts der Wartung, Reparatur und Instandhaltung. Ebenso wie mit großen Konzernen kann Großbritannien sich mit dem größten Anteil innovativer kleiner und mittelständischer Unternehmen rühmen.

Die Universitäten von Cambridge, Bath, Bristol und Sheffield liegen im internationalen Vergleich in den Bereichen Flugzeugindustrie und Maschinenbau weit vorn. [...]

Von Software-Design bis hin zu Satelliten, der Raumfahrtsektor Großbritanniens wächst jährlich um etwa 10 %. Raumfahrtforschungszentren schließen [...] das zukunftsweisende Institut für Raumfahrttechnologie an der Universität von Nottingham ein. An den Universitäten von Manchester, Birmingham und Coventry forschen Genies auch in den Bereichen Physik und Astronomie.

Elektronik, IT und Kommunikation

Englands Elektronik-, Informations- und Kommunikationstechnologiesektor umfasst Halbleiterdesign, hochwertige Unterhaltungselektronik, Sensorenherstellung und Leistungselektronik. Etwa 95 Universitäten in Großbritannien, darunter Cambridge, Oxford und Manchester, bieten elektrotechnische Studiengänge an. [...] Im Bereich der Elektrotechnik befindet Großbritannien sich mit 300 000 Angestellten in 12 000 Unternehmen im Spitzenniveau. [...] Auch im Bereich der Entwicklung technischer Produkte und technischer Qualität stehen wir an erster Stelle und blicken hierbei auf 40 % Marktanteil des europäischen Design-Markts. Technische Zentren sind unter anderem [...] Birmingham mit seinen Start-up-Unternehmen und Spieletechnologiekonzernen. [...] Großbritannien ist nicht nur für die Förderung kleiner und mittelständischer Unternehmen sowie universitärer Forschung, sondern auch für die Zusammenarbeit mit internationalen Konzernen im Bereich der Leistungselektronik bekannt. [...]

Kreativ- und Medienbranche

Etwa 2,3 Millionen Angestellte in kreativen Branchen wie Werbung, Architektur, Mode, Fernsehen, Film, Design, Spielen und mobilen Diensten erfüllen England mit künstlerischem Flair. In der Salford MediaCity in Manchester sind viele Fernseheinrichtungen beheimatet und Bradford ist UNESCO-Stadt des Films.

[...] Die florierende Spieleindustrie in Großbritannien beschäftigt 28 000 Menschen in Zentren wie Newcastle, Liverpool, Manchester, Guildford, Cambridge, Oxford, London und Brighton.

westermann

Quellen

M2: Holdinghausen, H.: Steinkohle: Vom Anbeginn der Industrie. In: Heinrich-Böll-Stiftung e. V. (Hrsg.): Kohleatlas. Berlin 2015 (https://www.boell.de/de/2015/05/20/steinkohle-vom-anbeginn-der-industrie)

M3: Holdinghausen, H.: Steinkohle: Vom Anbeginn der Industrie. In: Heinrich-Böll-Stiftung e. V. (Hrsg.): Kohleatlas. Berlin 2015 (https://www.boell.de/de/2015/05/20/steinkohle-vom-anbeginn-der-industrie)

M4: eigene Zusammenstellung nach: BP Statistical Review of World Energy, June 2015 (https://www.bp.com/content/dam/bp/pdf/energy-economics/statistical-review-2015/bp-statistical-review-of-world-energy-2015-full-report.pdf); Department of Energy & Climate Change (2013, Update: 30.07.2015): Crude oil and petroleum: production, imports and exports 1890 to 2014 (https://www.gov.uk/government/statistical-data-sets/crude-oil-and-petroleum-production-imports-and-exports-1890-to-2011); Department of Energy & Climate Change: Historical gas data: gas production and consumption and fuel input 1920 to 2014 (https://www.gov.uk/government/statistical-data-sets/historical-gas-data-gas-production-and-consumption-and-fuel-input-1882-to-2011); Oeldorado 2009. ExxonMobil Central Europe Holding GmbH, Pressestelle (Hamburg) (http://www.exxonmobil.com/Germany-German/PA/Files/oeldorado09.pdf)

M5a: Cooke, P.: Lost worlds – Altindustriegebiete und ihre Zukunft: Das Beispiel Südwales. In: Zehner, K./Wood, G. (Hrsg.): Großbritannien. Geographien eines europäischen Nachbarn. Heidelberg 2010, S. 129; für 2014 ergänzt durch https://www.ons.gov.uk/employmentandlabourmarket/peopleinwork/earningsandworkinghours/datasets/regionbyindustry2digitsicashetable5

M6a: http://www.ons.gov.uk/employmentandlabourmarket/peopleinwork/employmentandemployeetypes/bulletins/regionallabourmarket/march2016

M6b: https://www.ons.gov.uk/chartimage?uri=/employmentandlabourmarket/peopleinwork/employmentandemployeetypes/bulletins/regionallabourmarket/december2015/02aee30f

M7:http://www.faz.net/aktuell/wirtschaft/wandel-zur-dienstleistungswirtschaft-britische-industrie-faehrt-im-rueckwaertsgang-11933625/nur-in-deutschland-blieb-die-11933353.html

M8: Arbeitslosenquote: Office of National Statistics: Statistical bulletin: Regional Labour Market: December 2015 (https://www.ons.gov.uk/employmentandlabourmarket/peopleinwork/employmentandemployeetypes/bulletins/regionallabourmarket/december2015); Bruttowertschöpfung/Kopf, Anteil Gesamtbruttowertschöpfung: Harari, D.: Regional and local economic growth statistics. House of Commons Library. Briefing paper Number 05795, 2015

M9: Preuss, S.: Britische Textilindustrie will bis 2020 20000 neue Jobs schaffen. 11.02.2015 (https://fashionunited.de/nachrichten/mode/britische-textilindustrie-will-bis-2020-20-000-neue-jobs-schaffen/2015021117468)

M10: Tauber, A./Trentmann, N.: Das Erfolgsgeheimnis der patriotischen Schuhe. In: Die Welt vom 28.05.2014 (http://www.welt.de/wirtschaft/article128478765/Das-Erfolgsgeheimnis-der-patriotischen-Schuhe.html)

M11: Luft- und Raumfahrtindustrie: https://www.visitengland.com/de/conventions/warum-england/schlusselindustrien/luft-und-raumfahrttechnik; Elektronik, IT und Kommunikation: https://www.visitengland.com/de/conventions/warum-england/schlusselindustrien/elektronik-it-und-kommunikation; Kreativ- und Medienbranche: https://www.visitengland.com/de/conventions/warum-england/schlusselindustrien/kreativ-und-medienbranche (jeweils verändert)

Zusatzmaterial

M12 Anteile der Regionen am Gesamtumsatz des produzierenden Gewerbes (2012)

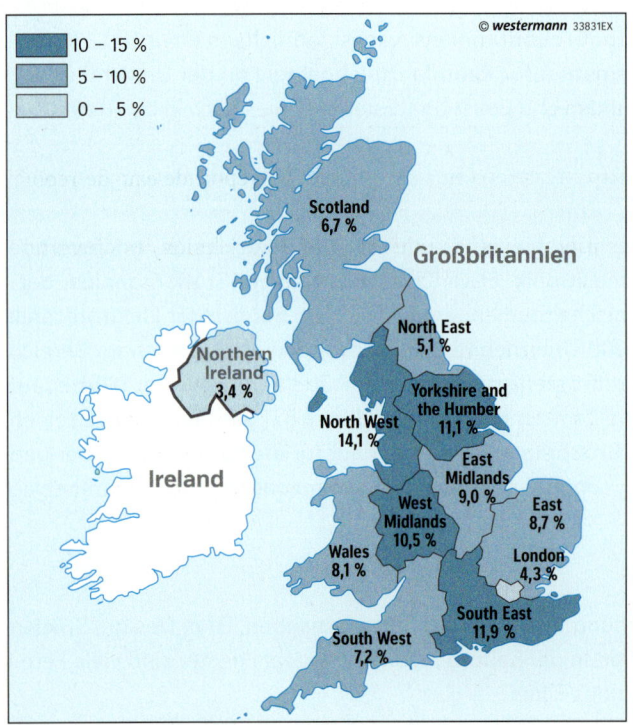

Quelle: http://www.ons.gov.uk/ons/rel/uncategorised/summary/changing-shape-of-uk-manufacturing/sty-facts-about-manufacturing-in-the-uk.html

westermann

Intensive Bewässerungslandwirtschaft in Südostspanien – Fallbeispiel: Huerta von Murcia

Karten im Diercke Weltatlas

 132/133.1 Iberische Halbinsel – Physische Karte

 133.2 Huerta von Murcia – Bewässerungslandwirtschaft

Unterrichtliche Voraussetzungen

Inhaltlich

Die Schüler benötigen Kenntnisse der typischen Eigenschaften des Klimas der mediterranen Subtropen und der damit verbundenen sommerlichen Aridität. Traditionelle und innovative Bewässerungstechniken (Brunnen-, Furchen-, Tröpfchenbewässerung) sollten bereits Gegenstand des Unterrichts gewesen sein. Die Schüler kennen die Grundproblematik der Auswirkungen und Folgen künstlicher Bewässerung wie z. B. Versalzung des Bodens und Senkung des Grundwasserspiegels.

Fachbegriffe

allgemein:
- Huerta (wird in der Klausureinleitung erklärt)
- Intensivlandwirtschaft
- Aridität
- Brunnen-/Furchen-/Tröpfchenbewässerung

in den Materialien:
- Bodenversalzung (M1)
- Entwässerungskanal (M1)
- subtropisches/gemäßigtes Klima (M5)
- Hektokubikmeter (hm^3) (M6, M13) (wird in M6 erklärt)
- Wasserscheide (M6, M10)
- Aquädukt (M10)
- Pestizide (M11)

Literatur

Bernecker, W. L.: Spanien heute. Frankfurt/Main 2008.

Breuer, T.: Iberische Halbinsel. Darmstadt 2008.

Bundesministerium für Ernährung, Landwirtschaft und Verbraucherschutz: Länderbericht Spanien. Stand: April 2013. (http://www.bmel.de/SharedDocs/Downloads/Veranstaltungen/04-06-AUWITAG-LaenderberichtSpanien.pdf?__blob=publicationFile)

Eurostat Jahrbuch 2010. Europa in Zahlen. (http://ec.europa.eu/eurostat/statistics-explained/index.php/Europe_in_figures_-_Eurostat_yearbook/de)

Lindner, K.: Internationale Arbeitsmigration in die südspanische Intensivlandwirtschaft. In: Geographische Rundschau, H. 6/2008, S. 34–39.

Maier, S./Lohnert, B.: Wohnraumprobleme von Arbeitsmigranten im südspanischen Murcia. In: Geographische Rundschau, H. 1/2009, S. 50–55.

Internet

http://ec.europa.eu/agriculture/envir/report/de/eau_de/report.htm

Der Artikel behandelt Probleme hinsichtlich des Wassermanagements und der Umweltbelastung in der Landwirtschaft Europas.

http://knoema.de/atlas/Spanien/

Regelmäßig aktualisierte, umfangreiche und jedermann zugängliche Datenbank zu mehr als 2500 Indikatoren zu unterschiedlichen Themenbereichen Spaniens und der Welt mit Datenatlas, Tabellen und Grafiken. Die Datenbank ist vergleichbar mit dem World Factbook des CIA.

Erweiterungsmöglichkeiten (geplante Bearbeitungszeit: 90 min)

	Erweiterungsmöglichkeiten
Aufgabe 3	Sollen neben den ökologischen auch die sozialen Probleme untersucht werden, so können die Zusatzmaterialien M12, M13 und M14 ergänzt und die Aufgabe entsprechend erweitert werden. → 3. Erörtern Sie die ökologische und soziale Problematik des intensiven Bewässerungsfeldbaus in Südostspanien unter besonderer Berücksichtigung der Huerta von Murcia und stellen Sie Lösungsstrategien dar. Mithilfe des Zusatzmaterials M15 (Atlaskarte 133.3 El Ejido [Almería] – Treibhausanbau) könnte die Grundwasserabsenkung und das Eindringen von Meereswasser ergänzend zu M11 verdeutlicht werden.

Erwartungshorizont mit Punkteverteilung

Bitte beachten Sie: Die Punkteverteilung stellt nur einen Vorschlag dar, der je nach Bundesland und Kurssituation angepasst werden muss. Die Punkte beziehen sich zudem nur auf inhaltliche Aspekte, nicht auf die Darstellungsleistung der Schüler.

Aufgabe 1 Anforderungsbereich: I/II Materialien: M1, M3, M4, M5, Atlaskarte 132/133.1	maximale Punktzahl	erreichte Punktzahl
Lokalisierung (M1, Atlaskarte 132/133.1) – in einer Ebene im Südosten der Iberischen Halbinsel im Küstenbereich des westlichen Mittelmeers – im Talboden des Segura – eingerahmt von den Kämmen der Betischen Kordillere im Westen und Nordwesten und der Sierra de la Cresta del Gallo im Süden	6	
Naturräumliche Voraussetzungen: Temperaturen – Januartemperaturen von 10 °C (M3) – Sommertemperaturen (Juli/August) von 24 °C (M3) – Schutz vor Starkwinden und Kälteeinbrüchen sowohl nach Nordwesten als auch nach Südosten durch Kordillere und Sierra (Atlaskarte 132/133.1) – Günstige Rahmenbedingungen ermöglichen zwei bis drei Ernten pro Jahr auf der gleichen Parzelle. (M1) – Gleichzeitig profitiert die Landwirtschaft im Südosten Spaniens, und damit auch in Murcia, von einem zeitlichen Erntevorsprung von bis zu zwei Monaten im Vergleich zu konkurrierenden Gartenbaugebieten und von mehr als zwei Monaten im Vergleich zu West- und Mitteleuropa.	8	
Naturräumliche Voraussetzungen: Sonnenscheindauer – ganzjährig etwa 3000 Sonnenstunden, davon 188 im Januar → Damit ist die Mittelmeerküste Südost-Spaniens anderen Küstenorten in Südeuropa gegenüber klar im Vorteil. (M4)	3	
Naturräumliche Voraussetzungen: Niederschlag (M3) – Niederschlagsmaximum im Herbst und sekundäres Niederschlagsmaximum im Frühjahr; aride Monate Mitte Mai bis Anfang Oktober, stellenweise auch im Februar/März, wenn wegen der hohen Niederschlagsvariabilität die Frühjahrsniederschläge ausbleiben – durchschnittliche Jahresniederschläge in Murcia etwa 300 mm – Niederschläge werden durch die hohe sommerliche Verdunstung aufgezehrt	6	
Naturräumliche Voraussetzungen: Fazit Der Jahresgang der Temperatur und die hohe Sonneneinstrahlung ermöglichen eine ganzjährige landwirtschaftliche Nutzung mit mehreren Ernten pro Jahr. Problematisch sind hingegen die geringen Niederschläge mit sommerlicher Aridität. Gemüse- und Obstbaumkulturen benötigen in subtropischen Klimabereichen im Jahresdurchschnitt jedoch etwa 5000 m³ Wasser pro Hektar. (M5) Somit muss künstlich bewässert werden.	5	
Infrastrukturelle Voraussetzungen – Anschluss an internationalen Flugverkehr (Flughafen Alicante) (Atlaskarte 132/133.1) – Autobahnanschluss nach Almería im Südwesten, Cartagena im Süden, Valencia im Norden und Bahnanschluss erleichtern den Abtransport der Anbaufrüchte (M1)	2	
	30	

Aufgabe 2 Anforderungsbereich: I/II Materialien: M1, M2, M3, M6, M7, M10, Atlaskarte 132/133.1	**maximale Punktzahl**	**erreichte Punktzahl**
Entwicklung der Bewässerungsflächen seit den 1950er-Jahren Früher wurde in der Huerta von Murcia die traditionelle Fluss- und Kanalbewässerung angewendet. Die Talebene des Segura war mit zahlreichen Bewässerungskanälen durchzogen. (M2). Später kam es zu einer Ausweitung des Bewässerungsgebietes mit Brunnenbewässerung in den Randbereichen (Anbau überwiegend von Pfirsichen und Aprikosen im Westen, von Zitrusfrüchten im Norden und Süden). Seit etwa 1980 kam es zu einer Ausweitung im Westen (v. a. Gemüseanbau und Oliven) und in den erhöhten Randbereichen (v. a. Zitrusfrüchte und Oliven) auf der Basis der Wasserversorgung durch den Wasserferntransport und Druckleitungen. Offene Bewässerungskanäle gibt es heute wesentlich weniger als früher. Dafür hat man Entwässerungskanäle gebaut. (M1)	15	
Das Tajo-Segura-Bewässerungsprojekt Wegen der prekären Wasserversorgung im ariden Sommerhalbjahr (M3) und der negativen Wasserbilanz im Einzugsgebiet des Segura (M6) konnte die letzte Ausweitung des Bewässerungslandes nur durch ein zusätzliches Wasserangebot realisiert werden. Dieses wurde Ende der 1970er-Jahre durch die Fertigstellung des Tajo-Segura-Kanals ermöglicht. (M10) Dazu wurde der weiter nördlich gelegene Tajo mit seiner positiven Wasserbilanz (M6) in seinem Oberlauf angezapft. Das Wasser wird über einen Kanal und in Rohren in den Südosten geleitet. (M10, Atlaskarte 132/133.1)	5	
Entwicklung der Besiedlung und des Verkehrsnetzes Der Hauptort Murcia und sein Umland weisen eine deutliche Zunahme der Siedlungsflächen auf. (M1, M2) Die Spezialisierung und die Ausweitung des Bewässerungslandes haben offensichtlich zu einer spürbaren Zuwanderung und – in Verbindung damit – einem starken Anstieg der Bevölkerungszahl geführt. (M7) Auch das Verkehrsnetz wurde deutlich ausgebaut, v. a. um die landwirtschaftlichen Produkte abzutransportieren. (M1, M2) Besonders im Südosten und Nordwesten des bewässerten Landes werden Flächen nach Aufgabe des Trockenfeldbaus nicht mehr bewirtschaftet. Sie sind verbuscht bzw. zu Ödland geworden. In einigen Bereichen befinden sich Kiefernwälder. Die Angabe der Legende (lichter, z. T. niederer Kiefernwald) lässt darauf schließen, dass hier vor nicht allzu langer Zeit aufgeforstet wurde. Südlich der Stadt, in der Nähe vom Güterbahnhof und der Autobahn wurden seit 1985 Industrie- und Gewerbegebiete ausgewiesen, ebenso im Norden der Stadt. (M1, M2)	10	
	30	

Aufgabe 3 Anforderungsbereich: II/III Materialien: M1, M6, M8, M9, M10, M11, Atlaskarte 132/133.1	**maximale Punktzahl**	**erreichte Punktzahl**
Probleme des intensiven Bewässerungsfeldbaus Besonders die traditionelle künstliche Bewässerung birgt Gefahr der Bodenversalzung. (M11) Diese ist in den östlich der Stadt Murcia gelegenen Bereichen der Huerta weit fortgeschritten. Aber auch im Westen verbreitet sich die Bodenversalzung in einem Gebiet, das in jüngerer Zeit (seit 1980) über Druckleitungen mit Wasser versorgt wird – trotz Maßnahmen zur Wasseraufbereitung. (M1) Daneben führt die Brunnenbewässerung zu einem Absinken des Grundwasserspiegels, wenn das Grundwasser wie hier nicht über die Niederschläge regeneriert wird. Durch eine übermäßige Bewässerung werden im Boden enthaltene Nitrate (zur Düngung) und Pestizide (zur Bekämpfung von Krankheiten und Schädlingen) ausgeschwemmt und belasten das Grundwasser. (M11) Der wirtschaftliche Erfolg und die damit zusammenhängende Expansion von Bewässerungsflächen im Südosten Spaniens brachten einen Anstieg der Bevölkerungszahl und – damit einhergehend – die Ausweitung des Siedlungslands und damit einen steigenden Trinkwasserbedarf mit sich. Dieser und der erhöhte Wasserbedarf für die Bewässerungsflächen wurden zunächst durch erhöhte Grundwasserentnahme gedeckt. Durch die damit verbundene Senkung des Grundwasserspiegels im unmittelbaren Küstenbereich dringt von Osten her bei El Ejido unterirdisch Meerwasser in den Grundwasserbereich ein. Dies führt zu einer Versalzung des Küstenstreifens südlich von Roquetas de Mar, der dadurch für eine agrarische Nutzung unbrauchbar wurde. Durch die Bodenversalzung drohen Teile des Bewässerungslands im Küstenbereich für eine agrarische Nutzung unbrauchbar zu werden. Der Bau des Tajo-Seguro-Kanals stellte einen großen Eingriff in die Naturlandschaft dar. (M10, Atlaskarte 132/133.1) Aber auch er kann den Wassermangel nicht beheben. Die Wasserbilanz der Flusseinzugsgebiete weist in allen Regionen Südostspaniens ein erhebliches Defizit auf. Das Wasserdefizit im Einzugsgebiet des Segura übersteigt mit 1702 hm³ bei weitem sowohl die geplante als auch die tatsächliche Transferleistung der Tajo-Segura-Überleitung. (M6, M10)	25	

Aufgabe 3 Anforderungsbereich: II/III Materialien: M1, M6, M8, M9, M10, M11, Atlaskarte 132/133.1	maximale Punktzahl	erreichte Punktzahl
Lösungsmöglichkeiten Der Bewässerungsfeldbau, der vor allem im Südosten Spaniens betrieben wird, ist für die spanische Landwirtschaft von großer Bedeutung. Er erwirtschaftet die Hälfte des gesamten spanischen Agrareinkommens und bietet 293 000 Menschen Beschäftigung. Insofern kann er nicht einfach zurückgefahren werden. (M8) Aber es wäre möglich, eine weitere Ausdehnung der Bewässerungsfläche gesetzlich zu verbieten. Diese hat sich nämlich seit 1960 kontinuierlich von ca. 2 Mio. ha auf fast 4 Mio. ha verdoppelt. (M9) Zudem sollte im Bewässerungsfeldbau Wassersparen oberste Priorität haben. Dies ist z. B. möglich durch die Tröpfchenbewässerung, mithilfe derer Versickerungs- und Verdunstungsverluste vermindert, der Wasserverbrauch optimiert und die Bodenversalzung minimiert wird. Allerdings erfordert die Tröpfchenbewässerung einen hohen Kapitalaufwand für Motorpumpen, Speichertanks, Filter und Schläuche. Dies gilt auch für in den modernen, vollautomatisch von einem Rechner gesteuerten Betrieben zum Einsatz kommende Bodenfeuchtigkeitsfühler und elektronische Steuerungsgeräte. Durch die Anlage von Entwässerungskanälen, wie in Murcia verbreitet, kann überschüssiges Wasser abgeführt werden, sodass es nicht ins Grundwasser gelangt. (M1)	15	
	40	

Name: ....   Datum: ....

Kurs/Klasse: ....   Zeit: ....

Intensive Bewässerungslandwirtschaft in Südostspanien –

Fallbeispiel: Huerta von Murcia

Huertas sind gartenbaulich intensiv genutzte, vorzugsweise in Flussauen gelegene Flächen. Die im Tal des Rio Segura liegende Huerta von Murcia gilt als klassisches Beispiel für intensiven bewässerten Gartenbau.

Aufgabe 1
Lokalisieren Sie die Region Murcia und analysieren Sie die naturräumlichen und infrastrukturellen Voraussetzungen der Region für eine landwirtschaftliche Nutzung.

Aufgabe 2
Erläutern Sie die Entwicklung der Huerta von Murcia seit den 1950er-Jahren.

Aufgabe 3
Erörtern Sie die ökologische Problematik des intensiven Bewässerungsfeldbaus in Südostspanien unter besonderer Berücksichtigung der Huerta von Murcia und stellen Sie Lösungsstrategien dar.

M1 **Diercke Weltatlas**

133.2 Huerta von Murcia – Bewässerungslandwirtschaft

weitere Atlaskarten nach Wahl

M2 **Huerta von Murcia 1956**

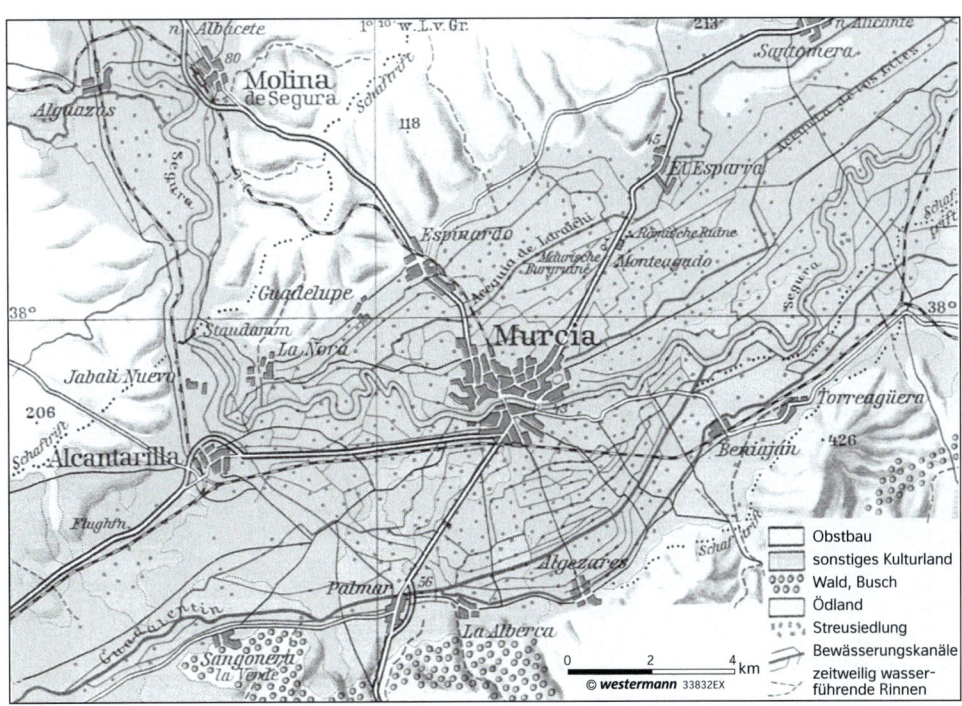

Legende:
- Obstbau
- sonstiges Kulturland
- Wald, Busch
- Ödland
- Streusiedlung
- Bewässerungskanäle
- zeitweilig wasserführende Rinnen

0   2   4 km
© *westermann* 33832EX

westermann

M3 **Klimadiagramm Murcia/Spanien**

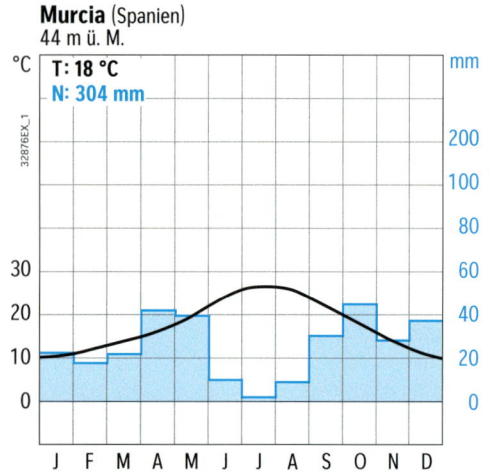

Murcia (Spanien)
44 m ü. M.

T: 18 °C
N: 304 mm

M4 **Durchschnittliche Sonneneinstrahlung in Stunden**

Station	Januar	November – April	Jahr
Almería (Spanien)	189	1 220	3 052
Murcia (Spanien)	188	1 016	2 963
Athen (Griechenland)	149	947	2 655
Palermo (Italien)	139	976	2 692
Marseille (Frankreich)	134	1 024	2 764
zum Vergleich: De Bilt (Niederlande)	56	507	1 527

M5 **Wasserbedarf von Kulturpflanzen (in m³/ha/Jahr)**

	subtropisches Klima	gemäßigtes Klima
Getreide	2 000–3 000	1 000–1 500
Gemüsepflanzen	5 000	2 500
Luzerne	8 000–9 000	4 000–4 500
Obstbäume	5 500	2 800
Wein	1 500–2 000	k. A.
Rasen	10 000	6 000

M6 **Regionale Wasserbilanz der spanischen Flusseinzugsgebiete (in hm³/Jahr*)**

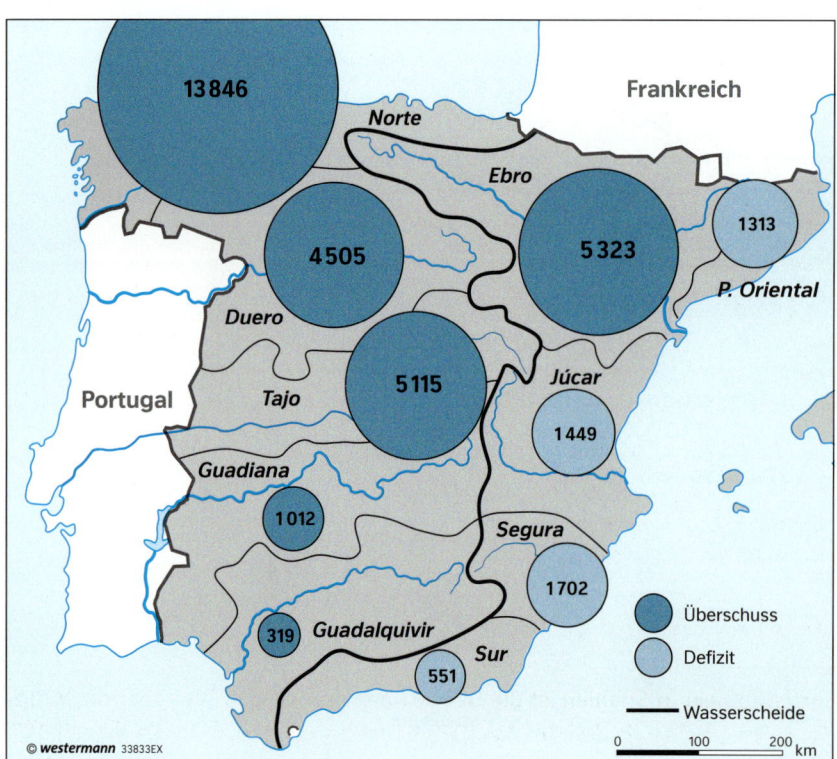

* Ein Kubikhektometer (hm³) entspricht einem Würfel von 100 m Kantenlänge und einem Wasserinhalt von 1 Mio. m³ oder 1 Mrd. Liter.

westermann

M7 **Bevölkerungsentwicklung von Murcia 1996–2015**

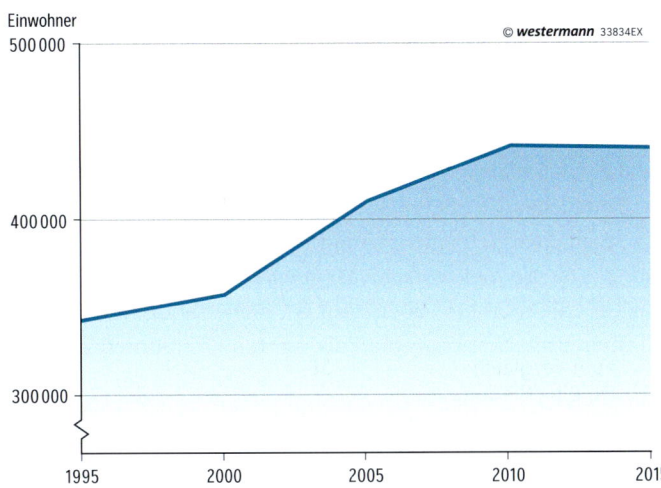

M8 **Bedeutung des Bewässerungsfeldbaus für Spaniens Landwirtschaft**

Eine wichtige Grundlage für die Wettbewerbsfähigkeit der spanischen Landwirtschaft stellt die künstliche Bewässerung dar. Bewässerte Flächen erwirtschaften mit weniger als 15 % landwirtschaftlich genutzter Fläche die Hälfte des gesamten Agrareinkommens. Zudem bieten sie 293 000 Menschen Beschäftigung, was 38 % der Arbeitsplätze in der Landwirtschaft bzw. 1,5 % der Arbeitsplätze insgesamt entspricht. Vor allem in den südöstlichen Landesteilen ist man auf die künstliche Bewässerung der riesigen (vom Weltraum aus erkennbaren) Gewächshausflächen für Gemüse angewiesen.

M9 **Entwicklung der Bewässerungsflächen Spaniens 1960–2013**

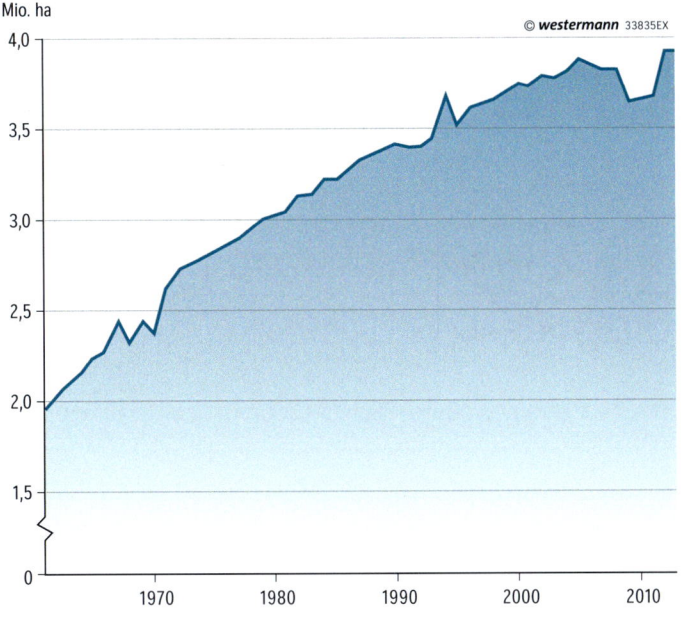

M10 **Der Tajo-Segura-Kanal**

Das bisher größte und bekannteste Wasserbauprojekt in Spanien ist die Überleitung vom oberen Tajo über die Hauptwasserscheide zum Segura mithilfe des Tajo-Segura-Kanals. [...] Im Mai 1969 begonnen, passiert der Kanal seit 1978 auf einer Gesamtlänge von 286 km zahlreiche Aquädukte und Tunnel. [...] Zur Überwindung der Wasserscheide müssen aufwendige Pumpensysteme das Tajo-Wasser von 642 m auf 898 m heben. Der Tajo-Segura-Kanal ist für ein maximales

westermann

Fassungsvermögen von 33 m³ pro Sekunde ausgelegt. Dem entspricht eine maximale Transferkapazität von 1000 hm³ pro Jahr. Dieser Maximalwert sollte allerdings erst in einer zweiten Ausbauphase erreicht werden. 1961 wurde zunächst die Überleitung von 600 hm³ pro Jahr genehmigt. Bei einem kalkulierten Wasserverlust von 15 % (90 hm³) verbleiben rechnerisch 510 hm³ pro Jahr zur Verteilung; der Löwenanteil davon war mit 400 hm³ pro Jahr für die Bewässerung landwirtschaftlicher Kulturen vorgesehen. [Die restlichen 110 hm³ waren für städtische Haushalte vorgesehen.]

Tatsächlich wurde diese Transfermenge bisher nie erreicht. Die größte bisher transferierte Wassermenge belief sich im hydrologischen Jahr 1986/87 auf 377 hm³, im Dürrejahr 1994/95 waren es lediglich 135 hm³. Trotz des erheblich reduzierten Volumens an transferiertem Wasser musste der Anteil des für die Versorgung der städtischen Haushalte vorgesehenen Wassers um 10 % auf 120 hm³ erhöht werden, weil die rasch wachsenden touristischen Zentren an der Küste zwischen Alicante und der Region La Manga del Mar Menor ständig mehr Frischwasser verbrauchten. [...] Aufgrund der mangelhaften Auslastung des Kanals, der für eine Kapazität von 1000 hm³ ausgelegt ist, bisher aber im Mittel nur 250 hm³ pro Jahr in den trockenen Südosten der Halbinsel überleitet, erreichen die kalkulierten Einnahmen aus den Gebühren für übergeleitetes Tajo-Wasser bei weitem keine Kostendeckung. Trotz kontinuierlicher Anhebung der Gebühren für übergeleitetes Tajo-Wasser – wobei die Tarife für die Landwirtschaft nochmals subventioniert werden – bleibt die Überleitung von Tajo-Wasser auch ökonomisch ein verlustreiches Unternehmen.

M11 Ökologische Auswirkungen der Bewässerungslandwirtschaft

Die Intensivierung der Landwirtschaft hat zu einer beträchtlichen Erhöhung der Wasserentnahmen geführt, was die Entstehung immer größerer Umweltprobleme mit sich bringt. Erwähnt seien

- die direkten Auswirkungen von Wasserentnahmen, die sich am Absinken des Grundwasserspiegels oder der verringerten Wasserführung von Flüssen ablesen lassen
- die schwerer messbaren indirekten Auswirkungen wie die Trockenlegung von Feuchtgebieten (ebenfalls verursacht durch die Schaffung von Entwässerungssystemen), das Auftreten von Sauerstoffmangel in Flüssen, der zum Aussterben bestimmter Pflanzen- und Tierarten führen kann, oder die zunehmende Versalzung des Grundwassers in küstennahen Gebieten
- die Umweltprobleme im Zusammenhang mit dem Bau von Staudämmen und der Umleitung von Flussläufen zu Bewässerungszwecken
- die Auswirkungen im Zusammenhang mit der Verwendung des Wassers auf den landwirtschaftlichen Flächen, die zu einer stärkeren Auswaschung von Nitraten und Pestiziden und damit zu einer Belastung des Grundwassers und der Flüsse führt.

Quellen

M2: Diercke Weltatlas, Ausgabe 1972, 69/II
M4a: http://www.wetteronline.de/?pid=p_rueckblick_climatediagram&src=rueckblick/vermarktung/wom/de/p_rueckblick_climatediagram/sonnenscheindauer/klimadiagramm-08430-murcia-sonnenscheindauer.gif
M4b: Breuer, T.: Iberische Halbinsel. Darmstadt 2008, S. 167
M5: net.grundfos.com/Appl/ccmsservices/public/literature/filedata/Grundfosliterature-4912195.pdf
M6: Bernecker, W. L.: Spanien heute. Frankfurt/Main 2008, S. 15
M7: http://www.ine.es/jaxiT3/Datos.htm?t=2911
M8: Bundesministerium für Ernährung, Landwirtschaft und Verbraucherschutz: Länderbericht Spanien. Stand: April 2013, S. 1 (http://www.bmel.de/SharedDocs/Downloads/Veranstaltungen/04-06-AUWITAG-LaenderberichtSpanien.pdf?__blob=publicationFile)
M9: http://knoema.de/atlas/Spanien/topics/Landnutzung/Fläche/Gesamte-Bewässerungsflächen
M10: Breuer, T.: Iberische Halbinsel. Darmstadt 2008, S. 68–70 (gekürzt und verändert)
M11: Strosser, P./Pau Vall, M./Plötscher, E.: Wasser und Landwirtschaft: Beitrag zur Analyse einer wichtigen, aber schwierigen Wechselbeziehung (http://ec.europa.eu/agriculture/envir/report/de/eau_de/report.htm

Zusatzmaterialien

M12　Ausländerzahlen in Spanien und in der Region Murcia (2007)

	Spanien		Region Murcia	
	absolut	%	absolut	%
Bevölkerung insgesamt	45 200 737	100	1 392 117	100
Ausländer	4 519 554	10	201 700	14,5
davon Ausländer Nicht-EU (27)	2 811 037	62,2	156 542	77,6

Quelle: Maier, S./Lohnert, B.: Wohnraumprobleme von Arbeitsmigranten im südspanischen Murcia. In: Geographische Rundschau, H. 1/2009, S. 51

M13　Bio heißt nicht sozial – Arbeiterinnen in der südspanischen Gemüseindustrie

Seit langem prangert die LandarbeiterInnengewerkschaft SOC die prekären Arbeitsbedingungen in der industriellen Gemüseproduktion an – 36 000 Hektar Treibhäuser, aus denen in den Wintermonaten Europa mit Tomaten, Peperoni, Gurken, Zucchini, Auberginen und Melonen beliefert wird. Dank Bio atmen die ArbeiterInnen in den Gewächshäusern heute weniger Pestizide ein, doch die Arbeitsbedingungen sind deswegen nicht besser geworden. Auch nicht jene der Arbeiterinnen in den Abpackbetrieben, zu 90 Prozent Frauen: Wenn die Nachfrage groß ist, müssen sie bis zu sechzehn Stunden am Tag arbeiten, der vereinbarte Mindestlohn von 6,15 Euro pro Stunde wird permanent unterschritten, Überstunden werden nicht bezahlt, für einen Toilettengang werden maximal fünf Minuten zugestanden, dauert er länger, wird eine halbe Stunde abgezogen. Der größte Teil der rund 10 000 Arbeiterinnen in den Verpackungsbetrieben kommt aus Nordafrika, weitere aus Osteuropa oder Lateinamerika. Als Migrantinnen sind sie zusätzlichem Druck ausgesetzt: Verlieren sie ihren Arbeitsplatz, droht ihnen zusätzlich der Verlust der Aufenthaltserlaubnis, was ihre Abschiebung ins Herkunftsland bedeuten kann.

Quelle: o. V.: Solifonds. Informationsbulletin Nr. 74, September 2011 (http://www.solifonds.ch/de/informationsbulletin-nr-74)

M14　Arbeitsmigranten in Südostspaniens Intensivlandwirtschaft

Migranten sind heute in der südspanischen Agrarwirtschaft unverzichtbar und gleichzeitig eine wichtige Basis des wirtschaftlichen Erfolgs. Während in den 1990er-Jahren noch Marokkaner das größte Kontingent an ausländischen Arbeitskräften darstellten, sind sie spätestens seit dem Jahr 2000 zunehmend einem Konkurrenzdruck durch osteuropäische Arbeitsmigranten ausgesetzt.

Mohammed (27), Marokkaner, kam 2002 illegal mit einem Boot nach Spanien. Er ist mit einer Marokkanerin verheiratet, die in Marokko lebt. Sie haben keine Kinder. In Marokko arbeitete er in einer Werkstatt. Seit 2005 besitzt Mohammed in Spanien eine Aufenthalts- und Arbeitsgenehmigung. 2002 ging er zunächst nach Valencia, Murcia und dann nach El Ejido und Roquetas de Mar (im Westen Almerías), aber er fand nirgends Arbeit. Nach einem halben Jahr Reise durch Spanien kam er nach Níjar (östlich von Almería): „Am ersten Tag hier in San Isidro [Ortsteil von Níjar] fand ich Arbeit für sechs Monate. [...] Der Chef sagte zu mir, wenn ich gut arbeiten würde, würde ich 100 Kisten Tomaten schaffen, ansonsten könnte ich nicht mit ihm arbeiten. Dies musste ich aber innerhalb von vier Stunden schaffen, denn er wollte, dass ich nur in den Abendstunden arbeite. [...] Nach diesem halben Jahr übernahm einer der Söhne des Chefs die Finca, da der Chef in Rente ging. Ich bin noch immer in dieser Finca. Bis letztes Jahr arbeiteten dort nur Marokkaner, aber dieses Jahr holte der Chef sieben rumänische Frauen. Er denkt, die würden besser arbeiten, v. a. bei Cherry-Tomaten. Aber meiner Meinung nach ist die Arbeit im Gewächshaus nichts für Frauen. Deren Vertrag ist jetzt zu Ende und sie sind zurückgegangen nach Rumänien. Nächstes Jahr will der Chef wieder Rumäninnen holen. [...] Zurzeit bezahlt mir der Chef 32 Euro am Tag für acht Stunden."

Quelle: Lindner, K.: Internationale Arbeitsmigration in die südspanische Intensivlandwirtschaft. In: Geographische Rundschau, H. 6/2008, S. 38

M15　Diercke Weltatlas

133.3 El Ejido (Almería) – Treibhausanbau

westermann

Murmansk – Wirtschaftszentrum mit Zukunft?

Karten im Diercke Weltatlas

106/107.2 Skandinavien, Baltikum – Physische Karte

108/109.2 Skandinavien, Baltikum – Wirtschaft

144.1 Osteuropa – Wirtschaft

238.1 Nordpolargebiet (Arktis) – Naturraum

Unterrichtliche Voraussetzungen

Inhaltlich

Zur Bearbeitung der Klausur benötigen die Schüler Grundwissen zu den Lebensbedingungen am Rande des Polarkreises (Tundra, borealer Nadelwald) sowie der Bedeutung von Rohstoffen für die lokale Produktion wie auch für die regionale und die globalisierte Wirtschaft.

Voraussetzung für die Bewertung der Lage von Murmansk am nördlichen Seeweg (Nordost-Passage) sind das Wissen um die Folgen des Klimawandels auf die Eisbedeckung der Arktis und die Lage der Zentren des weltweiten Handels.

Kenntnisse über die politischen, gesellschaftlichen und wirtschaftlichen Veränderungen, die durch den Zerfall der UdSSR entstanden sind, und die damit verbundenen Schwierigkeiten der Transformationsstaaten erleichtern die Einordnung der Materialien.

Fachbegriffe

allgemein:
- Polarkreis
- Polarnacht
- Klimawandel
- Golfstrom

in den Materialien:
- Packeis (M2 [238.1])

- Planwirtschaft (M8)
- Kalter Krieg (M8)
- Realeinkommen (M8)
- Eisbrecher (M8, M15)
- Bruttoinlandsprodukt (BIP) (M13)
- Bruttoregionalprodukt (BRP) (M13)

Literatur

Shinkarenko, E./Kowasch, M.: Sozioökonomische Strukturen und Probleme der Region Murmansk. In: Praxis Geographie, H. 2/2015, S. 19–23.

Zornow, A.: Rohstoffförderer und Verkehrsknotenpunkt jenseits des Nordpolarkreises: Die russische Oblast' Murmansk. In: Schüler, A./Bülow, C./Zornow, A.: (Infra-)Strukturelle Differenzen und deren Ursachen in peripheren Räumen. Aktuelle Beiträge des Lehrstuhls für Regionale Geographie, Greifswalder Geographische Arbeiten 49. Greifswald 2014, S. 59–102. (http://e-docs.geo-leo.de/bitstream/handle/11858/00-1735-0000-0023-BE1F-5/GGA%20Bd%2049.pdf;sequence=4)

Zornow, A.: Möglichkeiten und Grenzen moderner Regionalentwicklung in den Regionen des russischen Nordens am Beispiel der Oblast' Murmansk. Dissertation. Greifswald 2014. (http://d63m6.r34dz.myftp.org/pdf/0c/moglichkeiten-und-grenzen-moderner-regionalentwicklung-in-den-regionen-des-russischen-nordens-am-beispiel-der-oblast-murmansk-by-andre-zornow-0c182f8b060478123af09f3d42bf4fca.pdf)

Kürzungs- und Erweiterungsmöglichkeiten (geplante Bearbeitungszeit: 90 min)

	Kürzungsmöglichkeiten	Erweiterungsmöglichkeiten
Aufgabe 1		Eine zusammenfassende Bewertung der in Aufgabe 1 zusammengetragenen Faktoren ermöglicht das Wappen des Bezirks Murmansk (M17). Anker = (Handels-)Schifffahrt Schwert = Kriegsmarine, Nordflotte Bergeisen, Hake = Bergbau darüber: Polarlicht
Aufgabe 2	M13 ordnet die Verhältnisse in Murmansks in einen gesamt-russischen Zusammenhang ein und kann ggf. entfallen.	Die Bedeutung der Region Murmansk für Russland kann durch das Zusatzmaterial M18 betont werden.
Aufgabe 3		Die Bedeutung des Hafens von Murmansk im Vergleich mit den anderen russischen Häfen und mögliche Veränderungen durch die Öffnung des Nördlichen Seeweges lassen sich mithilfe des Zusatzmaterials M19 erarbeiten.

Erwartungshorizont mit Punkteverteilung

Bitte beachten Sie: Die Punkteverteilung stellt nur einen Vorschlag dar, der je nach Bundesland und Kurssituation angepasst werden muss. Die Punkte beziehen sich zudem nur auf inhaltliche Aspekte, nicht auf die Darstellungsleistung der Schüler.

Aufgabe 1 Anforderungsbereich: I Materialien: M1, M2, M3, M4	**maximale Punktzahl**	**erreichte Punktzahl**
Lage (M2 [106/107.2]) – Nordhalbkugel, Nordeuropa, Skandinavien, Kola-Halbinsel – Lage im Gradnetz: ca. 66,3–70° N/28,5–41,4° O, nördlich des Polarkreises – im Nordwesten Russlands, Grenze zu Finnland – an der Barentssee und dem Weißem Meer	8	
Relief (M2 [106/107.2]) – stark gegliedertes Relief, zahlreiche Seen und Sümpfe; Erhebungen über 1000 m (z. B. Chibiny 1191 m)	2	
Klima (M3, M4) – Jahresdurchschnittstemperatur von 0,2 °C: im Verhältnis zur geographischen Breite (nördlich des Polarkreises) relativ mild durch Einfluss des Golfstroms – Temperaturamplitude von nur ca. 23 °C trotz stark variierender Sonnenstunden (0–0,1 Stunden November bis Januar und 7,5–7,7 Stunden im Juni/Juli) relativ gering durch Lage am Meer – Hauptniederschläge (376 mm) im Sommer (Westwindzone); teilweise im Regenschatten	6	
Vegetation/Böden (M2 [97.2, 108/109.2]) – im Norden Fjellvegetation, im Süden Nadelwald, dazwischen Waldtundra – großflächige Moor- und Sumpfgebiete – Permafrost- und Tundrenböden; Podsol	3	
Bodenschätze (M2 [108/109.2, 144.1]) – zahlreiche Erzvorkommen: Eisen, Kupfer, Bauxit, Nickel, Platin – weitere Bodenschätze: Phosphat [Abgebaut wird bei der Stadt Apatity das Mineral Apatit, aus dem das Phosphor gewonnen wird.]	2	
Wirtschaftliche Nutzung (M2 [96/97.1, 108/109.2]) – Fischfang: Kabeljau (Barentssee) und Lachse (Weißes Meer) – Holzwirtschaft im Süden der Region möglich (Taiga) – Ackerbau und Viehzucht aufgrund der Bodenverhältnisse und Klimabedingungen nicht möglich – Energiegewinnung durch Wasserkraft und Kernenergie – Verhüttung von Kupfer und Aluminium – Holzverarbeitung, Fischverarbeitung – Schiffbau	7	
Besiedlung (M2 [102.1, 106/107.2]) – geringe Bevölkerungsdichte; in weiten Teilen unter 1 Einw./km² – Murmansk ist die einzige Stadt in der Region über 100 000 Einwohner – Siedlungen (teilweise unter 20 000 Einwohner) ausschließlich entlang der Bahnstrecke oder bei den Lagerstätten	3	
Lebensbedingungen (M2 [106/107.2, 144.1], M3, M4) – geringe Temperaturen, Polarnacht – einseitig auf den Abbau und die Aufbereitung von Rohstoffen ausgerichtete Wirtschaft – periphere Lage (ca. 1000 km bis St. Petersburg, 1500 km bis Moskau) → geringe Attraktivität	4	
	35	

Aufgabe 2 Anforderungsbereich: II Materialien: M5, M6, M7, M8, M9, M10, M11, M12, M13	**maximale Punktzahl**	**erreichte Punktzahl**
Bevölkerungsentwicklung – Murmansk als Hafenstadt wurde noch durch den Zar aus strategischen Gründen während des Ersten Weltkrieges errichtet und mit dem russischen Schienennetz verbunden. (M5) – In der Sowjetunion wurde Murmansk zum Ausgangspunkt für die Erschließung der Kola-Halbinsel. (M8) → stürmisches Bevölkerungswachstum (M6) – Bevölkerungsrückgang in Folge des Zweiten Weltkrieges (M6) – Bevölkerungszahl von Murmansk wächst dank staatlicher Förderung bis zum Ende der Sowjetzeit auf über 450 000 Einwohner. (M6) – Nach dem Ende der UdSSR verliert die Stadt Murmansk ca. ein Drittel der Bevölkerung. (M6) – Diese Entwicklung trifft auf alle Städte der Region etwa in gleichem Umfang zu. Ausnahme: Severomorsk = Heimathafen der russischen Nordflotte (M5, M7)	12	

Aufgabe 2 Anforderungsbereich: II Materialien: M5, M6, M7, M8, M9, M10, M11, M12, M13	**maximale Punktzahl**	**erreichte Punktzahl**
Wirtschaftlicher Wandel – Durch die politischen und gesellschaftlichen Veränderungen der Jahre 1990/91 kommt es in Russland zu einer starken Inflation. (M8) – In der unmittelbaren Folgezeit kommt es auch in der Region Murmansk zum gravierenden Rückgang der Strom- und Eisenerzkonzentratproduktion (= Industrieproduktion). (M9) – Die Produktion von Strom und Eisenerzkonzentrat erreicht heutzutage jedoch fast wieder das Niveau von 1989 (= Neustrukturierung der Unternehmen, starke Nachfrage nach Rohstoffen auf dem Weltmarkt). (M9)	10	
– Bei der Lohnentwicklung kommt es zu einer Zweiteilung der Gesellschaft: Dienstleistungsberufe mit geringerer Qualifikation (Hotel- und Gastgewerbe, Handwerk, persönliche Dienstleistungen) und Angestellte im öffentlichen Dienst (Bildung, Gesundheit und soziale Dienste) haben nur eine relativ geringe Lohnsteigerung. Berufe in den Bereichen Finanzwirtschaft und Wissenschaft haben eine überdurchschnittliche Lohnsteigerung. (M11) – Vor dem Hintergrund der starken Preissteigerungen z. B. für Lebensmittel (M12) besteht für die gering verdienenden Einkommensgruppen kein Anreiz, die widrigen Lebensbedingungen in Murmansk (Klima, Polarnacht, periphere Lage) auszuhalten. – Abwanderung der Bevölkerung (M6) → sinkende Nachfrage nach neuem Wohnraum → entsprechender Produktionsrückgang bei den benötigten Materialien (M10) → Der Zusammenhang zwischen Bevölkerungsrückgang und lokaler Wirtschaft ist ggf. auch auf andere Branchen übertragbar. – Den zahlreichen wirtschaftlichen und sozialen Problemen steht jedoch (überraschenderweise) ein höheres BIP/Kopf bei stagnierender Wachstumsrate gegenüber. (M13) Dieser Effekt ist durch die Reduktion der Bevölkerungszahl zu erklären, sodass sich die immer noch relativ hohe Wertschöpfung durch die Gewinnung von Rohstoffen auf immer weniger Einwohner verteilt.	13	
	35	

Aufgabe 3 Anforderungsbereich: II/III Materialien: M2, M8, M14, M15, M16	**maximale Punktzahl**	**erreichte Punktzahl**
– Die Nordostpassage/der Nördliche Seeweg war in der Vergangenheit nur in den Sommermonaten frei von Packeis und ganzjährig durch Treibeis und Eisberge gefährdet. (M2 [238.2]) – In der sowjetischer Zeit bestand ein großes Interesse an der Erreichbarkeit der Siedlungen in Nordsibirien auf dem Wasserweg wegen der dortigen reichen Rohstoffvorkommen. (M2 [238.1]) – Dazu baute die UdSSR eine Flotte von (Atom-)Eisbrechern auf, um den Nördlichen Seeweg möglichst lange offen zu halten. (M8)	4	

– Im Rahmen der Globalisierung hat sich der Warenverkehr zwischen Ostasien und Europa (Teile der Triade) stark ausgeweitet.
– Der Schiffverkehr verläuft bislang zum Großteil auf dem längeren Seeweg durch das Mittelmeer. (M16) Das bedeutet:
  – längere Transportdauer
  – höherer Kraftstoffverbrauch
  – Gefährdung durch Piraterie an den „Flaschenhälsen" (z. B. Straße von Malakka, Horn von Afrika)
  – Kontrolle durch unzuverlässige Staaten (z. B. Suezkanal).
	6	

Der Klimawandel führt zu einem Rückgang der Eisbedeckung in der Arktis. (M15) Der Nördliche Seeweg ist dadurch zukünftig länger frei. Zunehmend könnten Handelsschiffe den kürzeren Seeweg zwischen Asien und Europa wählen. (M16) Russland kann den Handelsweg kontrollieren.	6	
Beurteilung + reiche Bodenschätze + im Vergleich zu den Lagerstätten im Norden Sibiriens relativ mildes Klima + kürzere Transportwege als bei den sibirischen Lagerstätten + ausgebaute Infrastruktur, gute Anbindung an das Schienennetz + Hafen ist dank des Golfstroms ganzjährig eisfrei + relative Nähe zu den Märkten in Mittel- und Osteuropa + ... - ungünstige Lebensbedingungen - Abhängigkeit von Rohstoffexport und Weltmarkt - Abhängigkeit von Unterstützung durch den Staat - positive Auswirkungen durch Nordostpassage ungewiss - ...	14	
	30	

Name: ....　**Datum:** ....

Kurs/Klasse: ....　**Zeit:** ....

Murmansk – Wirtschaftszentrum mit Zukunft?

Aufgabe 1
Beschreiben Sie Lage und naturräumliche Ausstattung der Region Murmansk und stellen Sie die dortigen wirtschaftlichen Nutzungsmöglichkeiten und Lebensbedingungen dar.

Aufgabe 2
Erläutern Sie den wirtschaftlichen Wandel und die Bevölkerungsentwicklung der Region Murmansk.

Aufgabe 3
Beurteilen Sie die Zukunftsperspektiven der Region Murmansk vor dem Hintergrund des Klimawandels.

M1 Die Region Murmansk

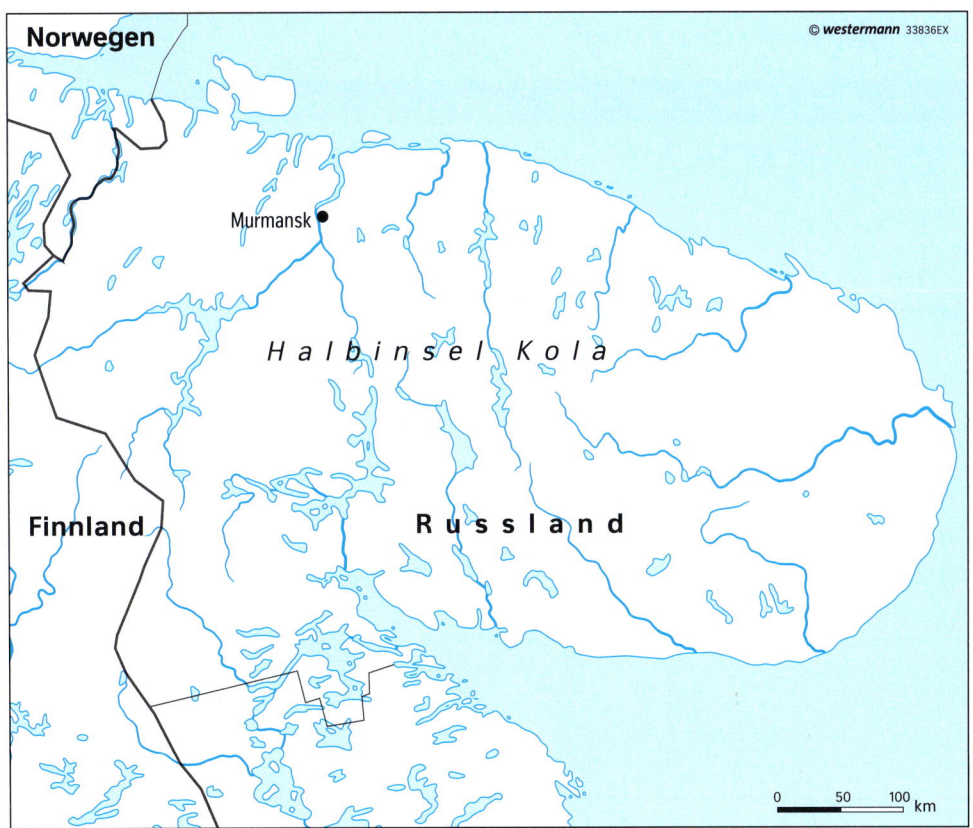

© westermann 33836EX

Norwegen

Murmansk

Halbinsel Kola

Finnland　　Russland

0　50　100 km

M2 Diercke Weltatlas

106/107.2 Skandinavien, Baltikum – Physische Karte
108/109.2 Skandinavien, Baltikum – Wirtschaft
144.1 Osteuropa – Wirtschaft
238.1 Nordpolargebiet (Arktis) – Naturraum

weitere Atlaskarten nach Wahl

westermann

M3 **Klimadiagramm Murmansk/Russland**

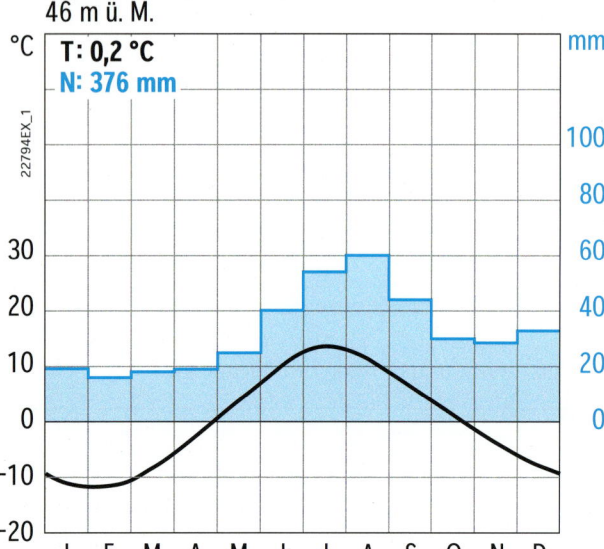

Murmansk (Russland)
46 m ü. M.

T: 0,2 °C
N: 376 mm

M4 **Sonnenstunden in Murmansk im Jahresverlauf (Stunden/Tag)**

Jan	Feb	März	April	Mai	Juni	Juli	Aug	Sep	Okt	Nov	Dez	
0,1	1,1	3,8	6,4	6,3	7,7	7,5	4,9	2,8	1,4	0,1	0	Ø 3,5

M5 **Gründung von Murmansk**

Um im Ersten Weltkrieg ganzjährig militärische Hilfsgüter seiner westlichen Alliierten erhalten zu können, errichtete Russland 1916 auf Kola einen Hafen und verband diesen durch die sogenannte „Murman-Bahn" nach Petrosawodsk mit dem russischen Schienennetz. Am Hafen entstand die Siedlung Murmansk.

M6 **Bevölkerungsentwicklung von Murmansk 1917–2016**

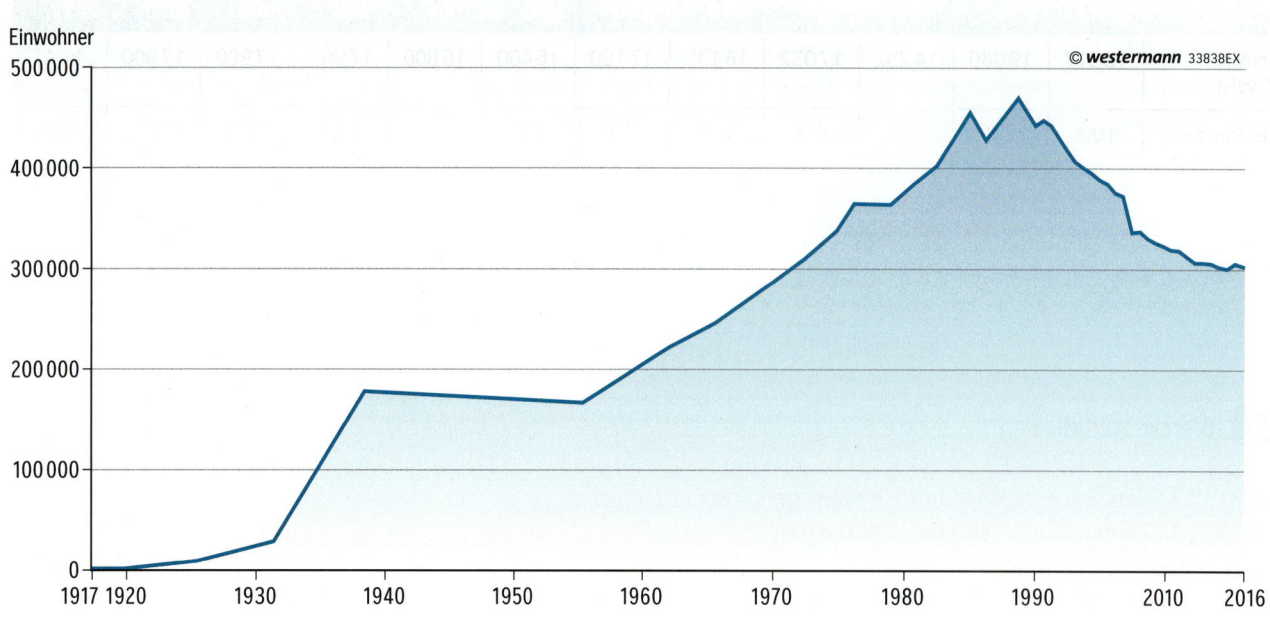

© *westermann* 33838EX

westermann

M7 Bevölkerungsentwicklung in der Region Murmansk

	1989	2013
Murmansk	439 000	302 500
Apatity	88 000	58 700
Montschegorsk	68 700	47 100
Seweromorsk	62 100	67 400
Kandalakscha	54 100	34 100
Kirowsk	43 500	30 300
Olenegorsk	35 600	29 500
Kowdor	30 400	20 300

M8 Die Entwicklung von Murmansk

Aus wirtschaftlichen und strategischen Gründen baute die Sowjetunion seit den 1920er-Jahren die Kola-Halbinsel, also die heutige Region Murmansk, zu einem bedeutenden Industriestandort aus. Gleichzeitig wird Murmansk in der Sowjetunion ein wichtiger Stützpunkt für die Kriegsmarine. So wird während des Kalten Krieges in Severomorsk das Hauptquartier der sowjetischen Nordflotte eingerichtet. Diese Funktion hat Severomorsk heute für Russland.

Durch den Zerfall der Sowjetunion und die einsetzende Privatisierung der Wirtschaft kam es in den 1990er-Jahren zu einer Umkehr des bis dahin bestehenden positiven Entwicklungstrends in der Region Murmansk.

Die Auflösung der planwirtschaftlichen Strukturen in der neu gebildeten Russischen Föderation führte zum weitgehenden Wegfall der vielfältigen ökonomischen und sozialen Vergünstigungen, die die Versorgung der Regionen mit Arbeitskräften sicherstellte. Dies führte in Verbindung mit der Freigabe der zu Sowjetzeiten festgesetzten, realökonomisch zu niedrigen Preise zu einem erheblichen Rückgang des Realeinkommens.

Außerdem verlor die Nordostpassage stark an Bedeutung. Wurden 1987 noch 6,5 Mio. t Güter auf diesem Seeweg transportiert, waren es 1993 nur noch 1,8 Mio. t. Die Verringerung der Nachfrage wirkte sich in starkem Maße negativ auf die Wirtschaftlichkeit der nuklearbetriebenen Eisbrecherflotte aus. Diese konnte im Jahr 2000 Leistungen in Höhe von 492,8 Mio. Rubel abrechnen, denen jedoch 935,5 Mio. Rubel an Betriebskosten gegenüberstanden.

M9 Entwicklung von Stromerzeugung und Eisenerzkonzentratproduktion in der Region Murmansk 1991–2012

	1991	1992	1994	1996	1998	2000	2002	2004	2006	2008	2010	2012
Strom (GWh)	18 817	19 080	14 252	17 032	16 135	17 150	16 400	16 800	17 900	17 900	17 900	k. A.
Eisenerz- konzentrat (Mio. t)	10,4	8,8	7,2	6,3	6,4	7,1	7,6	8,9	10,1	10,1	8,1	9,9

M10 **Entwicklung ausgewählter Produktionsleistungen in der Region Murmansk 1990–2009**

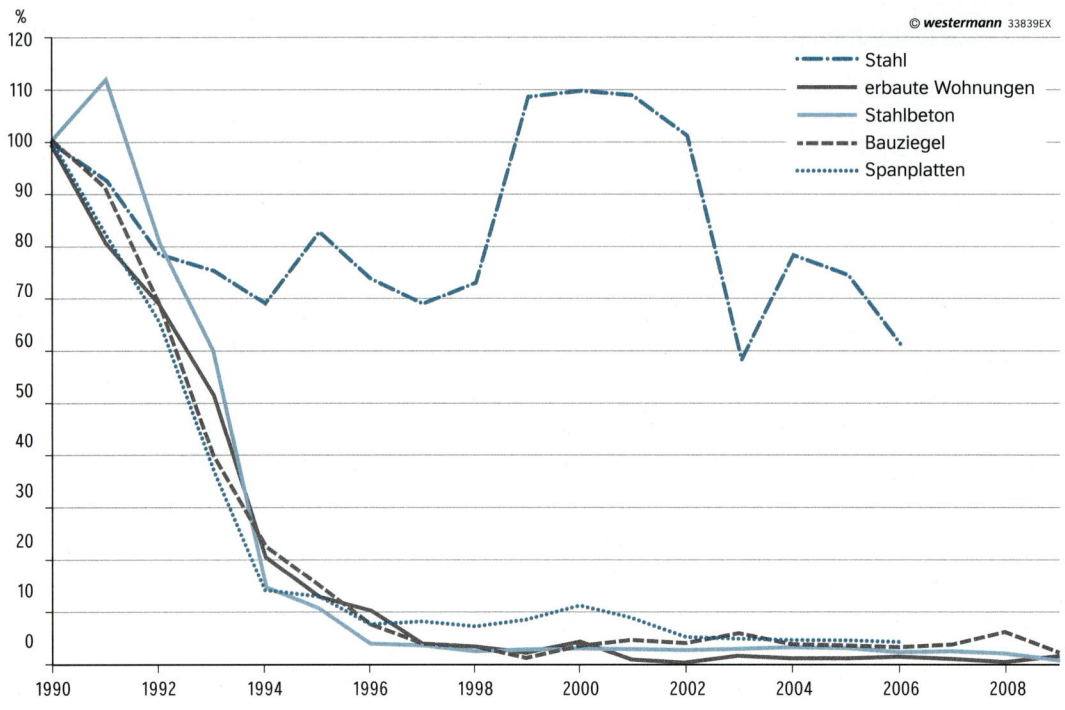

© *westermann* 33839EX

Stahl
erbaute Wohnungen
Stahlbeton
Bauziegel
Spanplatten

M11 **Einkommensentwicklung in der Region Murmansk nach Wirtschaftszweigen 2000–2011**

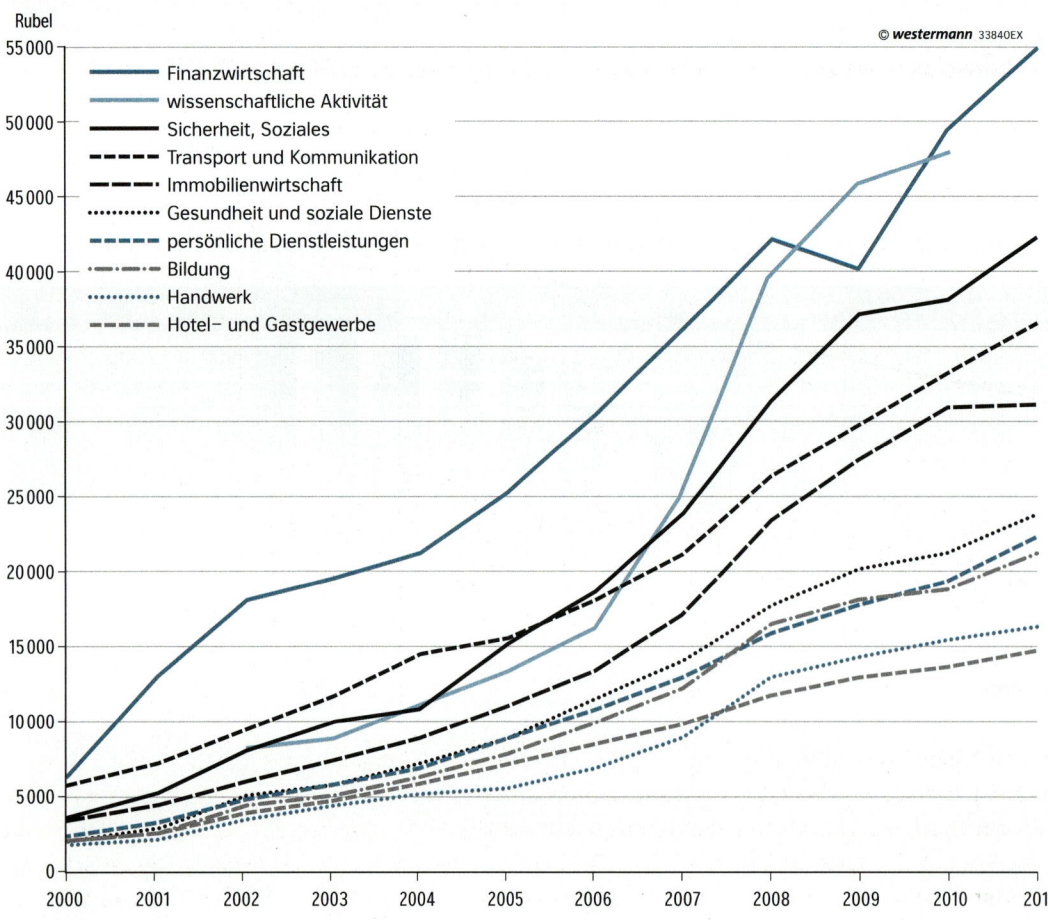

© *westermann* 33840EX

Finanzwirtschaft
wissenschaftliche Aktivität
Sicherheit, Soziales
Transport und Kommunikation
Immobilienwirtschaft
Gesundheit und soziale Dienste
persönliche Dienstleistungen
Bildung
Handwerk
Hotel- und Gastgewerbe

westermann

M12   **Preisentwicklung für Grundnahrungsmittel in der Region Murmansk 1999–2010**

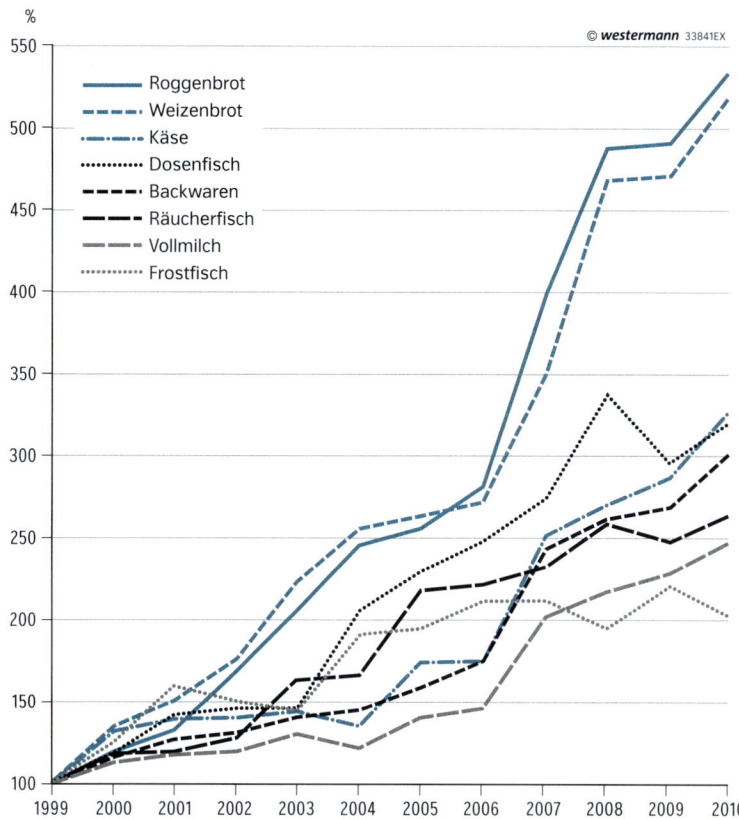

© *westermann* 33841EX

M13   **Entwicklung der Wirtschaftsleistung in der Region Murmansk im Vergleich zu Russland 1997–2011**

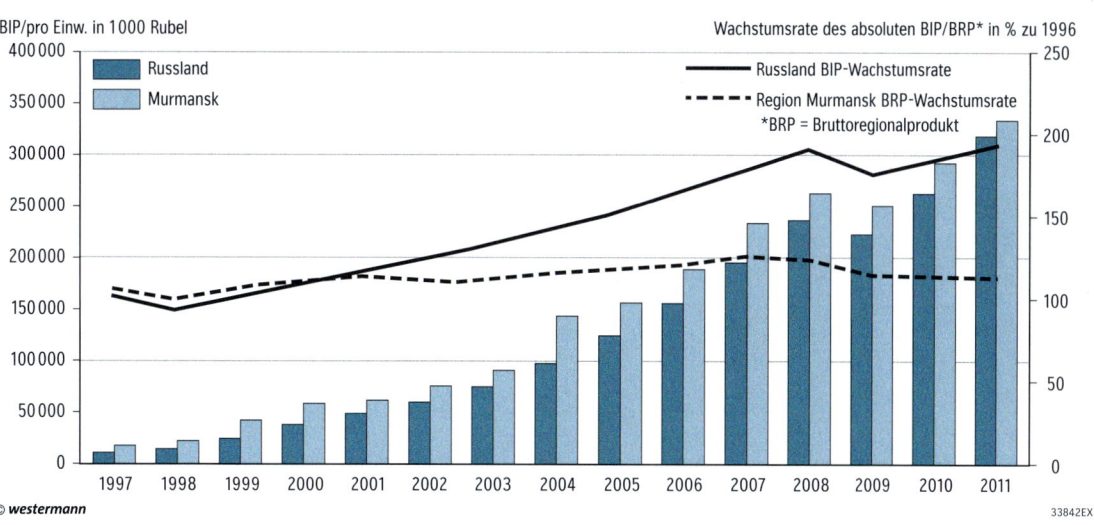

© *westermann*   33842EX

M14   **Die Nordostpassage**

Die erste Gesamtdurchfahrt [der Nordostpassage, vgl. M2 (238.1)], mit einer Überwinterung, gelang Adolf Erik Nordenskiöld 1878/79. Erst 53 Jahre später (1932) gelang dem Eisbrecher Alexander Sibirjakow die erste Durchfahrt ohne Überwinterung. Daraufhin richtete die Sowjetunion die Hauptverwaltung Nördlicher Seeweg ein. […] In den 1950er- und 1960er-Jahren wurde der Seeverkehr durch Anlage der Häfen Dikson, Tiksi, Pewek und Prowidenija systematisch ausgebaut und die Schifffahrtsperiode durch den Einsatz leistungsfähiger Eisbrecher verlängert. So benötigte im Mai/Juni 1978 der Atomeisbrecher Sibir 18 Tage für den Weg von Murmansk bis zur Beringstraße.

westermann

M15 Meereseisbedeckung der Arktis

M16 Distanz- und Fahrzeitenvergleich für Frachter auf der Route Kirkenes (Schweden) – Asien

von Kirkenes (Schweden) nach ...	via Suezkanal		via nördlicher Seeroute	
	km	Tage	km	Tage
China	22 317	34	12 353	26
Korea	22 965	35	11 519	24
Japan	23 576	36	10 797	23

Quellen

M4: https://de.wikipedia.org/wiki/Murmansk#Klimainformationen
M5: eigener Text
M6: https://ru.wikipedia.org/wiki/%D0%9C%D1%83%D1%80%D0%BC%D0%B0%D0%BD%D1%81%D0%BA
M7: Shinkarenko, E./Kowasch, M.: Sozioökonomische Strukturen und Probleme der Region Murmansk. In: Praxis Geographie, H. 2/2015, S. 23
M8: eigener Text nach Zornow, A.: Möglichkeiten und Grenzen moderner Regionalentwicklung in den Regionen des russischen Nordens am Beispiel der Oblast' Murmansk. Dissertation. Greifswald 2014, S. 95 ff.
M9: Zornow, A.: Möglichkeiten und Grenzen moderner Regionalentwicklung in den Regionen des russischen Nordens am Beispiel der Oblast' Murmansk. Dissertation. Greifswald 2014, S. 96, 261, 289
M10: Zornow, A.: Möglichkeiten und Grenzen moderner Regionalentwicklung in den Regionen des russischen Nordens am Beispiel der Oblast' Murmansk. Dissertation. Greifswald 2014, S. 288
M11: Zornow, A.: Möglichkeiten und Grenzen moderner Regionalentwicklung in den Regionen des russischen Nordens am Beispiel der Oblast' Murmansk. Dissertation. Greifswald 2014, S. 204
M12: Zornow, A.: Möglichkeiten und Grenzen moderner Regionalentwicklung in den Regionen des russischen Nordens am Beispiel der Oblast' Murmansk. Dissertation. Greifswald 2014, S. 214
M13: Shinkarenko, E./Kowasch, M.: Sozioökonomische Strukturen und Probleme der Region Murmansk. In: Praxis Geographie, H. 2/2015, S. 23
M14: https://de.wikipedia.org/wiki/Nordostpassage
M15: Shinkarenko, E./Kowasch, M.: Sozioökonomische Strukturen und Probleme der Region Murmansk. In: Praxis Geographie, H. 2/2015, S. 26
M16: Wilmsmeier, G./Pawlik, T.: Potenziale der arktischen Seerouten. In: Geographische Rundschau, H. 12/2011, S. 42

westermann

Zusatzmaterialien

M17 Wappen des Bezirks Murmansk

Quelle: wikimedia commons

M18 Die zehn bedeutendsten russischen Gebietseinheiten bei der Förderung von Bodenschätzen ohne Energieträger (Gas, Öl, Kohle, Torf) 2011 zu laufenden Preisen

Rang	Gebietseinheit	Mio. Rubel
1	Republik Jakutien	169 148
2	Oblast* Belgorod	110 158
3	Oblast Murmansk	87 722
4	Oblast Sverdlovsk	68 855
5	Oblast Kursk	53 257
6	Republik Karelien	51 759
7	Oblast Amur	47 975
8	Oblast Irkutsk	42 731
9	Oblast Magadan	41 161
10	Autonomer Okrug Čukotka	37 164

* Verwaltungseinheit; entspricht Region
Quelle: Zornow, A.: Rohstoffförderer und Verkehrsknotenpunkt jenseits des Nordpolarkreises: Die russische Oblast' Murmansk. In: Schüler, A./Bülow, C./Zornow, A.: (Infra-)Strukturelle Differenzen und deren Ursachen in peripheren Räumen. Aktuelle Beiträge des Lehrstuhls für Regionale Geographie, Greifswalder Geographische Arbeiten 49. Greifswald 2014, S. 81

M19 Umschlagsvolumen der zehn wichtigsten russischen Häfen 2012

Rang	Hafen	Umschlagsvolumen (Mio. t)	Anteil (%)
1	Noworossisk	117,4	20,8
2	Großer Hafen St. Petersburg	57,8	10,2
3	Neuer Hafen Ust-Luga (an der Mündung der Luga bei St. Petersburg)	46,8	8,3
4	Hafen Vostočnyj (Vorort von Nachodka am Endpunkt der Transsib)	42,5	7,5
5	Murmansk	23,7	4,2
6	Sowetskaja Gawan	20,3	3,6
7	Nachodka	16,9	3,0
8	Wladiwostock	13,2	2,3
9	Königsberg	12,7	2,2
10	Rostow am Don	11,1	2,1

Quelle: Zornow, A.: Rohstoffförderer und Verkehrsknotenpunkt jenseits des Nordpolarkreises: Die russische Oblast' Murmansk. In: Schüler, A./Bülow, C./Zornow, A.: (Infra-)Strukturelle Differenzen und deren Ursachen in peripheren Räumen. Aktuelle Beiträge des Lehrstuhls für Regionale Geographie, Greifswalder Geographische Arbeiten 49. Greifswald 2014, S. 77

westermann

Dubai – Tourismus als Perspektive?

Karten im Diercke Weltatlas

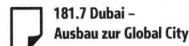 181.7 Dubai –
Ausbau zur Global City

Unterrichtliche Voraussetzungen

Inhaltlich

Hilfreich für die Bearbeitung dieser Klausur ist es, wenn sich die Schüler im vorangegangenen Unterricht bereits mit den Themenfeldern „Wirtschaftsstrukturen und Wirtschaftsprozesse" bzw. „weltweite Verflechtungen im Prozess der Globalisierung" auseinandergesetzt haben. Ein Verständnis des Begriffs der Nachhaltigkeit ist von grundlegender Bedeutung, bezüglich des Begriffs der Global City genügt eine gängige Basisdefinition. Gegebenenfalls müssen die Schüler zum Zwecke einer korrekten geographischen Orientierung darüber informiert werden, dass Dubai heute eines von sieben Emiraten ist, die sich als Vereinigte Arabische Emirate eine gemeinsame Verfassung gegeben haben. Dabei kann Zusatzmaterial M7 behilflich sein.

Im Vorfeld der Klausur ist eine Auseinandersetzung mit dem Themenfeld „Tourismus" nicht notwendig. Das Wissen über grundlegende Wirkungszusammenhänge, das Schüler der Kursstufe bereits im Geographieunterricht der Unter- und Mittelstufe erworben haben, reicht aus, um die Klausuraufgaben mithilfe der Materialien bewältigen zu können.

Fachbegriffe

allgemein:
- Tragfähigkeit
- Nachhaltigkeit

in den Materialien:
- Freihandelszone (M1, M2, M4)
- Gated community (M2)
- Global City (M2, M3)
- EXPO 2020 (M3)
- ökologischer Fußabdruck (M3)
- Technologiepark (M4)

Literatur

Bette, J.: Erdölinduzierte Urbanisierung am Beispiel von Dubai. Förderung der Systemkompetenz mittels Strukturlegetechnik. In: Praxis Geographie, H. 11/2013, S. 16–20.

Diercke. Die Welt im Wandel. Satellitenbildatlas. Braunschweig 2010, S. 206 f.

Diercke Handbuch. Erläuterungen zur Karte „Dubai – Ausbau zur Global City" (181.7). Braunschweig 2015, S. 283 f.

Espey, R.: Wassersektor in den VAE mit großen Fortschritten. Trinkwasserversorgung langfristig gesichert. 18.07.2013. (http://www.gtai.de/GTAI/Navigation/DE/Trade/Maerkte/suche,t=wassersektor-in-den-vae-mit-grossen-fortschritten,did=849446.html)

Kummerfeld, C.: Dubai hat auf Sand gebaut. 09.01.2015. (http://finanzmarktwelt.de/dubai-hat-auf-sand-gebaut-7829/)

Walther, H.: V. A. Emirate. In: LIPortal. Das Länder-Informations-Portal. (https://www.liportal.de/v-a-emirate/ueberblick; https://www.liportal.de/v-a-emirate/wirtschaft-entwicklung/)

Internet

http://www.dubai-city.de
  umfangreicher Internetauftritt mit sehr detaillierten Informationen rund um das Emirat Dubai sowie grundlegenden Informationen zu den übrigen Vereinigten Arabischen Emiraten

http://www.dubai.de
  Online-Magazin zu Dubai

http://www.stay-dubai.de/emirat/dubai-wirtschaft.html
  Informationen zur Wirtschaft von Dubai

Filme

„Dubai" und „Dubais Schattenseite". Megastädte – Clips & Copy Praxis Geographie. Braunschweig 2013.

Dubai – das Übermorgenland. Wirtschaft und Raum – Clips & Copy Praxis Geographie. Braunschweig 2015.

Erweiterungsmöglichkeiten (geplante Bearbeitungszeit: 90 min)

	Erweiterungsmöglichkeiten
Aufgabe 2	Mithilfe der Zusatzmaterialien M8 und M9 kann die Problematik der Arbeitsmigranten aufgegriffen werden. → 2b) Bewerten Sie die Situation der Gastarbeiter, die in Dubai beschäftigt sind. → Aufgabe 2 wird zu 2a)
Aufgabe 3	Zur Erörterung der Perspektiven des Tourismus können zusätzlich die natürlichen Voraussetzungen miteinbezogen werden. Das Foto M10 gibt den Schülern einen Eindruck von den Stränden. Dazu kann alternativ das Zusatzmaterial M11 (reines Klimadiagramm) oder M12 (umfangreiche Klimadaten) hinzugezogen werden.

Erwartungshorizont mit Punkteverteilung

Bitte beachten Sie: Die Punkteverteilung stellt nur einen Vorschlag dar, der je nach Bundesland und Kurssituation angepasst werden muss. Die Punkte beziehen sich zudem nur auf inhaltliche Aspekte, nicht auf die Darstellungsleistung der Schüler.

Aufgabe 1 Anforderungsbereich: I Materialien: M1, M2	maximale Punktzahl	erreichte Punktzahl
Gesamtsituation – Die bebaute Fläche Dubais hat sich im abgebildeten Zeitraum in allen vier Bereichen (Wohnbebauung, Tourismus, Wirtschaft, Verkehr) vervielfacht. Den größten Flächenzuwachs erhielten dabei die Industrie- und Gewerbegebiete sowie die Wohnbebauung.	2	
– Besonders deutlich wird auch die Zunahme von hohen Gebäuden (über 200 m), von denen ein großer Teil Luxushotels darstellt.	2	
(Wohn-)Bebauung – Im Bereich des Wohnkomforts sind vor allem die Flächen der Kategorien „mittlerer Wohnkomfort" und „bewachte Wohnviertel" stark gewachsen.	2	
– Besonders spektakulär sind die der Küste vorgelagerten Neulandprojekte (die zum überwiegenden Teil noch nicht fertiggestellt bzw. vorläufig eingestellt worden sind).	2	
– Auch die Wohnbebauung mit niedrigem Wohnkomfort hat sich insgesamt deutlich ausgedehnt, an einzelnen Stellen ist sie höherwertigeren Wohnarealen gewichen.	2	
Tourismus – Flächen für den Tourismus sind neben der Hotellerie Einkaufs-, Vergnügungs- und Sportzentren. Die ausgewiesenen Sportanlagen dienen in der Regel kostspieligen Vergnügen (Golfplätze, Skihalle, Reitsport).	3	
– Es fällt auf, dass die ehemalige Kamelrennbahn durch eine Radrennbahn ersetzt und die Pferderennbahn von „Meydan – Stadt der Pferde" absorbiert wurde.	1	
Wirtschaft – Die Industrie- und Gewerbeflächen sind stark gewachsen.	1	
– Zahlreiche Freihandelszonen sind eingerichtet worden.	1	
– Neben dem Güter- bzw. Warenhandel (Seehafen, Flughafen) werden diese Flächen von höchst modernen Industrie- und Gewerbezweigen genutzt (z. B. Biotechnologie, „Media Production").	1	
– Direkt auf den als Industrie- und Gewerbeflächen ausgewiesenen Gebieten sind „Arbeitercamps" stationiert, was darauf hinweist, dass hier noch intensiv gebaut wird.	1	
– Weitere Arbeitercamps finden sich in Bereichen mit „einfachem Wohnkomfort".	1	
Verkehr Die Autobahnen sind deutlich ausgebaut und intensiv miteinander vernetzt worden.	1	
	20	

Aufgabe 2 Anforderungsbereich: II Materialien: M2	maximale Punktzahl	erreichte Punktzahl
Maßnahmen zur Förderung des Handels Hochhäuser in der „Business Bay", entlang der küstennahen Autobahn sowie in der „Internet City" lassen auf ein gezieltes Anwerben internationaler Unternehmen schließen.	3	
„Dubai Investment Park I und II" legen nahe, dass Dubai sich aktiv um ausländische Direktinvestitionen bemüht.	3	
Unternehmen zukunftsträchtiger Industrie- und Dienstleistungsbranchen (IT, Biotechnologie) liegen in von Steuern befreiten Zonen (Freihandelszonen).	3	

Aufgabe 2 Anforderungsbereich: II Materialien: M2	maximale Punktzahl	erreichte Punktzahl
Intensiver Ausbau des Containerhafens, der gleichzeitig als Freihandelszone ausgewiesen wird.	3	
Neben dem bestehenden „Dubai International Airport" ist der Großflughafen „Dubai-World Central Airport" im Bau; wichtig für Handel und Tourismus.	3	
Wichtiges Charakteristikum einer Global City, als welche Dubai anerkannt werden möchte, ist der Sitz globaler Finanzzentren. Daher liegt es nahe, dass sich Dubai darum bemüht, Standort für die internationale Börse zu werden.	4	
Maßnahmen zur Förderung des Tourismus Großes Angebot für Touristen bereits vorhanden, auch im Luxussegment, z. B. – zahlreiche Luxushotels – sechs große Golfplätze bereits vorhanden, zwei davon auf bewachtem Areal – Kricketstadion – Pferdesport – Skihalle – Erholungsflächen (Grünanlagen) – mehrere Malls (Einkaufs- und Vergnügungszentren)	12	
erkennbare geplante touristische Einrichtungen: – weitere Erholungsflächen (z. B. „The Lagoons") – Riesenrad direkt an der Strandpromenade	4	
	35	

Aufgabe 3 Anforderungsbereich: III Materialien: M3, M4, M5, M6	maximale Punktzahl	erreichte Punktzahl
Aspekte, die für den Tourismus als tragfähiges Konzept sprechen – strategisches, auf langfristige Attraktivität ausgerichtetes Vorgehen (M4)	3	
– Stadt der Superlative mit zahlreichen spektakulären Bauwerken und Freizeitattraktionen (M3)	3	
– Einnahmen aus dem Nicht-Öl-Sektor (M5) von 1975 (ca. 2 Mrd. US-$) bis 2003 (ca. 18 Mrd. US-$) kontinuierlich, anschließend explosionsartig auf 80 Mrd. US-$ im Jahre 2008 gestiegen [im Jahre 2006 Amtsübernahme Scheich Mohammeds bin Rashid Al Maktoum], bis 2014 weiterer leichter Anstieg auf 92 Mrd. US-$ [Allerdings lässt M5 keine Rückschlüsse darauf zu, welchen Anteil speziell der Tourismus an den Einnahmen aus dem Nicht-Öl-Sektor innehat.]	4	
– Übernachtungszahlen nehmen zu, Konzept des Emirates scheint aufzugehen: Verzwölffachung der Hotelübernachtungen von 0,6 Mio. im Jahr 1990 auf 7,53 Mio. im Jahr 2008, dann weiterer kontinuierlicher Anstieg auf 9,32 Mio. Hotelübernachtungen im Jahre 2014 (M6); gesamte Touristenzahl für 2014 mit 13,2 Millionen angegeben (M4)	4	
Aspekte, die gegen den Tourismus als tragfähiges Konzept sprechen – sehr hoher Energieverbrauch für Klima-, Meerwasserentsalzungs- und Bewässerungsanlagen (M3)	3	
– Meerwasserentsalzungsanlagen ökologisch bedenklich (M3)	3	
– weltweit größter ökologischer Fußabdruck (M3)	3	
– Wasserverschwendung, z. B. für Grünanlagen, Golfplätze, Aquaparks (M3)	3	
– Dubai ist zur Zeit dem Müllaufkommen nicht gewachsen (Beispiel Fäkalienentsorgung, M3)	3	
– fraglich, ob der hohe Energiebedarf durch erneuerbare Energien gedeckt werden könnte, weder die Materialien noch die Karte verzeichnen entsprechende Anlagen	4	
Fazit Dubais Touristenzahlen und die Einnahmen aus dem Tourismus wachsen, das Konzept scheint aufzugehen.	4	
Allerdings scheint an Nachhaltigkeit nicht gedacht zu sein, obwohl die Endlichkeit fossiler Energien absehbar ist.	4	
Der Tourismus kann nur dann langfristig ökonomisch tragfähig sein, wenn die Frage der Deckung des dazu notwendigen Energiebedarfs im Sinne der Nachhaltigkeit beantwortet werden kann.	4	
	45	

Name: ....

Kurs/Klasse: ....

Datum: ....

Zeit: ....

Dubai – Tourismus als Perspektive?

Aufgabe 1
Arbeiten Sie aus M1 und M2 die grundlegenden Veränderungen im Stadtbild Dubais zwischen 1990 und 2014 heraus.

Aufgabe 2
Scheich Mohammed bin Rashid Al Maktoum will seinem Emirat zu stetigem Wachstum verhelfen und sich dabei auf die Bereiche Handel und Tourismus konzentrieren. Erläutern Sie anhand von M2 Maßnahmen zur Umsetzung seiner Vision.

Aufgabe 3
Erörtern Sie, ob der Tourismus ein tragfähiges Zukunftsmodell für Dubai darstellt.

M1 **Dubai 1990**

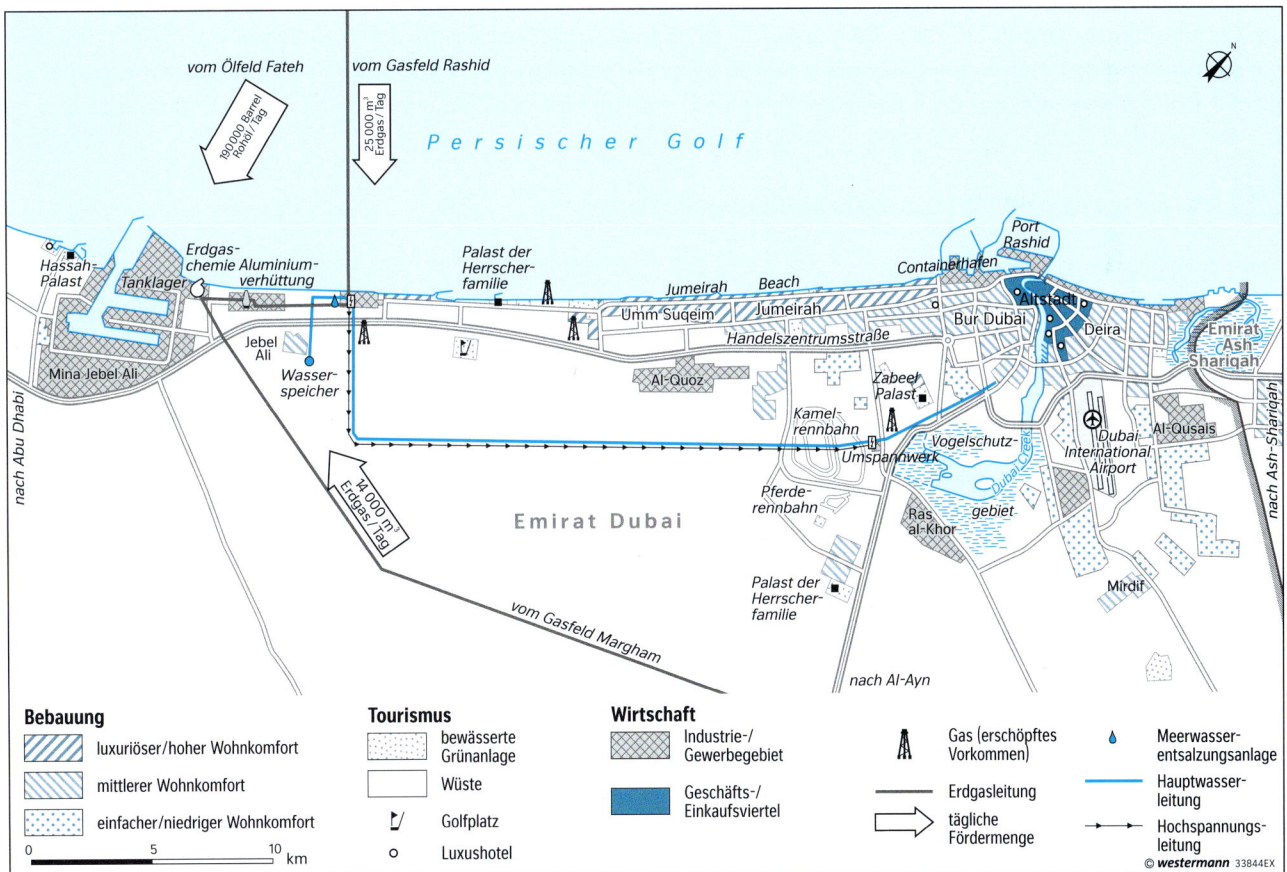

M2 **Diercke Weltatlas**

181.7 Dubai – Ausbau zur Global City

westermann

M3　Dubai: Stadt der Superlative

Dubai ist mit 1,8 Millionen Einwohnern, von denen 80 % Ausländer sind, zwar keine besonders große Stadt, belegt im weltweiten Vergleich in vielen Bereichen aber den ersten Platz: Der Burj Khalifa ist mit 828 m das höchste Gebäude der Welt, das Burj al-Arab ist das welthöchste und einzige 7-Sterne-Hotel, die Jebel-Ali-Palme ist die größte künstliche Insel der Welt und der künstliche Hafen Jebel Ali der weltweit größte seiner Art. Mit „Ski Dubai" ist die Stadt im Besitz des weltweit größten Indoor-Snowparks und „The Montgomerie" nimmt unter den größten Golfplätzen der Welt ebenfalls Platz eins ein. Das „Aquaventure", das sich als größter Aquapark der Welt bezeichnet, befindet sich an der Grenze zum Emirat Abu Dhabi, außerdem gibt es zahlreiche weitere große Wasserparks.

Im Jahr 2020 soll in Dubai der größte Flughafen der Welt fertiggestellt werden – passend zur EXPO 2020, für die Dubai den Zuschlag bekommen hat. 2015 kündigte das Oberhaupt des Emirats, Scheich Mohammed bin Rashid Al Maktoum, den Bau eines weiteren spektakulären Gebäudes an: ein Zukunftsmuseum, das die Form eines ovalen Ringes haben und Forschung und Entwicklung in verschiedenen Bereichen beherbergen wird.

Angesichts der größten Meerwasserentsalzungsanlage der Welt, die zur Zeit täglich 2,14 Mio. m^3 Meerwasser entsalzt und damit noch nicht all ihre Kapazitäten ausschöpft, hält man die Wasserversorgung in Dubai für langfristig gesichert. Ein großer Teil des entsalzten Wassers wird für die Bewässerung genutzt, ein kleinerer als Trinkwasser, zusätzlich ist im Handel importiertes Mineralwasser erhältlich. In der Regel wird bei Meerwasserentsalzungsanlagen der größte Teil des Salzes direkt ins Meer zurückgeführt; im Persischen Golf könnte auf diese Weise der Salzgehalt des Meeres langfristig steigen.

Dubai weist mit 500 Litern pro Kopf und Tag den weltweit höchsten Wasserverbrauch auf (Deutschland: 127 Liter pro Kopf und Tag) sowie mit über 10 Hektar pro Kopf und Jahr den weltweit größten ökologischen Fußabdruck. Dubai hält auch den Rekord des täglich weltweit längsten Staus besonderer Tanklastwagen: Infolge der immer noch unzureichend ausgebauten Kanalisation werden Fäkalien in Sickergruben gesammelt und dann in Tanklastwagen zu den beiden Klär-werken der Stadt transportiert. Bis 2009 gab es nur ein Klärwerk, Wartezeiten für Tanklastwagen von über 20 Stunden sollen vorgekommen sein, was immer wieder zu illegalen Entleerungen in der Wüste führte, da die Tanklastwagenfahrer nicht nach Stunden, sondern nach Fuhren bezahlt werden. Pläne für den Bau der weltweit größten Kläranlage gibt es bereits, doch der Startschuss war 2015 noch nicht gefallen.

M4　Was kommt nach dem Öl? Ökonomische Visionen für Dubai

1966, als das erste große Erdölfeld Dubais entdeckt wurde, war Scheich Rashid bin Said Al Maktoum Herrscher von Dubai. Rashid bin Said erkannte die Möglichkeiten, die sich durch den Verkauf des Erdöls boten: Der Ausbau der Infrastruktur für die Wirtschaft, aber auch für sein bisher sehr armes Volk war ihm besonders wichtig. So ordnete er den Bau von Meerwas-serentsalzungsanlagen zur Gewinnung von Trinkwasser ebenso an wie die Errichtung von Schulen und Krankenhäusern, Straßen, Häfen, Pipelines und Wohnungen. Dennoch spielte das Öl Dubais (unter 10 % der gesamten Fördermenge der V. A. E.) für den Haushalt des Emirats nie eine derart große Rolle wie das Öl im erdölreichen Nachbaremirat Abu Dhabi. Prognosen zufolge wird das Ende einer rentablen Erdölförderung im Falle Dubais in 15 bis 30 Jahren eintreten.

Der seit 2006 amtierende Scheich Mohammed bin Rashid Al Maktoum und seine Familie wollen für die Zeit nach dem Öl gerüstet sein und Dubai deshalb zu einem stetigen Wachstum verhelfen. Dubai soll die Stadt der Superlative bleiben und seine Bedeutung als Global City ausbauen.

Seit der Jahrtausendwende treibt das Regierungsoberhaupt den Luxushotelbau engagiert voran. Preisgünstigere Unter-künfte gibt es dagegen kaum. Im Jahr 2014, als insgesamt 13,2 Millionen Touristen nach Dubai kamen, konnte das Emirat etwa 20 % seines Haushaltes durch Einnahmen aus dem Tourismus bestreiten. Im Jahr 2020 will das Emirat bereits 20 Millionen Touristen empfangen. Experten gehen davon aus, dass diese Zahl nur zu erreichen ist, wenn Dubai sich von der Fixierung auf den Luxustourismus löst und sich dem Massentourismus spürbar öffnet.

M5 **Entwicklung des BIP von Dubai**

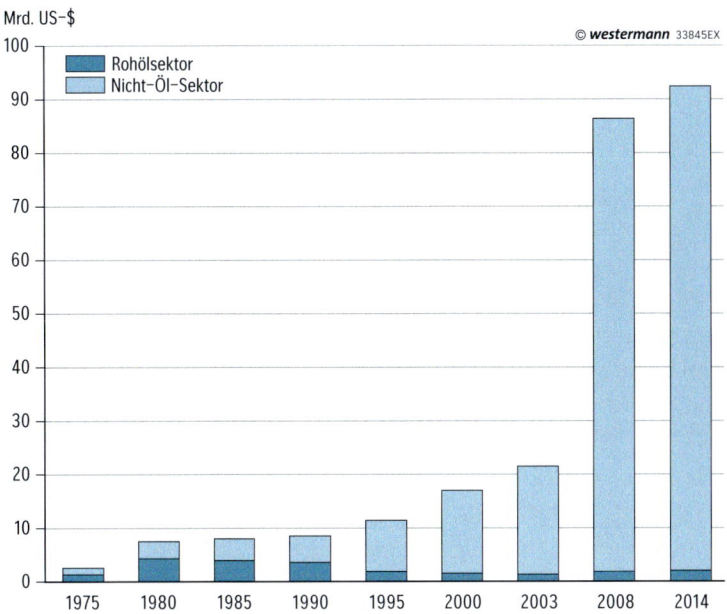

Mrd. US-$

© *westermann* 33845EX

Legende:
- Rohölsektor
- Nicht-Öl-Sektor

M6 **Entwicklung der Hotel-Übernachtungszahlen in Dubai 1990–2014**

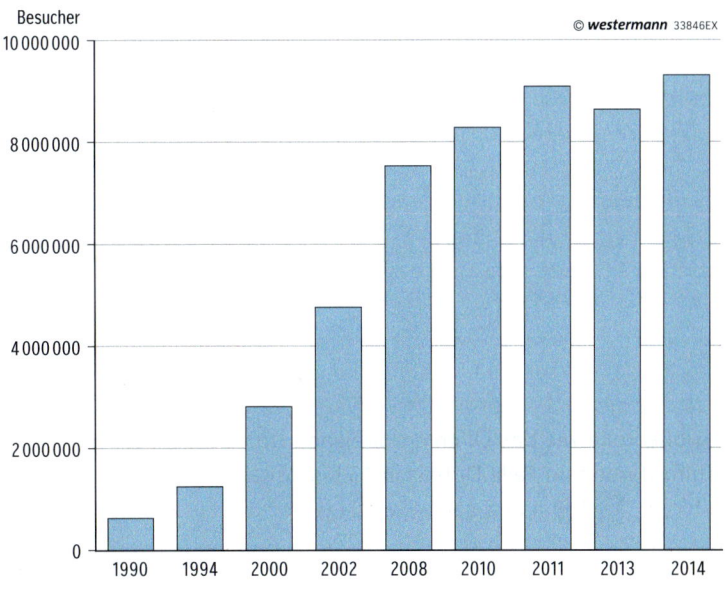

Besucher

© *westermann* 33846EX

Quellen

M1: Diercke. Die Welt im Wandel. Satellitenbildatlas. Braunschweig 2010, Karte 207.2 (1990)

M3: eigener Text nach: Praxis Geographie Clips & Copy: Megastädte. Dubai; Clips & Copy: Wirtschaft und Raum. Dubai – das Übermorgenland; http://www.gtai.de/GTAI/Navigation/DE/Trade/Maerkte/suche,t=wassersektor-in-den-vae-mit-grossen-fortschritten,did=849446.html; http://finanzmarktwelt.de/dubai-hat-auf-sand-gebaut-7829/; https://www.liportal.de/v-a-emirate/ueberblick/; http://www.emirates.com/de/german/destinations_offers/discoverdubai/dubaifamilyholidays/aquaventurewaterpark.aspx; Diercke Handbuch: Erläuterungen zur Karte „Dubai – Ausbau zur Global City" (181.7). Braunschweig 2015, S. 283 f.

M4: eigener Text nach: Bette, J.: Erdölinduzierte Urbanisierung am Beispiel von Dubai. Förderung der Systemkompetenz mittels Strukturlegetechnik. In: Praxis Geographie, H. 11/2013, S. 16–20; Praxis Geographie Clips & Copy: Megastädte. Dubai; Clips & Copy: Wirtschaft und Raum. Dubai – das Übermorgenland; http://www.dubai-city.de/sheikh-mohammed-bin-rashid-al-maktoum/; http://www.dubai.de/emirat/dubai-wirtschaft.html; https://www.liportal.de/v-a-emirate/wirtschaft-entwicklung/; http://www.dubai.de/artikel/224-Dubai-erwartet-15-Millionen-Touristen-jaehrlich.html

M5: Praxis Geographie Clips & Copy: Wirtschaft und Raum. Dubai – das Übermorgenland; 2014: eigene Berechnung nach https://www.dsc.gov.ae

M6: Praxis Geographie Clips & Copy: Megastädte. Dubai; Praxis Geographie Clips & Copy: Wirtschaft und Raum. Dubai – das Übermorgenland. Rasantes Wachstum – zu welchem Preis?

westermann

Zusatzmaterialien

M7 Die Vereinigten Arabischen Emirate

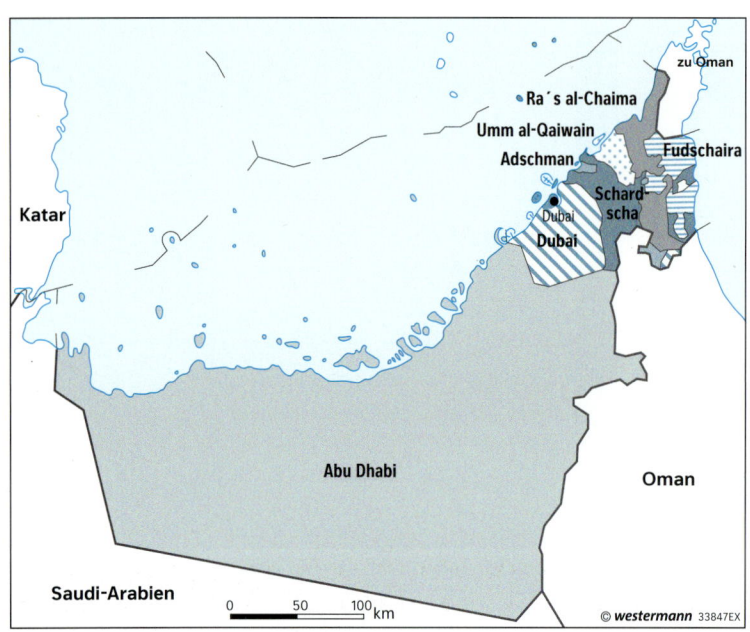

M8 Dubai und die Menschenrechte

The dark side of Dubai's economic miracle was exposed last year in Human Rights Watch report. The report accused the UAE of abusing the rights of hundreds of thousands of underpaid foreign labourers. Human Rights Watch said the men – who came from India, Pakistan, Bangladesh and China – are treated „less than human". The abuses include unpaid wages, the withholding of employees' passports, and dangerous working conditions that result in high rates of death and injury. „The government is turning a blind eye to a huge problem", Human Rights Watch regional director Sarah Whitson told the BBC. Many workers live in poor conditions, working 12 hours a day, six days a week for about $150 a month.

Vocabulary
UAE: Vereinigte Arabische Emirate
withholding: Einbehalten

Quelle: Praxis Geographie Clips & Copy: Wirtschaft und Raum. Dubai – das Übermorgenland. Dubai: eine nachhaltige Entwicklung?

M9 Indische Gastarbeiter in Dubai

Foto: Shutterstock.com, New York (creativei images)

M10 Jumeirah Beach Hotel

Foto: dreamstime.com, Brentwood (Lazy123)

westermann

M11   Klimadiagramm Dubai

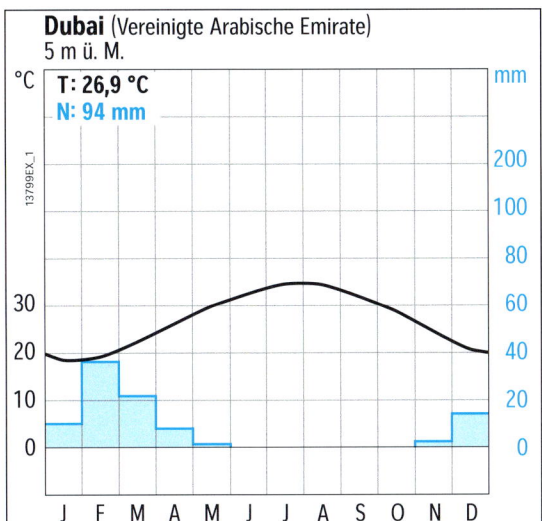

Dubai (Vereinigte Arabische Emirate)
5 m ü. M.
T: 26,9 °C
N: 94 mm

M12   Klimadaten Dubai

	Jan	Feb	März	April	Mai	Juni	Juli	Aug	Sep	Okt	Nov	Dez
maximale Temperatur (°C)	23,8	25,4	28,2	33,0	37,7	39,7	40,8	41,4	38,9	35,5	30,6	26,2
Durchschnittstemperatur (°C)	19,2	20,6	20,6	23,1	31,3	33,7	35,5	36,0	33,4	30,0	25,5	21,5
minimale Temperatur (°C)	14,6	15,7	17,9	21,2	24,9	27,6	30,1	30,6	27,9	24,2	20,4	16,7
Regentage	5	4	5	2	0	0	0	0	0	0	2	3
Niederschlag (mm)	8	3	5	1	4	0	0	2	1	2	2	8
Sonnenstunden pro Tag	7	8	9	8	10	12	12	10	10	10	9	8
Wassertemperatur (°C)	21,9	24,2	25,1	30,0	31,0	31,2	31,2	31,3	31,0	31,1	26,3	22,0

Quelle: https://www.klimatabelle.info/afrika/klimatabelle-dubai

westermann

Der Panamakanal – Probleme und Perspektiven

Karten im Diercke Weltatlas

⬕ 224/225.1 Mittelamerika – Physische Karte ⬕ 225.2 Panamakanal – Verbindung der Weltmeere ⬕ 226/227.1 Mittelamerika – Wirtschaft

Unterrichtliche Voraussetzungen

Inhaltlich

Die Klausur ist eingebettet in den Zusammenhang zwischen der Globalisierung der Wirtschaft und modernen Transport- und Kommunikationsnetzen. Dabei sind Grundkenntnisse über den Welthandel als eine der Antriebskräfte der Globalisierung erforderlich. Ebenso sollten Kenntnisse über die wichtigsten Verkehrsträger und ihre Bedeutung für den Handel genauso wie über die geopolitischen Auswirkungen von Verkehrsprojekten vorhanden sein. Hilfreich wären auch Kenntnisse über Freihandelszonen und Sonderwirtschaftszonen unterschiedlicher Art zur Förderung des Außenhandels.

Fachbegriffe

allgemein:
– Containerhafen
– Containerisierung
– globale Transportketten

in den Materialien:
– Freihandelszone (M2)
– BIP (M3)
– HDI (M3)
– BNE (M5)
– Kaufkraftparitäten (M5)

Literatur

Canal de Panamá (Hrsg.): Annual Report 2014. (http://www.pancanal.com/eng/general/reporte-anual/2014/pdf/annual-report-2014.pdf)

Hoogen, A.: Nicaraguakanal – Konkurrenz für den Panamakanal? In: Praxis Geographie, H. 7–8/2014, S. 52–56.

Meyer, C.: The Kiss of the Oceans. Entdeckungen zum Panama-Kanal. In: Praxis Geographie, H. 12/2007, S. 24–28.

Hoffmann, K.-D.: Der Panamakanal soll wettbewerbsfähiger werden. Das Megaprojekt einer dritten Schleusenstraße. 2005. (http://www.kas.de/wf/doc/kas_7823-544-1-30.pdf?060105101431)

Nuhn, H./Hesse, M.: Verkehrsgeographie. Paderborn 2006.

Tsekov, B.: About Nicaragua Canal, geopolitics and „South Stream" Pipeline. 2015. (http://www.modernpolitics.org)

Weiss, H.: Panama-Kanal. Nach 100 Jahren wird es eng. 2014. (http://www.panamacanal.com)

Internet

https://www.pancanal.com/eng/index.html
Website der Kanalverwaltung mit aktuellen Nachrichten und statistischem Material

Film

Hitec: Der neue Panamakanal – Ökologischer Wahnsinn oder Lebensader? Dokumentation auf ARTE, 2012. (http://www.youtube.com/watch?v=Rdkw6biXfa8)

Kürzungs- und Erweiterungsmöglichkeiten (geplante Bearbeitungszeit: 90 min)

	Kürzungsmöglichkeiten	Erweiterungsmöglichkeiten
Aufgabe 1	Die Beschreibung des Kanalverlaufs kann entfallen. → 1. Lokalisieren Sie Panama.	
Aufgabe 2		Durch die Zusatzmaterialien M11 und M12 lässt sich der Aspekt der wirtschaftlichen Bedeutung des Kanals für Panama vertiefen.

Aufgabe 3		Soll der Bewertungsschwerpunkt auf den Gegensatz zwischen ökonomischem Nutzen und ökologischen Folgen der Kanalerweiterung gelegt werden, so können die Zusatzmaterialien M16 und M17 eingesetzt werden. → 3. Diskutieren Sie die Frage: Der neue Panamakanal – ökologischer Wahnsinn oder ökonomische Lebensader? Ein interessantes Thema ist neben dem Ausbau des Panamakanals der geplante Bau des Nicaragua-Kanals. Als Zusatzmaterialien stehen hierfür M13–M15 zur Verfügung. → 3. Diskutieren Sie Chancen und Risiken der aktuellen Erweiterungsmaßnahmen, speziell vor dem Hintergrund des geplanten Konkurrenzkanals in Nicaragua.

Erwartungshorizont mit Punkteverteilung

Bitte beachten Sie: Die Punkteverteilung stellt nur einen Vorschlag dar, der je nach Bundesland und Kurssituation angepasst werden muss. Die Punkte beziehen sich zudem nur auf inhaltliche Aspekte, nicht auf die Darstellungsleistung der Schüler.

Aufgabe 1 Anforderungsbereich: I/II Materialien: M1, M2, M3, M4	**maximale Punktzahl**	**erreichte Punktzahl**
Lage Panamas Koordinaten: 9° N, 79° W (Panama-Stadt) (M1, M2); kleiner Staat in Mittelamerika zwischen Costa Rica und Kolumbien (M1); im Norden angrenzend an das Karibische Meer, im Süden an den Pazifik mit dem Golf von Panama (M2); überwiegend gebirgiges Land mit Höhen bis zu 3400 m im Westen (M1); aufgrund der äquatornahen Lage immerfeuchtes tropisches Klima; teilweise mit Regenwald bedeckt (M2)	7	
Panama hat 3,9 Mio. Einwohner, ist dünn besiedelt, hat kaum große Städte, nur Panama-Stadt an der Pazifikeinfahrt des Kanals hat über 500 000 Einwohner. (M2, M3)	3	
Verlauf des Kanals Der Kanal verbindet quer durch die Landenge von Panama über 81 km Länge den Atlantischen und Pazifischen Ozean. Seine Breite beträgt 153 m, die Tiefe 14,30 m. (M4) Auf der karibischen Seite beginnt bei Colon eine ausgebaggerte Kanalrinne, die zu den Schleusentreppen bei Gatun führt. Dort werden 26 m Höhenunterschied zum künstlich angestauten Gatunsee überwunden. (M2) Über den See verläuft mit ca. 30 km das längste Teilstück des Kanals. Der Gatunsee wird über den Rio Chagres gespeist, der bereits nordöstlich von Gamboa aufgestaut wird. (M2) Nahe der Gatunschleuse liegt ein Damm, über den der Austritt des Chagres ins Karibische Meer gesteuert wird. (M2) Ab Gamboa schließt sich der 13 km lange Gaillard-Durchstich an, der ins Hügelland gesprengt wurde. (M2) Über drei Schleusen wird schließlich bei Miraflores der Pazifik erreicht. Die Durchfahrtszeit beträgt 8–10 Stunden plus möglicher Wartezeit. (M4) Der Kanal durchquert auf dem größten Teil seiner Strecke den Soberanía-Nationalpark mit tropischem Regenwald. (M2)	13	
	23	

Aufgabe 2 Anforderungsbereich: II Materialien: M2, M3, M4, M5, M6, M7, M8	**maximale Punktzahl**	**erreichte Punktzahl**
Entwicklung des Kanals Der Kanal wurde 1904–1914 durch die USA gebaut, die sich in der Kanalzone Hoheitsrechte vorbehielten. (M4) Erst seit dem Jahr 2000 gehört der Panamakanal offiziell zu Panama.	4	
Bedeutung für die Wirtschaft Panamas – Seit 2005 haben sich die Einnahmen Panamas aus dem Kanalbetrieb mehr als verdoppelt (M6), wobei es einen stetigen Anstieg gab. Lediglich in den Jahren der Finanzkrise (2009/2010) gab es eine Stagnation. Die Einnahmen setzen sich zusammen aus: Kanalgebühren (75 %), Kanaldienstleistungen (16 %) und Weiterem wie dem Verkauf von Energie oder Trinkwasser (9 %). (M6) Die Höhe der Passagegebühren hängt ab von der Art und Größe des Schiffes sowie den Gebühren für Lotsen oder Schlepper. Für ein Schiff der Panamax-Klasse fallen ca. 450 000 US-$ an Gebühren an. (M4)	7	
– Parallel zur Steigerung der Kanaleinnahmen hat sich das Pro-Kopf-Einkommen Panamas entwickelt. (M5) Zwischen 2004 und 2014 hat es sich mehr als verdoppelt. Statistisch gesehen hat sich Panama somit vom Niveau eines Entwicklungslandes zu einem Schwellenland entwickelt. Dies zeigt sich auch in der Platzierung des Landes im Human Development Index. (M3) Die Kanalbehörde beschäftigt mehr als 10 000 Arbeitskräfte (M4), die Arbeitslosigkeit ist mit 4 % sehr niedrig (M3).	6	

Aufgabe 2 Anforderungsbereich: II Materialien: M2, M3, M4, M5, M6, M7, M8	**maximale Punktzahl**	**erreichte Punktzahl**
– Die Bedeutung des Kanals für Panama zeigt sich in den stetig steigenden Einnahmen (M6) Der Anteil des Dienstleistungssektors am BIP des Landes ist entsprechend hoch. Der sekundäre Sektor spielt nur eine untergeordnete Rolle. (M3) Die Karte M2 zeigt nur eine Erdölraffinerie in der Nähe von Colon. Dass mit 17 % noch wesentlich mehr Menschen im primären Sektor arbeiten als dieser zum BIP beiträgt, weist darauf hin, dass die Entwicklung des Landes in Wirklichkeit noch nicht so weit fortgeschritten ist. (M3) Panama-Stadt selbst hat sich auf der Pazifikseite des Kanals als wichtiger Finanzstandort etabliert (M2).	7	
Bedeutung für die globale Schifffahrt – Der Panamakanal erspart vielen Schiffen die Umrundung von Südamerika, was auf der Strecke Lissabon – Los Angeles ca. 10 000 km kürzer ist und zehn Tage auf See erspart und somit die laufenden Kosten des Schiffes verringert. (M2) Auch gegenüber der derzeit eher theoretischen Möglichkeit der Nutzung der Nordwestpassage spart der Kanal 1500 km bzw. zwei Tage Fahrtzeit. (M2) Besonders wichtig ist dies für die USA-Schifffahrt zwischen Ostküste und Ostasien mit 40,9 % aller Kanalfahrten sowie für Fahrten zwischen Europa und der Westküste Südamerikas. (M2)	7	
– Der relativ niedrig erscheinende Anteil des Panamakanals am globalen Schiffverkehr, mit leicht sinkender Tendenz, weist darauf hin, dass die Reedereien ihre Schiffe immer häufiger so einsetzen, dass eine Durchquerung des Kanals nicht notwendig ist. (M8) Dabei ist die Bedeutung für den Containerverkehr etwas höher. (M8)	6	
– Hauptnutzer des Kanals sind eindeutig die USA, vor allem für Transporte von der Ostküste nach Asien bzw. umgekehrt. (M2, M7) Es folgen die asiatischen Staaten China, Japan und Südkorea sowie die Pazifikanrainerstaaten Südamerikas, die ihre Waren Richtung Atlantik (USA, Europa, Brasilien) transportieren wollen. (M2, M7)	6	
	43	

Aufgabe 3 Anforderungsbereich: II/III Materialien: M2, M9, M10	**maximale Punktzahl**	**erreichte Punktzahl**
Problem Die seit 1914 vorgegebenen Maße des Panamakanals schränken bereits seit Längerem die Nutzung des Kanals ein. Bereits 1988 wurden die ersten Containerschiffe gebaut, die größer als die Kanalschleusen waren. (M9) Somit war der Kanal auf Dauer nicht mehr konkurrenzfähig.	6	
Ausbaumaßnahmen Infolgedessen wird bereits seit 2007 der Kanal ausgebaut. (M10) Dazu gehören der Neubau von größeren Schleusen, die Verbreiterung und Vertiefung der Fahrrinne sowie die Anhebung des Wasserspiegels im Gatunsee. (M10) Die neuen Maße der Schleusen entsprechen dem Postpana-max-Standard. (M10) Die Fertigstellung ist für Mitte 2016 geplant. Die endgültigen Kosten des Ausbaus sind noch nicht beziffert, betragen aber deutlich über 5 Mrd. US-$. (M10)	8	
Chancen Der Ausbau des Kanals ermöglicht eine deutliche Kapazitätssteigerung, sowohl was die Zahl der Schiffe als auch die der transportierten Container und damit die Menge der Waren angeht. (M9, M10) Damit wachsen auch die möglichen Einnahmen für Panama, was wiederum den Entwicklungsstand verbessern könnte. Ebenso hat der Ausbau viele Jahre lang neue Arbeitsplätze geschaffen. Insgesamt wird die Konkurrenzfähigkeit des Kanals deutlich erhöht.	7	
Risiken Durch die rasante Entwicklung bei der Größe von Containerschiffen (M9) ist der Kanal auch nach dem Ausbau schon wieder zu klein. Die neuen Schiffsgrößen D und E können auch die neuen Schleusen nicht passieren. (M9) Die Abhängigkeit Panamas von der Weltwirtschaft wird vermutlich noch größer werden, wobei offen bleibt, ob sich die hohen Kosten des Kanalausbaus amortisieren. Fraglich ist auch, wie sich die ökologischen Folgen des Kanalausbaus auswirken. Schließlich ist der Ausbau ein schwerer Eingriff ins Ökosystem des tropischen Regenwaldes, wobei vor allem der Wasserhaushalt eine große Rolle spielt. (M2)	9	
Fazit Der Kanalausbau war notwendig, um bei steigendem Welthandelsvolumen konkurrenzfähig zu bleiben. Die Risiken einer zunehmenden Abhängigkeit Panamas vom Kanal – und damit der globalen Wirtschaftsentwicklung – werden jedoch nicht geringer.	4	
	34	

Name: .... Datum: ....

Kurs/Klasse: .... Zeit: ....

Der Panamakanal – Probleme und Perspektiven

Aufgabe 1
Lokalisieren Sie Panama und beschreiben Sie den Verlauf des Panamakanals.

Aufgabe 2
Erläutern Sie die Bedeutung des Panamakanals für die Wirtschaft Panamas sowie für die globale Schifffahrt.

Aufgabe 3
Diskutieren Sie mögliche Chancen und Risiken der aktuellen Erweiterungsmaßnahmen des Kanals.

M1 Diercke Weltatlas

224/225.1 Mittelamerika – Physische Karte
226/227.1 Mittelamerika – Wirtschaft

M2 Diercke Weltatlas

225.2 Panamakanal – Verbindung der Weltmeere

M3 Basisdaten zu Panama (2014)

Fläche (davon Kanalzone [vgl. M4])	75 517 km² (1 432 km²)
Einwohner (Einwohnerdichte)	3,9 Mio. (52 Einw./km²)
BIP Anteile der Wirtschaftssektoren am BIP Anteile der Erwerbstätigen nach Sektoren	43,8 Mrd. US-$ (4 % / 17 % / 79 %) (17 % / 18 % / 65 %)
Arbeitslosigkeit	4,1 %
HDI-Rang	60

M4 Daten zum Panamakanal

Bau	1904–1914 durch die USA
Kanalzone	Sonderzone um den Kanal, in der bis 1999 Hoheitsrechte für die USA galten. Seit dem 1. Januar 2000 gehört der Panamakanal offiziell zu Panama.
Kanallänge	81 km
Durchfahrtszeit	8–10 Stunden im Kanal plus Wartezeit von ca. 12 Stunden (wegen des großen Andrangs häufig Wartezeiten bis zu 24 Stunden)
Passagegebühren	abhängig von der Art und Größe des Schiffes plus Nebengebühren (Lotsen, Schlepper usw.); Beispiel: Panamax-Schiff (vgl. M9) ca. 450 000 US-$
Beschäftigte bei der Kanalgesellschaft	10 016

westermann

M5 BNE/Kopf in Panama 2004–2014 (nach Kaufkraftparitäten)

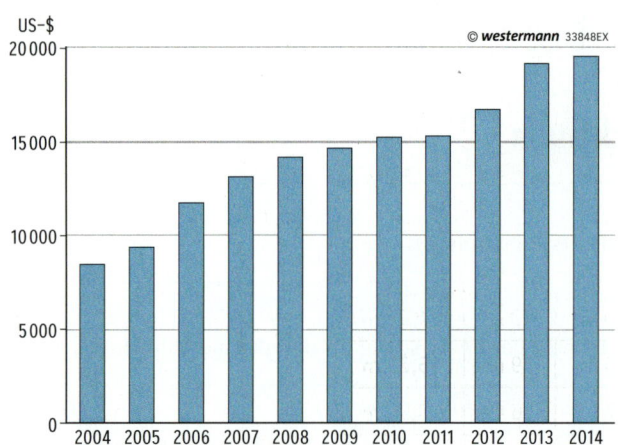

M6 Einnahmen aus dem Panamakanal

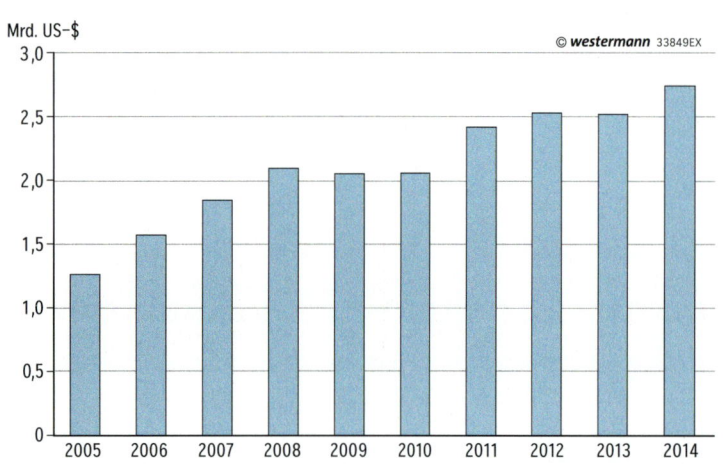

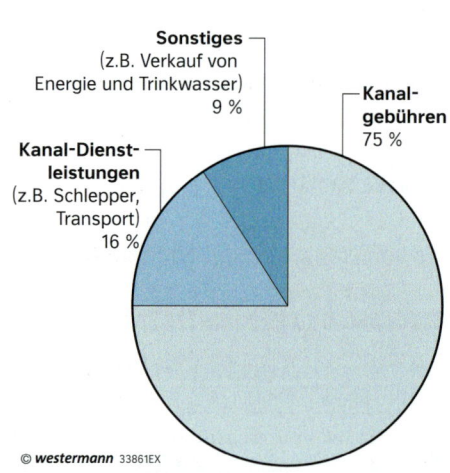

Sonstiges (z.B. Verkauf von Energie und Trinkwasser) 9 %
Kanalgebühren 75 %
Kanal-Dienstleistungen (z.B. Schlepper, Transport) 16 %

M7 Hauptnutzer des Kanals

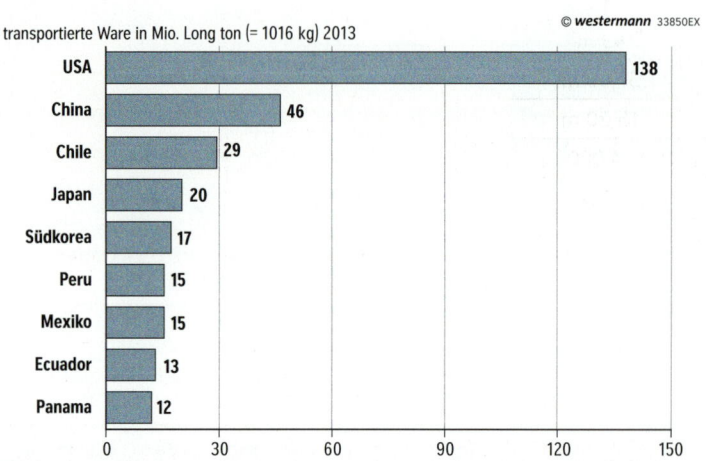

transportierte Ware in Mio. Long ton (= 1016 kg) 2013

USA 138
China 46
Chile 29
Japan 20
Südkorea 17
Peru 15
Mexiko 15
Ecuador 13
Panama 12

M8 Anteil des Panamakanals am Seehandelsvolumen 2006–2013

	2006	2007	2008	2009	2010	2011	2012	2013
Anteil am globalen Schiffsverkehr	3,0 %	2,8 %	2,7 %	2,7 %	2,5 %	2,5 %	2,3 %	2,3 %
Anteil am globalen Containerverkehr	3,9 %	3,6 %	3,8 %	4,2 %	3,6 %	3,6 %	3,6 %	3,7 %

westermann

M9 Entwicklung der Containerschiffgrößen

Typ	Bezeichnung	Baubeginn	TEU[1]	Länge	Breite	Tiefgang
A	frühe Containerschiffe	1956	500–800	137 m	17 m	9 m
	Fully Cellular	1970	1000–2500	215 m	20 m	9 m
B	Panamax[2]	1980	3000–3400	250 m	32 m	12,50 m
	Panamax Max	1985	3400–4500	290 m	37 m	12,50 m
C	Post Panamax	1988	4000–4500	285 m	40 m	13 m
	Post Panamax Plus	2000	6000–8000	300 m	43 m	14,50 m
D	New Panamax	2014	12500	366 m	49 m	15,20 m
E	Post New Panamax	2006	15000	397 m	56 m	15,50 m
	Triple E	2013	18000	400 m	59 m	15,50 m

[1] TEU = Twenty-Foot-Equivalent-Unit (20-Fuß-Containerlängeneinheit; Container mit einer Länge von 20 Fuß [6,10 m], einer Breite von 8 Fuß [2,44 m] und einer Höhe von 8 Fuß und 6 Inches [2,60 m])
[2] Panamax bezeichnet Schiffe, die anhand ihrer Abmessung gerade noch durch die Schleusen des Panamakanals passen.

M10 Ausbau des Panamakanals (2007–2016)

Maßnahmen:
- Vertiefung und Verbreiterung der Fahrrinne
- Bau neuer Schleusen (tiefer, länger, breiter)
- Anhebung des Wasserspiegels im Gatun-Stausee

Kosten: ca. 5-8 Mrd. US-$

Fertigstellung:
- Schleusen seit August 2015 fertig
- Eröffnung des neuen Kanals erfolgte im Juni 2016

	vor Ausbau (Stand 2013)	nach Ausbau
maximale Schiffsgröße		
– Länge	294,10 m	366 m
– Breite	32,30 m	49 m
– Höhe	57,90 m	57,90 m
– Tiefgang	12 m	15,20 m
– TEU	5000	14 000
Schiffsdurchfahrten/Jahr	14 000	18 000*
transportierte Waren/Jahr (Mio. t)	320	520*

* Schätzung

Quellen

M3: Fischer Weltalmanach 2016. Frankfurt am Main 2015, S. 353; HDI: http://countryeconomy.com/hdi/panama
M4: eigene Zusammenstellung nach http://www.seereisenmagazin.de/jahrgang2007/Ausgabe-1-2007/018-kanaele-der-welt.htm; http://www.pancanal.com/eng/general/reporte-anual/2014/pdf/annual-report-2014.pdf; https://de.wikipedia.org/wiki/Panamakanal
M5: http://www.factfish.com/de/statistik-land/panama/bruttoinlandsprodukt%20pro%20kopf
M6: http://www.pancanal.com/eng/general/reporte-anual/2014/pdf/annual-report-2014.pdf
M7: Ausschnitt aus http://www.dtoday.de/cms_media/module_img/966/483474_1_lightbox_53ec42637d4bc.jpg
M8: nach http://www.pancanal.com/eng/general/reporte-anual/2014/pdf/annual-report-2014.pdf
M9: http://www.arabiansupplychain.com/pictures/containerships.png
M10: http://www.stuttgarter-zeitung.de/media.imagefile.792a84f5-c718-411b-9bfe-a3e9258510d0.original; Grafik „Nadelöhre der Weltmeere". In: DIE ZEIT vom 14.08.2014, S. 31; http://www.dtoday.de/cms_media/module_img/966/483474_1_lightbox_53ec42637d4bc.jpg

westermann

Zusatzmaterialien

M11 Anteil der Exporte der Kanalzone (inkl. Colón Free Zone) am BIP Panamas

Jahr	Anteil am BIP (%)
2000	67,4
2003	58,9
2006	72,8
2009	67,7
2013	69,3

Quelle: Annual Report 2014, S.12

M12 Fakten zur Freihandelszone Colón (Colón Free Trade Zone)

- gegründet 1948; umfasst eine Fläche von 2,4 km^2
- wichtiger Versorger anderer Freihandelszonen
- Hauptabnehmer von Waren ist Kolumbien (ca. 16 %), gefolgt von anderen zentralamerikanischen Staaten
- mit mehr als 2500 Firmen zweitgrößte Freihandelszone hinter Hongkong
- bietet ca. 50 000 Arbeitsplätze
- ansässige Firmen sind von lokalen Steuern befreit
- Waren, die von oder nach Colón verschifft werden, sind steuerfrei

Quelle: eigene Zusammenstellung nach http://www.panamashipstore.com/additional-information; https://en.wikipedia.org/wiki/Colón_Free_Trade_Zone

M13 Geplanter Nicaragua-Kanal

Quelle: Karte: WAZ vom 23.12.2014; Daten: Grafik „Nadelöhre der Weltmeere". In: DIE ZEIT vom 14.08.2014, S. 31

M14 Profil entlang des geplanten Nicaragua-Kanals

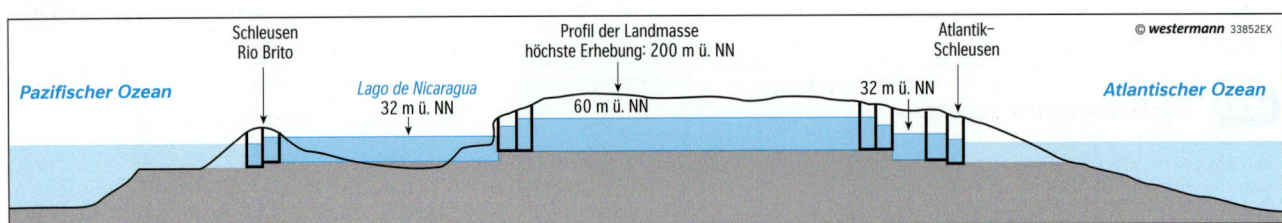

Quelle: http://www.vdi-nachrichten.com/var/storage/images/media/vdi-nachrichtencom/images/ausgaben-2014/31_grafik_tunnel-01/3124896-1-ger-DE/31_Grafik_Tunnel-01_image_width_560.jpg

M15 Entwicklung des Nicaragua-Kanals

Jahr	Ereignis
1539	Entdeckung des Rio San Juan als mögliche Wasserstraße zwischen Karibik und Nicaraguasee
1850	Großbritannien und die USA schließen ohne Beteiligung Nicaraguas einen Vertrag, in dem sie sich das Recht auf den Bau eines interozeanischen Kanals durch Nicaragua einräumen.
1914	Die USA lassen sich vom regierenden Diktator Nicaraguas „auf ewig" das exklusive Recht zum Bau des Nicaragua-Kanals zusichern.

Jahr	Ereignis
1999	Beginn von eigenen Planungen der nicaraguanischen Regierung für den „El Gran Canal".
2009	Verhandlungen mit den Vereinigten Arabischen Emiraten über die Finanzierung ohne Erfolg.
2013	Nicaragua erteilt die Konzession für den Bau des Kanals an ein chinesisches Konsortium, die HKND-Group. • HKND erhält 49 % Anteile, Nicaragua 51 %. • geplante Kosten: 40 Mrd. US-$ • Baubeginn bereits im Dezember 2014 geplant. Derzeit wird August 2016 als frühester Baubeginn genannt; möglicherweise wird das Projekt aber ein Opfer der chinesischen Wirtschaftskrise. • HKND erhält für 100 Jahre das Recht, den Kanal zu betreiben. • Zum Projekt gehören auch eine Eisenbahnverbindung, eine Pipeline, zwei Häfen und ein Flughafen sowie eine Freihandelszone.

Quelle: http://hknd-group.com/portal.php; https://de.wikipedia.org/wiki/Nicaragua-Kanal;
http://www.nytimes.com/2016/04/04/world/americas/nicaragua-canal-chinese-tycoon.html?_r=0

M16 Ökologische Belastung durch den Kanalausbau – Interview mit der Umweltaktivistin Raisa Banfield

STANDARD: Seit Panama 1999 die Kontrolle über den Kanal hat, ist das Land wirtschaftlich enorm gewachsen. Welche Folgen hatte das für die Umwelt?

Banfield: Eine ganze Reihe. Das Abholzen der Wälder und Mangroven für Immobilienprojekte etwa hat zu mehr Überschwemmungen und Erosion geführt.

STANDARD: Und inwiefern beeinträchtigt das den Kanal?

Banfield: Damit der Kanal funktioniert, brauchen wir Süßwasser. Die Kanalverwaltung hat das die vergangenen 100 Jahre gut hinbekommen. Sie hat die Wälder rund um die Flüsse geschützt. Aber in den letzten Jahren hat sich ein blinder Fortschrittsglaube ausgebreitet, und die Umwelt hat immer mehr an Bedeutung verloren.

STANDARD: Wird der Ausbau das noch verschärfen?

Banfield: Ja, denn der neue Kanal wird mehr Wasser brauchen. Zum anderen nimmt die Verschmutzung des Grundwassers zu. Wir haben Hoffnung, dass sich das unter der neuen Regierung ändert und die Umwelt nicht mehr nur administrativer Wurmfortsatz ist.

STANDARD: Warum hört man so wenig auf die Umweltschützer?

Banfield: Der Kanal ist unser Nationalstolz. Er symbolisiert die Entstehung unseres Landes, denn seinetwegen gelang uns die Unabhängigkeit von Kolumbien. Danach war er fast 100 Jahre lang eine US-Enklave. Die Rückgabe des Kanals bedeutete für uns volle Souveränität und einen Entwicklungsboom. Für die Panamaer ist es daher sehr schwierig, die negativen Seiten des Kanals zu akzeptieren.

Hinweis: Raisa Banfield ist Architektin, eine der bekanntesten Umweltschützerinnen Panamas und seit 2014 Vizebürgermeisterin der Hauptstadt.

Quelle: Weiss, Sandra: Der Kanal ist unser Nationalstolz. In: DER STANDARD vom 04.08.2014 (http://derstandard.at/2000003941496/Umweltaktivistin-Der-Kanal-ist-unser-Nationalstolz)

M17 Der Nationalpark Soberanía

Der Nationalpark Soberanía liegt in der Mitte Panamas, etwa 25 km von Panama-Stadt entfernt, an der östlichen Seite des Panamakanals und grenzt im südlichen Teil an den Nationalpark Camino de Cruces. Der Nationalpark wurde am 27. Mai 1980 gegründet. In ihm leben etwa 105 Säugetierarten, 525 Vogelarten, 79 Reptilienarten, 55 Amphibienarten und 36 Süßwasserfischarten.

Quelle: eigene Zusammenstellung nach https://de.wikipedia.org/wiki/Nationalpark_Soberanía

westermann

Rohstoffe für den globalen Markt – Fallbeispiel: Eisenerz aus Australien

Karten im Diercke Weltatlas

200.2 Pilbara
(Nordwestaustralien) –
Eisenerzrevier

202/203.1 Australien,
Neuseeland – Wirtschaft

Unterrichtliche Voraussetzungen

Inhaltlich

Die Schüler sollten die Bedeutung von Eisenerz für die Montanindustrie sowie das Nachhaltigkeitsdreieck mit seinen drei Dimensionen als Beurteilungsgrundlage für Nachhaltigkeit an anderen Raumbeispielen kennengelernt haben.

Fachbegriffe

allgemein:
- wirtschaftliche Monostruktur
- Rohstoffförderung
- Tagebau

in den Materialien:
- Erzaufbereitung (M1)
- NE-Metalle (M4)
- Export/Import (M4, M10, M11, M13)
- Reserven (M7)

Literatur

Barkhausen, B.: Die Schlacht ums Eisenerz. In: Berner Zeitung vom 25.07.2015. (http://www.bernerzeitung.ch/ausland/asien-und-ozeanien/die-schlacht-ums-eisenerz/story/13854267)

Grotz, R.: Der Bergbauboom in Australien. Ursachen und Folgen. In: Geographische Rundschau, H. 11/2009, S. 28–34.

Wälterlin, U.: Wenn Lkw-Fahrer sechsstellig verdienen. In: Handelsblatt vom 07.02.2012. (http://www.handelsblatt.com/unternehmen/industrie/rohstoff-boom-wenn-lkw-fahrer-sechsstellig-verdienen/6103858.html)

Internet

http://www.australien-auf-einen-blick.de/australien/index.php
Daten zu Australien

http://www.dmp.wa.gov.au/documents/Stats_Digest_2014-15.pdf
Statistisches Jahrbuch Australien

Kürzungs- und Erweiterungsmöglichkeiten (geplante Bearbeitungszeit: 90 min)

	Kürzungsmöglichkeiten	Erweiterungsmöglichkeiten
Aufgabe 2	M5 und M6 können entfallen, weil diese Karten nur eine Ergänzung zu den Atlaskarten sind.	M15 kann als Ergänzung gegeben werden, wenn die Entwicklung der Beschäftigtenzahlen im Eisenerzbau von Pilbara und Australien verglichen werden soll.

Erwartungshorizont mit Punkteverteilung

Bitte beachten Sie: Die Punkteverteilung stellt nur einen Vorschlag dar, der je nach Bundesland und Kurssituation angepasst werden muss. Die Punkte beziehen sich zudem nur auf inhaltliche Aspekte, nicht auf die Darstellungsleistung der Schüler.

Aufgabe 1 Anforderungsbereich: I/II Materialien: M1, M2, M3, M5	**maximale Punktzahl**	**erreichte Punktzahl**
Lage von Pilbara – im Nordwesten von Australien (M2) – in der Hamersleykette (M1) – 100–300 km vom Indischen Ozean entfernt (M1) – weit entfernt von den Verdichtungsräumen im Südwesten und Osten Australiens (M2) – weit entfernt von Kohlelagerstätten (M2, M5) – an Eisenbahnverbindungen (nur) zu den Häfen am Indischen Ozean (M1) – zwei Fernstraßenverbindungen nach Perth, eine Fernstraßenverbindung in den Norden Australiens (M1, M2)	6	
Merkmale der Abbauregion – dünn besiedelte Region (Atlaskarte 276/277.2) – wenige Kleinstädte (Atlaskarte 200/201.4) – Gebirge bis 1226 m (M2) – Savanne mit periodisch fließenden Flüssen (M2) – Eisenerzbergbau dominierend (M1) – monostrukturierte Region (M1, M2)	9	
Merkmale des Eisenerzabbaus – großflächige Tagebaue (M3) – zahlreiche Tagebaue (M1) – Tagebau überwiegend in Betrieb, nur einige stillgelegte Minen (M1, M5) – mehrere Tagebaue in Erschließung (M1) – Reserven zwischen 20 und 2020 Mio. t je nach Region (M1)	6	
Lage zum Absatzmarkt – Transport zu den Häfen am Indischen Ozean notwendig (M1) – Transport per Eisenbahn (M1) – Export, keine Verarbeitung vor Ort (M1)	6	
	27	

Aufgabe 2 Anforderungsbereich: I/II Materialien: M1, M4, M7, M8, M9, M10, M11	**maximale Punktzahl**	**erreichte Punktzahl**
Bedeutung und Entwicklung der Eisenerzförderung für die australische Wirtschaft – weltweit Rang 1 bei Förderung und Reserven 2015 (M7) – 37 % der Welt-Eisenerzförderung entfällt auf Australien (M7) – von 2011 bis 2013 China deutlich führend bei der Förderung (mehr als doppelt so viel wie Australien), aber seit 2014 Australien führend (M7) – seit 2011 kontinuierlicher Anstieg bei der Eisenerzförderung (M7) – mehr als doppelt so große Reserven im Vergleich zu Brasilien, Russland oder China (M7)	10	
– 36 % der Exporteinnahmen aus Rohstoffexport (M4) – mehr als die Hälfte (55 %) der Exporte von Bergbauprodukten entfallen auf Eisenerz (M10) – Hauptabnehmerländer Ostasien (M1, M11) – Hauptabnehmerland China (M4, M11)	7	
– große Bedeutung für den Arbeitsmarkt (M8) – 55 % der Beschäftigten im Eisenerzbergbau tätig (M8)	5	
Bedeutung der Entwicklung in Pilbara für Australien – Pilbara-Region für die australische Wirtschaft in Bezug auf den Eisenerzabbau und den -export sehr bedeutend (M8, M9, M10) – konstanter Anstieg der Beschäftigtenzahlen im Eisenerzbergbau seit 2001 (M9) – Fördermengen über 20 Mio. t in mehreren Minen (M1) – Erschließung drei weiterer Minen in Planung (M1) – Lage der Pilbara-Region für Export nach Ostasien günstig (M1) – Erzaufbereitung (M1)	10	
Erklärung der Entwicklung – auf Export ausgerichtete Förderung, deshalb Steigerung der Exportmengen (M1, M11) – Steigerung der Eisenerzförderung als Reaktion auf die Nachfrage aus China und Japan (M1, M7, M11)	6	
	38	

Aufgabe 3 Anforderungsbereich: II/III Materialien: M1, M3, M6, M7, M12, M13, M14	**maximale Punktzahl**	**erreichte Punktzahl**
Ökonomie *positiv:* – große Reserven an Eisenerzvorkommen (M7) – räumliche Nähe zu Großabnehmern in Ostasien (M1) – Aufbau einer weiterverarbeitenden Industrie aufgrund der Rohstoffe möglich (M1) – steigender Bedarf an Arbeitskräften, Arbeitsmarkt (M14) *negativ:* – sinkender Preis für Eisenerz (M12) – Rückgang der Nachfrage aus China (M13) – Konkurrenz aus Brasilien (M13) – hohes Lohnniveau (M14) – große räumliche Entfernung zu Kohlelagerstätten (Aufbau einer Montanindustrie) (M6)	15	
Ökologie *negativ:* – Zerstörung der Landschaft durch Tagebau (M1, M3) – Tagebau sogar im Nationalpark (M1)	6	
Soziales *positiv:* – großes Arbeitsplatzangebot (M14) – hohes Lohnniveau (M14) *negativ:* – Abhängigkeit der Arbeitsplätze vom Weltmarkt (Preisentwicklung, Nachfrage) (M12, M13, M14)	8	
abschließende Beurteilung unter Berücksichtigung aller Aspekte	6	
	35	

Name: ....   **Datum:** ....

Kurs/Klasse: ....   **Zeit:** ....

Rohstoffe für den globalen Markt – Fallbeispiel: Eisenerz aus Australien

Aufgabe 1
Lokalisieren Sie das Eisenerzabbaugebiet Pilbara und kennzeichnen Sie die Abbauregion.

Aufgabe 2
Erläutern Sie die Bedeutung der Eisenerzexporte für die australische Wirtschaft und in diesem Zusammenhang die Bedeutung der Pilbara-Region.

Aufgabe 3
Beurteilen Sie die zukünftige Entwicklung der Eisenerzförderung in Pilbara in Bezug auf eine nachhaltige Entwicklung.

M1 **Diercke Weltatlas**

200.2 Pilbara (Nordwestaustralien) – Eisenerzrevier

M2 **Diercke Weltatlas**

202/203.1 Australien, Neuseeland – Wirtschaft

weitere Atlaskarten nach Wahl

M3 **Praburdoo Mine**

westermann

M4 n zu Australien (2014)

Bevölkerung: 22,684 Mio.

Außenhandel:

Import	227,5 Mrd. US-$	
Export	240,4 Mrd. US-$	
davon:		
Rohstoffe	36 %	
Nahrungsmittel	12 %	
Erdgas	7 %	
Erdöl	5 %	
NE-Metalle	4 %	

Exportländer:	
VR China	34 %
Japan	18 %
Südkorea	7 %
USA	4 %
Indien	3 %
Singapur	3 %
Neuseeland	3 %

M5 Eisenerz- und Bauxitminen und -lagerstätten

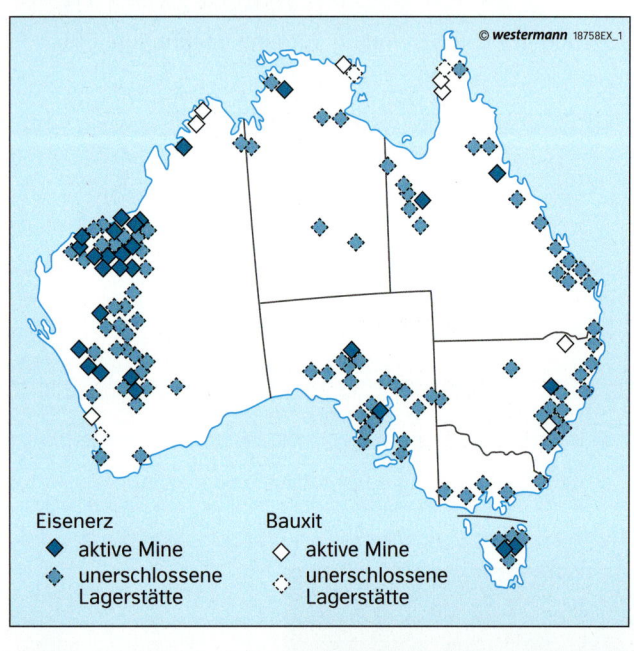

M6 Abbau und Reserven von Energierohstoffen

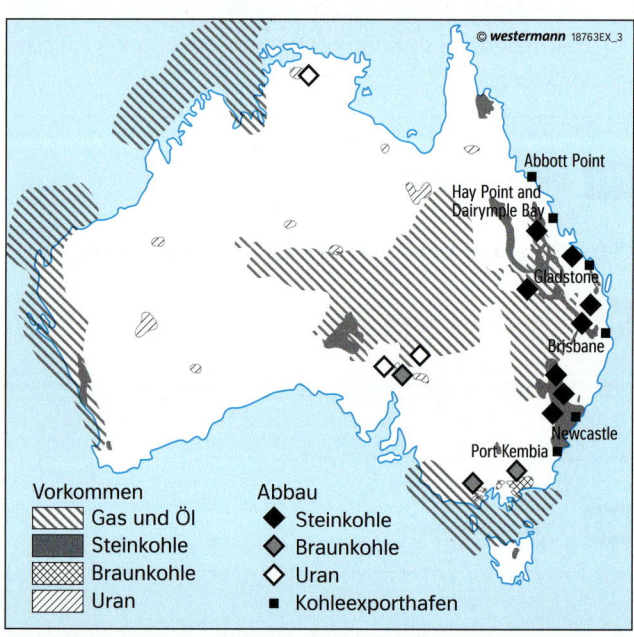

M7 Eisenerzförderung und Reserven der führenden Länder weltweit

	Eisenerzförderung in Mio. t					Reserven in Mio. t	
	2011	2012	2013	2014	2015	Roherz*	eisenerzhaltiges Gestein
Australien	488	521	609	774	824	54 000	24 000
Brasilien	373	398	317	411	428	23 000	12 000
China	1 330	1 310	1 450	309	264	23 000	7 200
Indien	240	144	150	129	129	8 100	5 200
Russland	100	105	105	102	112	25 000	14 000
Welt					2 200	190 000	85 000

* Roherz: beim Abbau anfallendes, noch nicht aufbereitetes/konzentriertes Erz

M8 Australien: Beschäftigte im Bergbau nach Abbauprodukten

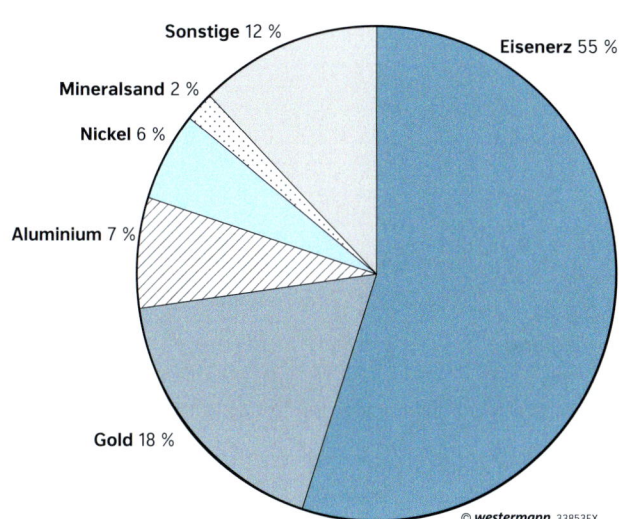

M10 West-Australien: Exporte von Bergbauprodukten und Erdöl

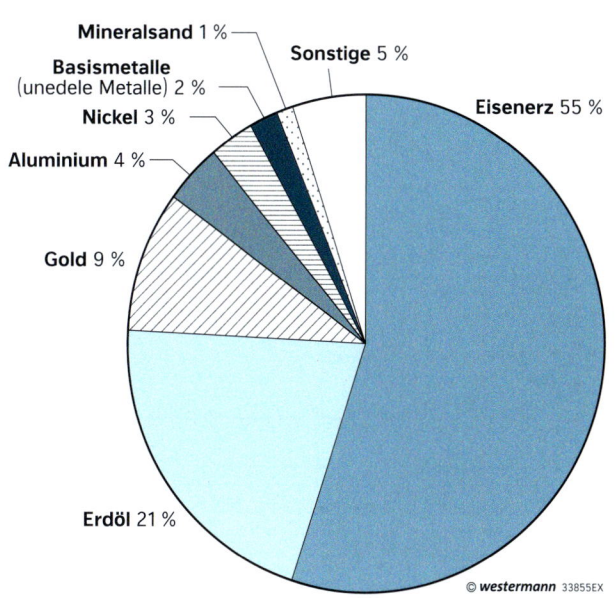

M9 Pilbara: Beschäftigte in Eisenerzminen 2001–2014

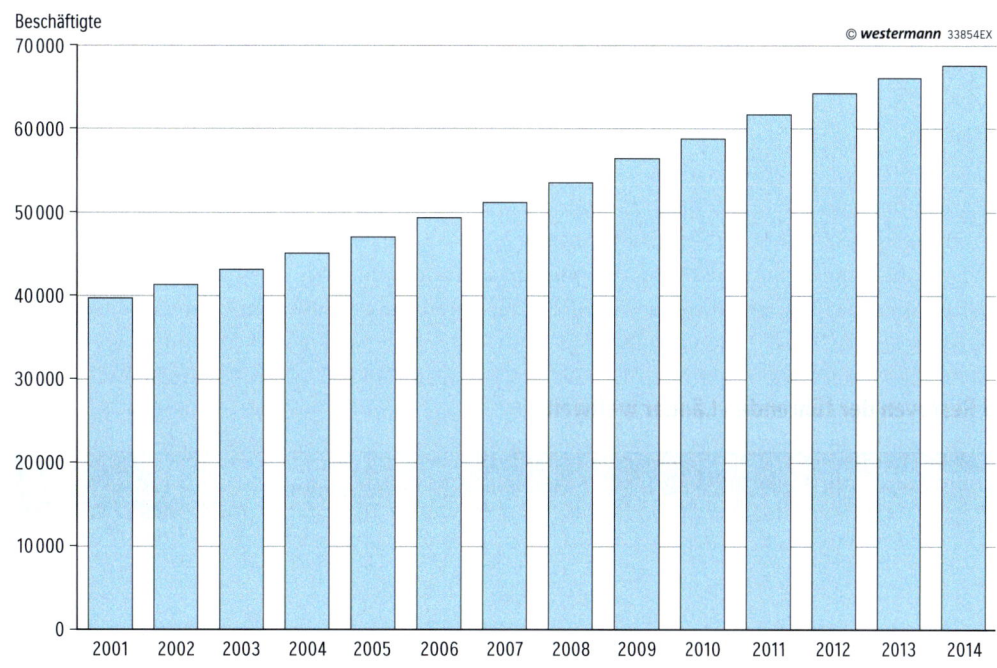

M11 Hauptzielländer des australischen Eisenerzexports (in Mio. AU$)

	2006/2007	2008/2009	2010/2011	2014/2015
China	8 252	22 114	39 963	41 041
Südkorea	4 434	7 343	10 334	4 264
Japan	1 693	3 428	6 052	6 396

westermann

M12   Preisentwicklung Eisenerz (Juni 2011 – Juni 2015)

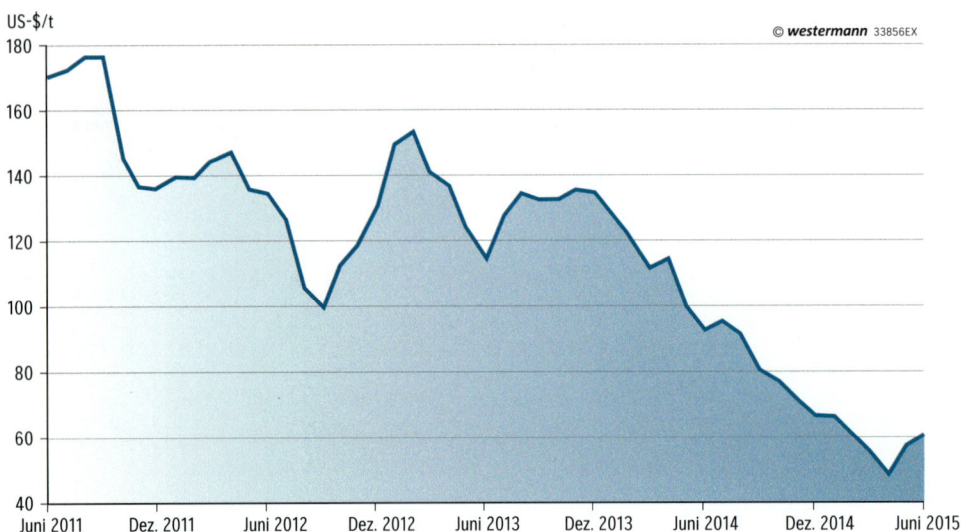

© westermann 33856EX

M13   Ursachen des Preisverfalls

Je weniger Nachfrage aus dem inzwischen schwächelnden China kommt, umso mehr verfällt der Preis des Rohstoffes, auf dem sich Australiens Wohlstand seit Jahrzehnten aufgebaut hat.

Von über 100 US-Dollar pro Tonne rutschte der Preis auf unter 50 US-Dollar. Gleichzeitig verschärfte sich Australiens Konkurrenz zu Brasilien empfindlich, seit auch das [brasilianische] Unternehmen Vale sein Eisenerz mit riesigen Frachtern kostengünstig nach China schaffen kann. Vale ist mit 35 Prozent Marktanteil der größte Eisenerzexporteur der Welt.

M14   Löhne in Westaustralien

Die steigenden Produktionskosten machen den australischen Rohstoffanbietern Sorgen. Konzerne wie Rio Tinto und BHP Billiton müssen immer höhere Löhne für ihre Minenarbeiter zahlen. 120 000 australische Dollar Grundgehalt, das sind umgerechnet gut 95 000 Euro, bekommt ein ungelernter Arbeiter im westaustralischen Perth inzwischen pro Jahr. Dazu gibt es 31,90 australische Dollar pro Tag als sogenannten Reisezuschlag für den 20-minütigen Arbeitsweg im Firmenbus. Das Geld wird selbst an arbeitsfreien Tagen gezahlt. Mit einer Reihe weiterer Zulagen kommt so schnell ein Jahresgehalt von 150 000 Dollar zusammen. Westaustralien ist zwar so reich an mineralischen Rohstoffen wie kaum ein anderer Fleck der Erde. Doch es fehlen die Menschen, die diese Schätze aus dem Boden holen könnten. Tausende zusätzliche Minenarbeiter werden alleine in den Eisenerzminen und Verladeanlagen im Gebiet Pilbara gebraucht, wo die Rohstoffgiganten BHP Billiton und Rio Tinto Milliarden investieren.

Quellen

M3: wikimedia commons
M4: Fischer Weltalmanach 2016; http://www.australien-auf-einen-blick.de/australien/index.php; http://de.statista.com/statistik/daten/studie/15690/umfrage/export-von-guetern-aus-australien
M5, M6: Australian Mines Atlas. In: Kreuzberger, N./Kreuzberger, C.: Diercke Spezial – Zentralabitur Geographie NRW, Braunschweig 2015, S. 87
M7: Reserven an Eisenerz: http://de.statista.com/statistik/daten/studie/153890/umfrage/reserven-an-eisenerz-nach-laendern/; Fördermengen: http://de.statista.com/statistik/daten/studie/153884/umfrage/minenproduktion-von-eisenerz-nach-laendern/
M8, M10: Western Australian Mineral and Petroleum Statistic Digest 2014–2015 (http://www.dmp.wa.gov.au/documents/Stats_Digest_2014-15.pdf)
M9: http://www.economicprofile.com.au/pilbara/trends/population
M11: Australian Mineral Statistics; Western Australian Mineral and Petroleum Statistic Digest 2014–2015 (http://www.dmp.wa.gov.au/documents/Stats_Digest_2014-15.pdf)
M12: Western Australian Mineral and Petroleum Statistic Digest 2014–2015 (http://www.dmp.wa.gov.au/documents/Stats_Digest_2014-15.pdf)
M13: Barkhausen, B.: Die Schlacht ums Eisenerz. In: Berner Zeitung vom 25.07.2015. (http://www.bernerzeitung.ch/ausland/asien-und-ozeanien/die-schlacht-ums-eisenerz/story/13854267)
M14: Wälterlin, U.: Wenn Lkw-Fahrer sechsstellig verdienen. In: Handelsblatt vom 07.02.2012. (http://www.handelsblatt.com/unternehmen/industrie/rohstoff-boom-wenn-lkw-fahrer-sechsstellig-verdienen/6103858.html)

Zusatzmaterial

M15 **Australien: Entwicklung der Beschäftigtenzahlen in Eisenerzminen**

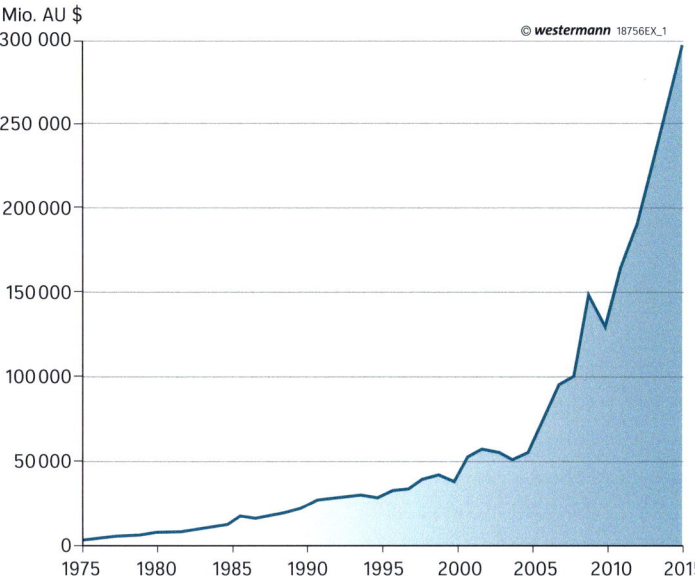

Quelle: Australian Mineral Statistics

Globalisierte Wirtschaft – Waren- und Wertschöpfungsketten am Beispiel Jeans

Karten im Diercke Weltatlas

270/271.1 Globale
Fragmentierung
(nach Scholz, 2012)

271.4 Globale Warenketten
(am Beispiel Jeans)

Unterrichtliche Voraussetzungen

Inhaltlich

Den Schülern sollten wichtige Aspekte des Themenbereichs Globalisierung (globale Arbeitsteilung, globale Beschaffungs- und Absatzmärkte) bekannt sein. Eine detaillierte Kenntnis der Theorie der komparativen Kostenvorteile ist dazu nicht erforderlich. Der Begriff der Nachhaltigkeit mit den drei Facetten Ökologie, Ökonomie und Soziales sollte aber bereits zumindest einmal an einem konkreten Beispiel im Zusammenhang mit Globalisierung thematisiert worden sein. Der Produktlebenszyklus ist den Schülern bekannt.

Fachbegriffe

allgemein:
- Globalisierung
- Nachhaltigkeit
- globales Produktionsnetz (Aufgabe 1a/b)

in den Materialien:
- globale Warenkette (M1, M3)
- globale Wertschöpfungskette (M3, M8)
- Pestizide (M4)
- Insektizide (M4)
- Zertifizierung (M4, Aufgabe 3)
- Produktlebenszyklus (M5a, M5b)

- Agglomerationsvorteile (M5b)
- Schwellen-/Entwicklungsland (M6)
- Sonderwirtschaftszone (M6)
- Exportwirtschaftszone (M6)
- NGO (M6)
- Verhaltenskodex (M6)
- Fairtrade (M7)
- Produktionskette (M7)
- Audit (M7)

Literatur

Neugebauer, C./Schewe, G.: Wirtschaftsmacht Mode – Alles bleibt anders. Aus Politik und Zeitgeschichte (APUZ 1-3/2015), Bundeszentrale für Politische Bildung, Berlin 2015.

Welzer, H.: Die smarte Diktatur. Der Angriff auf unsere Freiheit. Frankfurt a. M. 2016.

Internet

http://www.manomama.de
mit dem deutschen Nachhaltigkeitspreis honorierte Firma in Augsburg, die u. a. nachhaltig produzierte Textilien vertreibt
http://www.textilwirtschaft.de
Fachmagazin der Deutschen Textilwirtschaft
https://utopia.de
Portal für nachhaltigen Konsum

Erweiterungsmöglichkeiten (geplante Bearbeitungszeit: 90 min)

	Erweiterungsmöglichkeiten
Aufgabe 1	Die Zusatzmaterialien M8 und M9 quantifizieren die in der Atlaskarte 271.4 (M1) angegebenen Positionen.
Aufgabe 3	Das Zusatzmaterial M10 kann zur Vertiefung dienen.

Erwartungshorizont mit Punkteverteilung

Bitte beachten Sie: Die Punkteverteilung stellt nur einen Vorschlag dar, der je nach Bundesland und Kurssituation angepasst werden muss. Die Punkte beziehen sich zudem nur auf inhaltliche Aspekte, nicht auf die Darstellungsleistung der Schüler.

Aufgabe 1a) Anforderungsbereich: I Materialien: M1, M3	**maximale Punktzahl**	**erreichte Punktzahl**
Konventionell produzierte Jeans sind das Ergebnis einer globalen, weltumspannenden Arbeitsteilung. Die rein stofflich erfassbare Warenkette zeigt dabei verschiedene, geographisch teils weit auseinanderliegende Positionen. Verortbar sind z. B. – die Produktion des Rohstoffs Baumwolle (in Kasachstan) – die Garnerzeugung (in der Türkei), das Einfärben der Garne (in China) und das Weben des Tuchs (in Polen) – das Nähen der Kleidungsstücke (in Bangladesch) – die Veredelung der fertig genähten Kleidungsstücke durch Bleichen und sandbrushing (wieder in China) – die Einspeisung der Waren in den Großhandel (in Belgien) – der Verkauf im Einzelhandel an den Kunden (in Deutschland) – die Weitergabe der Waren nach ihrem Gebrauch entweder via Altkleidersammlung (nach Ostafrika) oder zur letztendlichen Entsorgung (ebenfalls z. B. in Ostafrika).	6	
Mit dem reinen Warenfluss vom Rohstoff Baumwolle bis zur Entsorgung des Produkts ist jedoch nur ein Teil des gesamten globalen Produktionsnetzwerks erfasst. Zu diesem gehören außerdem noch – die von extern (national und/oder international) zum jeweiligen Produktionsstandort gelieferten Produktionsmittel wie z. B. Dünger (nach Kasachstan), Farbstoffe (nach China), chemische Bleich- und Waschmittel (nach China) oder auch Schnittmuster, Etiketten, Innenfutter oder Kurzwaren, aber auch Textilmaschinen (nach Bangladesch). – Hinzu kommen die von den auftraggebenden Unternehmen von deren Hauptsitz aus erteilten Produktvorgaben, Kontroll- und Steuerungsmaßnahmen. Im dargestellten Beispiel Jeans sind diese Unternehmen alle in den USA beheimatet.	5	
Fazit Das globale Produktionsnetz z. B. einer konventionell produzierten Jeans zeigt ein relativ einfaches Muster: Unternehmen in hochentwickelten Ländern lassen für deren Märkte in einer globalen Arbeitsteilung massenhaft billige Konsumprodukte in verschiedenen Ländern des globalen Südens herstellen, die nach Gebrauch teils wieder dort landen.	4	
	15	

Aufgabe 1b) Anforderungsbereich: I/II Materialien: M1, M2, M4	**maximale Punktzahl**	**erreichte Punktzahl**
Konventionell hergestellte Jeans und Jeans der Augsburger Firma manomama unterscheiden sich hinsichtlich ökologischer, ökonomischer und sozialer Nachhaltigkeit erheblich. Besonders deutlich zeigt sich dies in allen drei Bereichen, soweit sie direkt am Standort Augsburg (Deutschland) gestaltbar sind. Dazu gehören im sozioökonomischen Bereich: – vergleichsweise hohe Löhne (1540 €) in Deutschland gegenüber 175 € in China bzw. nur 50 € pro Monat in Bangladesch bei tariflich geregelten 38,5 Wochenstunden in Deutschland gegenüber bis zu 108 Wochenstunden anderswo – in Deutschland gleichgewichtige Zusammensetzung des Verkaufspreises aus je 20 %-Anteilen von Löhnen der Näherinnen und des Verkaufspersonals, der Verwaltung/Werbung, des Materials, Transports mit den dazu gehörenden Lohnkosten sowie den Steuern. Bei global agierenden Produktionsnetzen erhalten die Näherinnen als Billiglohnkräfte dagegen nur 1 % des Verkaufspreises und die Aufwendungen für Material, Transport sowie den zugehörenden Lohnkosten liegen mit 11 % bzw. 13 % deutlich darunter. Drei Viertel des gesamten Verkaufspreises verteilen sich auf Marke, Verwaltung und Werbung (zusammen 25 %) sowie als wichtigster Einzelposten auf den Einzelhandel inklusive Steuern mit 50 %. (M4)	6	
Im ökologischen Bereich gibt es dagegen besonders bei der Vorproduktion und im Transport markante Unterschiede: – Die Baumwollproduktion muss wegen den Wachstumsanforderungen der Baumwollpflanze natürlich außerhalb Deutschlands (in semiariden Gebieten) erfolgen. Für die in Indien für die konventionelle Jeans produzierte Baumwolle werden massiv Pestizide, darunter 25 % aller weltweit verwendeten Insektizide eingesetzt, für die in der Türkei produzierte zertifizierte Biobaumwolle für manomama-Jeans dagegen nur „minimale Pestizide". – Für die Stoffherstellung in Deutschland werden nach dem Global Organic Textil Standard nur minimale Chemikalien und abwasserbelastende Farbstoffe verwendet (die zudem noch Klärwerke durchlaufen); dagegen gelangen bei vergleichbaren Produktionsschritten in Taiwan 90 % der Chemikalien und 20 % der Farbstoffe ungereinigt ins Abwasser. (M4)	6	

Aufgabe 1b) Anforderungsbereich: I/II Materialien: M1, M2, M4	maximale Punktzahl	erreichte Punktzahl
Allerdings sind manche Einzelposten in M4 nicht direkt vergleichbar: Die Kosten z. B. für die höchst unterschiedlichen Transportstrecken (15 000 km gegenüber 2 500 km) werden einerseits separat, andererseits zusammen mit Material und Lohnkosten (außer denen für Näherinnen und Verkäufern) erfasst.	2	
Fazit Die Wertschöpfung ist bei der manomama-Jeans gleichgewichtig auf alle Produktionsstufen verteilt und findet mit Ausnahme der Baumwollproduktion ausschließlich in Deutschland statt. Bei globalen Produktionsnetzen profitieren dagegen in erster Linie die in den Industrieländern ansässigen (Marken-)Unternehmen, die als Endglieder der Produktions- und Vertriebsketten diese insgesamt auch steuern, durch die Zersplitterung der Wertschöpfungskette ihr Risiko mindern und ständigen Kostendruck auf die schwächeren Glieder der Kette ausüben können.	6	
Das in M1 dargestellte Produktionsnetzwerk spiegelt die von Scholz 2012 als globale Fragmentierung bezeichneten Verhältnisse (M2) exemplarisch wider: Staatengruppen des global agierenden Milieus (USA, Westeuropa) stehen als Globalisierungsgewinner den als Globalisierungsverlierern bezeichneten Staaten der neuen Peripherie (Neuer Süden) gegenüber (Bangladesch sowie Teile von China, der Türkei und von Polen).	5	
	25	

Aufgabe 2a) Anforderungsbereich: II Materialien: M5a, M5b	maximale Punktzahl	erreichte Punktzahl
Das klassische Modell des Produktlebenszyklus beschreibt den betriebswirtschaftlichen Kosten-/Erlöse-Verlauf eines Produkts von seiner Entwicklung über den Markteintritt und seine Performance bis zur Entnahme aus dem Markt. Die einzelnen Phasen lassen sich dabei durch verschiedene Kriterien charakterisieren: – Entwicklungs- und Einführungsphase: Ausgaben für Forschung, Entwicklung und Produktwerbung einer Produktinnovation liegen auch noch einige Zeit nach Markteinführung höher als die leicht ansteigenden Erlöse; wichtige Standortfaktoren sind qualifizierte, d. h. auch teure Arbeitskräfte, eine geeignete Infrastruktur sowie Agglomerationsvorteile und zunehmend Marktnähe – Wachstumsphase: rasch ansteigende Gewinne trotz weiter steigender, aber notwendiger Kosten (z. B. für Produktionseinrichtungen, Marketing und Werbung); Agglomerationsvorteile und Marktnähe werden zunehmend wichtiger – Reifephase: hohe Gewinne wegen sinkenden Produktionskosten durch rationalisierte, von Prozessinnovationen geförderte Massenproduktion; gegen Ende bereits sinkende Erlöse durch Marktsättigung oder geringer werdende Produktattraktivität – Schrumpfungsphase: trotz bereits deutlich sinkender Kosten z. B. infolge der Verlagerung der Produktion in Billiglohnländer mit niedrigen Standortkosten insgesamt zunehmend geringer werdende Erlöse durch Markteintritt von Konkurrenten oder Alterung der Produkte (Technik, Mode).	10	

Aufgabe 2b) Anforderungsbereich: III Materialien: M1, M5a, M5b	maximale Punktzahl	erreichte Punktzahl
Beim reinen Fokus auf betriebswirtschaftliche Aspekte und Produktperformance lässt sich das Modell des Produktlebenszyklus auch auf konventionell in globalen Produktionsketten hergestellte Jeans anwenden, denn die Entwicklung von Kosten und Erlösen sowie die Entwicklung, Markteinführung, Marktdurchdringung und Rücknahme aus dem Markt verlaufen in grundsätzlich gleichen Phasen.	4	
Bei den den einzelnen Phasen zuzuordnenden Standortfaktoren gibt es jedoch deutliche Unterschiede: – Bei globalen Warenketten (wie z. B. bei Jeans) sind alle Etappen der Kette, von der Rohstoffgewinnung bis zur Endfertigung, von Beginn an in die je nach Branche günstigsten Länder des globalen Südens ausgelagert. – Nur die zentralen Initiations-, Entwicklungs-, Steuer- und Kontrollzentren sind ausschließlich in den Industrieländern verortet. – Die von dort im digitalen Zeitalter erfolgenden Vorgaben erfordern zudem keine hochwertige Infrastruktur oder Agglomerationsvorteile in den ersten Phasen. Ein Internetanschluss genügt. – (Geographische) Marktnähe der Produktionsstätte ist bei globalen Warenketten mit logistisch optimierten und billigen Transporten ebenfalls nicht nötig.	6	
	10	

Aufgabe 3 Anforderungsbereich: III Materialien: M4, M6, M7	maximale Punktzahl	erreichte Punktzahl
(Hinweis: Bei der Erörterung sollten nicht nur die direkt aus den Materialien ableitbaren Aspekte aufgegriffen werden, sondern auch eigenständig entwickelte mit sinnvoller Begründung.) *Verbot von Subunternehmen* - widerspricht eigentlich dem kapitalistischen Prinzip - schwer kontrollierbar - kann durch Korruption unterlaufen werden - trifft die am Ende der Lieferketten am stärksten Benachteiligten besonders hart ...	5	
Boykott der Produkte durch die Verbraucher + beruhigt das Gewissen der Verbraucher - vernichtet Arbeitsplätze dort, wo kaum oder gar keine Alternativen bestehen - verhindert Steuereinnahmen in Bangladesch ...	5	
Überwachung der Produktionsschritte und Nähfabriken durch unabhängige Zertifizierungsunternehmen - erfordert die Genehmigung der jeweils Verantwortlichen - Unabhängigkeit der Zertifizierungsunternehmen kann durch Korruption gefährdet sein - zeitliche Abstände und Umfang der Überwachung müssen transparent fixiert sein und eingehalten werden ...	5	
Belohnung derjenigen Nähfabriken, welche die Vorgaben des Siegels „Fairtrade Textile Production" erfüllen wollen + Belohnungen zeigen meist bessere Erfolge als einseitige Verbote - Fraglich ist, wie viele Unternehmen in Bangladesch sich diesem Projekt anschließen, aus Kostengründen die Auditierung ablehnen oder weil es die Besitzer aus welchen Gründen auch immer nicht wollen. + Das Siegel „Fairtrade Textile Production" bezieht sich als derzeit einziges auf die gesamte Produktionskette vom Rohstoff bis zum Endprodukt, erweitert den bereits geltenden Standard von Textilien aus Fairtrade-Baumwolle, soll auch für Subunternehmen gelten und beteiligt in den Nähfabriken neben dem Management auch Arbeitervertreter bzw. Gewerkschaften, sofern es diese überhaupt gibt. - Aufgrund fehlender Versammlungsfreiheit kann in China, dem weltgrößten Textil-Produktionsland, der Standard nicht angewendet werden. (M7) - Auch der Global Organic Textile Standard, der z. B. Anwendung bei den Jeans von manomama findet, ist nicht im Siegel „Fairtrade Textile Production" integriert, da dieser sich laut Fairtrade auf die Produktion von Textilien und nicht auf Baumwolle bzw. Fasern bezieht. Anfangsstationen der globalen Warenkette werden also nicht berücksichtigt.	10	
Auflösung von Export-/Sonderwirtschaftszonen - Mögliche Vorteile solcher Zonen sind die Schaffung von Arbeitsplätzen, Steuereinnahmen für das Land und Knowhow-Transfer, weil im Rahmen globaler Produktionsketten Kostenvorteile gegenüber Mitkonkurrenten genutzt werden. Aus der Einrichtung solcher Areale können daher Impulse für die gesamte Landesentwicklung ausgehen. Durch die Auflösung solcher mit besonderen Regelungen ausgestatteten Zonen könnten neben den Arbeitsplätzen die genannten betriebs- und volkswirtschaftlichen Vorteile verloren gehen.	5	
begründetes eigenständiges Urteil	10	
	40	

Name: .... **Datum:** ....

Kurs/Klasse: .... **Zeit:** ....

Globalisierte Wirtschaft – Waren- und Wertschöpfungsketten am Beispiel Jeans

Die Textil- und Bekleidungsbranche gehören zu jenen Branchen, in denen die Internationalisierung der Produktion und die Globalisierung der Märkte schon seit langem weit fortgeschritten sind. Nach Auslaufen aller Handelsbeschränkungen für die Textil- und Bekleidungsprodukte 2005 sind die jeweiligen Unternehmen einer verschärften Wettbewerbssituation ausgesetzt. Hinzu kommt, dass die Produkte dieser Branchen oft nur sehr kurze Produktlebenszyklen besitzen, welche nur durch hohe Flexibilität aller Beteiligten bewältigbar sind.

Aufgabe 1

a) Charakterisieren Sie die in M1 dargestellte globale Warenkette einer Jeans als Teil eines globalen Produktionsnetzes.

b) Vergleichen Sie Produktionsweise und Wertschöpfung einer konventionell, im globalen Produktionsnetz hergestellten Jeans und einer Jeans der Augsburger Firma manomama anhand der Nachhaltigkeitsbereiche Ökologie, Ökonomie und Soziales.

Aufgabe 2

a) Erläutern Sie den modellhaft für viele Produkte geltenden Produktlebenszyklus.

b) Überprüfen Sie, inwieweit das Modell des Produktlebenszyklus auch auf konventionelle, in globalen Warenketten produzierte Jeans anwendbar ist.

Aufgabe 3

Erörtern Sie die folgenden Vorschläge zur Verbesserung der Arbeitsbedingungen beispielsweise von Jeans-Näherinnen in Bangladesch.

- Verbot von Subunternehmen
- Boykott der Produkte durch die Verbraucher
- Überwachung der Produktionsschritte durch unabhängige Zertifizierungsunternehmen
- Belohnung derjenigen Nähfabriken, welche die Vorgaben des Siegels „Fairtrade Textile Production" erfüllen wollen
- Auflösung von Export-/Sonderwirtschaftszonen

M1 Diercke Weltatlas

271.4 Globale Warenketten (am Beispiel Jeans)

M2 Diercke Weltatlas

270/271.1 Globale Fragmentierung (nach Scholz, 2012)

M3 Definitionen „Warenkette" und „globale Wertschöpfungskette"

Während beim Konzept der *globalen Warenkette* der Fokus sinnvollerweise auf Waren liegt, da diese als „greifbare" Gegenstände in Untersuchungen einfach zu erfassen sind, bietet es sich an, die Gesamtbetrachtung durch Einbezug weiterer Elemente der Wertschöpfung zu ergänzen. Diese Erweiterung des Warenkettenkonzepts findet in *globalen Wertschöpfungsketten* ihren Niederschlag, welche die Wertschöpfung und nicht mehr die Ware in den Fokus der Betrachtung stellen.

westermann

M4 Vergleich einer konventionellen Jeans mit einer Jeans von manomama

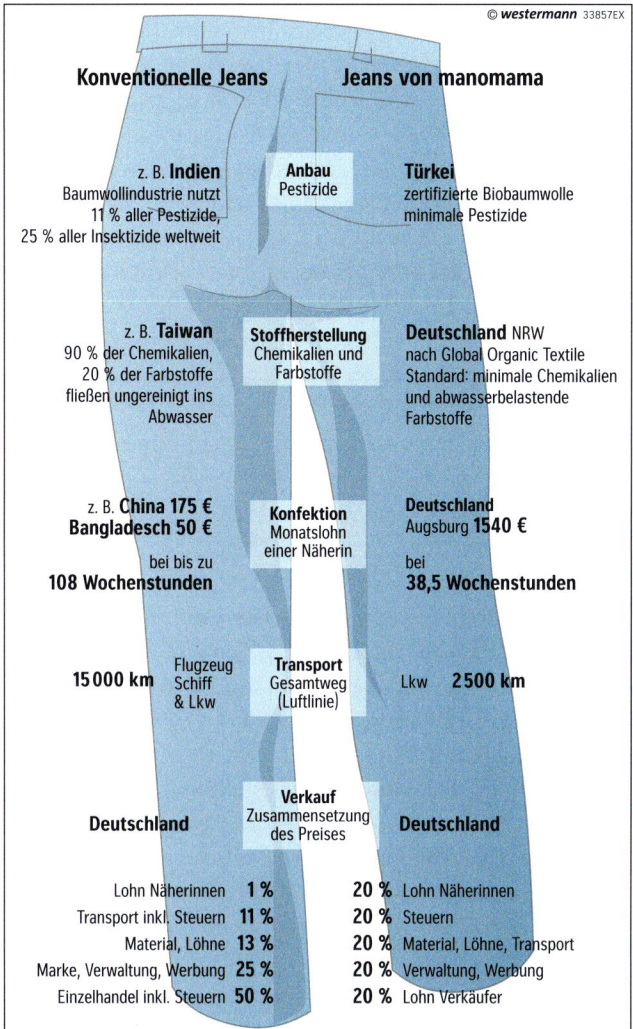

© westermann 33857EX

Konventionelle Jeans — **Jeans von manomama**

Anbau Pestizide

z. B. **Indien**
Baumwollindustrie nutzt 11 % aller Pestizide, 25 % aller Insektizide weltweit

Türkei
zertifizierte Biobaumwolle minimale Pestizide

Stoffherstellung Chemikalien und Farbstoffe

z. B. **Taiwan**
90 % der Chemikalien, 20 % der Farbstoffe fließen ungereinigt ins Abwasser

Deutschland NRW
nach Global Organic Textile Standard: minimale Chemikalien und abwasserbelastende Farbstoffe

Konfektion Monatslohn einer Näherin

z. B. **China 175 €**
Bangladesch 50 €
bei bis zu
108 Wochenstunden

Deutschland
Augsburg **1540 €**
bei
38,5 Wochenstunden

Transport Gesamtweg (Luftlinie)

15 000 km Flugzeug Schiff & Lkw

Lkw **2500 km**

Verkauf Zusammensetzung des Preises

Deutschland — **Deutschland**

Lohn Näherinnen	**1 %**	**20 %**	Lohn Näherinnen
Transport inkl. Steuern	**11 %**	**20 %**	Steuern
Material, Löhne	**13 %**	**20 %**	Material, Löhne, Transport
Marke, Verwaltung, Werbung	**25 %**	**20 %**	Verwaltung, Werbung
Einzelhandel inkl. Steuern	**50 %**	**20 %**	Lohn Verkäufer

M5a Das Modell des Produktlebenszyklus

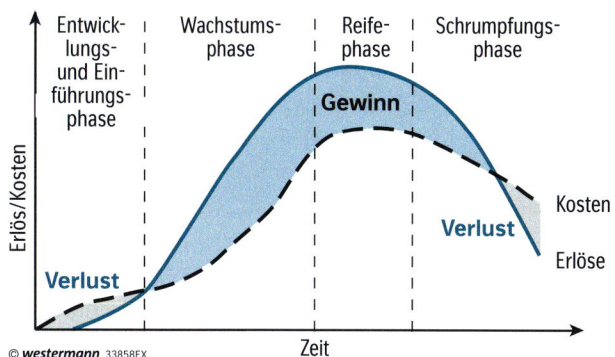

Entwicklungs- und Einführungsphase | Wachstumsphase | Reifephase | Schrumpfungsphase

Erlös/Kosten

Gewinn

Verlust

Verlust

Kosten

Erlöse

Zeit

© westermann 33858EX

M5b Bedeutung ausgewählter Standortfaktoren während der Phasen des Produktlebenszyklus

	Entwicklungs- und Einführungsphase	Wachstumsphase	Reifephase	Schrumpfungsphase
qualifizierte Arbeitskräfte	++	+	0	0
hochwertige Infrastruktur	++	+	0	0
Agglomerationsvorteile (Zulieferer, Dienste)	+	++	0	0
Marktnähe	+	++	+	0
billige Arbeitskräfte	0	0	++	++
niedrige Standortkosten (Betriebsgelände, Abgaben)	0	0	++	++

++ sehr wichtig, + wichtig, 0 weniger wichtig

M6 Arbeitsbedingungen und Umweltbelastungen in der Textilindustrie

Die gestiegene Nachfrage nach Auslandsproduktionen führte zu der Errichtung von Exportwirtschaftszonen, die eine schnelle Ansiedlung neuer Produktionsstätten in Schwellen- und Entwicklungsländern fördern. 2003 gab es etwa 2000 dieser Zonen in 70 Schwellen- und Entwicklungsländern. Inklusive der chinesischen Sonderwirtschaftszonen sind in

westermann

diesen Zonen zwischen 70 bis 100 Millionen Menschen beschäftigt. Manche dieser Exportzonen führen kein nationales Arbeitsrecht, verbieten Gewerkschaften oder deren Aktivitäten. Junge Frauen im Alter von 18 bis 25 Jahren machen gut 60 % der Beschäftigten aus.

Als Beispiel kann Bangladesch genannt werden. 2,2 Millionen junge Frauen arbeiten in der Textilbranche, anders als in Deutschland aber 13 bis 16 Stunden täglich, leisten zusätzlich Überstunden und das alles bei einem geringen Lohn [...]. Die fehlende Schulbildung bietet den Frauen kaum eine Alternative. Insbesondere die teilweise katastrophalen Arbeitsbedingungen stehen im Mittelpunkt der Kritik von NGOs, die seit den 1990er-Jahren in diesem Bereich aktiv sind. Die meisten Unternehmen beriefen sich damals auf die juristische Unabhängigkeit der Lieferanten und wiesen die Kritik der NGOs ab. Erst Ende der 1990er-Jahre reagierten die ersten Markenunternehmen; No-Name-Anbieter sowie Anbieter von Billigware verhalten sich bis heute passiv. [...]

Größere Unternehmen verfügen mittlerweile über Verhaltenskodizes, innerhalb derer sich die Zulieferer verhalten sollen. Sublieferanten werden hier jedoch oftmals nicht miteinbezogen und unterliegen somit keinem Schutz. Fortschritte sind insbesondere bei unternehmensübergreifenden Verhaltenskodizes erkennbar, dennoch herrschen bei vielen Zulieferern noch völlig mangelhafte Arbeitsbedingungen. Ein Abbruch der Geschäftsbeziehungen scheint aber selten als Lösung genutzt zu werden, vielmehr wird versucht, gemeinsam Missstände zu beseitigen. Trotz stetiger Versprechen ändert sich nicht viel. Unternehmen werden zumeist von tausenden Fabriken beliefert, eine überall implementierte Kontrolle ist kaum möglich.

M7 ... und noch ein Siegel

Kaffee trägt es, Bananen, Blumen und Baumwolle auch: das Fairtrade-Siegel. [...] Künftig soll das grün-schwarz-blaue Logo auch auf Textilien und Bekleidung prangen. Das ist zumindest das Ziel von Fairtrade International. Der internationale Verbund, dem Fairtrade Deutschland angeschlossen ist, hat in dieser Woche seinen Textilstandard vorgestellt. Und der soll weiter gehen als alle Siegel, die bereits auf dem Markt sind. „Unser Textilstandard ist einzigartig", sagt Claudia Brück, geschäftsführender Vorstand von Fairtrade Deutschland in Köln [...].

Es sei der erste Standard, der eine auskömmliche Bezahlung vorschreibt und dafür einen festen Zeitrahmen vorgibt. [...] Der Fairtrade-Textilstandard soll aber noch einen Schritt weitergehen und die Rechte der Arbeiter in den Fabriken stärken. Sie sollen mit den Arbeitgebern bessere Arbeitsbedingungen aushandeln können. So fördert er u. a., dass die Mitarbeiter sich Gewerkschaften anschließen und an Tarifverhandlungen teilnehmen. Dafür werden Schulungen zu Themen wie Arbeitnehmerrechte, Beschwerdemanagement und Sicherheit am Arbeitsplatz angeboten. [...] Ein Unternehmen, das Aufträge an andere Hersteller vergibt, muss nach den Fairtrade-Regularien sicherstellen, dass die Kriterien auch bei ihnen gelten. [...] Ein weiteres wichtiges Standbein sei die Beratung vor Ort, die „im Textilbereich stärker ausgebaut wird als in anderen Bereichen, in denen Fairtrade aktiv ist". Derzeit werden in Indien, Bangladesch und Äthiopien Beratungsdienste aufgebaut. In China, dem weltgrößten Textil-Produktionsland, kann der Standard aber nicht angewendet werden. Er gilt nur für Länder, die Versammlungsfreiheit erlauben. [...]

Textilstandards und -Siegel allerdings gibt es viele. Warum noch der Fairtrade-Ansatz? Es gebe bislang keinen Standard, der sich auf die komplette Produktionskette beziehe, über die Überprüfung von sozialen Mindestanforderungen hinausgehe, die Beschäftigten bei der Vertretung ihrer Rechte unterstütze, einen existenzsichernden Lohn vorschreibe und umfassende Unterstützung vor Ort anbiete, so die Argumentation. Eine Konkurrenz zu bestehenden Siegeln wolle man nicht sein, sondern gemeinsam arbeiten, Synergien nutzen und voneinander lernen. [...]

Zahlen muss das Unternehmen, das zertifiziert wird. Die Höhe des Betrages hängt davon ab, wie viele Ziele des Standards bereits umgesetzt sind. „Die Kosten der Audits beginnen bei rund 500 Euro, je nach Umfang kann das bis 10 000 Euro hochgehen", sagt Brück. Es wäre naheliegend, dass die Firmen die Kosten an die Verbraucher weitergeben. Studien zufolge sind Kunden aber nur selten bereit, für fair produzierte Waren auch mehr Geld zu bezahlen. [...]

Quellen

M3: wirtschaftslexikon.gabler.de/
M4: Welzer, H.: Die smarte Diktatur. Der Angriff auf unsere Freiheit. Frankfurt a. M. 2016, S. 81
M5a/b: Seydlitz. Geographie Baden-Württemberg. Kursstufe. Braunschweig 2016, S. 83
M6: Neugebauer, C./Schweger, G.: Wirtschaftsmacht Mode – Alles bleibt anders. Aus Politik und Zeitgeschichte (APUZ 1-3/2015), Bundeszentrale für Politische Bildung. Berlin 2015, S. 38
M7: Wollenschläger, U.: Die gläserne Kette. In: TextilWirtschaft 12 vom 24.03.2016, S. 22/23 (http://www.textilwirtschaft.de/suche/show.php?src=40&ids[]=353597&a=0)

Zusatzmaterialien

M8 Wichtigste Herkunftsländer für Textil- und Bekleidungsimporte nach Deutschland nach Einfuhrwert 2013

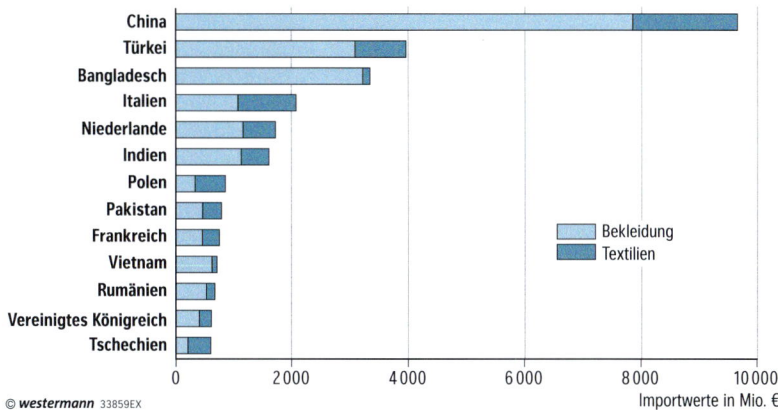

© *westermann* 33859EX

Quelle: Neugebauer, C./Schweger, G.: Wirtschaftsmacht Mode – Alles bleibt anders. Aus Politik und Zeitgeschichte (APUZ 1-3/2015), Bundeszentrale für Politische Bildung. Berlin 2015, S. 36

M9 Kleiderspenden in Zahlen

- Durchschnittlich 118 Kleidungsstücke hat jede Frau in Deutschland im Schrank, jeder Mann 73 Teile.
- Mehr als 50 Prozent aller Oberteile, Hosen und Schuhe werden spätestens nach drei Jahren ausgemustert.
- 64 Prozent der erwachsenen Deutschen sortieren Kleidung aus, weil sie ihnen nicht mehr gefällt – gerade einmal 21 Prozent entsorgen Kleidung ausschließlich dann, wenn sie kaputt ist oder nicht mehr passt.
- 88 Prozent der deutschen Haushalte geben Altkleider in die Kleidersammlung, weil sie hilfsbedürftige Menschen oder karikative Organisationen unterstützen möchten.
- Geschätzte 1 Million Tonnen Altkleider wurden 2013 in Deutschland gesammelt, rund 33 Prozent mehr als 2007.
- Schätzungsweise 28 Prozent der von privatwirtschaftlichen Unternehmen gesammelten oder angekauften Altkleider werden nach Afrika exportiert, 44 Prozent gehen in europäische Länder sowie nach Russland und in die anderen ehemaligen Sowjetstaaten.

Quelle: Institut der deutschen Wirtschaft Köln Medien GmbH: Kleiderspenden in Zahlen. iwd 51/52 vom 17.12.2015, S. 4

M10 DETOX – eine digitale Erfolgsgeschichte

[…] In puncto Glaubwürdigkeit ist Greenpeace (fast) über jeden Zweifel erhaben und kämpft schon seit Jahrzehnten erfolgreich für ein besseres Morgen. Doch was die DETOX-Kampagne […] von der bisherigen Umweltarbeit absetzt, ist ihre innovative Nutzung des Internets. Auch im Falle DETOX hat Greenpeace wie gewohnt zuerst einen exzellent recherchierten Report (Dirty Laundry) vorgelegt, der schockierende Fakten offenbarte. Anstatt jedoch die mediale Verbreitung anderen zu überlassen, haben die Umwelt-Experten den Report mit einer globalen Kampagne verknüpft, durch die der Druck auf einzelne Firmen konzentriert werden sollte. Diese Firmen waren jeweils die größten in ihrem Sektor und hatten damit die Marktmacht, durch ihr Verhalten die gesamte Branche zu beeinflussen. Mit Aufrufen zu Kurznachrichten auf dem Online-Dienst Twitter und konzentrierten Anfrage-Anstürmen auf die Firmen-Profile beim sozialen Netzwerk Facebook hat Greenpeace den entscheidenden Hebel gefunden. Was früher Postkarten-Flut und Demonstrationen waren, sind nun viral verbreitete Nachrichten, Bilder und Videos auf den großen Schauplätzen des World Wide Webs. […]

Einer nach dem anderen hat sich dazu verpflichtet, bis 2020 alle giftigen Chemikalien aus seiner Wertschöpfungskette zu eliminieren. Dabei geht es vor allem um toxische Phtalate, krebserregende Amine und Erbgut-verändernde Stoffe, die in den Körper und das Grundwasser gelangen. Bei internationalen Megakonzernen wie Nike, Zara & Co. verlieren Konsumenten den Glauben an ihre Macht als Verbraucher […] Greenpeace vereint die weltweiten Kritiker und nimmt ihnen das Gefühl, alleine zu sein. Vor einem Millionenpublikum werden die Firmen an den digitalen Pranger gestellt. Die Firmen haben auf derlei Aktionen noch keine Antwort gefunden außer der einzig richtigen: Die Wahrheit zu sagen, Fehler zuzugeben und sich ernsthaft zu bessern. […]

Quelle: Reichel, S.: DETOX – eine digitale Erfolgsgeschichte. In: Utopia vom 06.02.2013 (https://utopia.de/0/magazin/detox-eine-digitale-erfolgsgeschichte-greenpeace-kampagne-detox)

westermann

6 Bevölkerung

Klausuren

Demographischer Wandel in Deutschland – Fallbeispiel: Hohensaaten

Karten im Diercke Weltatlas

80.4 Altersaufbau	81.5 Bevölkerungsveränderung 2015–2030	81.6 Altersstruktur 2030	81.8 Hohensaaten (Brandenburg) – Überalterung

Unterrichtliche Voraussetzungen

Inhaltlich

Die Klausur kann im Anschluss an eine Reihe zur Bevölkerungsgeographie geschrieben werden. Darin haben die Schüler folgende Themenbereiche behandelt:

- Bevölkerungsentwicklung in Industrie- und Entwicklungsländern
- Demographische Grundgleichung
- Wanderungsbewegungen und deren Ursachen und Folgen (globale Migration/Binnenwanderung)
- Modell des demographischen Übergangs
- Auswirkungen des demographischen Wandels auf den Raum.

Die Schüler haben zudem gelernt, Auswirkungen verschiedener bevölkerungsgeographischer Aspekte auf den Raum zu bewerten und Raumbeispiele im Hinblick auf zukünftige Entwicklungspotenziale einzuordnen.

Fachbegriffe

allgemein:
- Bevölkerungspyramide
- demographischer Übergang
- regionale Disparitäten
- Überalterung

Kürzungs- und Erweiterungsmöglichkeiten (geplante Bearbeitungszeit: 90 min)

	Kürzungsmöglichkeiten	Erweiterungsmöglichkeiten
Aufgabe 1	Aufgabe 1a) kann entfallen.	Wenn das Modell des demographischen Übergangs nicht im Unterricht behandelt worden sein sollte, kann es als Zusatzmaterial gegeben werden (s. M4).
Aufgabe 3	Auf den Vergleich der Altersstruktur von Hohensaaten mit der von Köln und Düsseldorf kann verzichtet werden. → 3. Stellen Sie mithilfe von M3 begründet dar, welche räumlichen Auswirkungen des demographischen Wandels sich in Hohensaaten beobachten lassen und bewerten Sie die zukünftigen Entwicklungspotenziale dieser Gemeinde.	Ausweitung der Aufgabenstellung um eine differenzierte Beschreibung und Erläuterung der drei Bevölkerungspyramiden. → 3. a) Beschreiben, erklären und vergleichen Sie die drei Bevölkerungspyramiden von Köln, Düsseldorf und Hohensaaten (M2). Die Zusatzmaterialien M5, M6 und M7 bieten weitere Informationen zu Hohensaaten.

Erwartungshorizont mit Punkteverteilung

Bitte beachten Sie: Die Punkteverteilung stellt nur einen Vorschlag dar, der je nach Bundesland und Kurssituation angepasst werden muss. Die Punkte beziehen sich zudem nur auf inhaltliche Aspekte, nicht auf die Darstellungsleistung der Schüler.

Aufgabe 1 Anforderungsbereich: I Materialien: –	maximale Punktzahl	erreichte Punktzahl
Phase 1 (prätransformative Phase): hohe Geburten- und Sterberate, geringes Bevölkerungswachstum; geringe Lebenserwartung (Kriege, Seuchen, Hunger)	3	
Phase 2 (frühtransformative Phase): gleichbleibende Geburtenrate, sinkende Sterberate, Öffnung der Bevölkerungsschere; frühindustrielle Gesellschaft	3	
Phase 3 (mitteltransformative Phase): Fortsetzung des Sterblichkeitsrückgangs, beginnender Rückgang der Geburtenrate (veränderter Lebensstil, Empfängnisverhütung)	3	
Phase 4 (spättransformative Phase): niedrige Geburten- und Sterberate, nur noch langsamer Anstieg der Bevölkerungszahl	3	
Phase 5 (posttransformative Phase): Geburtenrate sinkt zum Teil unter Sterberate ab (veränderte Lebensbedingungen und Wertevorstellungen)	3	
Konsequenzen der vierten und fünften Phase: – demographischer Wandel/Veränderung der Altersstruktur – Überalterung der Gesellschaft (z. B. Urnenform der Pyramide) – zahlreiche Probleme und Herausforderungen, z. B. Konflikte zwischen den Generationen, Finanzierbarkeit sozialer Sicherungssysteme, Altersarmut, Erfordernis der Barrierefreiheit – sich verstärkende regionale Disparitäten, z. B. durch Abwanderung junger Menschen aus dem ländlichen Raum	5	
	20	

Aufgabe 2 Anforderungsbereich: II Materialien: M1	maximale Punktzahl	erreichte Punktzahl
Prognostische Veränderung der Bevölkerungsstruktur 2015–2030 – generelle Abnahme der Gesamtbevölkerung bis 2060 auf ca. 77 Mio. (hohe Prognose), 70 Mio. (mittlere Prognose) bzw. 62 Mio. (niedrige Prognose) Einwohner; gemäß dieser Prognose bis 2030 Abnahme der Bevölkerung um ca. 2 Mio., 4 Mio. bzw. 8 Mio. Einwohner – Veränderung der Einwohnerzahl allerdings räumlich differenziert – Zunahme der Einwohnerzahl um bis zu 14,1 % in den westdeutschen Ballungszentren München (mit Ausnahme der Stadt München), Nürnberg, Stuttgart, Rhein-Main, Köln-Bonn und Hamburg sowie einigen ländlichen Gebieten im Allgäu, westlich/südwestlich von Bremen, nordwestlich von Saarbrücken und im Großraum Freiburg im Breisgau – außerdem entsprechende Zunahme im nördlichen, westlichen und südlichen Umland von Berlin – dem Bundesdurchschnitt von -2,4 % bis zu +2,4 % entsprechende Veränderung in Berlin und an der Peripherie der westdeutschen Ballungszentren bzw. am Übergang dieser Ballungszentren in den ländlichen Raum – Abnahmen von 2,4 % bis 10 % insbesondere im ländlichen Raum Westdeutschlands in Niedersachsen, im Saarland, im Osten und Westen Bayerns, im Ruhrgebiet und in großen Teilen Hessens sowie in Ostdeutschland im Großraum Schwerin-Rostock – darüber hinaus massive Abnahmen von 10 % bis 20 % in weiten Teilen Ostdeutschlands, und zwar vor allem im Bereich großstädtischer Siedlungen in Thüringen, Sachsen, Sachsen-Anhalt, Mecklenburg-Vorpommern und Brandenburg – die größte Abnahme (20 % bis 32,5 %) lässt sich im ländlichen Raum Ostdeutschlands, und zwar insbesondere in Brandenburg, Sachsen und Mecklenburg-Vorpommern, beobachten – Gründe für diese Prognose können zum einen in der natürlichen Bevölkerungsbewegung und zum anderen in Binnenwanderungsbewegungen (insbesondere vom ländlichen in den städtischen Raum und von Osten nach Westen) zu finden sein	20	
Altersstruktur 2030 – Auswertung der Karte 81.6 zeigt, dass sich räumlich zur Karte 81.5 vergleichbare Muster feststellen lassen – hoher Anteil an Rentnern in den Regionen, in denen die Einwohnerzahl abnehmen wird – hoher Anteil an unter 20-Jährigen insbesondere in den Regionen, in denen die Einwohnerzahl zunimmt oder konstant bleibt; dabei lassen sich die höchsten Anteile im Großraum München, in Teilen des Allgäus und in größeren ländlichen Teilräumen Niedersachsens verzeichnen	10	

Aufgabe 2 Anforderungsbereich: II Materialien: M1	maximale Punktzahl	erreichte Punktzahl
Regionale Disparitäten, Fazit Insgesamt lassen sich klare Disparitäten in der Bevölkerungsverteilung erkennen. Deutlich zu erkennen ist der West-Ost-Gegensatz, insbesondere in Bezug auf den ländlichen Raum (und damit verbundene Land-Stadt-Wanderungsbewegungen). Die Wanderungsprozesse in wenige Ballungsräume lassen auf eine Überalterung der peripheren Räume vor allem Mittel- und Ostdeutschlands, aber auch weiter Teile Hessens und des Saarlandes schließen.	10	
	40	

Aufgabe 3 Anforderungsbereich: II/III Materialien: M2, M3	maximale Punktzahl	erreichte Punktzahl
Vergleich der Bevölkerungspyramiden (M2) – Bevölkerungspyramiden von Köln und Düsseldorf entsprechen der Urnenform (typisch für Industrieländer), mit etwas höherem Anteil an 20- bis 40-Jährigen in Düsseldorf; ansonsten Köln und Düsseldorf vergleichbar – Bevölkerungspyramide Hohensaaten demgegenüber ohne eindeutig erkennbare Struktur; weniger Kinder und Jugendliche als in Köln und Düsseldorf, dafür höherer Anteil an 20- bis 25-jährigen Männern; deutlich höherer Anteil an Menschen mittleren und höheren Alters (50- bis 75-Jährige), wobei der Rückgang des Anteils bei den 55- bis 60-Jährigen sowie der im Vergleich zu den Männern deutlich höhere Anteil älterer Frauen (ab 70) auffallen → Überalterung	10	
Räumliche Auswirkungen auf Hohensaaten Die Abwanderung junger Menschen und die Überalterung der Gemeinde Hohensaaten lassen sich auch räumlich feststellen (M3): – Schließung öffentlicher Einrichtungen wie z. B. Kindertagesstätte, Schule, Freibad und Post; Schließung der Bäckerei; damit verbundener Leerstand der Gebäude – ausgeprägte Brachflächen seit der Wiedervereinigung (Garten, Grün- und Ackerland; keine landwirtschaftliche Nutzung mehr) – wenige Gewerbeflächen, kaum sanierte Gebäude – mobile Versorgungsstellen zur Versorgung der älteren, nicht mehr so mobilen Bevölkerung mit Lebensmitteln – ausgeprägte Wohnflächen mit einem Seniorenanteil von über 50 % in der Ortsmitte	14	
Mögliche Handlungsoptionen (M3) – äußerst problematische Ausgangslage (Überalterung, Abwanderung junger Menschen, unzureichende Infrastruktur, periphere Lage Hohensaatens im Osten Brandenburgs unmittelbar an der deutsch-polnischen Grenze; keine größeren Städte in der Nähe [Atlaskarte 21/22]) – Handlungsmöglichkeiten: Ausbau des touristischen Potenzials im Sinne eines Naherholungsgebiets (z. B. Kiessee im Norden), Entwicklungsimpulse durch Investitionen in den Wirtschaftszweig des Boots-/Schiffsbaus (Lagegunst am Oder-Havel-Kanal/an der Oder), Nutzung der landwirtschaftlichen Brachflächen z. B. für nachhaltigen Ackerbau – Fazit: insbesondere vor dem Hintergrund der Überalterung Hohensaatens, des allgemeinen Trends eines zukünftigen Bevölkerungsrückgangs in Deutschland und der peripheren Lage der Gemeinde kaum tragfähige und nachhaltige Handlungsoptionen	16	
	40	

Name: ....   **Datum:** ....

Kurs/Klasse: ....   **Zeit:** ....

Demographischer Wandel in Deutschland – Fallbeispiel: Hohensaaten

Aufgabe 1

Das Modell des demographischen Übergangs stellt die idealtypische Bevölkerungsentwicklung in Industrieländern über einen längeren Zeitraum dar.

a) Beschreiben und benennen Sie kurz die fünf Phasen dieses Modells.

b) Erläutern Sie die Konsequenzen der Bevölkerungsentwicklung der vierten und fünften Phase des Modells für Deutschland (und damit auch andere Industrieländer).

Aufgabe 2

Analysieren Sie M1 im Hinblick auf die Fragestellungen, wie sich die Bevölkerungsstruktur in Deutschland von 2015 bis 2030 prognostisch verändern wird und welche regionalen Disparitäten hinsichtlich der Altersstruktur aus diesem Wandel resultieren.

Aufgabe 3

a) Vergleichen Sie die Bevölkerungspyramiden von Köln und Düsseldorf mit der Bevölkerungspyramide von Hohensaaten (M2).

b) Stellen Sie mithilfe von M3 begründet dar, welche räumlichen Auswirkungen des demographischen Wandels sich in Hohensaaten beobachten lassen.

c) Diskutieren Sie aufbauend auf Ihren Ergebnissen aus 3a) und 3b), welche Möglichkeiten Ihrer Ansicht nach bestehen, die zukünftige Entwicklung Hohensaatens positiv zu beeinflussen.

M1   **Diercke Weltatlas**

81.5 Bevölkerungsveränderung 2015–2030
81.6 Altersstruktur 2030

M2   **Diercke Weltatlas**

81.4 Altersaufbau

M3   **Diercke Weltatlas**

81.8 Hohensaaten (Brandenburg) – Überalterung

westermann

Zusatzmaterialien

M4   Diercke Weltatlas

102.2 Bevölkerungsstruktur und -dynamik (hier: Modell des demographischen Übergangs)

M5   Informationen zur wirtschaftlichen Entwicklung von Hohensaaten

- Landwirtschaft: nur etwa 6 % der Gemeindefläche landwirtschaftlich genutzt (schlechter, sandiger Boden)
- Fischerei: seit der Gründung der Siedlung (im 10. Jahrhundert) bis Mitte des 19. Jahrhunderts Haupterwerbszweig
- Industrie- und Handwerksbetriebe: ab 18. Jahrhundert
- wirtschaftlicher Aufstieg ab Anfang des 20. Jahrhunderts: Bau von zwei Schleusen und einem Wehr (Wasserstraße)
- Werftindustrie
- Hafen
- Tourismus
- Niedergang der Wirtschaft seit 1945
- verstärkte Abwanderung seit der Wiedervereinigung

M6   Entwicklung der Einwohnerzahl in Hohensaaten

1939	1950	1989	1995	2005	2008	2009	2010	2011	2012	2013	2014	2015
1 492	1 226	922	857	795	756	714	738	717	697	687	676	666

M7   Informationen zu den Problemen in Hohensaaten

2008 hatte Hohensaaten statistisch gesehen im Durchschnitt die ältesten Einwohner in ganz Brandenburg. Damals war man noch eine eigenständige Gemeinde. Dann ging das Geld aus. Das Dorf verlor seine Selbstständigkeit und wurde ein Ortsteil von Bad Freienwalde. In den Statistiken zum Durchschnittsalter taucht das Dorf jetzt nicht mehr auf.

Doch der Ortsvorsteher hat die Zahlen in Handarbeit zusammensuchen lassen. [...] Im Mittel sind die Dorfbewohner etwa 53 Jahre alt – ein Wert, der in ganz Brandenburg laut Prognose erst nach 2030 erreicht wird. Und: Das Dorf schrumpft rapide. [...]

Hohensaatens Problem ist auch Brandenburgs Problem: Für eine Gesellschaft ist es schlicht nicht bezahlbar, für immer weniger Menschen die gleiche Anzahl an Schulen, Arztpraxen und Busverbindungen bereitzuhalten.

In der Brandenburger Landesverfassung aber ist das Ziel verankert, mithilfe von Förderprogrammen „in allen Landesteilen gleichwertige Lebens- und Arbeitsbedingungen zu schaffen und zu erhalten". Diesen Passus der Verfassung findet man in Hohensaaten eher unfreiwillig komisch.

Quelle: Kartschall, A.: Serie „Demographischer Wandel" (Teil I): Wo das Leben härter wird – Am Rand Brandenburgs stößt die Landesverfassung an ihre Grenzen. 01.02.2012 (http://www.rbb-online.de/klartext/ueber_den_tag_hinaus/Demografie/serie__demographischer.html)

westermann

Über Ceuta nach Europa

Karten im Diercke Weltatlas

**103.4 Ceuta –
Spanische Exklave in Afrika**

Unterrichtliche Voraussetzungen

Inhaltlich

Migration ist ein komplexes und aktuell höchst kontrovers diskutiertes Thema. Die Situation rund um Ceuta, der spanischen Exklave in Nordafrika, kann man mit objektiv messbaren Daten, z. B. zur Höhe des Grenzzaunes, zu den Kosten der Grenzsicherung oder zur Anzahl der erfolgreichen Fluchtversuche, beschreiben. Kaum möglich ist im Rahmen einer Klausur, einzig „gültige" Antworten zur Lösung der skizzierten Probleme zu geben.

Das in M1 veranschaulichte Push-/Pull-Modell der Migration, das sich am Prinzip des ökonomischen Rationalismus orientiert, sollte aus dem vorangegangenen Unterricht bekannt sein. Push-Faktoren, die Flucht begünstigen, sollten bereits thematisiert worden sein: Armut, Perspektivlosigkeit, Menschenrechtsverletzungen, staatliche bzw. vom Staat geduldete Gewalt, Verfolgung, politische/wirtschaftliche Instabilität, (Bürger-)Kriege, Umweltzerstörungen. Gleiches gilt für die in den Zielländern (neben der Willkommenskultur) zu beobachtende Angst vor einer finanziellen oder kulturellen Überforderung.

Vorangegangen sein sollte auch eine kritische Betrachtung von unterschiedlichen Formen der Entwicklungszusammenarbeit zwischen der EU und afrikanischen Staaten.

Fachbegriffe

allgemein:
– Flucht
– Genfer Flüchtlingskonvention
– Migration

in den Materialien
– Exklave (M1)
– Pull-/Push-Faktoren (M1)
– Frontex (M3)
– Asyl (M6)
– Enklave (M6)

Literatur

Franken-Wendelstorf, R. u. a.: Flucht und Migration in und aus Afrika: Herausforderungen und Chancen für Politik und Kirche. Werl 2009.

Koudissa, J.: Ethik und Migration: Das afrikanische Flüchtlings- und Migrationsproblem. Eine Herausforderung für Europa und die Welt. Münster 2014.

Pinos, J. C.: Building Fortress Europe? Schengen and the Cases of Ceuta and Melilla. School of Politics, International Studies and Philosophy. Queen's University Belfast.

Sova, R./Sova, U.: Dorthin kann ich nicht zurück: Flüchtlinge erzählen. Wien 2012.

Internet

o. V.: Visit to Ceuta and Melilla – Mission Report Technical mission to Morocco on illegal Immigration7th October – 11th October 2005 (http://europa.eu/rapid/press-release_MEMO-05-380_en.htm?locale=en)

Kürzungs- und Erweiterungsmöglichkeiten, Alternativen (geplante Bearbeitungszeit: 90 min)

	Kürzungsmöglichkeiten	Erweiterungsmöglichkeiten	Alternativen
Aufgabe 2	M3 veranschaulicht die wichtigen Bestandteile der Grenzanlagen, sodass auf M4a verzichtet werden kann.		
Aufgabe 3		Um zu gehaltvolleren Aussagen zu kommen, wird ergänzend das Zusatzmaterial M10 zur Verfügung gestellt.	Wenn M10 als Material angeboten wird, kann auf M9b und/oder M9c verzichtet werden.

Erwartungshorizont mit Punkteverteilung

Bitte beachten Sie: Die Punkteverteilung stellt nur einen Vorschlag dar, der je nach Bundesland und Kurssituation angepasst werden muss. Die Punkte beziehen sich zudem nur auf inhaltliche Aspekte, nicht auf die Darstellungsleistung der Schüler.

Aufgabe 1 Anforderungsbereich: I/II Materialien: M1, M2	maximale Punktzahl	erreichte Punktzahl
Ceuta liegt am Mittelmeer an der Straße von Gibraltar. (M1) Die Meerenge ist an dieser Stelle etwa 20 km breit. (M1, Atlaskarte 132/133.1) Die Stadt ist eine spanische Exklave. (M1) Von Marokko, das die Exklave zur Landseite umschließt, ist sie durch einen 6 m hohen Zaun mit hochmodernen Sicherungssystemen abgegrenzt. (M1) Auf rund 18,5 km^2 beherbergt die Stadt etwa 85 000 Einwohner. (M2)	15	
Da Ceuta nicht zum spanischen Protektorat Marokkos zählte, blieb die Stadt auch nach der marokkanischen Unabhängigkeit ein Teil Spaniens. (M2) Bedeutsam ist dies für Migranten, da der Ort somit EU-Hoheitsgebiet auf afrikanischem Boden ist. (M2) Viele von ihnen sind subsaharische Afrikaner (M1); sie leben in der Hoffnung, dass ihnen ein illegaler Grenzübertritt nach Ceuta oder die Überquerung des Mittelmeers mit Booten gelingen wird, zumeist in Flüchtlingscamps auf marokkanischer Seite nahe der Grenzanlagen. (M1, Atlaskarte 103.3)	15	
	30	

Aufgabe 2 Anforderungsbereich: II Materialien M1, M3, M4, M5, M6, M7	maximale Punktzahl	erreichte Punktzahl
Die bis zu sechs Meter hohen Zäune der Grenzanlage sind in mehreren Reihen errichtet. Auf einigen Zaunspitzen liegt Natodraht. Dazwischen verläuft ein Drahtgeflecht. (M3) Überall befinden sich Wachtürme. (M4a) Mit Kameras kann von spanischer Seite weit in das marokkanische Gebiet hineingeschaut werden, Bewegungsmelder schlagen Alarm, eine Direktleitung verbindet spanische Stellen mit der marokkanischen Polizei. (M4b)	12	
Trotzdem finden sich immer wieder Flüchtlinge zu größeren Gruppen von über hundert Personen zusammen, um durch eine Massenerstürmung die Grenzanlagen zu überwinden oder Grenzübergänge zu durchbrechen. (M5b) Vereinzelt wird auch versucht, Ceuta zu erreichen, indem Menschen Grenzzäune umschwimmen (M5b); ein solcher Versuch (und der damit verbundene Tod von 15 Menschen) aus dem Jahr 2014 ist in M1 dokumentiert.	12	
Sowohl auf marokkanischer als auch auf spanischer Seite wird durch die für die Grenzsicherung Verantwortlichen versucht, Fluchtversuche zu unterbinden. (M4b, M6) Unterstützung erhalten die Sicherungskräfte durch die von Frontex organisierten Maßnahmen zur See- und Luftüberwachung. (M3) Die Mehrzahl der Fluchtversuche scheitert. Migranten, die Ceuta (oder das spanische Festland) erreichen, werden in Flüchtlingsaufnahmelagern untergebracht und können dort Asyl beantragen. (M6) Verläuft das Asylverfahren erfolgreich, erhalten sie einen dauerhaften Aufenthaltsstatus; andernfalls droht ihnen die Abschiebung. (M6) Oftmals ist es aber offensichtlich für die Ankömmlinge attraktiver, kein Asyl zu beantragen, sondern darauf zu vertrauen, aus einem vollen Aufnahmelager nach Spanien geschickt zu werden, um dann (in Spanien oder einem anderen EU-Staat) unterzutauchen. (M6) Abkommen zwischen Marokko und der EU sehen vor, dass sich in Marokko Wege finden, die in seinen Grenzen verlaufenden Flüchtlingsströme nach Europa zu unterbinden. (M7) Dem nordafrikanischen Land wird im Gegenzug von der EU finanzielle Unterstützung gewährt. (M7) Rechtlich umstritten ist das Zusammenwirken zwischen Spanien und Marokko bei den sogenannten „heißen Abschiebungen", in deren Verlauf auf der spanischen Seite ankommende Flüchtlinge wieder über die Grenze zurückgeschickt werden. (M6)	16	
	40	

Aufgabe 3 Anforderungsbereich: III Materialien: M1, M8, M9	maximale Punktzahl	erreichte Punktzahl
Die Aufgabenstellung lässt durch ihre Offenheit dem Schüler Raum bei der Schwerpunktsetzung, verlangt dann aber die konkrete Erörterung der im Hinblick auf die Minderung der Probleme befürworteten Elemente. Zu denken ist hier an eine veränderte Kooperation der EU mit Marokko und eine verstärkte Kooperation zwischen den einzelnen EU-Staaten und die Bereitstellung von zusätzlichen finanziellen Mitteln für die Bemühungen um eine nachhaltige Integration der Zugewanderten. Letztere wird nur dann Erfolg haben, wenn es gelingt, Vorbehalte und Ängste der Bevölkerung in den Zielländern wirkungsvoll durch gute Argumente, die Sorgen ernst nehmen, und erfolgreiche Beispiele abzubauen. Auf der anderen Seite werden erhebliche finanzielle Mittel und Kooperation zwischen den EU-Staaten benötigt, um Fluchtursachen in den Herkunftsländern nachhaltig zu bekämpfen. Möglicherweise wird auch eine Kombination der Hilfen in den Herkunfts- wie den Zielländern als erfolgversprechend(er) angesehen.	30	

Name: ....   **Datum:** ....

Kurs/Klasse: ....   **Zeit:** ....

Über Ceuta nach Europa

Aufgabe 1
Stellen Sie den Ort Ceuta vor und erläutern Sie die mit seiner Lage verbundene Bedeutung im aktuellen Migrationsgeschehen.

Aufgabe 2
Problematisieren Sie die Situation vor Ort aus der Sicht der Migranten sowie der politisch Verantwortlichen in Ceuta bzw. Spanien und Marokko.

Aufgabe 3
Der Duden nennt eine Situation, in der sich jemand befindet, wenn er zwischen zwei in gleicher Weise schwierigen oder unangenehmen Dingen wählen soll oder muss, ein Dilemma.
Erörtern sie, ob sich die Flüchtlingssituation in Ceuta als Dilemma beschreiben lässt und erörtern sie Elemente, die für eine nachhaltige Entspannung in Ceuta zwingend notwendig sind.

M1 Diercke Weltaltas

103.4 Ceuta – Spanische Exklave in Afrika

weitere Atlaskarten nach Wahl

M2 Ceuta

Ceuta mit seinen rund 84 500 Einwohnern gehört als Bestandteil Spaniens sowohl zur Europäischen Union (EU) als auch zur NATO. Etwa die Hälfte seiner Einwohner sind Christen. Ceuta war seit dem 15. Jahrhundert zunächst in portugiesischem Besitz. Im Jahr 1668 wurde Ceuta an Spanien abgetreten. Die heutigen Grenzen wurden 1860 festgelegt. Allerdings wurde Ceuta 1912 nicht Teil des spanischen Protektorats in Marokko und blieb so auch nach der marokkanischen Unabhängigkeit (1956) Teil von Spanien. Zwar wird von marokkanischer Seite ein Gebietsanspruch auf die Stadt grundsätzlich betont, allerdings unternimmt der nordafrikanische Staat keine konkreten Schritte zu dessen Durchsetzung. Als Exklave Spaniens ist Ceuta mit seiner Fläche von 18,5 km² ein begehrtes Ziel illegaler Einwanderung durch Menschen, die sich eine Weiterreise nach Europa erhoffen.
Zu den wichtigsten Wirtschaftszweigen zählen die Fischzucht in Aquakulturen und die Fischverarbeitung; Landwirtschaft gibt es auf dem Gebiet der Exklave nicht. Finanzielle Transfers vom spanischen Festland sind eine weitere wirtschaftliche Stütze der Stadt.

westermann

M3 Grenzzaun

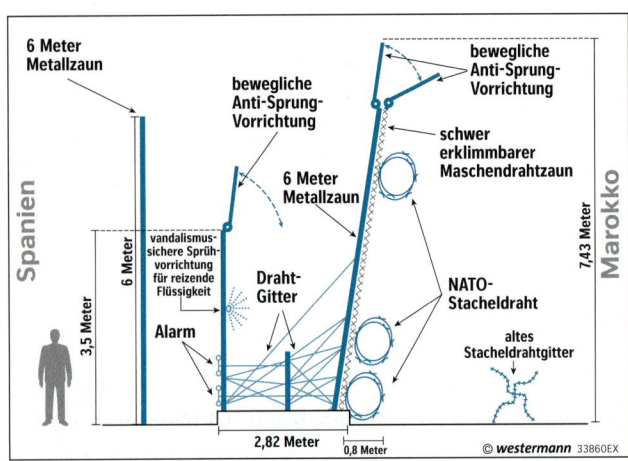

Im Modell

In der Realität

Zu Beginn der 1990er-Jahre wurde ein erster, 8,4 km langer Zaun an der Landgrenze zu Marokko errichtet. Die EU übernahm 75 % der anfallenden Kosten. Da der Zaun jedoch kaum geeignet war, illegale Grenzüberschreitungen wirkungsvoll zu unterbinden, begann 1995 die Errichtung einer erweiterten Anlage, die sich mittlerweile über 24 km erstreckt. Zusätzlich kann für die See- und Luftraumüberwachung Frontex, eine von der EU im Jahr 2005 zur Kontrolle seiner Außengrenzen geschaffene Grenzschutzagentur, eingesetzt werden.

M4 Sprung über den Zaun

Rund hundert junge afrikanische Männer rennen auf einen Zaun zu. Sie wollen drei Metallgitter überwinden, die dicht hintereinanderliegen. Noch bevor sie das erste erreichen, stehen ihnen schlagstockschwingende Polizisten der marokkanischen Forces Auxiliaires im Weg. Für zwei, drei Dutzend der jungen Männer ist die Flucht bereits hier zu Ende. Die übrigen hasten weiter, nur die kräftigsten gewinnen diesen Wettlauf. Bloß eine Minute bleibt für den „Sprung über den Zaun" wie man hier sagt. Spätestens dann ist auf der anderen Seite die paramilitärische spanische Guardia Civil aufmarschiert. Ihre Seite gehört schon zu Europa.

M5 Hoffnungen

M5a Warum nicht?

Kameruner, Senegalesen, Ivorer, Mauretanier, Malier, Kongolesen – sie alle träumen auf der marokkanischen Seite des Zauns von einem besseren Leben in Europa. Einer von ihnen ist Jean Benoit aus Guinea. „Ich habe einen Freund, der dort auf dem Bau gearbeitet hat", erzählt er. „Als er zurückgekommen ist, hat er berichtet, dass die Arbeitsbedingungen dort viel besser sind als bei uns. Deswegen habe ich mir gesagt: Warum nicht? Damals war es aber viel einfacher, da gab es diesen Zaun noch nicht."

M5b Neuer Massenansturm im April 2016

Rund 100 Flüchtlinge haben den besonders niedrigen Wasserstand an der marokkanischen Küste nutzen können, um in die spanische Exklave Ceuta zu gelangen. Die spanische Polizei der Nordafrika-Exklave sprach von 101 Migranten, die sie am Mittelmeerstrand abgefangen habe. Die Exklave ist durch einen Grenzzaun vom marokkanischen Gebiet abgetrennt. Durch die Ebbe konnten die Schutzsuchenden durch das Wasser um den Zaun herumwaten und einen Wellenbrecher überwinden.
Zuletzt hatten Ende Dezember rund 250 Flüchtlinge in einem Massenansturm versucht, Ceuta zu erreichen. 185 von ihnen gelang die Flucht. Ein Teil der afrikanischen Flüchtlinge war über die Grenzzäune geklettert. Ein anderer Teil schwamm im Meer um die Grenzbefestigungen herum. Dabei ertranken zwei Menschen auf marokkanischer Seite.

M6 Asyl in Spanien

Wer in Ceuta [...] landet, muss erst einmal in ein Aufnahmezentrum. Nur: Dort will niemand bleiben. Ziel fast aller Flüchtlinge ist das europäische Festland. Wer aber Asyl beantragt, sitzt ein bis eineinhalb Jahre in den Enklaven fest und wartet auf einen Bescheid. Wer dagegen kein Asyl beantragt, wird nach wenigen Monaten – einfach aus Platzmangel – auf die iberische Halbinsel geschickt. Deshalb ist es für viele attraktiver, ohne Papiere zu leben, als einen Asylantrag zu stellen. Einmal auf europäischem Boden, reisen viele unerlaubt in andere EU-Staaten weiter oder tauchen unter. Weil ihre Arbeitskraft so gut wie nichts kostet, werden sie etwa auch auf den spanischen Gemüseplantagen geduldet. Auch „heiße Abschiebungen" durch die Grenzgendarme der Guardia Civil sind zu beobachten. Dabei schleppen die Polizisten ankommende Flüchtlinge sofort, nachdem diese den Zaun erklommen und überquert haben, wieder über die Grenze nach Marokko – obwohl die Flüchtlinge das Recht auf ein Asylverfahren hätten. Das spanische Parlament legalisierte diese Sofortabschiebungen. Auch dadurch hält die Regierung die Asylanträge niedrig.

M7 Marokko als Türsteher der EU

Schätzungsweise 40000 Flüchtlinge sind [...] in Marokko gestrandet, die große Mehrheit von ihnen ohne offizielle Aufenthaltsgenehmigung – deshalb gibt es auch keine genauen Zahlen. Weil sie ohne geklärten Aufenthaltsstatus im Land nicht arbeiten dürfen, sehen sich viele von ihnen gezwungen zu betteln oder sie driften in die Kriminalität ab. Das prägte das Bild der Marokkaner über die Migranten – Rassismus und Diskriminierung mündeten immer wieder in Anfeindungen und gewalttätigen Übergriffen. [...]
Viele Migranten wagen auch deshalb nicht, von ihren gesetzlich zugesicherten Rechten Gebrauch zu machen, weil Behörden und Sicherheitskräfte mit großer Härte gegen die sich irregulär im Land aufhaltenden Flüchtlinge vorgehen. Immer wieder kommt es zu Razzien in informellen Lagern. [...]
Mit ihren rigiden Maßnahmen gegenüber Migranten erfüllt Marokko eine Forderung der Europäischen Union: Flüchtlinge sollen bereits weit vor Europa abgefangen werden. [...] Marokko erhielt alleine zwischen den Jahren 2007 und 2010 von der EU 68 Millionen Euro, um die Grenze abzusichern. Im Jahr 2013 schlossen die Europäische Union und Marokko dann ein sogenanntes Mobilitätspartnerschaftsabkommen ab. Der Anreiz für Marokko: Das Abkommen soll Marokkanern erleichtern, Visa und Arbeitsgenehmigungen für die EU zu erhalten. Im Gegenzug verpflichtet sich Marokko, irreguläre Migranten von der Flucht nach Europa abzuhalten.

westermann

M8   Festung Europa

BREUER

M9   Schutz durch Zäune

M9a   Kontrolle durch Zäune

Flüchtlinge ließen sich durch Schutzzäune nicht abhalten, heißt es. Aber zwischen Spanien und Marokko funktioniert die Kontrolle. Das ist unschön, aber notwendig. […] Nur wenn wir Europas Grenzen schließen und an den Herkunftsorten […] Zuwanderern eine Perspektive fürs Leben und sicheren Transfer nach Europa bieten, hätte diese Tragödie auf dem Treck endlich ein Ende. Wer aber die „Festung Europa" immer noch für einen Skandal hält, der sollte endlich begreifen, dass regellose Zuwanderung nichts anderes als Zäune und Kontrollen zur Folge hat.

M9b   Plötzlich sind auch Europas Moralisten für Zäune

Viele Europäer hatten sich in der Überzeugung eingerichtet, dass Grenzen künftig keine Rolle mehr spielen. Sie vergaßen, dass die Kontrolle über die Landesgrenzen zu den elementaren Aufgaben jedes Staates gehört. Sie unterschätzten, welche Fliehkräfte dort entstehen, wo die wohlhabendsten Länder der Welt an die Zonen von Armut, Rückständigkeit und Gewalt stoßen.

Es sind Konflikte, deren Folgen sich auf absehbare Zeit nicht allein mit wohlmeinenden Hilfsprogrammen oder Gesprächskreisen bewältigen lassen – sondern auch mit Kontrollen, Patrouillen und Zäunen, mit Polizei und Soldaten. Europas Bürger, an Traumreisen gewöhnt und an die Wonnen der Freizügigkeit, lernen wieder, was Grenzen bedeuten.

M9c   Funktionierende Außengrenze

Wichtig ist eine funktionierende Außengrenze mit Kontrolle, Zaun und Grenzpolizei. Denn zur Wahrheit gehört auch: Offene Grenzen sind keine Lösung. Dass jeder nach Europa kommen kann, der das möchte, dazu haben wir nicht die wirtschaftliche Kraft und nicht die moralischen Überzeugungen, das zu ertragen, was die Folge davon wäre. Die Folge wäre, dass wir den Menschen dann nicht mehr angemessen helfen können. Das will ich nicht. Hamburg hat im Jahr 2015 fast 600 Millionen Euro für Flüchtlinge ausgegeben: für Unterkunft und für Integration. Das ist in etwa der Etat, den wir für die Hamburger Hochschulen haben. [...]

Ich glaube, dass wir als eines der reichsten Länder der Erde Flüchtlinge aufnehmen müssen. Gerade vor dem Hintergrund unserer nationalsozialistischen Vergangenheit. Allerdings: Wer sich nicht auf den im Grundgesetz verankerten Anspruch auf Asyl berufen kann oder kein Kriegsflüchtling ist, der muss akzeptieren, dass wir ihn wieder zurückschicken.

Quellen

M2: eigener Text

M3: Abbildung: http://www.boell.de/de/2015/01/09/bis-die-zaeune-bewaffnet; Foto: Reuters, Berlin (Anton Meres); Text: eigener Text

M4: Foto: Reuters, Berlin (Jesus Blasco De Avellaneda); Text: Klingst, M.: Ist das die Grenze, die wir wollen? In: Die Zeit vom 23.01.2016 (http://www.zeit.de/2016/04/fluechtlinge-melilla-zaun-marokko)

M5a: Fischer, H.: Gestrandet in Marokko. In: DW vom 28.04.2015 (http://www.dw.com/de/gestrandet-in-marokko/a-18407391)

M5b: o. V.: Flüchtlinge nutzen Ebbe im Mittelmeer. In: tagesschau.de vom 23.04.2016 (https://www.tagesschau.de/ausland/marokko-exklave-spanien-fluechtlinge-ebbe-mittelmeer-101.html)

M6: Kaiser, S.: Einmal Drecksarbeit und zurück. In: Die Zeit vom 10.06.2015 (http://www.zeit.de/politik/ausland/2015-06/spanien-migranten-arbeitskraft-landwirtschaft)

M7: Fischer, H.: Gestrandet in Marokko. In: DW vom 28.04.2015 (http://www.dw.com/de/gestrandet-in-marokko/a-18407391)

M8: Breuer, Martin, Framersheim

M9a: Schümer, D.: Nur die Festung „Europa" kann jetzt noch Leben retten. In: Die Welt vom 14.09.2015 (http://www.welt.de/debatte/kommentare/article146396348/Nur-die-Festung-Europa-kann-jetzt-noch-Leben-retten.html)

M9b: Haubrich, R.: Plötzlich sind auch Europas Moralisten für Zäune. In: Die Welt vom 13.11.2015 (http://www.welt.de/debatte/kommentare/article148836361/Ploetzlich-sind-auch-Europas-Moralisten-fuer-Zaeune.html)

M9c: Schirg, O./Meyer, P. U.: Was die Abendblatt-Leser von Olaf Scholz wissen wollen. In: Hamburger Abendblatt vom 30.04.2016 (http://www.abendblatt.de/hamburg/article207499647/Was-die-Abendblatt-Leser-von-Olaf-Scholz-wissen-wollen.html)

westermann

Zusatzmaterial

M10 **Fluchtursachen – Auszüge aus einem Interview des Deutschlandfunks mit Uschi Eid, Präsidentin der Deutschen Afrikastiftung, vom 12.11.2015**

Deutschlandfunk: Europa möchte ja, dass viele Afrikaner, die sich derzeit hier bei uns auf dem Kontinent aufhalten, wieder zurückgehen in ihre Heimatländer. Nun muss man wissen: Sie schicken ungefähr 30 Milliarden Euro Devisen jährlich in die Heimat. Das ist Geld, das dort dringend benötigt wird, und das ist mehr als alle Entwicklungshilfe Europas zusammen. Die beträgt etwa 20 Milliarden. Da haben doch die afrikanischen Staaten überhaupt gar kein Interesse daran, ihre Menschen zurückzunehmen?

Eid: [...] Diese Frage über die Rücküberweisungen, aber auch die Frage der Erhöhung der Entwicklungshilfe sind meines Erachtens Nebenschauplätze. [...] Es gibt bisher keine fundierte Analyse, warum Menschen aus bestimmten einzelnen Ländern zu uns fliehen, und solange es diese Analyse nicht gibt, kann es auch keine Lösungen geben, die dann auch greifen. Es gibt ganz unterschiedliche Ursachen und wenn ich immer höre, man muss Fluchtursachen bekämpfen, ja das sagt man so leicht dahin. Aber welche sind denn die Ursachen? Die sind in Nigeria völlig anders als in Eritrea. [...]

Deutschlandfunk: Heißt das, Frau Eid, dass man nicht so einen gigantischen Gipfel veranstalten sollte, sondern viele kleine Gipfel, zum Beispiel EU–Nigeria, EU–Äthiopien, EU–Kamerun etc.?

Eid: Ja. Ich würde dafür plädieren, dass man mit den betroffenen Staaten und den Nachbarstaaten, die an bestimmten Konflikten ja mit verursächlich sind, dass man die an einen Tisch bringt, und es muss auch nicht mit einem großen Bohei stattfinden, sondern man kann [...] es – ich sage mal so – auch hinter verschlossenen Türen machen. [...]

Deutschlandfunk: Ist es nicht zweischneidig, Geld überhaupt an manche afrikanische Staaten zu überweisen, weil man den Eindruck hat, damit füllen sich doch nur die Machthaber ihre Taschen?

Eid: Ja, da gebe ich Ihnen Recht. Zu meinen, mehr Entwicklungshilfe würde das Problem lösen, mehr vom selben, das ist ein Holzweg und damit beruhigt man allenfalls das eigene Gewissen. Wir müssen die ganze Kooperation auf den Prüfstand stellen. Wir müssen grundsätzlich prüfen, ob sie beschäftigungswirksam ist. Wir müssen zum Beispiel auch China mit ins Boot nehmen, denn China ist ein riesiger Investor in Afrika, bringt aber gleichzeitig chinesische Arbeiter mit. Es muss afrikanisches heimisches Personal ausgebildet werden.

Quelle: Deutschlandfunk vom 12.11.2015 (http://www.deutschlandfunk.de/afrika-politik-mehr-entwicklungshilfe-beruhigt-nur-das.694.de.html?dram:article_id=336640)